捕诉一体实务指引丛书 ❶
BUSUYITI SHIWU ZHIYIN CONGSHU

捕诉一体刑事检察实务基础指引（下）

主 编 ◎ 印仕柏　　副主编 ◎ 梁驭骁　张小华

中国检察出版社

第八节　庭前会议

一、庭前会议的基本内涵

庭前会议，是指为了保证庭审过程的顺利进行，提高诉讼效率，保障诉讼参与人的诉讼权利，在刑事案件开庭前，审判人员召集公诉人、当事人和辩护人、诉讼代理人，对回避、出庭证人名单、非法证据排除等与审判相关的问题，了解情况，听取意见并记录在案的庭前预审活动。公诉人通过参加庭前会议，了解案件事实、证据及法律适用的争议与分歧，解决有关程序问题，为参加法庭审理做好准备。

2012年修改的《刑事诉讼法》第182条第2款规定："在开庭以前，审判人员可以召集公诉人、当事人和辩护人、诉讼代理人，对回避、出庭证人名单、非法证据排除等与审判相关的问题，了解情况，听取意见。"自此，庭前会议制度得以在我国刑事诉讼中予以初步确立。

随后修订的最高人民法院《关于适用〈中华人民共和国刑事诉讼法〉的解释》和最高人民检察院《刑诉规则（试行）》等解释文件都对庭前会议制度作了进一步的规定，在立法基础之上，明确了庭前会议的适用范围、内容和相关程序问题。

2018年修改的刑事诉讼法仍原文保留庭前会议制度的旧时规定。

2018年1月，最高人民法院发布《人民法院办理刑事案件庭前会议规程（试行）》（以下简称《庭前会议规程》），目的在于规范庭前会议的适用，解决与审判有关的程序性事项，提升庭审效率和庭审质量，实现庭审实质化，深入推进以审判为中心的刑事诉讼制度改革。《庭前会议规程》共计27条，规定了庭前会议的功能、适用范围、基本规程、主要内容、效力以及与庭审的衔接方式等。

2019年的《刑诉规则》第394条、第395条、第396条对人民检察院派员参加庭前会议作出了规定。

二、庭前会议的工作要求

庭前会议的要求是效率与公正的兼顾，一方面促进控辩双方的信息交换，"在信息交流之中保证控辩双方诉权的平等，避免信息的不对称影响诉讼的平衡，进而影响庭审公平进行"；另一方面是在庭前会议中解决程序争议，"有效保障集中审理、提高诉讼效率"。

（一）保障集中审理、持续审理

庭前会议中，人民法院可以依法处理有关回避、出庭证人名单、非法证据排除等可能导致庭审中断的事项。在公诉方提起指控之后，辩护方可能提出各种程序性申请和异议，例如申请回避，申请特定证人出庭，申请排除非法证据，或者对管辖权提出异议，等等。对于上述申请或者异议，通过庭前会议集中解决，可避免庭审中断。

（二）维护被告人合法权益

"刑事程序不仅仅是法律和法规的堆积，而且是现实中各种参与人员的活动累积。"庭前会议程序也是这样，它是公诉人、审判者等多方参与者依法进行的活动累积。以审判为中心要求强化程序公正的理念，因此标志着程序公正的庭前会议制度就显得尤为重要。庭前会议程序所要解决的问题均是刑事庭审中非常重要且可以直观评断出审判程序是否具有程序公正性的形式问题，回避、证人的出庭问题、非法证据的排除问题均是刑事诉讼程序是否具有公正性的最基本问题，庭前会议为控辩双方解决程序性争议提供了一个平台，使得控辩双方都能有效地参与进来，凸显了对当事人一方诉讼权利的保障。

（三）促进庭审实质化

以审判为中心意味着庭审中控辩对抗的加强和证据规则的完善。庭审成为定罪量刑的主要和决定性阶段，审判者的一切心证均应当来自法庭审理活动。通过庭前会议解决控辩双方关于回避、证人出庭等的程序性争议及组织证据展示，明确事实、证据争点，有助于法庭强化对案件的充分审理、高效审理和实质审理。公诉人通过庭前会议可以充分掌握控辩双方的焦点问题，从而预判可能引起的证据变化和对案件定罪量刑产生的影响，围绕案件焦点做好出庭应对准备。

（四）庭前会议不可取代庭审

庭前会议不能弱化庭审，更不能取代庭审。人民法院可以在开庭审理前召开庭前会议，就与审判相关的问题了解情况，听取意见，开展必要的庭审准备工作。该条明确了庭前会议召开目的是开展必要的庭审准备工作，因此庭前会议可以进行证据展示，但不能以证据展示取代庭审举证和质证；可以整理事实和证据争点，目的是突出庭审重点，确保庭审质效，不能弱化和取代庭审调查、辩论等。

（五）提升司法公信力

公开透明是公正的基础，也是产生司法公信力的前提。庭前会议有利于促进控辩双方平等对抗，同时也依赖于规范的案外监督。检察机关依法对法院的审判活动是否合法进行监督，既包括法庭审理活动，又包括法院对刑事案件的受理、审判前的审查与准备等庭下活动。庭前会议是审判活动的重要内容，是审判前重要的准备程序。因此，检察机关参与庭前会议时，还要履行好对庭前会议的内容是否合法、程序是否正当、是否侵犯当事人权利等方面的监督职责。

三、庭前会议的工作流程及方法

（一）关于庭前会议的适用范围

1. 当事人及其辩护人、诉讼代理人申请排除非法证据的。

2. 证据材料较多，案情疑难复杂的案件。如：涉及多个罪名、多起事实或者多名被告人的黑社会性质组织犯罪案件、经济犯罪案件等，庭审的事实、证据调查工作量较大，有必要召开庭前会议整理事实、证据争点。通过庭前会议有效区分存在争议和无争议的事实、证据，能够确保庭审更具针对性，大幅度提高庭审效率。

3. 社会影响重大的。

4. 需要召开庭前会议的其他情形。庭前会议是一项沟通协调机制，可以将一些可能出现的问题提前解决，以便节约实际庭审资源。

（二）关于庭前会议的启动

1. 庭前会议的启动主体。《庭前会议规程》除规定四类案件人民法院可视情况决定召开庭前会议外，还规定控辩双方可以申请人民法院召开庭前会议。当然，控辩双方申请召开庭前会议的，不会导致庭前会议的必然召开，人民法院对控辩双方的申请要予以审查，认为有必要的则召开庭前会议，没有必要的则无须召开，但决定不召开庭前会议的，应当告知申请人。另外，对于被告人及其辩护人在开庭审理前申请排除非法证据并依照法律规定提供相关线索或者材料的情形，未赋予人民法院的必要审查权，一律应当召开庭前会议。

2. 庭前会议的召开方式。庭前会议一般不公开进行。同时，考虑到部分案件庭前会议可能仅解决回避、管辖、不公开审理等争议较为简单的程序性问题，当事人、辩护人等可能一时不在当地，根据案件情况，庭前会议可以采用视频会议等方式进行。在不影响庭前会议质量的情况下，人民法院采用灵活方式召开庭前会议，既方便诉讼，又能提高诉讼效率。

3. 庭前会议召开的时间、地点等。作为庭前准备程序，司法实践中庭前会议在正式开庭审理之前召开，是其应有之意。此外，人民法院休庭后，可以在再次开庭前召开庭前会议。

（三）关于庭前会议的参加主体

根据刑事诉讼法、《庭前会议规程》等的规定，审判人员、公诉人、当事人和辩护人、诉讼代理人都是庭前会议的参与人员，都可以受召集参加庭前会议。但必须注意以下几点：

1. 庭前会议的主持人员。庭前会议一般由承办法官主持。同时，考虑到合议庭还有其他成员，且合议庭共同对案件负责，在承办法官有特殊情况不能主持的情况下，规定其他合议庭成员也可以主持。《庭前会议规程》还规定，根据案件情况，承办法官可以指导法官助理主持庭前会议。该条规定与最高人民法院《关于完善人民法院司法责任制的若干意见》第 16 条和第 19 条的相关规定是一致的。

2. 庭前会议的参与人员。《庭前会议规程》规定，合议庭其他成员可以参加庭前会议；同时，基于保护被告人权益，形成控辩双方平等对抗，以及人民检察院作为"法律监督者"的要求，公诉人、辩护人均应当参加庭前会议。庭前会议中进行附带民事调解的，人民法院应当通知附带民事诉讼当事人到场。

3. 被告人参加庭前会议的问题。《庭前会议规程》第 3 条第 2、第 3 款规定，根据案件情况，被告人可以参加庭前会议；被告人申请参加庭前会议或者申请排除非法证据等情形的，人民法院应当通知被告人到场；有多名被告人的案件，主持人可以根据案件情况确定参加庭前会议的被告人。由此可见，就被告人是否参加庭审，法院可以视庭前会议所处理诉讼事项而定，被告人并不是参加庭前会议的必要主体。另外还要注意把握以下两点：其一，有多名被告人参加庭前会议的，应当采取必要措施防止串供，特别是庭前会议中，涉及被告人口供的场合（包括对审前口供的异议及非法口供的排除），可参照庭审程序，分别组织被告人逐一参加庭前会议；其二，被告人不参加庭前会议的，辩护人应当就庭前会议处理事项听取被告人意见，注意保障被告人诉讼权利。

（四）关于庭前会议的主要内容

1. 处理程序性事项

（1）《庭前会议规程》第 10 条明确了庭前会议对 10 项程序性事项处理的效力，即：对于是否对案件管辖有异议、申请有关人员回避、申请不公开审理、申请排除非法证据、申请提供新的证据材料、申请重新鉴定或者勘验、申请调取在侦查、审查起诉期间公安机关、人民检察院收集但未随案移送的证明被告人无罪或者罪轻的证据材料、申请向证人或有关单位、个人收集、调取证据材料、申请证人、鉴定人、侦查人员、有专门知识的人出庭、是否对出庭人员名单有异议及与审判相关的其他问题等 10 个可能导致庭审中断的程序性事项，人民法院应当依法作出处理，在开庭审理前告知处理决定，并说明理由。控辩双方没有新的理由，在庭审中再次提出有关申请或者异议的，法庭应当依法予以驳回。

（2）《庭前会议规程》第 11 条至第 17 条分别规定了对上述程序性事项的具体处理方式。具体而言，针对被告人及其辩护人对案件管辖提出异议的情形，人民法院应当要求说明异议理由，经审查认为异议成立的，应当依法将案件退回人民检察院或者移送有管辖权的人民法院；认为本院不宜行使管辖权的，可以请求上一级人民法院处理；经审查认为异议不成立的，应当依法驳回异议。针对被告人及其辩护人申请审判人员、书记员、翻译人员、鉴定人回避的情形，人民法院应当要求说明申请回避理由，经审查认为申请成立的，应当依法决定有关人员回避；认为申请不成立的，应当依法驳回申请。被告人及其辩护人申请回避被驳回的，对于不属于《刑事诉讼法》第 29 条、第 30 条规定情形的，不得申请复议；被告人及其辩护人申请检察人员回避的，人民法院应当通知人民检察院。针对被告人及其辩护人申请不公开审理的情形，人民法院经审查认为案件涉及国家秘密或者个人隐私的，应当准许；认为案件涉及商业秘密的，可以准许。针对被告人及其辩护人在开庭审理前申请排除非法证据并依照法律规定提供相关线索或者材料的情形，人民检察院应当在庭前会议中通过出示有关证据材料等方式，有针对性地对证据收集的合法性作出说明。人民法院可以对有关证据材料进行核实；经控辩双方申请，可以有针对性地播放讯问录音录像，人民检察院也可撤回有关证据，撤回的证据，没有新的理由，不得在庭审中出示。被告人及其辩护人可以撤回排除非法证据的申请，撤回申请后，没有新的线索或者材料，不得再次对有关证据提出排除申请。控辩双方在庭前会议中对证据收集的合法性未达成一致意见，人民法院应当开展庭审调查，但公诉人提供的相关证据材料确实、充分，能够排除非法取证情形，且没有新的线索或者材料表明可能存在非法取证的，庭审调查举证、质证可以简化。针对控辩双方申请重新鉴定或者勘验的情形，人民法院要求应当说明理由，经审查认为理由成立，有关证据材料可能影响定罪量刑且不能补正的，应当准许。针对被告人及其辩护人书面申请调取公安机关、人民检察院在侦查、审查起诉期间收集但未随案移送的证明被告人无罪或者罪轻的证据材料,并提供相关线索或者材料的情形,人民法院应当调取,并通知人民检察院在收到调取决定书后 3 日内移交。针对被告人及其辩护人申请向证人或有关单位、个人收集、调取证据材料的情形,人民法院应当要求说明理由,经审查认为有关证据材料可能影响定罪量刑的,应当准许;认为有关证据材料与案件无关或者明显重复、没有必要的,可以不予准许。针对控辩双方申请证人、鉴定人、侦查人员、有专门知识的人出庭的情形,人民法院应当要求说明理由,经审查认为理由成立的,应当通知有关人员出庭;控辩双方对出庭证人、鉴定人、侦查人员、有专门知识的人的名单有异议,人民法院经审查认为异议成立的,应当依法作出处理;认为异议不成立的,应当依法驳回;人民法院通知证人、鉴定人、侦查人员、有专门知识的人等出庭后,应当告知控辩双方协助有关人员到庭。

2. 组织展示证据

在庭前会议中,对于控辩双方决定在庭审中出示的证据,人民法院可以组织控辩双方展示证据,听取控辩双方对在案证据的意见,归纳存在争议的证据。司法实践中,在庭前会议中展示证据时应注意三方面问题:第一,不能以证据展示取代庭审举证、质证,故在庭前会议展示证据时,不主张详细宣读证据内容,控辩双方可采取对证据证明事项予以简要概括说明等方式,听取对方意见。第二,对于控辩双方在庭前会议中没有争议的证据材料,庭审时举证、质证可以简化,以实现通过证据展示简化庭审的目的。第三,人民法院组织展示证据的,一般应当通知被告人到场,听取被告人意见;如果被告人不到场,辩护人要在召开庭前会议前采取适当方式听取被告人意见;如有必要,在庭前会议结束后,应将证据展示的情况告知被告人,确保被告人对证据的知情权和质证权。

3. 整理事实和证据争点

人民法院可以在庭前会议中归纳控辩双方的争议焦点,明确法庭调查的方式和重点。通过证据展示,梳理存在争议的证据,归纳争议的焦点。对于控辩双方在庭前会议中没有争议的证据材料,在庭审中可以仅就证据的名称及其证明的事项作出说明,简化举证、质证、简化质证并非不质证,对于控辩双方存在争议的证据,应当单独举证、质证。

4. 开展附带民事调解

对于被害方提起附带民事诉讼的,人民法院可以在庭前会议中进行调解。在庭前以调解方式处理附带民事诉讼,就赔偿问题让当事人及其委托人双方充分发表意见并进行初步协商,能有效促使被告人、被害人达成和解,使被害人尽早得到赔偿,促进案件刑事审理部分的顺利进行。

5. 选择审理程序

司法实践中,控辩双方通过庭前会议展示证据、发表意见后,被告人经过对相关证据的分析评估后,可能会自愿认罪认罚,对此,人民法院可以决定不适用普通程序审理,对案件进行繁简分流。也就是说,对于被告人在庭前会议前不认罪,在庭前会议中又认罪的案件,人民法院核实被告人认罪的自愿性和真实性后,可以依法适用速裁程序或者简易程序审理。

6. 建议撤回起诉

为防止"事实不清、证据不足"的案件轻易进入审判程序,对于不符合开庭要求的案件有必要进行相应的分流处理,切实发挥庭前准备程序的过滤功能。根据《关于推进以审判为中心的刑事诉讼制度改革的意见》要求,《庭前会议规程》规定:人民法院在庭前会议中听取控辩双方对案件事实证据的意见后,对于明显事实不清、证据不足的案件,可以建议人民检察院撤回起诉。作出该规定,主要考虑到有时经过控辩双方出示证据并发表意见后,人民法院会发现案件明显事实不清、证据不足,此时若不建议人民检察院撤回起诉,径直进行庭审,一方面会造成资源的浪费;另一方面也不利于被告人特别是被羁押被告人的人权保障。

(五) 明确庭前会议的效力以及与庭审的衔接方式

庭前会议作为庭前准备程序中的一个环节,其效力问题直接影响到庭审的效率和庭前会议本身运行的效果。

1. 人民法院在庭前会议可以决定的事项。对可能导致庭审中断的程序性事项，例如申请回避、提出管辖权异议、对出庭证人名单提出异议等，人民法院可以在庭前会议中作出处理决定，在开庭审理前告知处理决定，并说明理由。控辩双方没有新的理由，在庭审中再次提出有关申请或者异议的，法庭应当依法予以驳回。

2. 控辩双方可以在庭前会议中对相关问题进行协商并作出合意决定。在庭前会议中，控辩双方不仅可以向审判人员反映情况，发表意见，而且可以积极地协商解决相应的争议问题。如，对于被告人及其辩护人提出的非法证据排除申请，人民法院不能在庭前会议中作出决定，但控辩双方可以对此交换意见，经过控辩双方出示证据、进行协商，可以作出合意决定，被告人及其辩护人可以选择撤回申请，公诉人也可以选择不将该证据作为指控犯罪的根据。同时，控辩双方可以协商决定事实证据争点，明确有争议的证据和没有争议的证据，进而确定庭审调查的重点。

3. 庭前会议处理结果的约束力。《庭前会议规程》规定，要通过在庭审中宣读庭前会议报告，确定庭前会议处理事项的拘束力。首先，对于庭前会议处理的可能导致庭审中断的程序性事项，控辩双方没有新的理由，在庭审中再次提出有关申请或者异议的，法庭应当依法予以驳回。其次，对于庭前会议中达成一致意见的事项，法庭向控辩双方核实后当庭予以确认。控辩双方在庭前会议中就有关事项达成一致意见，又在庭审中反悔的，除有正当理由外，法庭一般不再对有关事项进行处理。最后，对于未达成一致意见的事项，法庭可以归纳控辩双方争议焦点，听取控辩双方意见，并依法作出处理。

【案例】刘某某等11人犯组织、领导传销活动罪

某人民检察院起诉书指控被告人刘某某等11人犯组织、领导传销活动罪，于2019年4月19日向人民法院提起公诉。法院受理后，因涉案人数较多、案情复杂，为提高庭审效率，根据《适用解释》《庭前会议规程》的规定，合议庭于2019年5月8日、5月30日、6月13日、7月9日组织控辩双方召开了4次庭前会议。本案公诉人、19名辩护人以及被告人刘某某、童某某、杨某某、赵某某先后参加了相关的庭前会

议。合议庭就与审判相关的问题向控辩双方了解了情况，听取了意见，依法处理了相关程序性事项，组织控辩双方就举质证的方式进行了协商确认。每次庭前会议情况均制作了笔录，由参会人员核对后签名。庭前会议后，合议庭向 11 名被告人告知了庭前会议的情况，并听取了意见。并出具了《庭前会议报告》明确了以下问题：

1. 公诉人、所有辩护人均同意所有程序性问题在庭前解决，不进入庭审程序。

2. 除被告人刘某某、童某某的辩护人及被告人童某某以外，其他被告人、辩护人对案件管辖权均无异议。

3. 除被告人刘某某的辩护人及被告人童某某申请回避，其余被告人、辩护人对合议庭其他组成人员、书记员、公诉人均不申请回避。

4. 除被告人刘某某的辩护人申请对鉴定结论作为非法证据排除外，其他辩护人和被告人均不申请非法证据排除。

5. 所有辩护人、被告人均不申请重新鉴定。

6. 公诉人已列举了证据提纲和证据目录分别送达给了各辩护人，控辩双方就举质证的方式达成了共识。（1）简要举证：对于数量庞大的某公司及其下属公司的登记资料、公司内部文件、与员工会员等签订的合同等方面的证据采用列举一份证据作为示例的举证方式进行；（2）详细举证：对鉴定意见、被告人的供述、证人证言进行详细举证。辩方对于控方按照举证提纲的顺序和类别进行举证没有提出反对意见。

庭前会议未达成一致意见的事项有：被告人刘某某、童某某的辩护人及被告人童某某提出管辖异议、申请回避，被告人刘某某的辩护人申请非法证据排除。就上述问题，合议庭依法作出如下决定：

1. 被告人刘某某、童某某的辩护人及被告人童某某提出的本案案情复杂、社会影响重大，要求法院移送某市中级人民法院作为一审法院。鉴于根据公诉人的指控，本案所有被告人的最高法定刑均为有期徒刑，不属于刑事诉讼法规定的应当由中级人民法院管辖的一审刑事案件，也不符合刑事诉讼法解释相关规定的情形，某市中级人民法院已作出不同意移送管辖的复函，故申请人提出的管辖异议不能成立，依法予以驳回。

2. 被告人刘某某、童某某的辩护人提出,为避免审判人员先入为主,申请参与过案件的审前协调会商工作的审判人员回避。被告人童某某申请侦办、审理案件的整个某地区的司法机关回避。法院认为,被告人刘某某的辩护人、被告人童某某及其辩护人的上述回避申请既无事实依据,也无法律依据,经法院院长决定,驳回回避申请。

3. 被告人刘某某的辩护人提出本案涉及的广东某司法鉴定所和湖南某会计师事务所所作的两份鉴定报告系非法证据,应予以排除。其理由是鉴定机构和鉴定人员无司法鉴定资质,鉴定程序违法。合议庭认为,两份鉴定报告来源合法,辩护人提出的理由系其对两份报告证明力的一种抗辩意见,不属于《刑事诉讼法》第56条规定的非法证据排除规则的情形,故合议庭决定不再在庭审中就证据收集的合法性进行调查。

对于上述决定,合议庭已在开庭前告知了被告人及其辩护人。控辩双方没有新的理由,在庭审中再次提出有关申请或异议的,合议庭将依法予以驳回。控辩双方在庭前会议中达成一致意见的事项,法庭不再进行处理。

四、庭前会议的实务操作技巧

实践当中,人民法院确定召开庭前会议的,会在3日前,将会议的时间、地点、人员和主要内容等通知参会人员。检察机关通常做法是派员出席庭前会议,不再予以回函或者书面答复。笔者认为,在该制度上也应当予以规范,以书面的方式确定出席庭前会议的人员。

公诉人、出庭检察人员作为应当出席庭前会议的一方,要充分把握庭前会议这一制度存在的初衷,要做到在会前充分准备,会中充分听取各方意见,阐述控方主张,会后查漏补缺,完善证据,最大程度地发挥庭前会议的作用。

(一)会前充分准备

以审判为中心的制度改革和刑事诉讼法的修订,对证据证明标准提出了更高的要求，要求检察机关在审查起诉阶段严格把握证据的"三性"，明确每个证据的证明目的、证明力，认真梳理证据构架。思想上要强化非法证据排除理念，提高非法证据甄别能力、排除能力，对于定罪证据和量刑证据予以区分。

在收到法院的庭前会议通知后，公诉人、出庭检察人员要充分了解被告人或者辩护人是否提交了被告人无罪或者罪轻的证据，对于提交证据的，应在庭前会议之前查阅、摘抄、复制。

对于召开庭前会议的案件，会议之前公诉人、出庭检察人员应当再次熟悉案件审查报告及相关案卷材料，对于案件可能出现的问题及辩方可能提出的问题进行预测，并准备好应对方法。同时，公诉人也应准备需要向辩方提出的问题，如要求辩方出示有利于被告人的相关证据材料。

（二）会中认真倾听，充分阐述意见

根据刑事诉讼法规定，在审查起诉阶段，人民检察院办案人员应当听取辩护人、被告人及其诉讼代理人的意见，并记录在案。庭前会议给了检察机关再次听取意见及交换证据的机会。公诉人、出庭检察人员应当耐心倾听当事人的意见，掌握当事人提交的卷外证据及辩护人提交的新证据，从而对案件进行全面考量。

与此同时，公诉人、出庭检察人员要结合证据情况和查明的事实，充分阐明控方意见。对于各方提出的问题给予答复和说明，并针对对方的观点予以驳斥。对于提出非法证据排除的，如果在庭前会议阶段能够辨明情况、运用证据予以说明的，要当场进行说明或出示证据予以阐述，如果当场不能答复的，要做好记录，为后续工作的开展做好准备。

【案例】蒋某某强奸案

某基层法院办理的蒋某某强奸案，被告人的辩护人在庭前会议中申请公诉人回避，未提出任何理由，审判人员在辩护人提出申请以后，征询公诉人意见，公诉人当场建议审判长询问辩护方的理由和依据，辩护方提出的依据是公诉人系女性，对被告方存在成见。公诉人当场向审判人员说明："鉴于被告人申请公诉人回避的理由不符合法律规定的情形，根据《最高人民法院关于适用〈中华人民共和国刑事诉讼法〉的解释》第三十条的规定，提请当场驳回。"

随后公诉人在庭前会议以后，将提请回避的事宜及时向检察长报告。经检察委员会讨论后认为被告人、辩护人所提出的理由不符合法律规定，应驳回其回避申请，并按照《刑诉规则》第32条的规定，将驳回回避申请决定书送达给被告人及其辩护人，并告知如其不服，有权在收到决定书后5日内向本院申请复议一次。

【案例】王某某、谭某某抢劫案

某检察院提起公诉的王某某、谭某某抢劫案，在庭前会议中被告人、辩护人要求检察机关移送全部同步录音录像，或者要求公诉人在举证时出示全部同步录音录像资料。公诉人首先表明，同步录音录像资料并非当然需要移送人民法院的资料。《刑诉规则》第76条规定："对于提起公诉的案件，被告人及其辩护人提出审前供述系非法取得，并提供相关线索或者材料的，人民检察院可将讯问录音、录像连同案卷一并移送人民法院。"本案中被告人、辩护人未提供关于庭前供述系非法取得的相关线索或者材料，故被告人、辩护人的该理由不能成立。同时，公诉人出示了被告人的看守所入所体检表以证明不存在非法取证的行为。

最终法院在庭前会议报告中驳回了被告人及其辩护人要求检查机关移送全部同步录音录像的请求。

（三）会后查漏补缺，完善证据

庭前会议后，公诉机关要对会议中各方的意见进行充分梳理和总结，明确辩方意见并对其提出的问题做好应对。对庭前会议中遗留的问题会后要继续补充完善相关证据。对提出的非法证据排除问题，要及时核实。对于案件特别复杂、证据出现重大变化或者需要申请新的证人出庭作证的，公诉机关也可以再次提请召开庭前会议，继续进行证据开示或非法证据排除，为最终的庭审顺利进行做好准备。

五、庭前会议的完善

（一）适用率有待提高

庭前会议制度正式实施以来，适用率普遍偏低。事实上，法官与辩护人、公诉人例行沟通和交换意见还是沿用之前的惯用做法，由法官向控辩双方传达意见，辩护人可以给人民法院和检察机关提交辩护意见。确有必要的，法官、公诉人与辩护人之间也进行必要的电话沟通，交换彼此意见。但是所有这些做法，并没有随着庭前会议制度的建立得到相应的转变，或者说将以前非正式沟通转移到一个正式的平台上去沟通。当然，造成庭前会议制度难以大范围适用存在多方面的原因：其一，在一些基层法院，由于法官的年龄大，对于新生事物的学习和关注不够，导致庭前会议适用少；其二，基层法院的案件大多比较简单，有的时候一个早上可以开庭审理四五个案件，召开庭前会议确无必要；其三，当前司法机关对庭前会议存在认识上的误区，程序意识仍有所欠缺，认为庭前会议程序烦琐，又解决不了实质问题，还影响自己其他案件审结，造成公诉人、审判人员均不愿意召开庭前会议；其四，不乏有律师为赢得良好的庭审辩护效果，赢得被告人家属的认可，习惯采用"证据突袭"的诉讼策略，对庭前会议也采取消极的态度。

《庭前会议规程》明确会议的召集者是审判人员，审判人员未决定召集庭前会议的，控辩双方可以《庭前会议规程》要求召集庭前会议。虽然庭前会议由审判机关主导，但作为指控犯罪的一方，检察机关在庭前会议中也应发挥积极作用，对于确有必要召开庭前会议的，积极履行召开"建议权"。对检察机关建议召开的案件，若审判机关认为没有召开必要的，检察机关可以要求审判机关书面说明不召开的理由。此外，为防止庭前会议的滥用和低效，对于审判机关决定召集的庭前会议，检察机关若认为无召开必要，可以提出异议，双方再行商榷最终是否需要召开。

庭前会议位于案件审查终结移送法院之后，又在法院正式开庭之前，属于庭前准备程序。虽然并非正式的庭审程序，但对于公诉人而言，庭前会议是为正式庭审服务的，"公诉权"应是其在会议过程中享有并应切实履行的职权。公诉人在参与庭前会议的过程中要充分阐明意见。庭前会议程序一方面是为正式庭审做准备，另一方面也是部分庭审审查内容的前置。因此，公诉人在听取辩护人意见、进行有效沟通的同时，更重要的是要充分阐明指控意见，争取得到法官支持，从而对相关问题作出妥善决策，为正式庭审的顺利进行筑牢基础。根据庭前会议上被告人及辩护人提出的异议，在庭审前进行重点核实；对于相关证据不能证实的，要进一步补充证据，以做好应诉准备；对于异议有理的，也应当收集相关证据。鉴于案件已被审判机关受理，公诉人要及时与法院沟通，必要情形下可以根据客观情况作出相应变更起诉的决定。

总而言之，若检察机关在庭前会议中有效履行建议、公诉职能，才能最大程度发挥出庭前会议制度的实效性，也能调动控辩审三方的参与积极性，大大节约诉讼资源，加快庭审效率。

（二）功能定位有待明晰

任何制度的都有其价值功能，就庭前会议制度而言，提高庭审效率、保障庭审质量是庭前会议制度的设计初衷。刑事诉讼法对庭前会议定位并不清晰，《庭前会议规程》中对庭前会议程序进行了进一步的补充说明。如，明确了庭前会议解决的是可能导致庭审中断的程序性申请和异议，并就组织证据展示、明确事实、证据争点来保障庭审集中、持续审理。但也规定了庭前会议既不能弱化庭审程序，更不能取代庭审程序。庭前会议所组织的证据展示，不能取代庭审举证和质证；所整理的事实和证据争点，不能弱化和取代庭审调查、辩论等环节。庭前会议是为了突出庭审重点，确保庭审的质与效，而非替代部分庭审职能。这一点明确了庭前会议的功能但依旧延续了之前对庭前会议制度功能给予的模糊定位，那就是庭前会议中对证据展示、事实与证据争点的质证与在庭审现场中的庭审举证、质证与法庭调查、辩论等环节的尺度与取舍，究竟庭前会议中的证据展示与争点进行到何种程度才是既提升庭审效率和庭审质量，实现庭审实质化，又不会弱化与妨碍庭审环节。从目前司法实践来看，庭前会议往往呈现出"两个极端"的现象：一个"极端"是庭前会议流于形式，解决不了任何问题，正式庭审过程中需对庭前会议事项仍需要进行再次讨论；另一个"极端"是庭前会议越俎代庖，替代了庭审的实质功能，削弱了庭审的中心地位。

【案例】邱某某等人贩卖毒品一案

邱某某等人贩卖毒品一案，侦查人员抓获邱某某后在其车上查获大量毒品并将其带至执法办案区进行讯问,随后另派出一组侦查人员前往邱某某异地的租住房进行搜查,因邱某某本人未到现场,遂请邱某某租住房所在小区保安见证搜查过程并进行录音录像,但因现场条件受限未当场制作扣押物品清单,邱某某的辩护人在庭前申请排除该证据,在庭前会议中,公诉人申请多名见证人出庭就搜查过程进行说明,以证实搜查过程的合法性,并申请多名侦查人员出庭对扣押、称量的过程进行说明,但最终法庭并未对相关问题的处理结果形成庭前会议报告,没有起到实质性推动庭审的作用,亦没有相关的措施对其予以监督和制约,实质上还造成了司法资源的浪费。

庭前会议其制度目的在于提高庭审效率、实现集中审理,该制度在传统上属于对抗式刑事诉讼制度的必备程序装置。当前,我国正在进行以庭审为中心的审判方式改革,增加庭审对抗性,实现庭审实质化是这项改革的目的和关键,因此,庭前会议制度的定位应当以庭审中心主义为逻辑上的出发点,进而实现其功能的集中化以及最大化。

我国司法解释规定了适用庭前会议制度的四种情形,即证据材料较多且案情疑难复杂、社会影响重大及舆论广泛关注、控辩双方对事实证据存在较大争议、当事人提出的申请或者异议可能导致庭审中断的案件。这四种情形很多情况下是交织在同一个案件中的,可以将其称为重大复杂案件。从庭前会议制度适用范围的界定来看,与启动原因相对应,庭前会议制度至少具有三种功能:一是实现案件审理程序正义的功能;二是对疑难复杂案件的事实、证据、法律观点进行庭前整理的功能;三是对重大敏感案件庭审中突发情况的发生进行防控的功能。

在以庭审为中心的前提下,以上三种功能相辅相成,其目的都是保障庭审的质效,而其中整理功能应当是其最核心的功能。非法证据排除可以视为对证据的整理,其本质上是通过控辩双方在庭前的对抗将没有证据资格的证据排除出审理范围,而重大敏感案件的庭审防控功能也内化在对案件的事实、证据、法律观点进行庭前整理的程序之中。可以说,庭前会议最为核心的功能其实是对重大复杂案件的庭前整理,其结果是达成一致以及明确争点,从而在庭审中进行有针对性的对抗和判定，进而实现庭审的实质化，最终达到以庭审为中心的目的。

（三）制约机制有待完善

我国刑事起诉实行案卷移送制度，律师一般会通过阅卷了解控方信息，庭前会议的召开部分也是为了让控方充分了解辩方的主要观点及辩方的新的证据，以此达到控辩双方信息上的平衡，从而保证庭审的顺利进行。但是实践当中，有的辩护人基于庭审效果的考虑，不愿在庭前会议中披露辩点和出示新证据，意图在庭审中使公诉人措手不及，以向被告人及其亲友显示自己的工作成效。以上行为明显不符合庭前会议的初衷，也违反了《庭前会议规程》的规定，但是法律对此缺乏明确的制约措施。

《庭前会议规程》规定了控辩双方在庭前会议中就有关事项达成一致意见，又在庭审中提出异议的，除有正当理由外，法庭一般不再对有关事项进行处理。但这是对程序性问题的处理，如果被告人或者辩护人在庭审过程中提交庭前会议之前已经收集的证据，因为其可能影响案件的实体处理，法官出于对案件实体处理的考虑，还是会接受其申请，让被告人或辩护人达到其"突袭"的效果。但是这种行为使得庭前会议流于形式，是对司法资源的浪费，因此应当制定规则加以规制，对故意违反庭前会议规定的行为予以制裁。

（四）法律监督尚需完善

在司法实践中，不公开进行的庭前会议也会引起外界质疑是否公正。随着《庭前会议规程》中明确赋予庭前会议决议以法律效力，针对庭前会议不公开的特殊现象，必须尽快将刑事庭前会议纳入刑事审判监督程序之中，防止以不公开的庭前会议的形式在审前间接侵害被告人诉讼权利或者因缺乏监督曝出有损司法公正之情况。

作为国家专门的法律监督机构，检察机关本身的定位就决定了其在审判过程中的双重职能，不单要作为控方在庭前会议中尽到职责，还要在庭前会议这一重要的庭前程序中以国家法律监督机关身份对该程序的实际运作尽到法律监督义务。检察机关既然在刑事诉讼中对法院审判活动的全程监督，就不能遗漏庭前会议这一重要程序，否则会引起审判权利的脱缰。刑事诉讼法及其司法解释与《庭前会议规程》中只规定了检察机关作为参与一方的权利，却没有对检察机关履行监督职能相关内容做出规定，致使庭前会议程序的运作和适用在立法上欠缺了必要的监督与制约。进而容易滋生庭前会议决议权力的滥用与腐败，必须尽快实现检察机关作为监督者在庭前会议程序中的监督功能。

检察机关是法定的法律监督机关，自然负有对庭前会议程序的法律监督职责，因此，出席庭前会议的公诉人同时承担参加会议解决相关诉讼事项与法律监督两项职责。一是针对会议过程中是否存在违反法律规定的诉讼程序有关事项进行法律监督，如在庭前会议中被告人申请参加的是否到场；法院邀请与案件无关人员参与的；相关讨论内容记录存在错误或相关与会人员未签名确认的，等等。二是要对庭前会议参加人的合法权利进行保护，如存在法官强行干涉控辩双方的合理表达权利的保护；一方当事人胁迫另一方当事人进行调解；审判人员强迫双方进行调解对辩方无法或无力调取的对证明案件事实起有效作用的证据，而被法官无理拒绝的等情况。三是监督会议解决的内容范围，法院召开庭前会议的会议内容应在现行法律与相关司法解释规定的程序性事项的范围之内，不能以刑事决定或者裁定等方式对控辩双方未达成的协议的部分做出处理决定，更不可单独对一些牵涉的实体问题进行审理核实。四是对庭前会议主持者的行为进行监督，监督主持者是否存在滥用职权、徇私腐败等损害司法公正的行为。一旦发现庭前会议中出现相关违法情形，有权在会后向人民法院提出检察建议，建议不确认本次会议的效力，并追究有关人员的责任，对于出现严重违法情形可能影响公平正义的，公诉人应当变事后监督为同步监督并立即向主持会议的审判人员提出，由审判人员加以规制，审判人员不加规制或者规制不力的，公诉人应当场建议中止庭前会议，并在事后向法院发出纠正违法通知书。

总而言之，检察机关要对庭前会议予以全程监督，如此才能将整个刑事审判程序无死角的置于国家的法律监督之下。针对具体违法行为，检察机关可以纠正违法通知书、检察建议书等形式给予书面纠正意见。

第九节　出席一审法庭

一、出席一审法庭的基本内涵

《刑事诉讼法》第189条规定："人民法院审判公诉案件，人民检察院应当派员出席法庭支持公诉。"

同时，《刑诉规则》第390条至第429条对于公诉人出席法庭支持公诉、出庭的任务、行为规范有更加详细的规定。

1996年12月31日最高人民检察院制定的《关于审查逮捕和公诉工作贯彻刑诉法若干问题的意见》（已失效）第三部分就出庭的问题做了专门的规定。

2015年6月15日最人民检察院制定了《关于加强出庭公诉工作的意见》对于公诉人出席法庭有更详细的指导。

另有最高人民检察院出台的《公诉人出庭行为规范》对公诉人在履行出庭公诉职能过程中的行为具有指导作用。

这些规定是公诉人出席一审法庭的法律依据，其包含以下几个方面内容：（1）人民检察院对于提起公诉的案件，在人民法院开庭审判时，人民检察院都必须派员出席法庭；（2）人民检察院所依法指派出席法庭的检察人员，一般至少应有1名检察官，检察官在检察长领导下开展工作，检察长可以将部分职权委托检察官行使，可以授权检察官签发法律文书；（3）被指派出席法庭的检察人员，在一审法庭的法定身份为国家公诉人。这是一种既不是诉讼当事人又不属于其他诉讼参与人的独立诉讼主体；（4）公诉人在一审法庭上，既有支持公诉的职责，又有监督法庭审判活动是否合法的职责。

二、出席一审法庭的工作要求

（一）严格依法办案

要严格依法办案就是坚持有法可依、有法必依、执法必严、违法必究的原则。这一原则也是我国立法、司法、行政等各项工作都必须遵守的原则。公诉人代表国家出庭支持公诉，（1）必须严格依照刑法的有关规定，正确区分罪与非罪、此罪与彼罪的界限，既不能放纵犯罪，使有罪的人逃避法律的追究，又不能伤害无辜，让无罪的人蒙冤受难，从而保证刑事追究的准确性。（2）必须严格按照刑事诉讼法和《人民检察院组织法》所规定的职权范围开展工作，切忌越权行事或有失职守，在进行各项诉讼活动中，必须符合法定程序的要求，切实担负起代表国家追诉犯罪和实行法律监督的职责，执法必严、违法必究、严格审查、依法办案以捍卫和维护法律的尊严。

（二）忠于事实和法律

忠实于事实，忠实于法律就是坚持以事实为依据，以法律为准绳，实事求是，严格依法履行职责。公诉人在法庭上，无论是支持公诉还是纠正法庭在审判活动中的违法行为，都必须以事实为依据客观实际地进行，反对主观臆断和弄虚作假。（1）必须要实事求是地认定案件事实，提起公诉，如果起诉书认定的案件事实不确切或失实，据此所进行的支持公诉就难以取得预期的效果，甚至会完全失败。（2）要全面、如实地向法庭出示案件的所有证据，既要出示那些证明被告人有罪或罪重，对指控有利的证据，又要如实地向法庭出示证明被告人无罪或罪轻，对辩护有利的证据，使法庭能够全面判断，作出正确判决。（3）要针对案件情况，实事求是地发表公诉意见和参加法庭辩论，如果庭前准备的公诉词或答辩提纲与法庭调查的实事和证据有出入，出庭公诉人必须及时予以修改和补充。（4）依法论证，以理服人，严格按照法律论证事实和证据，坚持依法办案，忠实于事实，忠实于法律，维护法律的尊严。

（三）公平正义

公诉人出庭支持公诉是检察机关代表国家依法履行法律赋予公诉权的一种最直接、最具体的体现。公诉人在履行这一职权时，必须坚持法律面前人人平等，对一切参加诉讼的公民，包括被告人、被害人、证人及其他诉讼参与人，不分民族、种族、性别、职业、职务、资历、出身以及党派、宗教信仰、文化程度、财产状况等，在适用法律上一律平等。对于被告人，不论其职位高低、权力大小，在法庭上该揭露的就要揭露，该驳斥的就要驳斥，该建议从重、加重处罚的就要建议从重、加重处罚，该提出从轻、减轻情节的，就要提出从轻、减轻情节，对被告人的合法权益，要坚决予以维护。对于被害人，不论其身份、地位，其合法权益也应受到同等的维护和保障。对于其他诉讼参与人也都应一视同仁，认真保障其行使合法的诉讼权利和履行法定的诉讼义务。

（四）分工负责、互相配合、互相制约

《刑事诉讼法》第7条规定："人民法院、人民检察院和公安机关进行刑事诉讼，应当分工负责，互相配合，互相制约，以保证准确有效地执行法律。""分工负责、互相配合、互相制约"是贯穿刑事诉讼全过程的基本原则，决定了侦查、检察、审判机关在刑事诉讼中的关系，三者之间是相辅相成、缺一不可的。其中"分工负责"是审判顺利进行的前提，"互相配合、互相制约"是公正审判的保证，既要防止侦查、公诉和审判职能的互相干预甚至替代，又要防止无分工、无原则的配合，分工、配合和制约的根本目的是有效执行法律，保障国家刑罚权的实现。具体而言，"分工负责"就是要求公安机关、检察机关和审判机关根据法律规定，各自在法定范围内履行职能和职权，各司其职，各负其责，既不能越权干预，也不能怠权不作为。公安机关要深入开展侦查工作，为指控犯罪奠定坚实的事实和证据基础，并根据庭审变化的需要，适时开展补充侦查或出庭证明案件发生发展情况；检察机关要履行控诉职能和法律监督职能，承担证明被告人的行为构成犯罪的责任，提供明确合理的公诉意见，并对法庭审理情况进行监督，正确适用检察建议权；审判机关要客观中立地审理案件，正确适用法律，准确作出量刑，使有罪者得到惩罚，无辜者不受刑事追究，以司法公正促进社会公正。"互相配合"就是要求公安机关、检察机关、审判机关在刑事诉讼过程中要加强协调，互相合作，在尽职尽责履行各自权力和义务的基础上，共同完成惩罚犯罪与保障人权相结合的诉讼目的，还原案件事实，打击惩罚犯罪，保障公民权利。"互相制约"就是要求公安机关、检察机关、审判机关在出庭公诉中要严格遵循诉讼程序，互相制约，互相监督，及时矫正和预防发生工作失误和诉讼疏漏，纠正各种程序违法和实体违法行为，按照罪责刑相适应原则追究被告人刑事责任，保证法律实施的统一性和正确性。

三、出席一审法庭的工作流程及方法

（一）宣读起诉书，支持公诉

起诉书是人民检察院代表国家指控犯罪，将被告人提交法庭审判的一个正式司法文书，它是人民法院开庭审判案件的法律依据，宣读起诉书是公诉人在庭审活动中的第一项工作。公诉人通过宣读起诉书，代表国家指控犯罪，提请人民法院对被告人依法进行审判。

公诉人出庭支持公诉，诉讼参与人不通晓当地的语言文字的，应当进行翻译，除在少数民族聚居或者多民族杂居的地区使用当地通用的语言外，应当使用普通话。发言时应做到用语规范，语速适中，吐字清晰，声音洪亮。

公诉人应当在审判长宣布法庭调查开始后，宣读起诉书，应保持姿势端正。宣读起诉书应从"×××人民检察院起诉书"开始至"检察员或助理检察员×××"结束。宣读起诉书应当完整，不得随意删节、更改。宣读完毕后，应面向审判长告知："审判长，起诉书宣读完毕。"被告人对起诉书指控的犯罪事实进行陈述时，公诉人应当注意记录被告人的陈述与起诉书指控的犯罪事实的差异，并根据实际情况及时调整出庭方案。

【案例】杨某某故意伤害案

某检察院办理的被告人杨某某涉嫌故意伤害余某某案件，起诉书指控被害人余某某被杨某某打成重伤，法院决定2018年7月26日对该案进行审理。2018年7月26日凌晨，余某某突然死亡。这种突发情况属于起诉后案件事实发生了变化，公诉人来不及更改起诉书，而这一事实可能导致被告人的量刑加重的情形。公诉人当庭建议法庭休庭，并在进行了必要的补充侦查以后，及时向检察长报告，经检察委员会审批以

后,变更起诉,并以书面方式在人民法院判决前向法院提出。

对于类似的起诉后事实发生变化,来不及变更起诉的,公诉人应当根据具体的情况分别进行应对:

第一种情况,如果所变化的事实可能导致案件基本事实和定罪量刑的重大变化,或可能发生对被告人不利的事实变化,则不宜继续以原有起诉书为基础进行法庭审理活动。在这种情况下,公诉人应建议休庭,进行必要的补充侦查,并根据补充侦查的事实,建议法院恢复审理或者变更、追加、补充起诉。决定变更、追加、补充起诉时需要给予被告人、辩护人必要时间进行辩护准备的,可以建议法庭延期审理。

第二种情况,如果所变化的事实不影响案件基本事实的认定,或仅可能在量刑方面有所变化,且对被告人有利。如被告人与被害人双方在庭审前经协商达成和解,对被害人进行赔偿,被害人出具谅解书,或者被告人庭前自愿向法庭退缴赃款等,这些情节不影响案件的基本事实及对被告人的定罪,公诉人可以根据实际发生的变化情况在宣读起诉书、举证阶段或发表公诉意见时予以说明,而不必要求休庭。

第三种情况,如果所变化的事实虽然不影响案件基本事实的认定,但可能导致被告人量刑的重大变化,而公诉人认为有必要查明该事实的,公诉人也可以要求休庭,进行必要的补充侦查,并根据补充侦查的事实,建议法院恢复审理或者变更起诉。如被害人出具谅解协议的,公诉人认为需要查明被害人是否出于自愿,则有进行补充侦查的必要。

(二) 讯问被告人

1. 明确讯问目标定位

《刑事诉讼法》第191条赋予公诉人讯问被告人的权利。公诉人在法庭上在审判长主持下,依法就起诉书指控的犯罪事实讯问被告人,可了解被告人对检察机关的指控有无异议,是否认罪,同时也使合议庭对被告人犯罪过程及犯罪事实有整体的了解。公诉人可以根据案件证据特点以及被告人认罪情况为法庭讯问设置多层次的目标定位,且这种定位是动态的,可以根据讯问工作的进展情况作适当调整。

第一层次:被告人当庭完整供述自己以及同案被告人的犯罪事实。

这是公诉人法庭讯问的最理想状态。

第二层次：揭露被告人在庭审中企图逃避罪责而虚假供述的本质。实践中，第一层次的理想状态不是在所有法庭讯问中都能达到，如被告人作虚假供述，公诉人往往很难通过法庭教育使其如实供述。这时，公诉人没有必要过于强求，应当适时地转换目标定位，退而求其次。在这种情况下，如果通过讯问达到以下状态即是理想的，一是通过细节上的追问，使被告人的供述自相矛盾，被告人的虚假供述本质被认清。二是通过追问，使得被告人对自己的某些关键性辩解不能做出合理解释，显示其狡辩的本质。三是通过讯问，使得被告人无话可说，法庭记录显示为"不语"。四是在讯问过程中，设置好"圈套"，为后面示证、辩论环节揭露被告人虚假供述的本质做好准备。

第三层次：让法庭清楚了解被告人的辩解内容，为下一步的工作做准备。在前两个层次的目标均不能达到的情况下，公诉人可以再退而求再次，将讯问目标设置为清楚地了解被告人的辩解，增强后面示证以及辩论工作的针对性。

2. 采取适合的讯问方式

针对不同类型案件，采取的讯问方法亦有所区别：

（1）对于一名被告人一罪名的情形，一般按照个罪的犯罪构成要件来讯问，通过对犯罪动机、目的、时间、地点、对象、手段、危害后果等内容的讯问来揭示被告人的犯罪事实。有多笔犯罪事实的，在讯问时可以合并同类项，先将犯罪动机、目的、手段等内容相同或一致的方面进行合并讯问，再对逐笔事实展开讯问，对于已经讯问过的内容不必重复讯问。

（2）对于一名被告人多罪名的情形，通常按照起诉书指控的罪名顺序进行发问。为节约庭审时间，可将各罪名之间涉及的相同内容合并讯问。比如，被告人出于相同动机、目的采取的针对相同对象的犯罪，而触犯了不同罪名，公诉人在讯问时，可以先合并讯问其犯罪动机、目的等同类共性问题，再针对呈现个性特点的其他要素按照起诉书的指控罪名逐个进行讯问，避免在某些内容上的重复讯问。

（3）对于共同犯罪一个罪名的情形，应先对共同犯意联络进行讯问，再就构成要件事实、各被告人在共同犯罪中的作用和地位等法定量刑情节进行讯问，最后就各被告人犯罪后的表现等酌定情节进行讯问。在讯问顺序上，没有必要拘泥于起诉书中被告人的排序，可以根据各被告人的认罪态度做顺序上的调整。如果主犯供述得比较好，可以先讯问主犯。如果主犯供述不理想，可以先讯问其他认罪态度好、供述清楚的从犯，以便于法庭更易于接受公诉人指控观点。必要时可以提请法庭将供述相互矛盾的被告人同时带上法庭进行讯问，就供述的矛盾点让被告人相互对质。

（4）对于共同犯罪多罪名的情形，有些公诉人以人为纲进行讯问，在讯问某名被告人时将其涉嫌的罪名与犯罪事实一次性讯问完毕，但在各被告人之间的罪名与事实相互交叉、重叠的复杂共同犯罪中易造成混乱，宜采取以事实为目、以罪名为纲的方式，按照罪名进行讯问，一事一了、一罪一了。尽管这样做比较烦琐，需要将被告人频繁地带进带出法庭，但实践中效果较好。另外，后续示证的编排顺序应当与公诉人的讯问方法相一致，使犯罪的指控力度最大化。

（三）举证

公诉人支持公诉，在法庭上承担对于所指控事实的证明责任。公诉案件的庭审举证是指公诉人在出庭支持公诉过程中，通过向法庭出示、宣读和播放诉讼证据，以查清案件事实并最终解决被告人刑事责任的活动。公诉人在讯问被告人、询问证人和被害人后，宣读有关言词证据、宣读鉴定意见、勘查笔录、出示物证书证、播放视听资料等举证方式，揭露被告人犯罪的动机、目的、手段、过程和危害结果，证明起诉书指控的犯罪事实和公诉主张。

根据《适用解释》第72条的规定，需要运用证据证明的案件事实包括：（1）被告人的身份；（2）被指控的犯罪行为是否存在；（3）被指控的行为是否为被告人所实施；（4）被告人有无刑事责任能力，有无罪过，实施犯罪的动机、目的；（5）实施行为的时间、地点、手段、后果以及案件起因等；（6）是否系共同犯罪或者犯罪事实存在关联，以及被告人在犯罪中的地位、作用；（7）被告人有无从重、从轻、减轻、免除处罚情节；（8）有关涉案财物处理的事实；（9）有关附带民事诉讼的事实；（10）有关管辖、回避、延期审理等的程序事实；（11）与定罪量刑有关的其他事实。这实际上也确立了公诉人庭审举证的范围。根据《适用解释》，对于以下事实，公诉人不承担举证责任：（1）为一般人共同知晓的常识性事实；（2）人民法院生效裁判所确认的并且未经审判监督程序重新审理的事实；（3）法律、法规的内容以及适用等属于审判人员履行职务所应当知晓的事实；（4）在法庭审理中不存在异议的程序事实；（5）法律规定的推定事实；（6）自然规律或者定律。

通常情况下，被告人在庭审中作有罪供述案件的举证比较简单，只需紧扣犯罪构成要件事实出示证据即可；而被告人当庭翻供、部分否认或改变供述的案件的举证则较为复杂，公诉人要有预见、有准备、有区别地予以应对：对可能影响定罪量刑的，应针对被告人翻供或否认的内容进行举证；对不影响定罪量刑的无理纠缠或者蛮横要求，举证时只需对翻供或否认的内容稍作展开、点到为止，其他证据的出示仍然可以按照原举证预案进行。通常认为，实体法事实是控方证明责任范围的重点，而对于不涉及基本人权的程序法事实，因为可以以自由证明的方式，更多应遵循主张者为证明责任的原则。

公诉人举证的基本要求有：一是出示、宣读、播放每一份（组）证据前公诉人应先就证据的种类、名称、收集主体和时间以及所要证明的内容向法庭作概括说明；二是出示、宣读、播放每一份（组）证据时，一般应出示证据的全部内容。根据案件的具体情况，也可以摘要出示，但不得随意删减、断章取义或者曲解原意；三是举证应结合被告人的认罪态度，根据庭审情况，及时调整举证时机和举证内容，突出重点，繁简得当；四是举证完毕后，应对出示的证据进行归纳总结，明确证明目的；五是使用多媒体示证的，应与公诉人举证同步进行；六是在公开审理的案件中，出示、宣读、播放的证据涉及国家秘密、商业秘密或者个人隐私的，应当建议法院转为不公开审理。

(四) 质证

质证的本质是对证据的证明能力和证明力的质疑和论证，是调查、核实证据能否成为定案根据以及对案件事实证明价值大小的过程。因此，质证必须紧紧围绕证据调查为中心，全面查证证据的客观性、相关性、合法性和证明力，不能将质证与法庭辩论混为一谈，甚至把案件事实和法律适用的辩论也纳入质证程序，使质证异化为法庭辩论，这就完全模糊和混淆了庭审阶段的不同任务。

针对不同证据种类的属性，质证内容也不尽不同：(1) 对被告人的供述和辩解的质证主要集中在被告人供述的动机、讯问程序是否合法、供述和辩解是否合理、被告人供述是否前后一致及其原因、多名被告人之间的供述是否一致等。(2) 对证人证言的质证主要集中在证人是否具备作证能力、询问程序是否合法、证人证言是否真实、证人与当事人是否有利害关系、证人的记忆力和表达能力是否可靠、证人的证言是否前后一致、证人证言与其他证据有无矛盾等。例如，对于人民检察院、被告人及其辩护人对证人证言有异议，该证人证言对定罪量刑有重大影响的或人民法院认为其他应当出庭作证的证人，人民法院应当通知出庭作证并接受控辩质证，经依法通知不出庭作证证人的书面证言经质证无法确认的，不能作为定案的根据。而证人在法庭上的证言与其庭前证言相互矛盾，而证人当庭能够对其翻证作出合理解释，并有相关证据印证的，应当采信庭审证言。对未出庭作证证人的书面证言，应当听取出庭检察人员、被告人及其辩护人的意见，并结合其他证据综合判断。未出庭作证证人的书面证言出现矛盾不能排除矛盾且无证据印证的，不能作为定案的根据。(3) 对被害人陈述的质证主要是被害人陈述内容是否真实、陈述内容是否与其他证据相矛盾、被害人与被告人的关系、询问被害人程序是否合法等。(4) 对鉴定意见的质证主要是鉴定人是否具有鉴定资质和鉴定能力、鉴定程序是否合法科学、结论是否科学、鉴定检材是否可靠等。(5) 对物证的质证主要是物证是否属原物、取证方法是否合法、物证的复制过程是否合法等，对书证的质证主要是书证内容是否真实、取证程序是否合法书证是否是原件、复制书证的程序是否合法等。物证、书证的质证重点是其鉴真问题，即必须要相关证据鉴别物证、书证的真伪、来源的可靠性、提取的合法性、收集的可靠性以及法庭上出示的可靠性。司法实践中，一般通过以下几种证据来完成物证、书证的鉴真证明过程：一是勘验、检查笔录，它们最大的证据价值就是证明物证、书证的来源；二是证据提取笔录，它们最大的证据价值就是证明物证、书证的来源和提取经过；三是搜查笔录，它们是对国家强制性的搜查手段所作的记载，主要包括搜查的对象、搜查的经过以及搜查获得的相关物证、书证；四是扣押清单，它们是搜查完毕制作的扣押物证、书证的清单，往往能够证明物证、书证的来源；五是辨认笔录，对现场或物证、书证的辨认在一定程度上也是鉴真的过程。（6）对勘验、检查笔录的质证主要是勘验、检查笔录的制作是否合法、勘验、检查人有无资质和能力笔录的内容是否真实等。（7）对视听资料的质证主要是视听资料是否真实、取证程序是否合法等。

根据罪责刑相一致原则，公诉人既要重视定罪证据的质证，也要重视量刑证据的质证。对于辩护方提出的量刑证据，公诉人应当进行质证。辩护方对公诉人出示的量刑证据质证的，公诉人应当答辩，质证应紧紧围绕案件事实、证据进行，质证应做到目的明确、重点突出、逻辑清楚，如有必要，可以简要概述已经法庭质证的其他证据，用以反驳辩护方的质疑。

（五）发表公诉意见

司法实践中，公诉人的首轮发言被称作发表公诉词或公诉意见，也是法庭辩论的开始。公诉词是公诉人根据控诉职能，对案件事实、证据和适用法律发表的总结性意见。发表公诉词的作用，在于补充说明起诉书的内容，进一步揭露、论证犯罪，提请法庭对被告人依法惩处，并分析被告人犯罪的原因及其所造成的社会危害性，向法庭提出对被告人的量刑建议，从而达到支持公诉和宣传法制、教育群众的目的。由于公诉意见书的受众面涉及被告人、审判人员和旁听群众等多种人群，因此公诉意见书要实现感化、说服和教育功能，就必须要做到说理充分、逻辑严密、内容丰富、有理有据。

一般来说，公诉意见书要根据法庭调查情况、被告人个人特点和案件性质的不同而有所侧重，其基本内容应当包括：

1. 总结归纳证据。主要是简要概括法庭调查阶段通过讯问被告人、询问证人、被害人和鉴定人、出示物证、书证、现场勘验、检查笔录、播放视听资料并经控辩双方质证、辨认和法庭采信的情况，论述各证据的证明能力和证明力，说明各证据的证明作用，阐明证据之间的逻辑关系并形成证据锁链，对于案件事实和证据方面基本上不存在争议的案件，公诉人对其的论证可以简略。对于案件事实和证据方面存在较大争议的案件，公诉人对其的论证则要详细充分，公诉人在论证所举证据具有证据三性的基础上，还需把论证的重点放在证明标准的充分性上，主要是围绕公诉人所举证据有哪些是直接证据，哪些是间接证据，证据间是如何相互印证的，所有证据是如何形成证据锁链的，是否达到证明被告人的犯罪事实清楚、证据确实充分的证明标准，是否指向被告人构成犯罪这一唯一结论。

2. 法律适用分析。如果说第一部分是论证的是起诉书指控的犯罪事实能否成立的问题，那第二部分论证的内容则是罪与非罪、此罪与彼罪的问题，公诉人主要围绕罪名的构成要件进行立论，重点是论证被告人及其辩护人可能提出异议的构成要件部分。

3. 发表量刑建议。结合被告人的犯罪情节，发表量刑建议，提出对被告人依法从重、从轻、减轻或者免除处罚的意见。公诉人可以先对定性问题发表意见，后对量刑问题发表意见，也可以对定性与量刑问题一并发表意见。

4. 法制教育宣传。这是公诉意见书的选择性内容而非必备要件，主要根据案件的具体情况和庭审情况，通过分析被告人走上犯罪道路的各种原因，揭露被告人犯罪行为给被害人和社会造成的巨大危害来提醒旁听群众要引以为戒，不要以身试法，追悔莫及。

（六）参加法庭辩论

法庭辩论，是指在法庭调查的基础上，控诉方与辩护方就被告人的行为是否构成犯罪，以及犯罪的性质、罪行轻重、证据是否确实充分，以及如何适用刑罚等问题，进行互相辩论和反驳的一种诉讼活动。参加法庭辩论既是公诉人出庭支持公诉过程中行使的一项重要的诉讼权利，又是公诉人代表国家起诉犯罪行使公诉权的具体体现。公诉人在参加法庭辩论时答辩质量的好坏，往往关系到法庭对案件事实的认定和对法律的适用，并从而影响人民法院的正确判决。

公诉人在全面准确预测法庭辩论焦点的基础上，需要做到对突发问题和情形进行临场处理、灵活应对。临场灵活应对要求公诉人能够快速总结归纳庭审中出现的争议焦点，并及时根据庭审现场情势调整辩论方案，有针对性的进行回应，有以下几点值得注意：一是善于总结把握辩论焦点；二是"以子之矛，攻子之盾"；三是立论驳论有机结合。

（七）对审判活动是否合法履行监督

根据我国刑事诉讼法的规定，人民检察院是国家的法律监督机关，公诉人在依法履行出庭支持公诉职权时，有责任也有权力对法庭组成及其审判活动是否合法实行监督监督重点是程序违法、侵犯被告人诉讼权利、妨碍公诉权、超期限审理以及重罪轻判、轻罪重判、有罪判无罪等情形。公诉人对庭审过程中发现的程序违法行为，可以通过当庭纠正、纠正违法通知书、检察建议等多种方式进行监督，如果法庭严重违法，影响审判活动正常进行的，则应当建议休庭，延期审理，以维护司法权威，保障被告人的诉讼权利，以保证审判活动的正常进行。

四、相关文书制作与应用

出席一审法庭应做好充分的庭审预案，总的来讲就是做好"三纲一书"。所谓"三纲一书"，就是指讯问（询问）提纲、举证（质证）提纲、答辩提纲以及公诉意见书。"三纲一书"是针对每一具体个案而言的，因此不存在固定模式。就整体思路而言，制作"三纲一书"如同议论文写作：文章的中心论点是被告人构成何罪、应受到何种刑罚，起诉书是文章的立论，讯问是文章的破题，举证是文章的论证，答辩是文章的反驳，公诉意见是文章的观点总结。

(一) 讯问提纲

讯问被告人提纲的制作，必须以定罪量刑为中心，围绕被告人犯罪手段、目的、罪过、危害等要素制作提纲。设计的问题要简洁明确，通过一问一答再现犯罪经过。通过审查卷宗、提审被告人和接访辩护律师，公诉人可以基本了解被告人的认罪态度和心理变化，可以分析被告人的自我辩解的合理性和不合理性，从而预测到讯问被告人时可能出现的各种状况，制定出有针对性的预案。对于被告人在提审时供述与侦查阶段有重大差别或者可能在庭审中翻供的案件，讯问提纲要充分考虑被告人的多种反应和回答并设计层层深入的下一组问题，以暴露其错误，反驳其辩解，保证讯问效果。

1. 单刀直入法。单刀直入法，是指讯问被告人时不绕弯子，直接提出被告人是否承认公诉主张及实施犯罪经过的问题，主要适用于被告人始终供认不讳的案件。单刀直入法直指问题要害，紧扣案件定性的各个要件事实，有利于快速清楚地再现犯罪场景，支持起诉书指控的犯罪事实。单刀直入式讯问有两种：一是顺问法，即按照被告人实施犯罪的时间、地点、人员、手段、起因、经过、结果等犯罪发生发展的顺序进行讯问，将犯罪的全过程自然延展在法庭之上；二是倒问法，即先从犯罪造成的危害后果开始发问，逆序倒问，由于将犯罪结果先行展示，加深了法庭对被告人犯罪行为危害性的印象，有利于增强公诉主张的说服力。单刀直入法还适用于情节简单、有罪证据充分的案件，无论被告人是否认罪，只要支持控诉证据的种类齐全、数量充足、质量较高，即可以在讯问时直奔控诉主题，用强大的证据优势粉碎被告人的无理辩解。如城市中心区高发的抢夺案件，大都人赃俱获，有被害人及证人指证，赃物鉴定达到追诉数额，更有街道监控录像作证，采用单刀直入法进行讯问的公诉效果更佳。

2. 迂回发问法。迂回发问法，是指公诉人在讯问时先不直接提出关于被告人犯罪行为及后果的问题，而是从表面上与案件无关联或者不重要的事实开始发问，由远及近、先外后内，在缓和被告人负隅顽抗或者警觉戒备心理后步步引入主题，迫使被告人说出案件真相。由于迂回发问法能够隐藏公诉人的讯问意图，使得被告人在提防心理较弱的情况下逐渐放松警惕，在公诉人环环相扣的讯问下自我暴露，自我瓦解，被动地供述犯罪事实。这种讯问方法需要较高的讯问艺术，要求公诉人必须精心设计问题，厘清问题之间的关系，但又要注意问题不能离题过远，迂回的圈子不能过大，以免遭到辩护人反对或者审判长制止。

3. 各个击破法。各个击破法，是指在涉及多个被告人或多件犯罪事实的案件中，要采用联系与区分相统一的原则，由简到繁，由易到难，从被告人的弱点入手，从简单事实入手，分别讯问，逐个解决。各个击破法适用于共同犯罪案件或被告人涉嫌多起犯罪的案件，尤其适合用于有的被告人认罪，有的被告人不认罪的共同犯罪案件，可以通过先讯问认罪被告人，后与不认罪被告人相互对质的方法，使不认罪被告人无从辩护。对被告人涉嫌两件以上犯罪事实的，公诉人应当就每件犯罪事实分别进行讯问，且应当从情节清楚、证据充分的犯罪事实开始，以渐进有序的方式击破被告人的辩解。

4. 抽丝剥茧法。抽丝剥茧法是指公诉人要细致审查证据，认真准备讯问提纲，讯问的问题要有层次有联系，由表及里，由枝到干，一步一步有次序地揭露犯罪真相。例如，在重庆系列打黑案件对重庆市司法局局长文某妻子周某某涉嫌受贿案审理过程中，公诉人对被告人周某某涉嫌受贿的犯罪事实由外到里，层层讯问，并总结性提出了一个问题："他们那些人为什么要送你古董送你钱？"周某某脱口答："因为我是文某的老婆撒！"法庭上下发出一阵笑声，被告人受贿的犯罪事实十分清楚地再现在法庭上。

（二）举证提纲

举证提纲要以犯罪构成为中心，使各个（组）证据能够证明犯罪构成的单个或若干个要素，证据之间逻辑严密，条理清楚，形成缜密的链条，共同证明案件事实。举证提纲要确定举证的次序、方式和方法。在举证次序上，要考虑证据的类型、证据的证明力、证据之间的关系等，将证据分为互相关联又相对独立的证据组团，每个证据组团均能证明案件事实或案件事实的某一事项，使法官和被告人清楚地知道公诉人的举证目的和证明对象。在举证方式上，要兼顾言词举证和多媒体示证相结合，普通案件只要制作好举证提纲，传统的言词方式就可以满足举证的需要，而对于证据烦琐、事实复杂、社会关注的重大案件，采用直观具体的多媒体示证则效果更佳。就举证方法而言，它不是一成不变的，公诉人应当根据以下不同案件类型，机动灵活地选配举证方法，以最合适的举证方法来推进诉讼进程，完成公诉。

1. 一人一事或案情比较简单的案件的举证。此类案件一般采用逐次举证法即按照犯罪的构成要件和犯罪事实的发生发展过程逐一出示证据。逐次举证法的举证过程比较清晰流畅，便于法庭听取采信，其举证次序为：（1）宣读被告人供述；（2）宣读被害人陈述；（3）要求证人到庭作证或宣读未出庭的证人证言；（4）出示物证、书证；（5）宣读勘验笔录、检查笔录、鉴定意见；（6）播放视听资料。但是，虽然逐次举证法适用的案件较为简单，但公诉人仍应该对证据进行组织挑选，不能将所有证据不经筛选全盘出示，可以根据案件具体情况对上述顺序作出调整，并应当注意各个证据在证明内容上的连贯性。

2. 一人多事案件的举证。对于此类一名被告人犯有多起犯罪事实的案件，可以采用单元举证法，即将每一起犯罪事实划分为相对独立的一个证明单元，将该起犯罪事实成立的证据分组举证或逐次举证，证明该证明单元的犯罪事实，其中涉及每起犯罪中量刑情节的证据应当在对该起犯罪事实证据中出示，涉及全案综合量刑情节的证据应当在全案最后出示。如果一人多事案件涉及多个罪名，公诉人也可以一个罪名为一个举证单元，先举证阐明被告人涉嫌的一个罪名后再接着举证证实下一个罪名。这样可以使得各个罪名涉及的犯罪事实相对独立，不仅各个犯罪事实能够清晰展现，而且能够形成对全案犯罪事实的整体举证效果，有利于法庭既区分又统一地认定案件。

3. 多人一事案件的举证。对于多名被告人共同犯有一起犯罪事实的案件，可以采用分主次举证法，即根据各被告人在犯罪中所起的作用、地位及情节，先出示证明主犯犯罪事实的证据，再出示证明从犯犯罪事实的证据。

4. 多人多事案件的举证。对于多名被告人犯有多起犯罪事实的案件，可以采用复合举证法，即根据案件具体情况和举证需要，如按照作案时间的先后顺序，或者以主犯参与的犯罪事实为主线，或者以参与人数的多少为标准，采用逐次、分组、单元、分主次等多种方法进行举证。在此类案件的举证过程中，要注意区分犯罪集团的犯罪行为、一般共同犯罪行为和个别成员的犯罪行为，并分别进行举证。对于共同犯罪中既有被告人认罪又有被告人不认罪的案件，可以采用迂回包抄举证的方法，先举证证明认罪被告人的犯罪事实，待认罪被告人的犯罪事实经控辩双方质证并被法庭采信以后，在综合举证证明不认罪被告人的犯罪事实。在多人多事类案件中，由于涉案被告人众多，被告人参与的犯罪事实交错不清，一般都属于多罪名、多事实的复杂案件，复合举证时可以以主犯的犯罪事实为主线来出示证据，即每起犯罪事实以主犯的行为为中心进行举证，再举证说明从犯在犯罪过程中的地位和作用，使复杂案证明主犯犯罪事实的同时让举证简单化。

5. 单位犯罪案件的举证。此类案件可以采用先单位后个人举证法，即一般先出示证明单位构成犯罪的证据，再出示对其负责的单位主管人员或其他直接责任人员构成犯罪的证据。其中对指控被告单位犯罪与指控单位主管人员或其他直接责任人员犯罪的同一份证据可重复出示，但重复出示时须简要予以说明。根据最高人民法院《关于审理单位犯罪案件具体应用法律有关问题的解释》，《全国法院审理金融犯罪案件工作座谈会纪要》，最高人民法院、最高人民检察院、海关总署《关于办理走私刑事案件适用法律若干问题的意见》的相关规定，认定是否构成单位犯罪的两个要件是"以单位名义实施犯罪"和"违法所得归单位所有"。因此，对单位犯罪的举证要紧扣这两个要件，证明犯罪行为是以单位的名义实施，犯罪所得归单位所有或者用于单位的日常经营运转。单位犯罪的直接责任人员是单位犯罪的组成部分，负责实施单位集体的决议或者职务、职责所规定的行为，其后果由单位承担，但直接责任人员作为单位成员又必须为其执行单位违法行为的后果承担个人责任。因此，对单位犯罪直接责任人员犯罪行为的举证要结合个人行为与单位行为进行，在论证单位构成犯罪的同时阐明直接责任人员的刑事责任，其中对被告人是否属于直接责任人员要结合被告人的职务、职权、对单位决策的影响力等要素来组织和出示证据。

6. 量刑事实的举证。在法庭调查中，公诉人可以根据案件的不同种类特点和庭审的实际情况，合理安排和调整举证顺序。定罪证据和量刑证据可以分开出示的，应当先出示定罪证据，后出示量刑证据。对于有数起犯罪事实的案件，其中涉及每起犯罪中量刑情节的证据，应当在对该起犯罪事实举证时出示；涉及全案综合量刑情节的证据，应当在举证阶段的最后出示。根据最高人民法院 2010 年 10 月 1 日实行的《人民法院量刑程序指导意见（试行）》的规定，适用普通程序审理的案件，在法庭调查过程中，可以根据案件具体情况先调查犯罪事实，后调查量刑事实。公诉人在出示量刑证据时，可以先综合概括在调查犯罪事实阶段与犯罪行为紧密结合的量刑情节，再出示其他量刑事实和证据，使全部量刑事实展现在法庭面前并接受辩方质证、辩论，实现量刑公正和量刑均衡。

公诉人在庭审的举证过程中，还应该注意以下几个方面的内容：一是围绕举证范围；二是突出举证重点；三是避免重复举证；四是分组进行举证；五是摘要宣读证据；六是不宜照卷宣读；七是制作图表举证；八是不受辩方指挥。

（三）质证提纲

质证是控辩双方质疑、分析、反对对方证据的诉讼活动，证据只有经过当庭质证才能成为定案的根据。质证提纲的制作必须要掌握案件事实或证据存在的主要争议和辩点，预测分析被告人的辩护意见，论证证据的客观性、相关性和合法性，解决证据的可能瑕疵或证据之间的矛盾，用反驳和论证来证明公诉主张。质证提纲要围绕证据的相关性和可采性问题进行制作，既要论证己方证据的客观真实性，又要降低或消除对方证据的证明力。一是要重视被告人的认罪态度及其变化，注意其有罪供述的细节和作用，注意无罪或罪轻辩解的合理性和不合理性。二是要重视间接证据的论证分析。间接证据是指不能单独地直接证明案件主要事实，而需要与其他证据相结合才能证明案件主要事实的证据。由于运用间接证据证明案件事实相对复杂，需要与其他间接证据相结合，因而常常成为辩方的主要辩点。质证提纲要注意分析间接证据的客观合法性，排除间接证据之间的矛盾或不统一，共同指向同一证明对象并得出唯一证明结论。三是要重视证据的统筹运用。质证提纲要阐明事实依据和法律依据，列明质证争点的事实来源、证据页码和法律条文，统筹运用各类证据来质疑、反驳辩方观点。

1. 公诉人对被告人质证的答辩

被告人及其辩护人对公诉人当庭出示、宣读、播放证据的合法性、客观性、关联性提出的质证意见，公诉人应当进行答辩。为此，公诉人在出庭前要全面做好答辩准备，通过换位思考和集体讨论，预测答辩的争点和被告方的质证内容，制定答辩提纲。对被告人提出的与证据证明力无关、与公诉主张无关的意见，公诉人可以说明理由不予答辩，并提请法庭不予采纳。公诉人答辩一般应在辩护方提出质证意见后立即进行，也可以根据需要在法庭辩论阶段结合其他证据综合发表意见，但应向法庭说明。

（1）对被告人质疑证人证言、被害人陈述意见的答辩。公诉人可以根据证人证言和被害人陈述中被告人有异议的重点内容进行答辩，答辩主要结合证人、被害人陈述的任意性、询问程序的合法性、陈述内容的真实性以及对案件的证明作用来进行。当被告人及其辩护人询问证人或被害人有以诱导或威胁方式发问的、前提虚假，违背证据客观性原则的、意图使被害人、证人以推测或判断意见作为陈述或证言的、发问不明确足以使被害人、证人产生误解的、发问内容与本案事实无关的、对被害人、证人带有侮辱性发问的或其他违反法律规定的情形时，公诉人应当及时提出反对意见并提请审判长制止，必要时应当要求法庭对该项陈述或证言不予采纳。

（2）对被告人质疑物证、书证、勘验、检查笔录意见的答辩。公诉人可以从取证主体、程序、手段合法等方面进行答辩，论证物证、书证和勘验、检查笔录的真实性和合法性。公诉实践中，辩方常常要求公诉人出示物证、书证的原件或者原物，对此，公诉人要从出示原件原物有困难，或者原件原物不存在，或者有充分证据证明复制件、复制品与原件原物完全一致等方面进行答辩。

（3）对被告人质疑鉴定意见的答辩。公诉人可以从鉴定人的身份、鉴定资质、鉴定能力、鉴定程序、鉴定标准等方面进行答辩，论证鉴定意见来源合法、结论科学，足以证明案件的相关事实。

（4）对被告人质疑案件程序事实的答辩。辩方对案件的程序事实提出疑问的，公诉人应当出示、宣读有关诉讼文书、侦查或者审查起诉活动笔录予以证明。必要时，可以建议法庭通知负责侦查的人员以及搜查、勘验、检查等活动的见证人出庭陈述有关情况。

（5）对被告人指责性言语的答辩。在庭审质证中，如果被告人或其律师对公诉人进行指责或对司法机关、公诉人进行攻击，公诉人可以从以下方面进行驳斥：一是指出被告人应当根据事实和法律提出被告人无罪、罪轻或者减轻、免除其刑事责任的质证意见，而不能对司法机关和公诉人进行指责攻击，二是提请法庭当庭制止这种指责性言语，三是当庭指出被告人指责司法机关和公诉人的意图。

在庭审质证中，公诉人对被告人及其辩护人断章取义，片面理解证据内容发表意见的，公诉人应立足证据认定的全面性、同一性原则，综合全案证据予以驳斥。对于被告人提出的质证意见，确实需要进行补充侦查的，公诉人可以建议延期审理。被告人及其辩护人建议未到庭证人、被害人到庭进行质证的，公诉人可以结合全案证据情况进行答辩，或者根据具体情况建议法庭休庭。被告人因对证据内容了解有误而质证的，公诉人可以对证据情况进行简要说明。对辩护方符合事实和法律的合理质证，公诉人应当实事求是地发表意见，或者不再就此进行答辩。

2. 公诉人对被告方所出示证据的质证

（1）排除被告方出示的证据。公诉人对被告方出示的辩护人违反法定取证程序获取、不符合证据三性要求、在侦查阶段调取、违背本案客观事实、明显有悖常理或其他需要提请法庭排除的证据，可以提请法庭予以排除。如果被告人出示的以上证据对定罪量刑有重大影响，当庭又难以准确判断，符合延期审理条件的，公诉人应当及时建议法庭延期审理。

（2）对被告方提请出庭证人的质证。公诉人可以针对证人证言中的疑问从证人与案件事实的关系、证人与被告人、被害人的关系、证人证言与其他证据的关系、证人证言的内容及其来源、证人感知案件事实时的环境、条件和精神状态、证人的感知力、记忆力和表达力、证人作证是否受到外界的干扰或影响、证人的年龄以及生理上、精神上是否有缺陷、证人证言前后是否矛盾等方面进行质证。对证人未出庭的，公诉人应当围绕取证主体是否为辩护律师、取证是否征得证人同意、是否告知证人权利、是否单独询问证人等方面进行质证。公诉人如果通过对比分析证人证言与其他证据发现证人证言是虚假的，或者证人证言前后矛盾，或者证人证言与案件事实无关联性的，应当建议法庭不予采信。从公诉实践看，被告人辩护律师宣读未出庭证人证言的问题主要是单独一人询问证人（部分证言笔录中的两人签名系伪造或事后补签）、证人未在笔录上签字、证词涂改处证人未签字或按指纹、同时询问多名证人、威胁或利诱证人虚假作证等。

（3）对被告方出示的鉴定意见和提请出庭鉴定人的质证。公诉人可以从以鉴定人的资格、鉴定人有无应当回避的情形、鉴定程序是否合法、鉴定人与案件的关系、鉴定人是否受到外界的干扰或影响、鉴定的依据和材料是否全面客观，有无影响鉴定结论正确性的情形、鉴定的设备和方法、鉴定意见与其他证据的关系、鉴定意见是否有科学依据等方面进行质证。

（4）对被告方出示的物证、书证的质证。对物证的质证主要是查清提证的程序是否合法，物证是否与案件有关联性。对书证的质证主要包括：书写人是否受到利诱、欺诈或其他违背真实意愿因素的影响，内容是否反映其真实意思；内容是否明确，前后是否矛盾；是否与案件事实有联系，是否能证实案件真实情况。

（5）对被告方出示的视听资料的质证。主要包括：收集过程是否合法，来源及制作目的是否清楚；所要证明的问题是否与案件事实有关；制作是否受到暴力、胁迫或利诱，是公开制作还是秘密制作，是直接制作还是转录以及转录是否完整等；内容是否被剪辑、篡改、伪造。

（6）对被告方出示的通过计算机处理和保存的证据的质证。主要包括：计算机系统硬件是否完好，存储介质是否完整；计算机软件是否可靠；计算机运行是否正常，是否受到过病毒侵袭；是否具有被人为改动的可能；收集过程是否合法，来源及制作目的是否清楚；所要证明的问题是否与案件事实有关；电子数据制作过程中是否受到暴力胁迫和引诱因素的影响；是公开制作还是秘密制作，是直接制作还是从原件进行复制；内容是否完整，有无剪辑、篡改、伪造等问题。

3. 要求被告人、证人等进行对质

控辩双方针对同一事实出示的证据出现矛盾的，公诉人可以提请法庭通知相关人员到庭对质。被告人、证人对同一事实的陈述存在矛盾需要对质的，公诉人可以建议法庭传唤有关被告人、证人同时到庭对质。各被告人之间对同事实的陈述存在矛盾需要对质的，公诉人可以在被告人全部陈述完毕后建议法庭当庭进行对质。

被告方质疑物证、书证、勘验、检查笔录、鉴定意见时，公诉人应对证据材料的有效性和证明作用发表意见。确有必要的，公诉人可以提请法庭通知侦查人员、勘验、检查人员、检查活动的见证人、鉴定人出庭说明有关情况，被告方仍有异议的，公诉人应结合具体情况展开辩论。

对被告人出示的鉴定意见和提请出庭的鉴定人，公诉人在必要时可以要求专业技术人员出庭，与辩护方提供的鉴定人对质。

在对质过程中，公诉人应突出证据之间的矛盾点进行发问并适时运用其他证据揭露虚假的证据材料。

（四）公诉意见书

俗话说：水无常势，兵无常形。公诉意见书的发表没有一成不变的格式和套路，而是要根据公诉案件的不同特点和法庭调查的具体情况灵活调整，做到以法服人、以情感人。如果公诉人能够紧扣公诉主张，讲究发表技巧，就能更好地实现公诉意见书的法律效果和社会效果。

1. 要客观全面。即制作和发表公诉意见书必须客观真实地阐述案件事实证据，按照法律规定论证各个犯罪构成要件和适用法律的原理，提出公正的量刑建议。同时，在分析被告人的犯罪根源时也要客观全面，既要说明被告人自身的原因，也要说明社会、家庭或被害人的原因（如故意伤害案件中常见的被害人有过错在先）；在论述被告人犯罪行为的危害后果时也不能凭空猜想，不能夸大其词，而要以事实为依据。此外，公诉意见书要客观对待有利于被告人的量刑信息，可以提出从轻、减轻或免除处罚的意见。

2. 要适时调整。虽然公诉人在庭前审查阶段，可以结合案件事实证据情况事先制定公诉意见书预案，但是庭审进程千变万化，公诉意见书预案不可能涵盖所有的庭审变化。因此，即使公诉意见书预案预测到大部分法庭调查情况，也不能在法庭辩论时不做变动，照本宣科。公诉意见书本质上是公诉人当庭临场发挥的控诉演讲，公诉人应当根据庭审实际和控诉需要，适时调整预案，概括控诉证据，阐明控诉目的，灵活机动地顺应庭审变化，力求达到指控犯罪的最佳效果。

3. 要重点突出。公诉意见书的主要任务是强化公诉主张，因此其重点应当论证被告人构成犯罪并处以相当刑罚。因此，公诉意见书应当把主要内容集中在对定罪量刑证据的论述上。对于被告人不认罪的案件，公诉意见书要紧扣犯罪构成，以清晰的事实和有力的证据证明被告人的行为构成犯罪；对于被告人认罪的案件，在简要概述控诉证据后，重点内容应当是阐述量刑证据，以对被告人作出罪责相一致的处罚；对于控辩双方对定罪量刑无异议但社会影响广泛、有典型社会意义的案件，则可以重点阐述被告人的犯罪原因及社会公众应当汲取的经验教训。总之，公诉意见书应当在论证内容上有所倾斜，要紧扣重点问题，确定主攻方向，避免主题分散，结构松散，弱化了公诉意见书的感染力和说服力。

4. 要紧扣辩点。公诉意见书是公诉人在法庭辩论阶段的第一轮发言，是法庭辩论的基石。公诉人通过庭前预测和法庭调查，可以基本掌握被告人及其辩护人的主要异议点和辩点，因而可以在公诉意见书中有针对性地分析问题和解决问题，夯实控诉基础，既表明公诉立场，又埋下反驳伏笔，为下一轮辩论打下基础。

5. 要情理结合。如前所述，公诉意见书的本质是公诉人指控犯罪的当庭演讲。因此，公诉意见书不仅要论证法律透彻，而且要饱含深情地维护社会秩序和公民法益。公诉人要时刻牢记自己正义使者的身份，冷静指控犯罪，激情宣传法律。公诉意见书不仅应当是法律运用的论述，也应当是法理和情感的集中展现。优秀的公诉意见书可以敦促被告人悔罪自新，引发旁听群众的强烈共鸣，取得良好的公诉效果。当然，情理服人应当控制必要的限度，不能无上限地空洞说教，也不能无止休地情感轰炸，归根结底，公诉意见书应当以严谨扎实的证据架构为根本。

【文书格式】

×××人民检察院
公诉意见书

被 告 人：×××
案　　由：×××
起诉书号：×××
审判长、审判员（人民陪审员）：

根据《中华人民共和国刑事诉讼法》第一百八十九条、第一百九十八条和第二百零九条等规定，我（们）受×××人民检察院的指派，代表本院，以国家公诉人的身份，出席法庭支持公诉，并依法对刑事诉讼实行法律监督。现对本案证据和案件情况发表如下意见，请法庭注意。

……（结合案情重点阐述以下问题：

一、根据法庭调查的情况，概述法庭质证的情况、各证据的证明作用，并运用各证据之间的逻辑关系证明被告人的犯罪事实清楚，证据确实充分。

二、根据被告人的犯罪事实，论证应适用的法律条款并提出定罪及从重、从轻、减轻处罚等意见。

三、根据庭审情况，在揭露被告人犯罪行为的社会危害性的基础上，作必要的法制宣传和教育工作。)

综上所述，起诉书认定本案被告人×××的犯罪事实清楚，证据确实充分，依法应当认定被告人有罪，并建议……（提出量刑建议或从重，从轻，减轻处罚等意见。）

公诉人：_____
20××年×月×日当庭发表

【文书示例】

徐某某受贿案

2005年至2013年，徐某某利用职务之便，为他人谋取利益，收受人民币、美元、港币、别墅、车辆、皮衣等贿赂，合计折合人民币2240余万元。接群众举报，2015年3月20日，最高人民检察院将徐某某涉嫌职务犯罪线索交由湖南省人民检察院查办。同年3月31日，湖南省人民检察院决定将该案交由邵阳市人民检察院查办。

2016年6月6日，邵阳市人民检察院以被告人徐某某犯受贿罪向邵阳市中级人民法院提起公诉。本案审理过程中，被告人徐某某对部分事实予以翻供，其与辩护人对案件绝大部分事实提出了辩解、辩护意见，经公诉人全面举证质证，特别是在对事实、证据进行总结分析的基础上，根据庭审具体情况，即席发表了公诉意见，起到了促进合议庭对全案受贿犯罪事实予以认定，促成被告人徐某某认罪服法的良好效果。公诉意见发表后，被告人徐某某痛哭流涕，当庭认罪悔罪。旁听群众也被公诉人即席发表公诉意见所感染并受到教育，取得了良好的法律效果、社会效果。

2016年12月1日，邵阳市中级人民法院作出判决，认定被告人徐某某犯受贿罪，判处有期徒刑十四年，并处没收个人财产人民币五百万元；被告人徐某某受贿所得房产予以没收；受贿所得赃款依法上缴国库。

湖南省邵阳市人民检察院
公诉意见书

被 告 人：徐某某
案　　由：受贿罪
起诉书号：邵检诉二刑诉〔2016〕8号
审判长、审判员、各位旁听公民：

今天我们在这里依法公开开庭审理中石油湖南销售分公司原总经理徐某某受贿一案，根据《中华人民共和国刑事诉讼法》第一百八十四条、第一百九十三条和第二百零三条的规定，我们受邵阳市人民检察院指派，代表本院，以国家公诉人的身份出席法庭，支持公诉，并依法履行法律监督职责。在上午以及刚才进行的法庭调查过程中，公诉人通过讯问被告人徐某某，通过向法庭出示、宣读了大量的证据，证实了本院的指控：被告人徐某某身为国家工作人员，利用职务之便，为请托人谋取利益，收取请托人财物的犯罪事实。同时，我们也认真听取了被告人徐某某的辩解意见以及被告人徐某某所委托的辩护人的辩护意见，并且予以了充分回应。和本案的所有诉讼阶段一样，我们切实保证了被告人的合法权益。为使法庭对本院的指控意见有一个更为清晰的、客观的把握，以利于对被告人准确适用法律并作出判决，我们现发表以下公诉意见，请合议庭充分考虑：

一、本院起诉书指控被告人徐某某受贿，事实清楚，证据确实充分

首先，公诉人当庭出示并宣读了大量的证据，证实了被告人徐某某具有国家工作人员的身份和职权，具备承担相关刑事责任的主体要件。上述事实，通过举证、质证，已经清晰明确，并且被告人及其辩护人当庭没有提出异议。

其次，我们出示并宣读了大量证据，证实了被告人徐某某利用国家工作人员的职权，为请托人谋取利益。对于这一部分事实和证据，辩护人和被告人提出部分异议，但是异议不大。总的来讲，就是被告人徐某某在当庭供述和举证、质证过程中，刻意对自己利用职权这一事实辩解为是按照正当程序办理，或者是说没有施加其它影响，其隐含的信息无非是：利用

职权为请托人谋利在其中的体现并不明显。但是，大量证据清晰地反映了其利用职权的整体脉络，我们不妨将已经出示的证据中的相关细节向大家展示一下：时任某石油管理局电力总公司副总工程师李某某供称，徐某某向他打招呼，让他看看请托人李某强哪些技术和产品是电力总公司可以采用的，"能用就用"。可见，徐某某轻描淡写辩解称是按照程序办事，而事实却是处处为请托人考虑，专门为李某强进行"量身打造"。

我们再看，时任中石油某省销售分公司后勤办主办蔡某某的证言，他证实：在招投标过程中间，徐某某一直在为李某强的租赁业务打招呼，于是，就将竞标的底价报给了李某强。徐某某对公司职员履职过程中所施加影响是何等之强烈，由此可见一斑。当然，有人会说，这仅仅是被告人徐某某所在单位的相关人员自身的感受，但恰恰是从这些人的切身感受当中能够清晰体现出，作为一个公司的总经理，在公司业务活动中对其下属的影响是怎样的强烈，他更应当谨言慎行，他所说、所做并非是轻描淡写的"按照程序办事"。此后，徐某某又向不具备相关开设资质的人员，以8500万元的价格收购他们的四个加油站，该事实更加能够看出，谋利行为之明显，职权因素之突出，甚至是超出正常履职的范围，并非像被告人徐某某当庭所供述的"只是按程序办事"。

第三，公诉人向法庭提交、出示和宣读了大量的证据，证实了被告人徐某某收受请托人财物这一事实。针对这一部分事实，被告人及其辩护人有所质疑，总体表现为三种情形：第一种，不持异议。我们注意到有的事实辩方是不持异议的，就此恳请合议庭对该部分的事实和证据予以确认。第二种，对相关事实予以否认，也就是否认存在收受贿赂的事实。否认的理由无非是说供述证言相互矛盾，不能印证，辩解意见足以冲击我们原来的证据体系，或者提出没有相应的银行凭证来证实行受贿事实客观存在。在我们司法实践当中遇到的大部分行受贿案件都没有相应的银行凭证来证实行受贿资金的往来，这是因为在反腐败的高压态势之下，行受贿案件越来越隐秘，相关人员越来越注意对自己的行受贿事实加以掩盖，所以提出没有相关客观书证以反驳公诉人的指控事实，于理不合于法无据。对于证据相互矛盾没有印证的质证意见，我们重申在质证中的答辩意见：供证一致，相互印证，没有不能排除或无法合理解释的矛盾，可以证明收受财物的事实。第三种，辩护人的辩护意见以及被告人的辩解意见，对于已经收受这一部分附加了一个新的事实，即收了以后又退还了。但是，被告人以及辩护人今天没有提供确实的证据来证明这附加的事实真实存在，反倒是公诉人已经出示并宣读了大量的证据，证明了这个案件当中没有退还的事实。应当说明的是，我们在法庭举证的倒数第二个环节，向法庭出示了相关证据，证明李某强曾经在侦查机关对其进行讯问的过程中，明确表达了自己和祁某举有合作炒股的事实。请注意，这实际上是对被告人有利的事实和证据，这也是客观反映了检察机关在侦查过程中，不仅注重收集了被告人有罪的证据，同时还注重收集对被告人有利的，证明被告人无罪或者罪轻的证据。这份证据从某些方面反映出我们查获的部分银行书证，证实部分行受贿方的资金往来并非是受贿，在案件审查过程中，我们也给予了客观认定。但这并不能否认，本院起诉指控的受贿犯罪事实系行受贿双方在事实、细节方面供证一致，属于印证证实的事实。正如我们刚才在质证意见中所发表的那样，当某一个事实真实地发生后，两个不同的人才能够对事实作出清晰准确，细节相互印证一致的描述。如果这个事实没有发生过，必然在叙述事实的细节和相应情节上会存在不一致。为了使合议庭厘清事实、准确定性，我们还需要强调以下几点：

第一点，证实财物给付过程的证据确实充分。一方面，行贿人李某强等人所证实给付的时间、地点、方式、金额、对应人员以及谋利的因果性等事实要素，实质上与被告人徐某某及其妻子张某琴、女婿祁某举等人的供述或者证词是相互印证一致的；另一方面，以银行转账、汇款等方式给付财物的均有转账的凭条、汇款凭证、银行卡交易明细等客观书证予以佐证，对于供述说通过银行转账的，但是没有查证有银行相应书证的，本院也没有作为起诉事实列于起诉书当中。同时，我们对于以现金方式进行交易的犯罪事实，也相应地查证了资金的来源，即行贿人向被告人徐某某行贿，是有相应的资金为依托和保障的，银行凭证属于此类印证证据，与供述证言相结合，共同证明行受贿事实，不能单独、孤立地看待银行凭证，更不能简单将银行凭证上的金额与认定的受贿金额划等号，以金额不符来否定案件事实，甚至是得出没有银行凭证就没有受贿事实的结论。如果这样认定，明显是虚设了一个前提：行贿资金均出自银行或者出自银行的资金均用于行贿。这个逻辑无需分析，不攻自破。因此，公诉人认为证实所有财物给付的事实，证据确实、充分。

第二点，证实财物给付对象是被告人徐某某的证据确实充分。一是证据清楚表明了财物给付人都是请托人，都是徐某某利用自己的职权为其谋取利益的相关人员。二是证据已经清楚表明了财物给付者给付财物时直接告诉徐某某或者通过他人转达给了徐某某，甚至还有一些原本就是徐某某联络下才予以实施的。三是有些财物虽然不是徐某某亲自收受，但是依据徐某某给付之前的沟通过程，或者财物给付之后的处置过程，都能清晰地表明财物是针对徐某某的。证据显示，当徐某某和李某强、李某尧之间进行行受贿合议的沟通过程中，两者开始所表示的意思并不一致，但是随着时间的推移，他们达成了某种默契。徐某某对其家人露骨地表达：你不要太相信他，但是如果他给钱，还是可以收的。这足以反映出，他们之间的行受贿合议经历了从不信任逐步到信任，最终发展到索取的完整过程，而这一切交换的对象都是徐某某，都是徐某某手中的权力。

第三点，证实财物是被收受的而非借用或者合作经营的证据确实充分。我们注意到，被告人及其被告人的辩护人在质证过程中间，详细提到了有一部分行贿款是一种借用关系，是借用来共同炒股的关系，我们已列举了相关证据予以了反驳。首先，相关的行贿人已经证实了这些财物就是行贿，而不是合作炒股。其次，直接收受的祁某举曾经对这些钱是共同炒股的还是借用的有一个详细的交代，我们不妨仔细观察一下：在500万受贿事实当中，祁某举交代，是其急需购买资产包向徐某某提出想要李某强帮忙。徐某某遂向李某强提出邀约，于是，李某强"痛快"地要祁某举给一个账号用来付款。之后，祁某举并没有用李某强给予的500万元购买资产包，还向徐某某询问，这笔钱还需要还吗？如此充分暴露了祁某举是基于何种心态问李某强索要这500万。如果说祁某举真的是向李某强借这500万，那么何需向徐某某询问这500万还需要还吗？祁某举、徐某某、张某琴以及李某强几人的供述共同证实了这笔财富就是送给徐某某的。因此，借钱用于共同炒股的辩解、辩护意见，与事实、证据不符。

据此，本院的起诉书所指控的被告人徐某某利用国家工作人员的身份为请托人谋取利益，收受请托人财物的事实清楚，证据确实充分。

二、被告人徐某某的行为构成受贿罪

在本案今天的庭审过程中，被告人徐某某及其辩护人对全案的定性都没有提出异议，但是，他们对部分受贿事实是否以受贿性质来认定提出了异议。事实上，也就是对部分事实是否是受贿提出了异议，其所提出的异议立足于两点：第一点，徐某某实际上对相关的资金往来并不知晓；第二点，提出对相关资金往来确实有收受，但这属于一种人情往来而不是一种受贿性质。那么，针对以上两点我想强调以下几个方面：

其一，当今受贿犯罪发展到了一个新的形式，改变了过去那种"一手交钱一手交货"的方式。行受贿双方人员并不会简单地一对一，而且行受贿手段愈加隐密之时，相关的国家工作人员的配偶等亲属参与其中已经成为现在行受贿案件普遍多发的一种现象。本案就是这样一种情形。显然最高司法机关也已经对如何认定新型的行受贿作出了规定，比如：明确规定了，国家工作人员和特定关系人共谋，或者将财物处分给特定关系人，或者共同占有财物的，均构成受贿。本案中，徐某某构成受贿的重要前提，就是其与李某强以及其他行贿人行受贿合议是在送钱以前就已经达成了，无论这笔资金是交给了徐某某的哪一位特定关系人，都是在合议范围内，都是行受贿关系的延伸。例如，2007年春节，李某强邀请徐某某及其家人去海南看了一块地，许诺在该地开发的过程中分取一半的利润给徐某某。由此进一步发展到，徐某某邀请李某强到海口别墅喝茶，暗示或者提示李某强给予其女婿祁某举财物。这一过程足以反映祁某举获得这笔资金不是凭个人的能力，也不是凭个人有如何高超的经营水平，恰恰是徐某某的暗示授意之下，利用自己的职权为请托人谋利所获取的对价。因此，徐某某虽然对祁某举、张某琴收受财物的具体时间、金额等细节不知情，但由于是按照之前形成的行受贿合议进行的，均不影响受贿认定。这就回答了为什么徐某某对他人收受的钱虽"不知道""不清楚的知道这个钱具体是什么时候给的""给了多少"，但仍然要认定构成受贿罪。

其二，徐某某及其辩护人当庭对一些金额不大的受贿事实，认为是一种人情往来。这几笔事实包括了行贿金额最大的李某强，也包括了曾经有过交往的刘某等其他人。我们从徐某某和李某强的交往过程中可以发现，如果说徐某某和李某强之间是建立"友谊"，那么我们不妨看看他们对彼此的评价。2007年，李徐开始交往，徐某某对李某强的评价是：这个人不靠谱，他讲的话太有水分。而李某强对徐某某一家的评价是：这一家人太黑。请问这是一种友情关系吗？他们之间的金钱往来是因为友情吗？更何况，明显超出了人情往来的标准、范畴。如：2012年徐某某60岁生日的时候，李某强送给了徐某某20万。而张某琴对这一事实是这样说的：刘某自己送了一万或者几千块钱的红包，代李某强将20万送给徐某某。那么，我们怎样评价李某强和刘某这样的差距呢？一笔是一万或者几千元，一笔是20万元，两者都是人情往来吗？显然不是。其后，刘某又赠送给徐某某一部价值14.6万元的汽车，与之前其所送的一万或者几千元的红包相比，这一笔也是人情往来吗？显然不是。这明显超过了人情往来的范围，而且行贿人已经清晰地表达了是为什么送钱。所以，两者之间的行受贿关系清楚明了。

综合全案的事实和性质，我们不难得出徐某某所有的行为是基于在其与行贿人达成行受贿合议范围内的一种延伸，由他人代为收受，亦构成受贿罪。因此，本案应当以受贿罪对徐某某追究其刑事责任。

三、被告人徐某某受贿行为的社会危害性及应当承担的法律责任

石油作为一种战略储备物资，是国家发展的命脉。在这样一个关系到国计民生的重大领域，国家实行严格的管制制度的情况下，被告人徐某某却慷国家之慨，利用掌握相应资源的这种权力行贿、受贿。特别是本案证据反映出动辄收受几百万元，动辄获利上千万元，动辄有上亿元的资金投入。由此可见，这一领域如果存在腐败现象，对社会的危害是极大的，因此，我们应当对这种存在于石油领域的行受贿行为给予严厉的打击。同时，我们应注意到徐某某利用职权，当然存在按程序办事的相关内容，但同时也有违规之处，之前的公诉意见已作出说明，请合议庭充分考虑这些因素。同时，我们需要强调的是被告人徐某某在当庭所作的供述和在侦查机关所作的有罪供述实质上有大相径庭之处，请合议庭在对被告人徐某某量刑的过程中综合予以考虑。

腐败正在侵蚀着我们国家肌体、国家机构，甚至是我们的国家形象。此时此刻，我们更应当对腐败采取零容忍的态度，坚决予以打击。检察机关将切实担负起自身反腐职责，严格依法查处腐败，对腐败现象坚决一查

到底，以体现党和国家夺取反腐败最终胜利的信心和能力。

公诉人：梁驭骁　唐杰　周泽州
2016 年 7 月 6 日当庭发表

（五）答辩提纲

法庭辩论是控辩双方对案件事实和证据发表意见并互相辩驳的诉讼活动。公诉人制作答辩提纲时，要从被告人及其辩护律师的视角重新审视案件，寻找案件证据可能存在的薄弱环节，预测辩方可能采取的辩护策略，然后从证据事实和法律适用两个方面进行反驳。司法实践中，辩方实体性辩护策略针对的是定罪和量刑，前者包括罪与非罪、此罪与彼罪、罪重与罪轻等问题，后者包括主犯与从犯、犯罪的既遂、未遂与中止、自首和立功等问题；程序性辩护针对的是诉讼程序的合法性和证据的合法性。公诉人要对这些实体和程序的具体问题制作答辩提纲，从事实、证据和法律上做好充分的应变准备。应当指出的是，任何出庭预案都不可能是完美无缺可以在庭审中照读照搬的。公诉人必须在服务公诉主张的前提下，根据庭审进程和被告人诉讼策略随时调整出庭预案，适时增减预案内容，全面提高公诉质量。

法庭辩论技巧的运用要因案而异，适时调配：有时需要针锋相对，寸步不让，有时需要请君入瓮，以退为进；有时需要正面对攻，强势出击，有时需要侧面迂回，攻其不备。公诉人要紧扣案件事实、证据和适用法律发表意见和反驳异议，冷静应对辩论中出现的各种新问题，牢牢把握法庭辩论的主动权。通常而言，公诉人要掌握以下答辩方法：

1. 制作法庭辩论预案并及时调整。公诉人要将包括法庭辩论在内的全部诉讼活动建立在全面审查案件事实证据的基础上。公诉人经过细致阅卷、庭前提审被告人、接待辩护人（重大复杂案件还需要经过集体讨论）等活动，可以比较确定地掌握控辩双方分歧的重点和案件事实证据的疑点，相对确切地预测被告人及其辩护人对公诉主张的态度意见及在法庭辩论中可能采用的辩护策略。据此，公诉人可以制作出有深度、有力度并具有针对性的法庭辩论预案。公诉人应当全面掌握涉及本案法律适用的法学理论和法律条文，了解与案件定罪量刑相关的各种专业知识。由于辩论预案在手，准备充分，公诉人在法庭辩论时胸有成竹，镇定自若，化解辩方进攻，强化己方意见，实现公诉目的。同时，要及时根据庭审变化调整预案，一旦遭遇事先没有预测到的新问题或新证据，公诉人应冷静思考，沉着应对，根据辩论预案对案件基本事实和主要证据的论述，作出合适理性的答辩；如果辩方提出的新证据和新事实确实具有客观真实性，可能影响对被告人定罪量刑，公诉人根据现有证据材料又不能当庭答辩的，应当要求法庭延期审理，以进行补充侦查或补充提供证据。

2. 紧扣公诉主张。公诉主张是法庭辩论的中心，公诉人要用事实、证据和法理来统摄控方意见，紧紧围绕公诉主张来组织和反驳辩论意见。一旦发现辩护人为混淆事实、搅乱证据而远离辩论主题，偏离了起诉书载明的公诉主张甚至提出新的辩护观点，公诉人就应该及时指出辩护人意见与本案无关，并说明法庭辩论必须围绕对被告人定罪量刑的事实证据进行。这样不仅可以防止辩方偷换概念、转移辩点或扰乱视线等可能诡辩，提高诉讼效率，而且占据法庭辩论的制高点，使庭审回到公诉人熟悉的轨道，获得法庭辩论的优势。

3. 寓问于辩。在法庭辩论中在耐心听取辩方意见、捕捉辩方谬误的基础上，运用时机恰当、内容有力的提问或反问不仅可以展开己方观点，使辩方无可辩驳，而且可以抵御辩方攻击，提升反驳力度。具体包括：一是用提问来阐明公诉主张，即通过对被告人的步步设问，迫使被告人自行揭露犯罪事实和经过，自然而然地导出公诉指控的正确性和必要性；二是用反问反驳辩方意见，即针对辩方意见，有针对性地反问辩方，用问题和答案击破辩方质疑；三是通过论证反问的答案来反驳辩方观点，即根据辩方观点，设计答案有利于树立公诉主张的问题，一旦辩护人作出回答，就以回答为索引，步步推进，迫使辩方无法自圆其说或自相矛盾，从而推翻辩方观点。

4. 从正反两方面反驳辩方意见。对辩方提出的辩护意见，可以从正反两方面予以化解：一方面可以通过无可争辩的事实、相互印证的证据组合、论证充分的法律适用来强化公诉主张的正确性和说服力，以正面立论的方式粉碎一切辩解，以事实证据取胜，这种直接论证、正面强攻的方法主要适用于经法庭调查后控诉证据优势明显的案件。另一方面，公诉人可以通过揭示辩方观点的错误来反驳，或者直接指出辩方观点中存在的自相矛盾、有悖事实、不符合法理等问题而证明其错误，或者用形式逻辑上的归谬法将辩方看似正确的意见演绎至极端而归于谬误。

5. 重视归纳概括。法庭辩论中控辩双方普遍存在的问题是过度重视辩论本身而忽略了对控方和辩方观点的归纳概括。公诉人如果在辩论的中间和结尾阶段，能够及时简要概括辩方的主要意见并予以逐条答辩或综合答辩，不仅可以使得答辩条理清晰，而且可以掌握辩论节奏，赢得辩论的主动权，增强公诉观点的说服力。

6. 重视辩护人意见。辩护人发表辩护意见，不仅是维护被告人诉讼权利，而且有利于查清案件事实，全面再现事实真相。公诉人既要认真听取和吸收辩护人的合理意见，也要有针对性地及时反驳无理的辩护意见。一般来说，辩护人为被告人作无罪辩护的意见主要有：（1）检察机关指控的证据不足，不能认定被告人有罪；（2）被告人行为情节显著轻微，危害不大，不认为是犯罪；（3）被告人行为系合法行为；（4）被告人没有实施检察机关指控的犯罪行为。辩护人作有罪辩护的重点是案件定性和从轻、减轻或者免除处罚等情节。公诉人在庭审中要根据庭前预测和庭审情况，对辩护意见作出及时、准确、有力的答辩。

7. 认真听取被告人最后陈述。法庭宣布法庭辩论终结后，被告人进行最后陈述是其享有的重要诉讼权利，被告人最后陈述的内容应当与案件事实、案件处理有关，法庭必须保障被告人的最后陈述权，公诉人必须尊重被告人的最后陈述权。如果被告人在最后陈述中提出了新的事实、证据，法庭认为可能影响正确裁判的，应当恢复法庭调查；如果被告人提出新的辩解理由，法庭认为确有必要的，可以恢复法庭辩论。因此，被告人最后陈述可能导致案件庭审程序倒流至法庭调查和法庭辩论阶段，公诉人应当认真听取被告人的最后陈述，做好应对准备。

五、出席一审法庭的实务操作技巧

（一）反对权的运用

法律上的反对，指的是在英美法系国家抗辩式的庭审中，控辩双方在一方向当事人、证人发问时，另一方就对方发问方式向法官提出反对，法官当场作出裁定反对是否有效，裁定反对有效的，即提醒发问方注意发问方式，并要求被问者不回答刚才的问题。我国目前的庭审模式已初具抗辩式庭审的形式。其中最能体现抗辩式庭审特点的"反对"，在我国公诉庭审中也有所见。我国立法及司法解释规定：辩护人对被告人或者证人进行诱导性讯问、询问以及其他不当讯问、询问可能影响陈述或者证言的客观真实的，公诉人可以要求审判长制止或者要求对该项陈述或者证言不予采纳。归纳起来，对辩护人以下10种不当发问，公诉人应当及时提出反对：

1. 发问与本案无关。这种情况指的是辩护人的发问脱离了案件的核心事实，问题与被告人定罪量刑均不具有直接关联性。如辩护人问被害人："你以前经常泡吧吗？是否和别的男人有过一夜情？"辩护人试图以被害人以前的性经历证明，在该案中被害人是自愿与被告人发生关系的，公诉人对此应当立即提出反对，指出这一问题与被害人是否在本案中被强奸没有关联性。公诉人在对这种情形提出反对时，需要谨慎为之。

2. 发问具有诱导性。这种情况指的是辩护人提出诱导性发问，以暗示、建议被问者作出某种回答。

3. 要求作结论性意见。这种情况指的是辩护人在对证人就案件事实发问后，继续以发问的形式，要证人作主观结论性意见，这违背了证人作证的基本原则。

4. 重复发问。这种情况指的是辩护人就公诉人前面已经讯问清楚的问题，再以不同语气重复发问，提示被问者考虑是否需要纠正刚才的回答。

5. 问题不清楚。这种情况指的是辩护人的问题模糊、太泛指，易误导被问者作出违背原意的回答。如辩护人问证人："死者生前和被告人到底有没有感情？"感情是个很宽泛的概念，亲情、友情、爱情、同学情、战友情等都是感情，证人如果回答"有"，可能指的是其中任何一种感情，而辩护人可能将其回答曲解为有好感或者有爱情，从而达到证明被告人没有作案动机等目的。

6. 发问具有猜测性。这种情况指的是辩护人以猜测性的方式发问，引导被问者认同或否认其提出的猜测。如辩护人问证人："那么有可能被告人根本就没在现场？"如果辩护人以猜测性的语气向被告人或证人发问，实际上已经将某种暗示传达给了被问者，被问者很可能按照辩护人的引导作出肯定或否定其猜测的回答。

7. 复合式问句。这种情况指的是辩护人的发问中暗含两个以上的问题，被问者难以掌握应具体针对哪个问题进行回答，通俗地说，就是"话中有话"。如辩护人问被害人："你是否停止了殴打被告人？"这个问题中实际包含了被害人是否殴打了被告人、是否停止了殴打被告人这样两个问题，是个典型的复杂问语，被害人无论如何回答都意味着承认曾经殴打过被告人。

8. 超出直接提问。这种情况指的是辩护人的发问超出了直接提问，而是直接陈述某种事实，或作出某种结论，要求证人进行确认。如辩护人问证人："这说明当时你根本不可能看清他们拿没拿刀。"

9. 发问带有辩论性。这种情况指的是辩护人不认同证人或鉴定人对自己发问的回答，而继续以辩论的方式追加问题，引导被问者与其展开辩论，辩护人借助其专业的辩论技能使被问者陷入"理屈词穷"的境地。

10. 向被问者透露庭审信息。这种情况指的是辩护人发问意在向被问者提供信息，将前面庭审的内容透露给被问者。

综上10种情况都是属于诱导性或者其他不当发问，可能影响被告人供述或被害人、证人、鉴定人陈述的客观真实性，公诉人应及时提出反对，避免辩护人的发问给旁听群众产生误导，对庭审效果产生不利影响。但应注意：其一，提出反对一定要准确揭露辩护人的诱导企图，向法庭说明反对的合理理由，而不能倚仗国家公诉人的身份以势压人，提出牵强附会的反对。其二，如果法庭裁断公诉人的反对无效，准许辩护人继续发问，即使公诉人认为法庭的口头裁断是错误的，也应当尊重法官当庭作出的自由裁量，维护审判权威，而不能以法律监督机关自居，不听从审判人员的意见。根据刑事诉讼法及其司法解释的规定，公诉人对庭审中审判活动的监督是事后监督，公诉人对审判活动有意见只能庭后以检察院的名义向法院提出。其三，实践中，法庭对公诉人的反对可能因为一时难以决断，干脆不予理睬，这等于否认了公诉人的反对。对此，公诉人应加强与审判长的沟通，审判长对公诉人的反对一时难以作出支持或不支持裁断的，公诉人可以建议审判长要求辩护人说明发问的目的，如果审判长认为有道理，就可以不支持公诉人的抗议，否则就应当作出支持的裁断。

（二）证据突袭的应对处理

证据突袭是指被告人及其辩护人在庭审中突然向法庭提交新的证据，影响对被告人定罪量刑的行为。辩方采用突袭方式提交证据，显然是对新证据具有改变诉讼结果的信心，并希望能打公诉人一个措手不及。公诉人在遭遇证据突袭时，无须惊慌，而应当积极作出应对处理，可以从以下几方面做好应对处理。

1. 审查证据关联性。辩护人证据突袭后，公诉人的第一反应应该是冷静分析这一证据是否具有关联性。辩护人当庭出示的新证据中，有的只要认真仔细分析一下，就会发现该证据与证明案件事实之间其实并不具有关联性，或者只是与案件的细枝末节有一定关联，因而不能成为定案的根据。而辩护人之所以要出示这样的证据，有时仅仅是为了扰乱公诉人思路，让公诉人陷入紧张被动的局面。所以，在这种情况下，公诉人不必紧张，只要冷静审查，判断出辩护人出示证据不具有关联性，就可以说服法庭对该证据不予采纳。

2. 审查证据合法性。在确认被告人或其辩护人当庭出示的证据具有关联性之后，公诉人应紧接着迅速审查证据的合法性。审查证据合法性的内容包括：（1）证据来源是否合法，如是否系律师收集的，立功材料是否系非法途径获取的；（2）取证程序是否合法，如是否违反《刑事诉讼法》第43条第2款规定的"辩护律师经人民检察院或者人民法院许可，并且经被害人或者其近亲属、被害人提供的证人同意，可以向他们收集与本案有关的材料"；（3）证据是否涉嫌伪造、变造形成，如该证据的复印件、照片等与案件其他证据存在难以解释的矛盾，则有可能系篡改、伪造形成，需要作进一步的细致审查或者进行专门鉴定；（4）取证手段是否合法，如在对证人的调查询问中，律师是否采取威胁引诱、欺骗等非法方法制作调查笔录；（5）取证过程是否合法，如律师在取证过程中是否实施帮助串供、串证的行为，以及是否采取威胁、贿买等手段指使他人作伪证等。在上述各方面的合法性审查中，有些问题公诉人是可以当庭立即发现的如证据是否系律师收集的，向被害人或其近亲属取证是否经人民检察院或人民法院许可，证据复印件是否存在涂改痕迹，调查笔录的问话中是否存在威胁引诱、欺骗的语言等。对于这些问题，公诉人可以马上指出，并建议法庭不予采纳。其他问题虽然大部分情况下是需要庭后作专门调查核实的，但公诉人只要细致审查，当庭也能发现一些破绽，而只要发现存在证据非法的端倪，公诉人就可以该证据存在合法性疑问为由，建议法庭休庭，庭后再对该证据的合法性展开调查。

3. 审查证据关联程度。在确认被告人或其辩护人当庭出示的证据具有关联性、合法性之后，公诉人要立即对该证据与案件的关联程度进行判断。如果该证据与案件的定罪及法定量刑情节无关，只是证明酌定量刑事实，公诉人可以当庭予以认可，并向法庭说明此证据只能证明被告人存在酌定从轻情节法庭可以在量刑时酌情考虑。

4. 建议法院延期审理。对于被告人或其辩护人当庭出示的证据，如果公诉人不能当庭从证据关联性、合法性上否认其证据能力，而该证据又系证明被告人无罪或者具有法定从轻情节的，公诉人就应当根据《刑事诉讼法》第204条第2项的规定，以案件需要补充侦查为由建议法院延期审理。法庭同意延期审理后，公诉人应当在补充侦查期限内，对被告人或其辩护人出示的新证据进行调查核实，或者有针对性地补充收集证据，必要时，可以在公安机关协助下进行补充侦查。补充侦查完毕后，应当提请人民法院恢复法庭审理或者撤回起诉。

（三）多媒体示证的适用

多媒体示证，是指公诉人按照出庭公诉的需要，将证明案件事实的证据材料编辑整理后转换为数字化信息，并在庭审过程中运用多媒体技术予以出示，以证明被告人有罪或无罪、犯此罪或彼罪、罪重或罪轻的举证方法。公诉人应用多媒体出庭，若被告人、辩护人对该形式提出异议，认为大屏幕上出示的证据可能与实际有出入的，公诉人可以采取以下应对方法：一是向法庭说明采用多媒体示证的方式向法庭出示证据，质证的对象仍是被出示的证据本身，多媒体只是出示证据的一种辅助方式，公诉人采用多媒体的方式出示证据，能够更加直观的展示证据，是有利于辩护人、被告人对证据进行质证的；二是公诉人在法庭上利用多媒体展示证据，并按照一定的证明目的将不同的证据进行编排，但并没有撰改证据本身的内容，通过多媒体方式出示的证据仍然如实反映了侦查卷宗中的书面材料和其他证据情况；三是辩方如果坚持认为多媒体展示的证据与证据原件有出入，可以将证据原件提交法庭，对证据原件进行质证。

多媒体证据的编辑是公诉人以案件事实和证据为基石，以举证和质证预案为纽带，从而揭露犯罪、证明犯罪和控诉犯罪的动态过程。多媒体证据的出示也绝非单纯的数字化证据连贯播放，而是公诉人统筹证据播放时间和示证次序，连续播放与停顿论证相结合，有选择、有重点、有意图地推进公诉主张一步步实现的过程。多媒体证据的具体编辑和出示方法主要有：

1. 按照犯罪构成要件编辑和出示。犯罪构成就是按照我国刑法的规定，决定某一具体行为的社会危害性及其程度而为该行为构成犯罪所必需的一切客观和主观要件的有机统一。按照犯罪客体、犯罪客观方面、犯罪主体、犯罪主观方面等犯罪构成要件编辑多媒体证据，主要适用于职务犯罪案件，有利于公诉人准确区分重点证据，全面证明犯罪，也有利于法庭掌握犯罪事实和证据，将证据事实与法律规定对应起来，从而做出公正裁判。按照犯罪构成要件编辑和出示多媒体证据可以突出证明犯罪的关键性证据，如主体身份、犯罪数额、作案手段、危害后果等，以有力地指控犯罪。

2. 按照证据类别编辑，即依照刑事诉讼法规定的八类证据归类编辑和出示。公诉人按照证据的类别即物证，书证，证人证言，被害人陈述，犯罪嫌疑人、被告人供述和辩解，鉴定意见，勘验、检查、辨认、侦查实验笔录，视听资料，电子证据等编辑多媒体证据，不仅契合传统举证方法和诉讼习惯，而且有利于发挥多媒体技术的类型化功能，将各类证据整合后多角度证明犯罪事实，体现各类证据之间的关联性和互相印证性，使法庭和被告人全方位理解证据事实。

3. 按照被告人编辑和出示。对于共同犯罪案件，公诉人可以对各个被告人逐一编辑证明其犯罪事实的多媒体证据，将每一个被告人的犯罪事实依次证明清楚并直接或间接证明同案犯的犯罪事实，以确立被告人属于主犯、从犯还是胁从犯，区分被告人在共同犯罪中的作用，确保各负其责，罪责相当。

4. 按照犯罪或侦破过程编辑和出示。任何案件都会经历起因、经过和结果的完整过程。按照犯罪发生发展的不同阶段，分组编辑证据并出示，可以循序渐进地证明被告人实施犯罪的全过程；按照侦查机关侦查取证这一循序渐进的过程，分组编辑证据并出示，以还原取证思路及证据锁链的构建过程。

5. 按照控辩双方分歧焦点编辑和出示。公诉人在庭前审查案卷、提审被告人、接待辩护人的过程中，对控辩双方在法律适用、案件事实、证据合法性等方面的争议分歧有较充分的了解，为保障庭审质量，公诉人可以针对争议分歧制作多媒体证据，以形象具体、无可辩驳的证据事实支持公诉。

6. 按照犯罪的社会危害性编辑和出示。对于社会关注度高或者具有典型教育意义的案件，在确保指控犯罪的前提下，可以针对被告人走上犯罪道路的原因、经过和犯罪后果编辑和出示证据，这样不仅可以揭示其社会危害性的犯罪本质，还可以启迪旁听群众深思，扩大法制宣传效果。

(四) 公诉人出庭用语规范

1. 当出庭工作准备就绪后,审判长问公诉人对法庭准备工作有无意见后,公诉人应当表明:"公诉人没有意见"或"请审判长对(就存在的问题提出意见)予以纠正。"

2. 对于不能公开审理的案件,而公开审理的,公诉人应当提出:"审判长,今天开庭审理的××案件,是有关国家秘密(或个人隐私或未成年人)的案件。根据《中华人民共和国刑事诉讼法》第188条之规定,不能公开审理。为此,提请审判长依法不公开审理,并建议延期审理。"

3. 对于被告人没有委托辩护人,人民法院应当指定而没有指定辩护人就进行审理的,公诉人应当提出:"审判长,本案被告人×××是盲(聋、哑、未成年人)人,没有委托辩护人,根据《中华人民共和国刑事诉讼法》第35条第2款之规定,人民法院应当指定律师为其提供辩护。为此,提请审判长切实保障被告人的合法权益,为被告人指定辩护人进行辩护。"或"审判长,本案被告人××没有委托辩护人,但其被指控的罪行极其严重,依法可能被判处死刑,根据《中华人民共和国刑事诉讼法》第35条第3款之规定,公诉人提请审判长依法为其指定辩护人进行辩护"。有上述情况,一般应同时建议延期审理,等合议庭指定辩护人为被告人辩护后再开庭审理。

4. 对于被告人要求公诉人回避的,公诉人应当说明"被告人×××,你申请公诉人×××(或本公诉人)回避的要求,将由本公诉人向本院检察长(或检察委员会)汇报,待决定后再给予答复。"

5. 被告人就起诉书中指控的犯罪事实进行陈述后,审判长请公诉人发问。公诉人发问时,应当表明:"被告人×××,现在公诉人就案件事实,对你进行讯问。根据法律的规定,你有权作有罪供述或无罪辩解,但是必须如实回答,听清楚了吗?"被告人回答后,公诉人继续发问:"现公诉人就以下问题对你讯问……"发问完后,公诉人应当表示:"审判长,公诉人发问暂时到此。"需要再次发问,应当向审判长提出:"审判长,公诉人要求继续发问。"经审判长许可后进行发问。(1)如果公诉人要求继续发问被拒绝,公诉人应当简要说明要发问的内容,如仍遭到拒绝,公诉人应当表示请法庭记录在卷。(2)被告人沉默不语,拒不回答讯问的,公诉人应当表示:"被告人×××,现在公诉人向你宣读《中华人民共和国刑事诉讼法》第55条规定(念该条文)。被告人,你现在沉默不语,实际上是放弃了自我辩护的诉讼权利。如果你仍然拒不回答公诉人的讯问,公诉人将提请法庭将这一情节记录在卷,并在量刑时予以考虑。"或者说:"被告人×××,根据我国刑诉法第55条规定,我们办案的原则是重证据不轻信口供,没有被告人的口供,只要事实清楚、证据充分的,仍然可以认定其犯罪并处以刑罚。所以,被告人×××,你要态度端正,认真回答公诉人提出的问题,以争取宽大处理。"如果被告人继续保持沉默,公诉人应当明确指出:"审判长,被告人×××无视审判长和公诉人的反复耐心说服,坚持沉默不语,拒不回答法庭提出的问题,这是对抗法庭、藐视法庭的表现,是拒不认罪的表现,建议合议庭量刑时对此予以充分考虑,对被告人从严处罚。"(3)被告人推翻原供述时,公诉人可宣读被告人原供述(如多次基本相同的原供述也可概括大意),并讯问被告人:"这些供述你看过,确认无误,并有你亲笔签名捺印,你今天为何改变原供述?"如果被告人辩解没有看清原笔录或原来记不清事实时,公诉人应当指出:"在审查起诉阶段,公诉人已告知你享有的权利和应负的责任,允许你如实补充、更改原供述。这笔录经你阅读并确认(或公诉人已向你宣读,并经你确认)。被告人你作为具有责任能力的人,应当知道对自己供述承担的法律责任。你今天当庭翻供,毫无理由,请合议庭充分注意被告人的一贯供述。"如果被告人辩解原供述是在诱供、逼供情况下作出的,公诉人应当指出:"本案在审查起诉期间,被告人没有提出诱供、逼供的问题,公诉人也没有发现侦查活动中存在诱供、逼供的违法现象(或虽然被告人提出类似理由,但公诉人查证不存在这些问题)。因此,被告人翻供不足采信,请合议庭充分考虑公诉人刚才宣读的被告人原供述,并结合案件中其他证据予以认定。"

6. 对辩护方的讯问方式或内容有严重不当或带有引供、诱供的，公诉人应当向法庭提出："审判长，公诉人认为辩护人的提问方式（或内容）不当（或具有诱导性倾向），请法庭予以制止（或不予采纳）"。

7. 公诉人、辩护人、审判长三方讯问被告人完毕，审判长请公诉人向法庭提供证据，公诉人在出示每个证据前，应简要说明该证据来源、所要证明的内容，并说明该证据收集的程序，表达为："该证据是（什么人）（什么时间），在（什么地点）向（什么人）提取的，收集程序合法。其证实的是……"出示完毕后应说："××证言出示完毕！"

8. 如果被告人当庭侮辱、诽谤公诉人，公诉人应当表示："被告人×××，你无端指责公诉人是对公诉人的侮辱、诽谤，你否认有罪或对公诉人的意见有异议，可在辩论阶段自我辩解，或以书面形式向有关机关申诉。你捏造事实、诽谤公诉人，是违法的。我国刑法规定'公然侮辱或诽谤他人，情节严重的'，要追究刑事责任。公诉人现在向你提出警告，你必须遵守法庭规则，接受审判。"如果警告无效，则请书记员将被告人的言行记录在案，被告人一直不断侮辱公诉人，影响庭审的，则应建议审判长休庭。

9. 法庭调查阶段，公诉人要求证人到庭作证，应当表示："请法庭传证人×××到庭。"申请时，应向法庭简单说明所传证人的证词对本案起到的证明作用。证人到庭后，经审判长问明基本情况并办理有关手续后，首先由公诉人发问："证人×××，现在你把你所知道的与本案有关的情况向法庭作连贯性陈述。"证人陈述完后，公诉人可就其证言中有遗漏、矛盾、模糊不清和有争议的内容，经审判长同意向证人发问："证人×××，现在公诉人向你发问，你要如实向法庭作证。"发问完毕应当表示："审判长，公诉人对证人×××的发问暂时到此。"如果证人推翻原证言，公诉人应当发问："证人×××，你有否就本案中所知道的情况向公安机关（安全机关或检察院）提供过证言？"证人回答后，公诉人在征得审判长同意后，宣读证人证言，并有针对性地发问。发问中，着重抓住其改变的证言中矛盾之处进行追问，可以让矛盾之处进一步扩大为更多的矛盾。

10. 当被告人、证人对同一事实的陈述存在矛盾，需要对质时，公诉人应当表示："刚才被告人×××的陈述和证人×××在（针对某一事实）的证言存在矛盾，需要对质，请法庭传证人×××到庭对质。"质证时，如果被告人攻击被害人或证人，公诉人应当指出："审判长，被告人×××毫无悔罪之意，在这庄严的法庭上，竟然无视法庭纪律，肆无忌惮地对被告人（或证人）进行侮辱、诽谤，更为恶劣的是……，这是无视法庭、藐视法庭的表现，建议合议庭量刑时对此予以充分考虑，对被告人从严处罚。"

11. 需要鉴定人到庭时，公诉人应当向法庭提出："请法庭传鉴定人×××到庭。"经审判长许可后，公诉人可向鉴定人发问："鉴定人×××，公诉人问你几个问题，请你回答。"发问完毕后，应当表示："审判长，公诉人对鉴定人×××的发问，暂时到此。"

12. 当审判长问及公诉人是否有物证、书证、视听资料当庭出示时，如有，公诉人应当表示："公诉人有证据需要举证。"如没有，公诉人应当表示："公诉人举证完毕。"需要出示时，公诉人应当逐一说明物证的来源、内容和物证对本案起到什么样的证明作用。出示后交由法警拿给被告人或被害人辨认。公诉人可就辨认及证明内容经审判长许可后，向被告人（被害人）进行讯问（询问），讯问（询问）完毕后，应当表示："审判长，公诉人对被告人×××（被害人×××）的讯问（询问），暂时至此。"公诉人出示每份物证、书证、视听资料完毕，应当表示："公诉人出示×××（物证、书证、视听资料）完毕。"

13. 对于辩护人在询问证人时引诱证人改变证言或者作伪证时，公诉人应当表明："审判长，本案辩护人×××在刚才询问证人×××过程中，发问方式带有诱导性（或提示性），公诉人要求审判长予以制止和引导。"

14. 对于证人在律师取证时所作的证言与法庭所作的证言不一致时，辩护人提出异议或指责的，公诉人可表明："审判长，我国法律规定，证人对自己所作的证词，有提出补充或修正的权利。只要证人所作的证词是客观的，任何人无权干涉或指责，辩护人也不例外。为此，公诉人提请审判长对辩护人的不当做法予以制止和纠正。"

15. 对辩护人在询问证人时使用人身攻击性语言的，公诉人应当表明："审判长，刚才辩护人在询问证人×××时，有对证人进行人身攻击的语言。对此，公诉人要求审判长及时制止，以维护证人的合法权益，确保证人能客观地进行陈述。"

16. 对辩护人所出示的材料系公诉人未掌握的，而对定案又比较重要的，公诉人可表明："审判长，本公诉人已充分注意到辩护人提出的有关材料。鉴于该材料对本案的认定比较重要，为了鉴别真伪，也为了查清全案，正确定罪定性，公诉人请求合议庭对本案延期审理。"

17. 对于因证据或事实发生变化的，公诉人应当表明："审判长，本案因事实或证据发生了变化（或改变），为了正确实施法律，切实保障被告人及当事人的合法权益，根据《中华人民共和国刑事诉讼法》第204条的规定，公诉人认为有必要对本案进行补充侦查。为此，建议合议庭休庭并对本案延期审理。"

18. 对于证据中以单位名义所作的情况说明等，没有写明经手人的，而该证据又对定案具有重要作用的，公诉人可表明："审判长，辩护人出示的×××书证，虽盖有公章，但没有写明经手人或执单人，是不符合有关要求的，其真伪尚有待鉴别。"（公诉人在对证人进行询问时，态度不能生硬，语调要平和，一般在询问证人的基本情况后，可用"请"字开始转入正题。询问结束后应当表示："审判长，公诉人的询问暂时到此。"为以后再询问留下后路。当证言或证据发生重大变化，又出乎公诉人预料时，一般情况不要与证人或辩护人发生正面顶撞和交锋，可用"建议合议庭休庭延期审理"的语句争取时间，寻求对策。）

19. 进入法庭辩论阶段，公诉人发表公诉意见后，应当表示："审判长，公诉人发表公诉意见完毕。"

20. 一般法庭辩论的开场语："刚才公诉人仔细（或认真）听取了被告人×××及其辩护人所作的辩护发言，现在本公诉人答辩如下。"在法庭辩论时，公诉人需要发问，应当向审判长提出，经审判长许可后进行发问。发言完毕后，应当表示："公诉人对×××的发问暂时到此。"

21. 在辩论中，对辩护人打断公诉人发言或进行人身攻击，讽刺挖苦，使用污秽语言等其他不当行为的，公诉人应当就有关问题（可直接点出什么问题）阐明一下立场，并表明："大家都知道（或者任何从事法律工作的人都清楚）辩护人的职责是根据事实和法律，提出证明被告人无罪、罪轻或减轻、免除其刑事处罚的材料和意见，而这些均应建立在以事实为根据、以法律为准绳的法制原则上。刚才，被告人×××的辩护人在发言中，违背职业道德，对公诉人进行人身攻击，讽刺挖苦（或使用污秽语言）。对此，公诉人提醒辩护人，这是神圣庄严的法庭，绝不允许任何人，当然也包括辩护人有亵渎法律的言行。同时，公诉人也相信辩护人发表以上言行一定会受到审判长的斥责和制止。下面，公诉就有关辩护意见，作如下答辩。"（法庭上出现辩护人对公诉人进行人身攻击的情况时，公诉人应当冷静，既要理直气壮予以驳斥、警告，又要注意用语的得体、得当，做到点到为止，恰到好处，绝不能采取以牙还牙的方式，要保持公诉人的形象。）

22. 出现辩护人针对起诉书或公诉人的某个失误大做文章时，公诉人应当表明："辩护人提出的×××问题，本公诉人已充分注意到（或者已经引起重视并作了改正）。但是，公诉人认为，这个问题不影响对被告人的定罪量刑，公诉人将不就此事展开辩论。"如果辩护人在二轮、三轮答辩中仍纠缠同一问题，可作如下答辩："辩护人提出的×××问题，刚才公诉人已阐明了立场，因此公诉人认为，辩护人在辩论中再次大谈特谈，无非是哗众取宠，无任何实际意义。"

23. 对辩护人辩护意见偏离方向的，公诉人可表明："辩护人提出的×××问题，与本案起诉书指控的被告人的犯罪事实及定罪量刑无关，本公诉人不予答辩或不作答辩。"

24. 在辩论中出现对证据分析带有主观推测的，公诉人可表明："辩护人对×××证据的分析，公诉人已经注意到，鉴于该分析既表面又不客观，仅仅是主观推测，所以本公诉人不予答辩（也可就事论事，逐点加以分析驳斥）。"在法庭辩论中，切忌言语过火而引起不必要的争执，对于控辩双方反复争论即所谓"公说公有理、婆说婆有理"的问题，要果断地把球踢给审判庭，避免纠缠。一般可表明："辩护人提出的×××问题，公诉人在前面答辩中观点十分明确，即……公诉人相信合议庭一定会实事求是依法作出断定，因此，公诉人不再就此事实予以答辩。"

25. 如果出现被害人及其诉讼代理人就定性定罪发表与公诉意见不一致的意见时，公诉人不宜正面回答，但也不能没有态度，可表明："刚才×××发表的意见（内容），对此，公诉人已发表了公诉意见，请合议庭审定。"或者表明："审判长，刚才被害人的诉讼代理人对本院起诉书提出异议，认为本院认定被告人×××构成故意伤害定性不准，应定为故意杀人罪，要求对被告人×××从重处罚。这一愿望公诉人是完全理解的。作为公诉人，我是代表国家指控犯罪的，被害人及其诉讼代理人也是控诉被告人罪行的。你可以提出自己对本案的事实、情节、证据的分析，发表对本案的定性意见，相信法庭会在查明事实的基础上，对本案作出公正判决。"

第十节　二审刑事案件的审查和出庭

一、二审刑事案件的审查和出庭的基本内涵

二审刑事案件的审查和出庭是指市级以上人民检察院对于下级检察院按二审程序提出抗诉和同级人民法院决定开庭审理的公诉上诉案件，由刑事检察业务部门受理、审查及出席二审法庭，根据案件事实和法律向人民法院提出依法改判等意见，对法庭审判活动进行监督的法定程序。

检察机关履行二审刑事案件审查和出庭职责的法律依据主要有：刑事诉讼法、《适用解释》《刑诉规则》、最高人民检察院《人民检察院刑事抗诉工作指引》和《人民检察院公诉工作操作规程》等。

《刑事诉讼法》第231条、第232条规定了二审刑事案件的来源，

其中，第 232 条规定了上诉方式，第 232 条规定了抗诉方式。《刑事诉讼法》第 233 条规定了对上诉和抗诉案件的审查。《适用解释》第 378 条之规定与《刑事诉讼法》前述条款相对应。《刑事诉讼法》第 235 条至第 242 条规定了二审刑事案件检察官出席二审法庭的法律依据和处理程序，其中，第 235 条规定了人民检察院提出抗诉的案件或者第二审人民法院开庭审理的公诉案件，同级人民检察院都应当派员出席法庭。第二审人民法院应当在决定开庭审理后及时通知人民检察院查阅案卷。人民检察院应当在一个月以内查阅完毕。人民检察院查阅案卷的时间不计入审理期限。《适用解释》第 397 条之规定与刑事诉讼法前述条款相对应，还明确了人民检察院不派员依法履行出庭义务时应承担的不利法律后果。《刑诉规则》第 445 条对出庭人员予以细化，明确检察官助理可以协助检察官出庭，根据需要可以配备书记员担任记录等。

《刑诉规则》第 586 条至第 590 条对人民检察院提出抗诉的案件如何审查办理作出相关规定。2017 年 7 月 4 日出台的最高人民检察院《人民检察院刑事抗诉工作指引》对于是否应当抗诉、如何抗诉、抗诉案件的审查等作了更加全面细致的规定。

再审案件按照第二审程序审理的，根据《刑诉规则》第 456 条之规定，人民检察院派员出席再审法庭，如果再审案件按照第二审程序审理，参照上述出席二审法庭的有关规定执行。

二、二审刑事案件的审查和出庭的工作要求

刑事二审程序以检察机关承认在刑事诉讼中有发生错误的可能性为前提。除了在庭审规则的运用方面相同于一审外，应突出的是与刑事一审案件出庭程序相异的特殊性要求。之所以启动刑事二审程序，其原因有：一是当事人及其法定代理人提出上诉；二是人民检察院提出抗诉。对于前者，检察人员的主要任务是听取上诉人提请上诉的理由，对上诉理由充分地提出纠正一审法院错误判决或裁定的意见，对无理的上诉予以反驳并建议维持一审法院的正确判决或裁定；对于后者，检察人员的主要任务是审查是否有抗诉必要，对有抗诉的必要案件支持抗诉，通过

二审说明一审判决或裁定的错误并建议法院予以纠正。

(一) 二审刑事案件审查和出庭的基本要求

1. 二审上诉案件

(1) 认真听取和审查上诉理由。审查二审刑事案件时，案件已经过一审开庭审理，通过举证、质证对案件事实形成了基本认识，故二审承办人审查时，应当先听取上诉的事实和理由，进而根据不同情况有的放矢地审查重点证据，提高审查效率。

(2) 程序审查优先，强化监督职能。审查该类案件时，承办人也应就一审审判程序是否合法进行审查，对违反法定程序，影响案件公正审理的情形，应提出发回重审的建议。同时，承办人还应当就一审公诉程序、侦查程序进行审查，对于存在的程序瑕疵问题，依法提出纠正违法意见；对于可能存在非法证据排除的情形，应当要求补正或者做出合理解释，无法补正或者做出合理解释的，应当依法进行非法证据排除。

2. 二审抗诉案件

(1) 依法。严格依法独立公正开展刑事抗诉工作，不受任何干预，防止滥用抗诉权或者怠于行使抗诉权。"依法"着眼于规范权力，强调严格依照法律规定开展刑事抗诉工作，不受地方保护、部门利益、矛盾压力或者不当干涉的影响，既要避免权力的滥用也要避免消极行使。实践中容易出现两种不良倾向：一是该抗而不抗，抗诉意识不强，重指控轻监督、重配合轻监督从而怠于行使抗诉权现象不同程度存在，有的怕影响检法两家关系，有的怕上级院不支持从而暴露工作薄弱环节，有的怕法院不改判，特别是对法院内部已有请示的案件，即使认为错误也不愿提出抗诉，这些错误认识和做法严重制约了刑事抗诉工作的发展。二是不该抗而抗，违背法律规定提出抗诉，滥用抗诉权。无论哪种倾向，均是对法定职权的亵渎，均违反了"依法"这一刑事抗诉的基本要求。

(2) 准确。案件质量是公诉工作的生命线。"准确"着眼于案件质量，专业化、精细化审查案件事实、证据和法律适用，全面准确把握刑事抗诉的条件和标准，树立检察机关维护司法公正的权威。这里需要强调的是，要正确看待"质量"和"数量"的关系，既要抗，又要力求抗准，要在保证抗诉质量的基础上追求数量。

（3）及时。"及时"是对刑事抗诉工作效率的要求。刑事抗诉应当严格遵守办理刑事抗诉案件的期限规定，对符合抗诉条件和标准的案件，及时提出抗诉。迟来的正义是非正义。"及时"要求无论判决、裁定生效与否，检察机关都要及时进行审查，特别是对已生效的判决或裁定，要提高审查效率，若认为确有错误，应及时向法院提出抗诉或者提请上级院抗诉，上级院对下级院抗诉的案件，也应当及时审查，作出是否抗诉的决定。

（4）有效。"有效"着眼于办案效果，强调刑事抗诉工作要围绕社会发展大局，关注社会热点，回应社会关切，突出监督重点，加强矛盾化解，增强刑事抗诉工作的针对性和实效性，力求法律效果和社会效果的统一。刑事抗诉工作的好坏最终通过实际效果得以检验。

（二）二审刑事案件审查和出庭的基本原则

1. 抗诉案件不抗不主张原则

控审分离、不告不理是现代刑事诉讼的基本原理和原则，它不仅适用于一审程序，也适用于二审程序。刑事二审程序只有在检察机关依法提出抗诉或当事人依法提出上诉的情形下才能发生，就是该诉讼原则在二审程序中的贯彻和体现。仅就抗诉而言，刑事诉讼法将提出抗诉的权利赋予一审程序中提出公诉的检察机关，规定"地方各级人民检察院认为本级人民法院第一审的判决、裁定确有错误的时候，应当向上一级人民法院提出抗诉"，并且应当在法定的抗诉期限内提出。原审公诉机关提出的抗诉不仅决定了二审抗诉审判程序的启动，也决定了二审抗诉程序的审判范围，还决定了原审被告人及其辩护人针对抗诉庭前做好准备、庭上表明态度的范围。因此，在二审抗诉庭审中，出庭检察官应当紧紧围绕抗诉书提出的问题进行有关诉讼活动，对于抗诉书没有提出的问题即所谓"漏抗"问题，即使确实存在，也不应当在庭审中提出主张。

2. 上诉案件上诉不加刑原则

上诉不加刑原则是二审程序的重要原则，它对于保障当事人充分行使上诉权、对于上级人民法院通过二审程序对下级人民法院的审判活动及其裁判结果依法进行审判监督，进而维护和实现司法公正具有重要的意义。这一原则不仅是对二审审判机关、审判人员的要求，而且也对没有提出抗诉而只参与二审上诉的检察官具有约束力。在只有上诉而没有抗诉的二审法庭上，检察官对于原审判决量刑偏轻甚至畸轻，或者由于认定事实不当而导致对被告人轻判的案件，也不应要求二审法院进行改判，加重被告人的刑罚。

3. 客观履行法律监督职能原则

《刑事诉讼法》第 8 条规定"人民检察院依法对刑事诉讼实行法律监督"。对于法庭审判活动的监督问题，《刑事诉讼法》第 209 条规定"人民检察院发现人民法院审理案件违反法律规定的诉讼程序，有权向人民法院提出纠正意见"。就如何了解、发现法庭审理活动是否违反法律规定的诉讼程序，《刑诉规则》将其赋予出席一审、二审法庭的检察官，其中第 398 条第 7 项规定"对法庭审理案件有无违反法律规定的诉讼程序的情况记明笔录"，第 572 条进一步规定"人民检察院在审判活动监督中，发现人民法院或者审判人员审理案件违反法律规定的诉讼程序，应当向人民法院提出纠正意见。人民检察院对违反程序的庭审活动提出纠正意见，应当由人民检察院在庭审后提出。出席法庭的检察人员发现法庭审判违反法律规定的诉讼程序，应当在休庭后及时向检察长报告"。可见，对人民法院庭审活动是否违反法定程序进行监督的主体是人民检察院，而不是出庭的检察官。但是在庭审活动中出庭检察官具有"记明笔录"的职责和对已发生的违反法定程序的情况在庭审后及时向本院检察长报告的职责。

三、二审刑事案件的审查和出庭的工作流程及方法

（一）受理

二审刑事案件受理是指市级以上人民检察院刑事检察部门，对本院案件管理部门受理并移送的二审刑事案件，审查是否属于本院管辖范围以及案件材料是否齐备等事项的程序。受理范围主要是以下六个方面：

一是原审被告人未提出上诉，人民检察院按照第二审程序提出抗诉的案件；二是原审被告人提出上诉，人民检察院未提出抗诉，二审人民法院认为应当开庭审理的案件；三是原审被告人提出上诉，人民检察院同时按照第二审程序提出抗诉的案件；四是再审程序中依照一审程序判决，原审被告人提出上诉或者人民检察院提出抗诉的案件；五是发回重审后依照一审程序判决，原审被告人提出上诉或者人民检察院提出抗诉的案件；六是二审人民法院认为应当开庭审理的其他案件。

二审刑事案件由市级以上人民检察院案件管理部门统一负责接收并及时登记，刑事检察部门对案件管理部门接收并移送的二审案件材料进行审查，根据案件性质，从以下七个方面对案件材料是否齐备进行审查：一是案件性质是否属于应当开庭的二审案件；二是案件是否属于本院管辖；三是原审被告人的上诉书或下级人民检察院的刑事抗诉书、一审判决书、同级人民法院的阅卷通知书、侦查卷宗、一审审判卷宗、视听资料、当事人和解等证据和材料等案件材料是否齐备；四是案件管理部门移送的材料是否与移送清单列明的材料相符；五是原审被告人是否羁押及所在处所；六是原审被告人是否系未成年人；七是原审被告人是否属于应当提供法律援助的情形。

初步审查后，对于不属于二审案件范围的或者不属于本院管辖的二审案件，应说明情况协商案件管理部门将案件退回案件移送部门或者移送有管辖权的单位处理；对于案件材料不齐备或者移送的材料与移送清单不符的，应要求案件管理部门通知案件移送部门及时补充齐备；对于案件来源符合条件、材料齐备并核对无误的案件，内勤应当接收案件并及时登记，登记时应当列明案卷册数、文书类别、数量及同时移送的证据材料的类别、数量和保管场所。

在收案登记完毕后，应向部门负责人报告，并在受理案件3日内将案件材料交送承办员额检察官，也可交检察长办理，承办人应无法定回避事项和理由。检察长办理的案件，原则上应为在本辖区内有重大社会影响的案件。

承办人受理案件后，应当及时告知被告人二审期间的诉讼权利义务，对于符合法律援助情形的被告人，人民检察院及时通知法律援助机构提供法律援助，严禁二审期间变相剥夺被告人的辩护权。同时调取下级人民检察院办理案件时的检察内卷以供核查。下级人民检察院在收到上级人民检察院的调卷通知后，应当及时将检察内卷报送至上级人民检察院。

（二）审查

刑事检察部门受理二审刑事案件，应当指定员额检察官办理。办理案件的员额检察官可以配备检察官助理、书记员承担办案辅助性工作。

1. 审查期限

《刑事诉讼法》第235条规定："人民检察院提出抗诉的案件或者第二审人民法院开庭审理的公诉案件，同级人民检察院都应当派员出席法庭。第二审人民法院应当在决定开庭审理后及时通知人民检察院查阅案卷。人民检察院应当在一个月内查阅完毕。"承办人审查二审刑事案件，有以下情形之一，确实无法在一个月内完成阅卷工作的，层报分管副察长审批同意后，可以向同级人民法院商请延期：（1）案情重大、复杂；（2）需要调取新的证据材料；（3）需要重新鉴定或者勘验；（4）需要进行非法证据排除；（5）其他需要商请延期的情形。

2. 审查内容

检察官受理刑事第二审刑事案件后，应当客观全面审查案卷和证据材料，不受抗诉或上诉范围的限制。承办人应当对证据合法性、客观性、关联性、充分性进行严格审查，排除非法证据。

（1）全面审查案卷材料及证据，主要包括：

①一审起诉书指控的犯罪性质、犯罪事实、主从犯地位、量刑情节及量刑建议。

②一审审判决认定的犯罪性质、犯罪事实、主从犯地位、量刑情节及量刑与起诉书指控是否一致，如果不一致，产生分歧的原因是什么；法院未采纳检察机关指控的原因是什么，说理是否清楚透彻。

③下级人民检察院提出抗诉的理由是否正当、抗诉观点是否清晰；下级人民检察院提出的抗诉观点是否有事实和证据依据；是否有新的事

实和证据支持抗诉观点；用以支持抗诉的证据调取、收集过程是否合法、内容是否客观真实。

④有无抗诉的必要。人民检察院针对量刑错误提出抗诉，一般是量刑方面存在畸轻畸重，明显违背罪刑相适应原则，超出法官自由裁量的幅度的情形。对量刑偏轻或者偏重，但没有明显超过法定量刑幅度的，应视为在法官自由裁量的范围之内，一般不宜提出抗诉。另外根据最高人民检察院《关于加强和改进刑事抗诉工作的意见》的规定，刑事判决、裁定在适用法律方面有下列情形的，一般不应当提出抗诉：一是法律规定不明确、确有争议，抗诉的法律依据不充分的；二是具有法定从轻或者减轻处罚情节，量刑偏轻的；三是被告人系患有严重疾病、生活不能自理的人，怀孕或者正在哺乳自己婴儿的妇女，生活不能自理的人的唯一抚养人，量刑偏轻的；四是被告人认罪并积极赔偿损失，取得被害方谅解，量刑偏轻的。

⑤一审取证及判决情况：一审判决认定的事实、情节是否清楚，证据是否确实、充分，证据之间有无矛盾，矛盾是否得到有效排除；一审判决适用法律是否正确，量刑是否适当；在侦查、审查起诉、一审程序中，有无违反法律规定诉讼程序的情形；被告人供述和辩解的情况；附带民事判决、裁定是否适当；控辩双方举证、质证、答辩及庭审中主要争议的焦点；被告人、被害人、证人检举和控告的内容，是否存在暴力取证、刑讯逼供和以威胁、引诱、欺骗等方式获取言词证据等严重违法行为。

⑥一审审理程序是否适当：有无违反公开审判的规定；有无违反回避制度；有无剥夺或限制当事人的法定诉讼权利，可能影响公正审判；审判组织的组成有无不合法；发回重新判的案件，有无另行组成合议庭；有无其他违反法律规定的诉讼程序，可能影响公正审判；一审的裁判文书是否在法定期限内送达。

（2）讯问原审被告人，听取原审被告人的意见及辩解。审查刑事第二审案件，一般应当提讯原审被告人（上诉人），复核主要证据。共同犯罪案件，必要时应当提讯全部原审被告人。死刑案件、抗诉案件必须讯问原审被告人，充分听取其辩解和上诉理由。

对于下列原审被告人，应当进行讯问：①提出上诉的；②人民检察院提出抗诉的；③被判处无期徒刑的。

讯问重点内容包括：原审被告人的基本情况和核对情况；原审被告人对一审判决认定事实、采信证据和判决结果的意见；原审被告人是否有新的证明自己无罪、罪轻或者减轻、免除刑事责任的证据；原审被告人的上诉理由；原审被告人对抗诉书的意见；被告人对侦查行为是否合法的意见；抗诉书抗诉内容的核查。其他讯问内容及讯问程序，参照审查起诉阶段讯问犯罪嫌疑人的操作规程进行。

（3）必要时听取辩护人的意见。

（4）复核主要证据。①重点针对抗诉理由和观点开展复核工作，必要时补充收集证据，调查取证应当同时遵守法定取证规则和程序，可以由承办人自己进行，也可以交由原侦查调查机关或下级人民检察院刑事检察部门进行。②对鉴定意见有疑问的，可以委托有鉴定资质的鉴定机构重新鉴定或者补充鉴定。③以下证据应当调查核实：对被告人年龄有疑问，可能影响定罪量刑的；案件中可能存在其他的法定从重、从轻、减轻、免除处罚及酌定从轻处罚等量刑情节的；检察人员收到被告人、辩护人提出被告人自首、立功等可能影响定罪量刑的材料和线索的。④复核后获取的证据以及调取的新证据，可以在二审法庭上予以出示、质证。

【案例】谢某某强奸抗诉案

2012年5月2日凌晨2时许，原审被告人谢某某在某市解放军医院住院部723号病房陪护其母亲期间，趁71床女患者余某颈椎受伤行动不便，不顾余某反抗，强行与余某发生性关系。某市某区法院以谢某某犯强奸罪（未遂）判处其有期徒刑4年。某区检察院于2012年10月26日以原判认定犯罪未遂错误，应依法认定强奸既遂为由提出抗诉。本案中强奸未遂还是强奸既遂，被告人、被害人双方各执一词。某市检察院办案人员认真细致审查证据，从客观性证据的合法性和来源入手，在抗诉阶段补充到关键证据，并于2013年1月21日派员出庭支持抗诉。某市中级法院二审采纳抗诉意见，于同年4月18日以谢某某犯强奸罪（既遂）判处其有期徒刑八年。

（5）根据案件情况，承办人认为有必要时，可以对证明案件主要犯罪事实的关键证人、被害人进行询问。

（6）对办案过程中的执法风险进行充分评估，并形成书面的评估报告，对于可能引发舆情风险或者其他执法风险的案件应提交风险处置预案。

（三）制作审查报告并作出处理决定

1. 制作审查报告，承办人提出处理意见。承办人对二审刑事案件审查完毕后，应当制作二审抗诉（上诉）案件审查报告，列明审查认定的犯罪事实及证据，提出是否支持、部分支持或不支持下级人民检察院的抗诉、原审被告人的上诉意见，并列明理由和论据。

对于在二审审查过程中发现采取刑讯逼供等非法方法收集的被告人供述和采用暴力、威胁等非法方法收集的证人证言、被害人陈述，一审程序未予排除的，在二审审查时应当依法予以排除。承办人发现收集的物证、书证不符合法定程序，可能严重影响司法公正的，应当要求侦查机关（部门）补正或者作出合理解释，不能补正或者作出合理解释的，一审程序中未予排除的，在二审审查时应当予以排除。

承办检察官审查完毕并形成具体审查意见后，如有必要，可将案件提交部门集体讨论并由书记员进行记录。承办人应基于对案件事实的审查，全面客观汇报案件，各参与人应就案件事实是否清楚、证据是否确实充分、定性是否准确、量刑是否适当、下级人民检察院提出的抗诉理由是否成立、是否支持抗诉意见、原审被告人的上诉意见是否成立等事项发表充分意见。讨论意见需经全体参与讨论的人员签字确认。

对于重大、疑难、复杂、集体讨论意见有重大分歧或有重大社会影响的案件，承办检察官认为有必要提交检察委员会研究的，经分管副检察长批准，可以提交检察委员会讨论决定。

2. 承办人制作《二审检察人员出庭意见书》《支持刑事抗诉意见书》或《撤回抗诉决定书》。

（1）二审抗诉案件中，承办人认为抗诉正确、原审判决错误、应当支持抗诉或部分支持抗诉意见的，应制作《支持刑事抗诉意见书》，载明支持或部分支持抗诉的意见和理由，盖院印后送达同级人民法院。

（2）二审抗诉案件中，承办人认为原审判决正确，不支持抗诉的，应当制作《撤回抗诉决定书》，经分管副检察长批准后，向同级人民法院撤回抗诉，并且通知下级人民检察院。

（3）下级人民检察院认为上级人民检察院撤回抗诉不当的，可以提请复议，上级人民检察院应当复议，并将复议结果通知下级人民检察院，复议期间，不改变撤回抗诉的决定。

（4）上级人民检察院刑事检察部门对下级人民检察院提出复议的二审刑事案件认为本院撤回抗诉并无不当的，应维持撤回抗诉决定。经审查后认为本院撤回抗诉错误的，应提请检察委员会研究决定。

（5）上级人民检察院检察委员会研究认为撤回抗诉确有错误的，上级人民检察院应书面告知同级人民法院，并按照审判监督程序再次抗诉。审查办理依照审判监督程序操作规程进行。

（6）上级人民检察院在上诉、抗诉期限内，发现下级人民检察院应当抗诉没有提出抗诉的案件，可以指令下级人民检察院依法提出抗诉。

（7）在上诉、抗诉期限届满后，上级人民检察院发现下级人民检察院应当抗诉没有提出抗诉的案件，可以指令下级人民检察院依照审判监督程序提请抗诉，也可以直接按审判监督程序向同级人民法院提出抗诉。审查办理依照审判监督程序操作规程进行。

对支持抗诉的案件，承办人制作出庭预案时，应当围绕《支持刑事抗诉意见书》的主要内容展开，拟定的出庭意见不能脱离该意见书的主要观点。

3. 按程序移交相关案件材料。承办人阅卷审查完毕后，应当交由内勤进行统一登记，并将案卷退回案件管理部门返还给同级人民法院。承办人在二审期间补充调取的新证据需要在二审法庭出示的，应当在开庭审理五日前提交法庭。

支持抗诉的案件，随案移送载有出庭检察人员名单的《派员出席法庭通知书》。撤回抗诉的案件，随案移送《撤回抗诉决定书》，同时将《撤回抗诉决定书》及下级院检察内卷材料一并移送下级人民检察院。

4. 审查过程中发现的其他问题。承办人在二审审查过程中发现的违法行为，应经层报分管副检察长或者检察长后，发出《纠正违法通知书》，发现相关人员涉嫌构成犯罪的，应当将线索及时移交侦查机关（部门）依法办理并跟踪监督。

（四）确定二审出庭人员

1. 人民法院在开庭 3 日前，将开庭的时间、地点通知办理二审刑事抗诉案件的人民检察院。人民检察院刑事检察部门应当在收到出庭通知书后，指派检察官出席二审法庭。人民检察院出席二审刑事抗诉案件法庭，应当指派检察官出席法庭履行职务。

2. 确定出庭检察人员后，应当根据《刑诉规则》第 454 条之规定，制作《派员出席法庭通知书》，列明出庭检察官姓名，在开庭前送达人民法院。

3. 出席二审刑事抗诉案件法庭，可以根据需要配备书记员担任记录。新修改的《刑诉规则》第 454 条对是否配备书记员有调整，比原规定更灵活，根据案情决定是否配备书记员担任记录。

（五）庭前准备

1. 再次熟悉案情和证据情况，了解原审被告人或上诉人供述、被害人陈述、证人证言等证据材料在庭前有无变化，发生变化的原因是什么。

2. 深入研究与本案有关的法律、政策问题，充实相关的专业知识。

3. 详细拟定出庭预案，预案内容包括：

（1）预测原审被告人的临庭表现后，有针对性地制作庭审讯问被告人提纲。应当分不同情况，制作庭审讯问被告人提纲。

①对于全部翻供、拒不认罪的被告人，制定讯问提纲要详细具体，设计的问题要突出案件的细节特征，突出被告人供述的前后不一致、与

证人证言等其他证据的不一致,以反映出其翻供供述的不合理性。

②对于部分认罪、部分翻供的被告人,应注意讯问问题的逻辑顺序,设计的问题由浅入深,从认罪部分开始讯问,层层递进,对于翻供部分要重点突出其与有供述部分以及在案其他证据的矛盾之处。

③对于认罪态度好的被告人,可以只对重要的、关键的事实与情节制作讯问提纲。

④对抗诉被告人的提纲制作应尽量具体详细,对未被抗诉的其他被告人提纲可简单制作,突出重点。

(2) 制定庭审询问被害人、证人、鉴定人提纲。应当针对被害人、证人、鉴定人的不同身份,制定不同的询问提纲,问题应尽量简短清晰。

(3) 确定在法庭上需要出示的新证据,针对出示的证据制定举证、质证方案。

(4) 制定阐明支持抗诉的事实、证据和法律意见的支持抗诉的出庭意见书。支持抗诉的出庭意见书的内容主要包括:

①原审判决、裁定认定事实、证据进行概括,论证原审判决认定的事实是否清楚,证据是否确实充分;

②论证原审判决、裁定定罪量刑、适用法律的错误之处,明确表明支持抗诉的意见;

③揭露被告人犯罪行为的性质和危害程度;

④归纳控辩双方可能在事实、证据、法律适用和量刑方面的分歧焦点。

(5) 预测被告人、辩护人辩护内容,制定答辩要点。充分预测法庭审理可能出现的变化,针对不同情况制定应对方案。

4. 对于重大、疑难、复杂、检法分歧较大的案件,可以在庭前组织模拟庭,强化出庭预案的实效性,必要时对出庭预案进行专门论证。

5. 对于敏感的和社会高度关注的案件,应当制作临庭处置方案,应对可能出现的各种复杂情况。

6. 了解辩护人、原审被告人向法庭提供的新证据,了解辩方通知到庭参与诉讼的证人、鉴定人名单,并做好应对工作。

7. 确定需要提请法院通知到庭参加诉讼的证人、鉴定人、有专门知识的人、翻译人员和被害人名单，并作出相应的出庭应对工作。上述人员不能出庭时，要在庭前及时与法院沟通、解决，或者在庭前会议就有关事项作出决议。

8. 对于人民法院决定召开庭前会议的案件，检察官应当就是否提供新的证据，是否对出庭证人、鉴定人、有专门知识的人名单有异议，是否需要排除非法证据等与审判有关的事项，在庭前会中发表意见，并听取、了解被告人及辩护人意见。

（六）出席二审法庭

1. 宣读相关文书

二审案件开庭审理中，无论是上诉案件还是抗诉案件，法庭调查阶段均先由审判人员宣读一审裁判文书。上诉案件检察人员不需要宣读相关文书。抗诉案件需要由检察人员宣读刑事抗诉书和刑事支持抗诉意见书。

（1）宣读刑事抗诉书。刑事抗诉书是人民检察院对认为确有错误的一审裁判文书提出纠正请求并提交法庭的正式司法文书，它是启动二审程序的法律文书。根据《适用解释》第398条之规定，开庭审理上诉、抗诉案件，除参照适用第一审程序的有关规定外，法庭调查阶段应当按照下列规定进行，审判人员宣读第一审判决书、裁定书后，上诉案件由上诉人或者辩护人先宣读上诉状或者陈述上诉理由，抗诉案件由检察员先宣读抗诉书；既有上诉又有抗诉的案件，先由检察人员宣读抗诉书，再由上诉人或者辩护人宣读上诉状或者陈述上诉理由。宣读刑事抗诉书是检察人员在二审法庭庭审活动中的第一项工作。检察人员通过宣读抗诉书，代表国家对一审法院作出的判决或裁定提出质疑，提请人民法院对案件依法进行审判，纠正错误，实现公正。公诉人出庭支持公诉，诉讼参与人不通晓当地的语言文字的，应当进行翻译，除在少数民族聚居或者多民族杂居的地区使用当地通用的语言外，应当使用普通话。发言时应做到用语规范，语速适中，吐字清晰，声音洪亮。

公诉人应当在审判长宣布法庭调查开始后，宣读刑事抗诉书，宣读时应当起立，并应保持姿势端正。宣读刑事抗诉书应从"×××人民检察院刑事抗诉书"开始,宣读刑事抗诉书应当完整,不得随意删节、更改。宣读完毕后,应面向审判长告知:"审判长,刑事抗诉书宣读完毕。"被告人对犯罪事实进行陈述或提出上诉理由时,检察人员应当注意记录原审被告人的陈述与一审裁判认定事实以及检察人员审查认定事实的差异,并根据实际情况及时调整出庭方案。

(2)宣读支持刑事抗诉意见书。司法实践中,二审刑事案件法庭审理阶段,支持刑事抗诉意见书的宣读阶段存在不一致情形。第一种做法,检察人员在法庭调查阶段即宣读刑事抗诉书后立即宣读;第二种做法,检察人员在法庭辩论阶段首先宣读。关于此分歧,《人民检察院公诉工作操作规程》第252条明确规定,上级人民检察院改变抗诉内容或者部分支持抗诉的案件,检察员在宣读《刑事抗诉书》后应立即宣读《支持刑事抗诉意见书》,引导法庭调查围绕抗诉的事实进行。因此,第一种做法是更规范的。理由:一是从文书功能定位上看,支持刑事抗诉意见书是提出抗诉机关的上一级检察院对刑事抗诉审查之后的支持性、补强性意见,起到明晰抗点、补充论据的作用,对刑事抗诉书起到了补充完善作用,有必要在法庭调查宣读刑事抗诉书后立即宣读,亮明抗诉检察院的上一级检察院的立场。二是从庭审功能定位上看,法庭辩论阶段,检察人员会根据当庭庭审状况发表出庭意见,相对于发表支持刑事抗诉意见书,在论理上更全面、更有针对性,更符合法庭辩论阶段特点,此时发表支持刑事抗诉意见书将冲淡法庭辩论的效果。三是从检察人辩论发言的充分性考虑,刑事抗诉案件,法庭辩论阶段一般进行两轮辩论,除发表出庭意见外,还需要针对辩方的辩护意见答辩,如果在法庭辩论阶段连续发表支持刑事抗诉意见书、出庭意见书,形式上检察人员已经进行两轮辩论发言,合议庭基于诉讼节奏把控和诉讼平衡的角度,不会再给予检察人员法庭答辩的机会,因此,对于辩护人发言将失去答辩机会,不利于维护抗诉主张。因此,在法庭调查中宣读支持刑事抗诉意见书更为规范。

2. 讯问原审被告人

根据《刑事诉讼法》第242条规定,第二审人民法院审判上诉或者抗诉案件的程序，除本章已有规定的以外，参照第一审程序的规定进行。因此二审程序中人员有刑诉法所赋予的讯问原审被告人或上诉人的权利。检察官在法庭上，在审判长主持下依法就争议事实讯问原审被告人，可了解原审被告人对一审判决认定的罪名和事实有无疑义，是否认罪，同时也进一步揭露真相，使合议庭对案件争议焦点问题和被告人态度有所了解。检察官可以根据案件证据特点以及原审被告人或上诉人认罪情况为法庭讯问设置多层次的目标定位，且这种定位是动态的，可以根据讯问工作的进展情况作适当调整。第一层次，原审被告人或上诉人当庭供述自己以及同案被告人的犯罪事实。这是检察官法庭讯问的最理想状态。第二层次，通过证据事实与原审被告人或上诉人当庭供述对比，揭露其在庭审中逃避罪责、虚假供述。不必强求原审被告人如实供述，经历一审，原审被告人或上诉人对如实供述后可能承担的法律后果有清晰认知，往往会避重就轻，继续虚假供述，检察官应当理性定位。同时，结合当庭讯问中原审被告人或上诉人的辩解，有针对性地准备庭审举质证提纲和辩论提纲，还原真相。

针对不同类型案件，采取的讯问方法亦有所区别。注意以下几点：

（1）对单一原审被告人或上诉人的直接讯问。二审庭审讯问相对于一审庭审讯问的区别有：一是讯问内容更加集中、简练。主要集焦于抗诉上诉所提出的争议问题，一般而言会少于一审庭审的争议内容。二是讯问方式中运用一审裁判采信的证据。一审庭审讯问时，证据尚未开示，如果直接运用证据，基于证据未经公开出示，会有诱导之嫌，加之证据未经举证、质证和认证，不得作为定案依据，用以反驳被告人依据不足。

（2）对多原审被告人或上诉人共同犯罪的交叉讯问。讯问顺序上，不必拘泥于罪行轻重排序，需要根据各人认罪态度进行顺序设置。必要时可以提请法庭将供述相互矛盾的人员同时带上法庭进行讯问，就供述的矛盾点相互对质。

3. 举证、质证或者对一审争议证据事实的梳理说明

（1）举证。根据《适用解释》第 399 条之规定，开庭审理上诉、

抗诉案件，可以重点围绕对第一审判决、裁定有争议的问题或者有疑问的部分进行。结合检察机关对抗诉案件所抗诉事实负的证明责任，在二审出庭法庭支持抗诉、上诉或者驳回上诉的过程中，通过向法庭出示、宣读和播放诉讼证据，以理清案件事实，案件达到事实清楚，达到证据确实、充分的证明标准，并最终解决被告人刑事责任。这就要求检察人员在出庭举证中，不仅要运用证据查清与定罪量刑有关的所有事实，而且要证明据以定案的每一个证据都具有证明能力和证明力，且证据之间互相印证共同指向被告人有罪这一唯一证明结论。根据《适用解释》第72条之规定，需要运用证据证明的案件事实包括：被告人的身份；被指控的犯罪行为是否存在；被指控的行为是否为被告人所实施；被告人有无罪过，行为的动机、目的；实施行为的时间、地点手段、后果以及其他情节；被告人的责任以及与其他同案人的关系；被告人的行为是否构成犯罪，有无法定或者酌定从重、从轻、减轻处罚以及免除处罚的情节；其他与定罪量刑有关的事实。

　　检察官举证的基本要求有：一是出示、宣读、播放每一份或每一组证据前公诉人应先就证据的种类、名称、收集主体和时间以及所要证明的内容向法庭作概括说明。二是出示、宣读、播放每一份或每一组证据时，一般应出示证据的全部内容。根据案件的具体情况，也可以摘要出示，但不得随意删减、断章取义或者曲解原意。三是举证应结合原审被告人或上诉人的认罪态度，根据庭审情况，及时调整举证时机和举证内容，突出重点，繁简得当。四是举证完毕后，应对出示的证据进行归纳总结，明确证明目的。五是使用多媒体示证的，应与举证同步进行。六是在公开审理的案件中，出示、宣读、播放的证据涉及国家秘密、商业秘密或者个人隐私的，应当建议法院转为不公开审理。

　　（2）质证。质证的本质是对证据的证明能力和证明力的质疑和论证，是调查、核实证据能否成为定案根据以及对案件事实证明价值大小的过程。因此，质证必须紧紧围绕证据调查为中心，全面查证证据的客观性、相关性、合法性和证明力，不能将质证与法庭辩论混为一谈，甚至把案件事实和法律适用的辩论也纳入质证程序，使质证异化为法庭辩论，这就完全模糊和混淆了庭审阶段的不同任务。针对不同证据种类的属性，质证内容也不尽相同。

①对原审被告人或上诉人的供述和辩解的质证主要集中在供述的动机、讯问程序是否合法、供述和辩解是否合理、供述是否前后一致及其原因、多人之间的供述是否一致等。

②对证人证言的质证主要集中在证人是否具备作证能力、询问程序是否合法、证人证言是否真实、证人与当事人是否有利害关系、证人的记忆力和表达能力是否可靠、证人的证言是否前后一致、证人证言与其他证据有无矛盾等。例如，对于人民检察院、被告人及其辩护人对证人证言有异议，该证人证言对定罪量刑有重大影响的或人民法院认为其他应当出庭作证的证人，人民法院应当通知出庭作证并接受控辩质证，经依法通知不出庭作证证人的书面证言经质证无法确认的，不能作为定案的根据。而证人在法庭上的证言与其庭前证言相互矛盾，而证人当庭能够对其翻证作出合理解释，并有相关证据印证的，应当采信庭审证言。对未出庭作证证人的书面证言，应当听取出庭检察人员、被告人及其辩护人的意见，并结合其他证据综合判断。未出庭作证证人的书面证言出现矛盾不能排除矛盾且无证据印证的，不能作为定罪的根据。

③对被害人陈述的质证主要是被害人陈述内容是否真实、陈述内容是否与其他证据相矛盾、被害人与被告人的关系、询问被害人程序是否合法等。

④对鉴定意见的质证主要是鉴定人是否具有鉴定资质和鉴定能力、鉴定程序是否合法科学、结论是否科学、鉴定检材是否可靠等。

⑤对物证的质证主要是物证是否属原物、取证方法是否合法、物证的复制过程是否合法等，对书证的质证主要是书证内容是否真实、取证程序是否合法，书证是否是原件、复制书证的程序是否合法等。物证、书证的质证重点是其鉴真问题，即必须要相关证据鉴别物证、书证的真伪、来源的可靠性、提取的合法性、收集的可靠性以及法庭上出示的可靠性。司法实践中，一般通过以下几种证据来完成物证、书证的鉴真证明过程：一是勘验、检查笔录，它们最大的证据价值就是证明物证、书

证的来源；二是证据提取笔录，它们最大的证据价值就是证明物证、书证的来源和提取经过；三是搜查笔录，它们是对国家强制性的搜查手段所作的记载，主要包括搜查的对象、搜查的经过以及搜查获得的相关物证、书证；四是扣押清单，它们是搜查完毕制作的扣押物证、书证的清单，往往能够证明物证、书证的来源；五是辨认笔录，对现场或物证、书证的辨认在一定程度上也是鉴真的过程。

⑥对勘验、检查笔录的质证主要是勘验、检查笔录的制作是否合法、勘验、检查人有无资质和能力，笔录的内容是否真实等。

⑦对视听资料的质证主要是视听资料是否真实、取证程序是否合法等。

根据罪责刑相一致原则，公诉人既要重视定罪证据的质证，也要重视量刑证据的质证。对于辩护方提出的量刑证据，检察人员应当进行质证。辩护方对检察人员出示的量刑证据质证的，检察人员应当答辩。质证应紧紧围绕案件事实、证据进行，质证应做到目的明确、重点突出、逻辑清楚，如有必要，可以简要概述已经法庭质证的其他证据，用以反驳辩护方的质疑。

4. 发表出庭意见

（1）发表出庭意见的顺序。根据《适用解释》第399条第2款之规定，法庭辩论阶段，上诉案件，先由上诉人、辩护人发言，后由检察员、诉讼代理人发言；抗诉案件，先由检察员、诉讼代理人发言，后由被告人、辩护人发言；既有上诉又有抗诉的案件，先由检察员、诉讼代理人发言，后由上诉人、辩护人发言。

（2）发表出庭意见的针对性。司法实践中，检察官的首轮发言被称作发表出庭意见，也是法庭辩论的开始。检察官根据诉讼监督职能，对案件事实、证据和适用法律发表的总结性意见。发表出庭意见的作用，在于补充说明刑事抗诉书的抗诉理由，分析被告人犯罪的原因及其所造成的社会危害性，进一步揭露、论证抗诉理由的正确性，提请法庭纠正一审错误裁判，维护公正。检察意见受众面涉及被告人、审判人员和旁听群众等多种人群，因此注重使用法言法语的同时，语言要接地气，论证要有力度，实现感化、说服和教育功能，就必须要做到说理充分、逻辑严密、内容丰富、有理有据。

5. 对审判活动是否合法履行监督

（1）出庭检察人员应当对庭审过程中法庭是否保障当事人的诉讼权利进行监督；

（2）出庭检察人员应当监督庭审程序是否正当合法；

（3）法庭辩论结束后，出庭检察人员应当监督保障原审被告人享有的最后陈述权利，认真听取被告人最后陈述的内容；

（4）认真记录庭审情况，庭审笔录应当入卷；

（5）对于法庭审理活动严重违反法定程序、侵犯诉讼参与人合法权利，可能影响公正审判的，出庭检察官应当及时建议休庭，并在休庭后立即向检察长报告，依法提出纠正审理违法意见；

（6）出庭检察人员发现法庭审理活动中存在违反法定诉讼程序的情形，但未影响到公正审判的，应当在庭审结束后及时向检察长报告，依法提出纠正审理违法意见；

（7）提出纠正审理违法意见参照出席一审法庭审判监督操作规程办理。

6. 建议延期审理

（1）出庭检察官在二审刑事抗诉案件庭审中发现证据出现重大变化，可能影响案件认定的，应建议法庭休庭，对需要调查、核实证据的，逐级向分管副检察长或者检察长汇报后，应当建议延期审理。

（2）出庭检察官在建议休庭或者延期审理后，应当将案件中证据出现的重大变化，及时层报分管副检察长或者检察长，并对证据重新调查核实，必要时可要求原侦查调查机关一并参与调查核实。

（3）建议二审刑事抗诉案件延期审理事项参照一审庭审建议延期审理操作规程办理。

四、相关文书制作与应用

（一）《二审抗诉（上诉）案件审查报告》

《二审抗诉（上诉）案件审查报告》制作要求与《一审公诉案件审

查报告》制作要求基本相同。

【文书格式】

××××人民检察院
抗诉（上诉）案件审查报告

×××人民检察院于××年×月×日就原审被告人××犯××罪一案提出抗诉，原审被告人××提出上诉，经审查卷宗材料、提审原审被告人、复核有关证据，现已审查终结。承办人认为……（简要结论），报告如下：

一、当事人基本情况

二、诉讼过程

三、一审法院认定的事实

四、法院裁判理由和检察机关提出抗诉理由

（一）法院判决情况及裁判理由

（二）检察院提出抗诉理由

（三）原审被告人上诉理由

五、审查认定的事实和证据

（一）审查认定的证据

（二）审查认定的犯罪事实

六、需要说明的问题

七、承办人意见

承办人：×××
××年×月×日

（二）《支持刑事抗诉意见书》

《支持刑事抗诉意见书》是二审抗诉案件办理阶段，需要派员出庭的上一级人民检察院对刑事抗诉书审查后认为抗诉正确或部分正确，予以支持，对二审法院作出的支持抗诉的工作性文书。对该文书，二审法院开庭前送达被告人及其辩护人。

【文书格式】

×××× 人民检察院
支持刑事抗诉意见书
××检××支刑抗〔20××〕×号

_____ 人民法院：

　　_____ 人民检察院以 _____ 号刑事抗诉书对 _____ 人民法院 _____ 号（写明被告人姓名、案由）一案的刑事判决（裁定）提出抗诉。本院审查后认为，抗诉正确，应予支持。……（简要说明支持的理由，可以在原刑事抗诉书基础上改变或补充新的抗诉理由，也可以变更原抗诉请求）。

　　综上所述，为维护司法公正，准确惩治犯罪，依照《中华人民共和国刑事诉讼法》第二百三十二条的规定，请你院依法纠正。

×××× 人民检察院
20××年×月×日
（院印）

【制作说明】

　　一、本文书依据《中华人民共和国刑事诉讼法》第二百三十二条的规定制作。为上级人民检察院在支持下级人民检察院刑事抗诉时使用。

　　二、上级人民检察院对下级人民检察院的刑事抗诉意见，可以全部支持，可以部分支持，也可以予以改变，并通知提起抗诉的下级人民检察院。

　　三、本文书一式三份，一份存档，一份送同级人民法院，一份送下级人民检察院。

【文书示例】

湖南省人民检察院
支持刑事抗诉意见书

湘检诉一支刑抗〔2011〕3号

湖南省高级人民法院：

　　岳阳市人民检察院以"岳检刑抗〔2011〕2号"刑事抗诉书对岳阳市中级人民法院"（2010）岳中刑二初字第8号"关于原审被告人张某某、谢某合同诈骗案的刑事判决提出抗诉。本院审查后认为，岳阳市人民检察院关于对谢某量刑不当的问题抗诉正确，依法应予支持。理由如下：

　　一、原审被告人谢某、张某某在合同诈骗的共同犯罪中作用相当

　　张某某、谢某在行为上密切配合，分工协作，缺一不可，体现出共同的诈骗故意，在共同犯罪中，二人相互勾结，共同组织、策划、实施了诈骗犯罪，作用相当，均系主犯，均应对全案负责。

　　二、本案犯罪后果极其严重，对原审被告人谢某处刑十五年不符合罪责刑相适应原则，导致量刑失衡

　　首先，本案犯罪数额达12005万元之巨，给被害单位造成了巨额经济损失；其次，张某某、谢某对骗得赃款均未退赔，且无悔罪表现，足见其主观恶性极大；第三，本案张某某、谢某均无任何法定从轻、减轻处罚情节，在共同犯罪中作用相当，一审法院对张某某判处无期徒刑，而对谢某处刑十五年，在附加刑已体现量刑差异的情况下，在主刑上再区别对待，量刑显失公平。

　　综上所述，根据本案犯罪事实和情节，应对原审被告人谢某判处无期徒刑，一审判处其有期徒刑十五年明显不当，重罪轻判，为维护司法公正，准确惩治犯罪，我院依照《中华人民共和国刑事诉讼法》第一百八十九条之规定，决定支持抗诉，请你院依法改判。

湖南省人民检察院
2011年7月30日

(三)《撤回抗诉决定书》

【文书格式】

××××人民检察院
撤回抗诉决定书
（存　根）

　　　　　　　　　　　　　××检××撤抗〔20××〕×号

案　　由＿＿＿＿＿＿＿＿＿＿＿＿＿＿＿＿＿＿＿＿＿＿＿＿
被告人基本情况（姓名、性别、出生日期、公民身份号码、工作单位、
住址、是否人大代表、政协委员）＿＿＿＿＿＿＿＿＿＿＿＿＿＿＿
送达机关＿＿＿＿＿＿＿＿＿＿＿＿＿＿＿＿＿＿＿＿＿＿＿＿＿
抗诉单位＿＿＿＿＿＿＿＿＿＿＿＿＿＿＿＿＿＿＿＿＿＿＿＿＿
撤回理由＿＿＿＿＿＿＿＿＿＿＿＿＿＿＿＿＿＿＿＿＿＿＿＿＿
批准人＿＿＿＿＿＿＿＿＿＿＿＿＿＿＿＿＿＿＿＿＿＿＿＿＿＿
承办人＿＿＿＿＿＿＿＿＿＿＿＿＿＿＿＿＿＿＿＿＿＿＿＿＿＿
填发人＿＿＿＿＿＿＿＿＿＿＿＿＿＿＿＿＿＿＿＿＿＿＿＿＿＿
填发日期＿＿＿＿＿＿＿＿＿＿＿＿＿＿＿＿＿＿＿＿＿＿＿＿＿

第一联　统一保存

××××人民检察院
撤回抗诉决定书
（副　本）

××检××撤抗〔20××〕×号

_____人民检察院以_____号抗诉书对_____人民法院审判被告人_____一案的_____号判决（裁定）提出抗诉。经本院审查认为抗诉不当。根据《中华人民共和国刑事诉讼法》第二百三十二条的规定，决定撤回抗诉。

此致
_____人民法院

20××年×月×日
（院印）

第二联　附卷

××××人民检察院
撤回抗诉决定书

×× 检 ×× 撤抗〔20××〕×号

_____人民检察院以_____号抗诉书对_____人民法院审判被告人_____一案的_____号判决（裁定）提出抗诉。经本院审查认为抗诉不当。根据《中华人民共和国刑事诉讼法》第二百三十二条的规定，决定撤回抗诉。

此致
_____人民法院

20××年×月×日
（院印）

第三联　送达同级人民法院

×××× 人民检察院
撤回抗诉通知书

×× 检 ×× 撤抗〔20××〕×号

_____人民检察院：

你院以_____号抗诉书对_____人民法院审判被告人_____一案的_____号判决（裁定）提出抗诉。经本院审查认为抗诉不当。根据《中华人民共和国刑事诉讼法》第二百三十二条的规定，决定撤回抗诉。

特此通知

20×× 年 × 月 × 日
（院印）

第四联　送达提出抗诉的人民检察院

【制作说明】

一、本文书依据《中华人民共和国刑事诉讼法》第二百三十二条的规定制作。为上级人民检察院在决定撤回下级人民检察院抗诉时使用。

二、本文书共四联，第一联统一保存备查，第二联附卷，第三联送达同级人民法院，第四联（通知书）送达提出抗诉的下级人民检察院。

（四）《抗诉（上诉）案件检察员出庭意见书》

制作要求与一审《公诉意见书》制作要求基本一致。依据《刑事诉讼法》第235条之规定制作。为出庭检察人员在对抗诉案件或者上诉案件集中发表检察意见时使用。当庭发表后附卷。

【文书格式】

××××人民检察院
抗诉（上诉）案件出庭意见书

提起公诉机关：×××

起诉书号：×××

一审法院：×××

判决书号：×××

提起抗诉机关：×××

抗诉书号：×××

上诉人及原审被告人：（原审被告人姓名，多人的分别列明）

审判长、审判员：

根据《中华人民共和国刑事诉讼法》第二百三十五条的规定，我（们）受×××人民检察院指派，代表本院，出席本法庭，依法执行职务。现对本案事实、证据、程序和原审人民法院判决（裁定）发表如下意见，请法庭注意。

一、论证本案犯罪事实清楚，证据确实充分，或者一审法院认定事实、证据疏漏、有误之处；

二、案件诉讼程序是否合法；

三、揭露被告人犯罪行为性质、严重程度，评析抗诉（上诉）理由；

四、论证原审判决书适用法律、定罪量刑是否正确，有误的，应提出改判的建议。

检察官：×××
20××年×月×日当庭发表

【制作说明】

一、本文书依据《中华人民共和国刑事诉讼法》第二百三十五条的规定制作。为出庭检察人员在对抗诉案件或者上诉案件集中发表检察意见时使用。

二、本文书制作一份，当庭发表后附卷。

五、二审刑事案件的审查和出庭的实务操作技巧

（一）如何把握刑事案件二审抗诉条件

针对司法实践中刑事抗诉案件"两少两多"（支持抗诉少，改判及发回重审少；撤回抗诉多，维持原判多）的问题，上级人民检察院提出在具体办理刑事抗诉案件的过程中，要讲"两点论"，不但要"敢抗"，还要"抗准"，即对符合抗诉条件的案件要依法坚决提出抗诉，同时对提出抗诉的案件要讲求质量、讲求效果，力求抗准，注重维护审判权威。可从以下几个方面把握好二审抗诉条件：

1. 紧扣法律规定，正确把握二审抗诉条件。根据《刑诉规则》第584条的规定，人民检察院认为同级人民法院第一审判决、裁定具有下列情形之一的，应当提出抗诉：（1）认定的事实确有错误或者据以定罪量刑的证据不确实、不充分的；（2）有确实、充分证据证明有罪判无罪，或者无罪判有罪的；（3）重罪轻判，轻罪重判，适用刑罚明显不当的；（4）认定罪名不正确，一罪判数罪，数罪判一罪，影响量刑或者造成严重社会影响的；（5）免除刑事处罚或者适用缓刑、禁止令、限制减刑等错误的；（6）人民法院在审理过程中严重违反法律规定的诉讼程序。前文在阐释刑事抗诉的条件时对此进行了充分阐释，实践

把握时应当正确理解和适用。

2. 注意对错误发回重审问题履行程序性监督义务。《刑事诉讼法》第236条第3款规定："原审人民法院对于依照前款第三项规定发回重新审判的案件作出判决后,被告人提出上诉或者人民检察院提出抗诉的,第二审人民法院应当依法作出判决或者裁定,不得再发回原审人民法院重新审判。"这一条款明确限制了上级人民法院发回重审的次数,以一次为限。这一条款的立法精神旨在提高审判效率,解决上下级法院之间扯皮推诿、回避矛盾的现象。从抗诉角度分析,这一规定必然增加上级法院直接改判的案件量,但改判的结果如何需要检察机关关注。同时,这一规定为检察机关程序性监督增加了依据,二审法院违反发回重审次数规定的,显然是程序性违法,应当理直气壮地向法院提出纠正意见,对拒不接受监督的,应当坚决提出抗诉。

3. 重新起诉问题。人民法院以证据不足,指控的犯罪不能成立为由,宣告被告人无罪的案件,人民检察院如果发现新的证据材料证明被告人有罪,原则上应当重新起诉,不能提出抗诉。

4. 几类特殊案件抗诉条件的把握。(1)死刑案件的抗诉。对死刑案件的抗诉是刑事抗诉工作中最为重大、敏感,也应是最为慎重的一类。办理此类案件,应当充分理解和把握国家关于死刑的刑事政策。控制和减少适用死刑是国家反复强调的原则和政策,总体上,认为应当判处被告人死刑立即执行而提请抗诉的案件,应本着慎重、就宽的原则,严格掌握抗诉条件,对可杀可不杀案件或者有疑点案件应当本着从宽的精神就低处理;同时需要认识到,死刑缓期二年执行也是死刑,跟死刑立即执行只是执行方法不同,在刑种上是一个刑种,虽然结果有天壤之别,但在具有可宽宥的情形时,要充分考虑刑法的谦抑性,从刑事政策层面把握好司法的度。具体来说,对人民法院判处死刑缓期二年执行的案件,具有下列情形之一,除原判决认定事实、适用法律有严重错误或者社会反响强烈的以外,一般不应当提出判处死刑立即执行的抗诉。①被告人有自首、立功等法定从轻、减轻处罚情节;②定罪的证据确实、充分,但影响量刑的主要证据存在疑问;③因婚姻家庭、邻里纠纷等民间矛盾激化引发的案件，因被害方的过错行为引发的案件，案发后被告人真诚悔罪、积极赔偿被害方经济损失并取得被害方谅解；④罪犯被送交监狱执行刑罚后，认罪伏法，狱中表现较好，且死缓考验期限将满。

【案例】邱某某故意杀人抗诉案

原审被告人邱某某因一棵树的权属问题与邻居周某某、夏某容发生口角纠纷，于2014年2月11日凌晨6时许，趁周某某、夏某容在户外做农活，持一把单刃刀来到周、夏二人家中，将其3岁的外孙罗某骐杀死、6岁的外孙女罗某雯砍成重伤。

某市第五中级人民法院以邱某某犯故意杀人罪，对其判处死刑，缓期二年执行，并限制减刑。该市人民检察院第五分院于2014年9月25日以原判量刑畸轻为由提出抗诉，某市人民检察院经审查于同年12月8日派员出庭支持抗诉。该市高级法院于同年12月18日二审改判邱某某死刑立即执行。

此案属死缓抗诉为死刑立即执行的故意杀人案件。死刑适用于罪行极其严重的犯罪分子；邻里纠纷引发的案件一般不适用死刑立即执行。这两种要素同时出现在一个案件中，此案作出了判断取舍。原审被告人邱某某与邻居为一棵树的权属发生纠纷，有预谋地准备单刃刀，选择邻居家成年人在户外做农活的清晨，捅刺一名3岁男童20余刀致其当场死亡，后捅刺另一名6岁女童，致其身体、容貌毁损，构成重伤二级。某市两级检察机关认为，原审被告人的犯罪行为区别于那些因普通邻里纠纷引发而直接针对矛盾对象实施的行为，其将无抵抗能力的两名儿童作为连续杀害的对象，犯罪后果严重，已属罪行极其严重的犯罪分子。办理因婚姻家庭、邻里纠纷等民间矛盾激化引发的死刑案件，考虑对被告人酌情从轻处罚时，应当具体分析被告人的行为危害程度、从轻处罚是否有利于化解矛盾等因素。此案的办理贯彻了最高人民检察院《关于加强死刑案件办理和监督工作的指导意见》的精神，保证了死刑政策的准确适用。

（2）职务犯罪案件的抗诉。实践中，对于职务犯罪案件轻刑化问题仍然存在，检察机关应高度关注，加大监督力度：①严格对适用缓刑案件的审查；②加大对适用免刑案件的审查力度；③注重对减轻处罚情节的审查。

（3）毒品犯罪案件的抗诉。如果毒品案件因为有关量刑情节难以查清，法院作出从轻处罚决定的，不宜抗诉。

【案例】谭某某贩卖毒品案

谭某某贩卖毒品案件中，被告人谭某某供述其分别于4月7日，4月21日，5月2日，5月18日分4次卖给吸毒人员刘某某共计千余粒摇头丸，吸毒人员刘某某的陈述从4月上旬至5月中旬，一共4次向谭某某购买摇头丸千余粒。该案中由于摇头丸已经被吃掉，无法进行克数及成分的鉴定，因此法院以谭某某"多次贩卖"毒品这一严重情节判处其有期徒刑3年，该判决并无不当，不宜提出抗诉。

（4）未成年人犯罪案件的抗诉。办理未成年人犯罪案件，应当落实"教育、感化、挽救"的方针政策，法律许可范围内尽量从轻处罚，能判免予刑事处罚的不应判处缓刑，能判缓刑的不适用实刑，能判短期刑的不判处长期刑，能判处有期徒刑的不判处无期徒刑。以此对未成年人案件从轻、减轻处罚导致量刑偏轻的不宜抗诉。

（二）如何处理全面审查与突出审查重点的关系

《刑事诉讼法》第233条规定，第二审人民法院对于上诉、抗诉案件不应当只审查上诉、抗诉的理由和要求，而应当对一审判决所认定的事实、适用的法律和诉讼程序进行全面的审查，既重实体也重程序审查，体现了对案件高度负责的精神，有利于最大限度地发现第一审判决存在的错误，维护司法公正。

全面审查是指对一审判决所认定的事实、适用的法律和诉讼程序进行全面审查，"不受上诉和抗诉范围的限制"，是指第二审人民法院在对上诉和抗诉案件的部分进行审查时，既要对提出上诉和抗诉的部分进行审查，也要对没有提出上诉和抗诉的部分进行审查，在审查的范围上不受上诉人上诉和检察院抗诉的范围限制。

共同犯罪的案件只有部分被告人上诉的，应当对全案进行审查，一并处理，即不仅要对提出上诉的被告人的判决部分所认定的事实和运用的法律进行全面审查，其他被告人未提出上诉或者被人民检察院提出抗诉的，也要进行全面审查。

【案例】张某甲、张某乙、刘某某诈骗案

被告人张某甲、张某乙、刘某某3人共同实施诈骗行为，骗得被害人雷某某共计154730元，一审法院以诈骗罪分别对张某甲判处有期徒刑四年，并处罚金3万元；对张某乙、刘某某有期徒刑3年，并处罚金3万元。一审判决后，被告人张某甲以量刑过重为由提出上诉，在二审过程中，张某甲因病故，二审人民法院仍对该案进行了全面审查，经审查后，对张某甲宣告终止审理，对张某乙、刘某某作出维持原审判决的裁定。

对二审案件既要重点审查上诉和抗诉的理由和要求是否正当合理；又要对案件进行全面的审查，正确处理好全面审查与重点审查的关系。

（三）如何把握上诉不加刑原则

为了有效地保障被告人的上诉权，消除被告人因害怕上诉后被加重刑而不敢上诉的顾虑，保证法律的正确实施，刑事诉讼法规定了上诉不加刑原则。同时，为了保障人民检察院通过抗诉进行法律监督的职权和保护上诉的自诉人的合法权益，《刑事诉讼法》第237条又规定，对于人民检察院提出抗诉的案件或者自诉人和他的法定代理人提出上诉的案件，不论被告人或者他的法定代理人、辩护人、近亲属是否同时提出上诉，均不受上诉不加刑原则的限制。

第二审人民法院审理被告人一方上诉的案件，不得加重被告人的刑罚。第二审人民法院审判被告人或者他的法定代理人、辩护人、近亲属上诉的案件，经过审理决定改判的，对被告人只能适用比原判决轻的刑罚，不能加重被告人的刑罚，即不得判处比原判决重的刑种，不得加长原判同一刑种的刑期或者增加原判罚金刑的金额，对被告人判处拘役或者有期徒刑宣告缓刑的，不得撤销原判决宣告的缓刑或者延长缓刑考验期。此外，在司法实践中还应当注意，对于共同犯罪案件，只有部分被告人上诉的，既不得加重提出上诉的被告人的刑罚，也不得加重其他未上诉的同案被告人的刑罚；对于数罪并罚的案件，既不得加重决定执行的刑罚，也不能在保持决定执行的刑罚不变的情况下，加重数罪中部分罪的刑罚；对应当适用附加刑而没有适用的案件，不得直接判决适用附加刑。

第二审人民法院发回原审人民法院重审的案件，原审人民法院也不得加重被告人的刑罚。但对于有新的犯罪事实，人民检察院补充起诉的情况除外。根据《刑事诉讼法》第239条的规定，原审人民法院对于发回重新审判的案件，应当另行组成合议庭，依照第一审程序进行审判。也就是说，人民法院审理发回重新审判的案件，应当依照第一审程序的所有规定进行。但合议庭的人员应当重新确定，不能由原来的合议庭成员重新审理此案。这样规定，主要考虑到发回重审的案件，一般都是二审人民法院认为原判决事实不清，证据不足的案件，原审人民法院要重新查明犯罪事实和收集犯罪证据。为防止先入为主，应当由原审合议庭以外的人重新审理该案。这里所说的"新的犯罪事实"是指，原审人民法院在重新审判的过程中，或者人民检察院发现了被告人除一审被起诉的犯罪外的新的犯罪事实，人民检察院需要对新的犯罪补充起诉的情况。根据本款规定，对于属于上述情况的，人民法院对被告人进行判决时，不受上诉不加刑的限制，即根据案件的情况依法判处。人民法院所作的判决，被告人可以提出上诉，人民检察院也可以抗诉。《刑事诉讼法》第237条第1款所说的"不得加重被告人的刑罚"中的"刑罚"，是指刑法第三章所规定的主刑和附加刑。

对于人民检察院提出抗诉的案件或者自诉人和他的法定代理人提出上诉的案件，不论被告人或者他的法定代理人、辩护人、近亲属是否同时提出上诉，均不受"上诉不加刑原则"的限制。换言之，同一案件中被告人及其辩护人提出了上诉，人民检察院提出了抗诉，不受"上诉不加刑原则"的限制。第二审人民法院经过审理，对案件进行全面审查，如果认为原判决确属过轻，需要改判的，则可以作出比原判决重的刑罚。这里所说的"人民检察院提出抗诉的案件"，包括地方各级人民检察院认为本级人民法院第一审的判决确有错误，处刑过轻，提出抗诉的，以及被害人及其法定代理人不服地方各级人民法院第一审的判决,请求人民检察院提出抗诉,人民检察院经审查后提出抗诉的案件。但人民检察院认为第一审判决确有错误,处刑过重而提出抗诉的,第二审人民法院经过审理也不应当加重被告人的刑罚。

(四)刑事抗诉书抗诉理由如何说理

"抗诉理由"的论述是刑事抗诉书的正文部分,也是抗诉书的核心和关键,目的是反驳原裁判的错误观点,集中剖析错误的成因,充分阐述和论证检察机关的正确观点和主张。从办案角度讲,它着重解决原裁判错在哪里、为什么说是错误的、什么是正确的、为什么说是正确的等问题;从文种角度讲,它是先驳论再立论,根据不同案情和不同抗点,运用反驳和立论相结合的方法,反驳原裁判的错误观点,提出符合事实、法律的正确意见,从而达到抗诉的目的。总的要求是做到论点准确,论据充分,论证合理,观点鲜明,用语规范。这是说理部分,要因案而异,一般应包含两方面的内容,一是具体运用事实、法律及法理,分析原判决(裁定)错误之处;二是充分论证检察机关的正确意见。

1. 论述要求

(1)论点准确。这是刑事抗诉应有针对性这一特点对"抗诉理由"叙写提出的要求。一要选准驳论点。是在抗诉书"审查意见"部分中指出原审裁判错误的基础上,归纳并提炼出原审裁判之所以错误的关键论点,以便之后进行反驳。因此,应当强调一个"准"字,提炼出来的必须是反映原审裁判错误的核心问题,是直接关系到案件定罪量刑或正确处理的实质问题,而不是那些对案件定罪量刑没有直接影响或无关紧要的问题。在写作时应当抓住关键,切中要害,不可"眉毛胡子一把抓"。但强调针对性,也不是"针锋相对,寸土必争",要做到原则问题不放过,枝节问题不纠缠。二要立论准确。是指在反驳对方错误论点时,还必须从正面提出检察机关的正确论点,也就是"先破后立"。如果仅指出原审裁判的错误,而没有检察机关的正确主张,就无法达到抗诉的真正目的。强调立论准确,首先要求立论的论点必须与驳论的论点具有对立性;其次立论的论点必须符合事实和法律,而且应当是合理的;再次立论的论点必须与之后的论据材料之间有必然的、直接的因果关系；最后立论必须观点鲜明，不能似是而非，模棱两可。

（2）论据有理。这是检察机关提出的抗诉意见要有说服力的实质体现。论据是用来证明论点的，就抗诉书而言，就是要根据不同的案件情况和不同的抗诉事由，善于运用事实、法律和理论武器，全面、准确、充分地阐述检察机关的抗诉理由。一要体现个案差异性。由于每起抗诉案件的情况各不相同，个案差异性要求在论证时，应根据实际需要，因案而异，综合判断，灵活运用，不能只强调"格式化"或"规范化"，阐述理由千篇一律，更不能生搬硬套法律法规，机械教条。二要保证论据"质"与"量"的统一。在运用事实、法律、理论论证时，一方面要强调论据的"质"，即引用的论据必须要准确，否则就根本没有说服力，达不到证明论点的作用；另一方面要强调论据的"量"，即论据应当丰富、充分，否则就会导致论证不透彻，说服力不强。三要引用论据时注意论据的证明力。第一，以事实作为论据运用，这在抗诉实践中被广泛采用，既客观又形象，说明力较强，体现了"以事实为根据"的基本原则，但作为论据的事实和证据，必须客观真实、来源和法，并经查证属实。第二，以法律作为论据运用，在抗诉实践中也被广泛采用，体现了"以法律为准绳"的原则。第三，运用法学理论作为论据时应注意：不能引用学理界有争议的学术观点，而应引用学理界普遍一致的理论作为论据；不能引用国外未被我国刑法学理论所吸收的法学理论和学术观点；在运用法学理论论证时，应注意结合案情运用法律规定，以体现理论的指导性和现实性，使之更有说服力。

（3）论证合理。论证过程要有科学性、条理性、逻辑性和严密性。一是论据与论点之间要有必然的因果关系，这就要求论据论证得出的结论必须是唯一的，而且必须与论点相一致，体现出两者之间内在的逻辑关系；二是论证要富有条理、层次分明，要循序渐进、环环紧扣，形成论证锁链；三是论证后得出的结论，既不能自相矛盾，也不能违背常理。

（4）用语规范。抗诉书的语体是要求按照政论性的公文语体写作。一是要求遣词造句精炼、恰当，切忌滥用虚词、形容词，要实事求是，恰如其分；二是要求行文用语规范，既要法言法语，又要通俗易懂；三是既要掌握语言文字的基本规律，又要注意法律术语的运用，做到用语精确，语法正确，防止产生歧义。

2. 论述方法

对法院判决结果认定事实错误的阐述必须要体现针对性和全面性；对适用法律错误的论证必须要体现层次性与逻辑性；对违反法定程序的纠正必须要体现正确性与公正性。

（1）抗认定事实错误的说理方法。事实是适用法律、定性和量刑的基础。认定事实错误，将会导致定性和量刑的错误。因此，可先简要引述原裁判认定的哪些事实有错误，或者哪些事实没有认定，再论证检察机关认为应当认定的事实，然后得出检察机关的正确结论，最后指出原审裁判定性或量刑等错误，阐明应当如何正确适用法律。

制作时，要用查证属实的证据来证实检察机关认为正确的事实，可采取"夹叙夹议"等方法，在叙述事实时对证据进行有针对性的分析，以达到证实犯罪事实的目的。在对定性和量刑进行论证时，可采取"类比"的方法，将错误的与正确的以对照的方式进行论证。

抗诉书中，对不存争议的事实一般无须大段列明，只需根据论证的需要突出展示部分关键事实。尤其是二审程序的定性抗抗诉书中，由于诉判对事实、证据一般没有争议，仅对法律适用和定性存有分歧意见，因此无须在抗诉书中重复起诉书中的犯罪事实。

（2）抗定性错误的说理方法。抗定性错误的，应先论述原裁判定性错误之所在，再着重围绕犯罪行为的本质特征，论述应当如何认定的行为性质，最后得出检察机关的正确结论；量刑错误的，也应先论证原裁判量刑的错误，再从引用罪状、量刑情节等方面予以论述，最后得出检察机关的正确结论。

写法一般有"对比法""夹叙夹议法"或"三段论"等，可以单独运用，也可综合运用。如涉及此罪与彼罪的抗诉，先用"对比法"区别两罪的本质特征；再用"夹叙夹议法"边叙述行为事实，边议论行为的本质特征；最后用"三段论"的方法，就是以刑法规定的罪状或罪名的概念为大前提，以被告人的行为特征为小前提，加以对照后，得出被告人行为应当构成何罪的结论，最后阐明应当如何正确使用法律、定罪量刑。这样才能使抗诉理由既有事实依据、法律依据，又有理论深度，扎实充分，令人信服。对于原裁判认定罪与非罪、量刑不当等方面的错误，抗诉理由也可参照这样的写法。

虽然原则上定性抗诉理由的论证应当围绕犯罪的构成要件展开，但不必面面俱到，对没有争议的、不是案件焦点的构成要件问题应当避免赘述。

（3）抗程序违法的说理方法。首先应根据刑事诉讼法及有关司法解释，阐述法律规定的正确诉讼程序，再论述原审法院违反法定诉讼程序的事实表现，并写明影响公正判决的现实或可能性，最后得出检察机关的正确结论。可采用"对比法"等方法进行论证。

3. 写作结构参考

（1）分段列举。适用于抗诉论点较多、抗诉理由较为复杂的案件。可将数个抗点按照错误性质的严重程度或按照认定事实、适用法律和审判程序等顺序进行分段表述，标明序号，并在段首以概括性语言指出原裁判的错误所在，表明抗点。然后再对理由和依据进行阐述。这种写法的特点是论点明确、论证清楚、条理性强。

对于裁判文书存在多处或多种性质的错误时，应在抗诉书中针对原审裁判错误的性质和类型进行一定的分类，保持审查意见、抗诉理由以及结论性意见等抗诉书不同部分表述顺序的统一性，以保持法律文书逻辑结构的完整和连贯。同一类型的错误可以集中阐述；有多处错误的，可以按一定顺序排列组合，如首先阐述认定事实错误，其次阐述适用法律错误，再次阐述量刑不当，最后阐述原审程序严重违法等。且抗诉理由应与审查意见在逻辑上保持一致性，这样抗诉书所要表达的内容更明确，层次更清晰，理由更有逻辑性，使人一目了然，也便于法院在再次审查案件时心中有数，有助于重新作出判决或裁定。

（2）综合分析。适用于抗点较为单一、抗诉理由集中的案件。将抗诉理由分层次地在一个自然段内叙述。这种写法的特点是结构紧凑、观点概括集中。

（3）分节叙述。适用于多节事实或多个罪名的案件。针对每个罪名或每节事实不同的抗诉事由，分节叙述抗诉理由。这种写法的特点是抗诉事由清楚明了，针对性强。

（4）分人叙述。适用于抗诉理由各不相同的两名以上被告人的抗诉案件。针对每个被告人的具体情况，分别叙述对各个被告人判决的抗诉理由。这种写法的特点是各被告人情况与抗诉理由联系紧密、针对性强。

（五）庭审中何时宣读支持刑事抗诉意见书

司法实践中，二审刑事案件法庭审理阶段，支持刑事抗诉意见书的宣读阶段存在不一致情形。第一种做法，检察人员在法庭调查阶段即宣读刑事抗诉书后立即宣读；第二种做法，检察人员在法庭辩论阶段首先宣读。关于此分歧，《人民检察院公诉工作操作规程》第252条明确规定，上级人民检察院改变抗诉内容或者部分支持抗诉的案件，检察员在宣读《刑事抗诉书》后应立即宣读《支持刑事抗诉意见书》，引导法庭调查围绕抗诉的事实进行。因此，第一种做法是更规范的。

一是从文书功能定位上看，支持刑事抗诉意见书是提出抗诉机关的上一级检察院对刑事抗诉审查之后的支持性、补强性意见，起到明晰抗点、补充论据的作用，对刑事抗诉书起到了补充完善作用，有必要在法庭调查宣读刑事抗诉书后立即宣读，亮明提出抗诉检察院的上一级检察院的立场。

二是从庭审功能定位上看，法庭辩论阶段，检察人员会根据当庭庭审状况发表出庭意见，相对于发表支持刑事抗诉意见书，在论理上更全面、更有针对性，更符合法庭辩论阶段特点，此时发表支持刑事抗诉意见书将冲淡法庭辩论的效果。

三是从检察人员辩论发言的充分性考虑，刑事抗诉案件，法庭辩论阶段一般进行两轮辩论，除发表出庭意见外，还需要针对辩方的辩护意见答辩，如果在法庭辩论阶段连续发表支持刑事抗诉意见书、出庭意见书，形式上检察人员已经进行两轮辩论发言，合议庭基于诉讼节奏把控和诉讼平衡的角度，不会再给予检察人员法庭答辩的机会，因此，对于辩护人发言将失去答辩机会，不利于维护抗诉主张。

因此，在法庭调查中宣读支持刑事抗诉意见书更为规范。

（六）二审法院能否提级审理改变管辖后加重上诉人刑罚

【案例】张某某故意伤害案

被告人张某某与被害人万某系工友，且有不正当男女关系。2012年10月2日20时许，被告人张某某约万某商谈工钱问题，二人行至某市国税局门外公交站台处，因工钱问题发生争吵并互相抓扯，张某某掐住万某颈部将其摔倒在地，又持械连续朝万某头部打击后离开现场。万某当晚被送往医院治疗。同年10月15日，被告人张某某主动到公安机关投案。同年11月3日，万某因病情恶化，经抢救无效死亡。经鉴定，万某系重型颅脑损伤术后并发急性肺栓塞致急性呼吸、循环衰竭死亡。某市某区检察院以被告人张某某犯故意伤害罪，向同级法院提起公诉。

某市某区法院一审判决认定张某某犯故意伤害罪，判处有期徒刑10年。一审宣判后，被告人张某某不服，上诉至某市中级法院。该市中级法院审理后认为，张某某的行为符合（间接）故意杀人罪的构成要件，犯罪情节严重，可能判处无期徒刑以上刑罚，该案一审由基层法院进行管辖，属审判程序违法，建议与检察机关协调后移送中级法院管辖，遂二审裁定撤销原判，发回重审。后某市某区检察院将案件报送至市检察院，市检察院以张某某犯故意杀人罪向市中级法院提起公诉。市中级法院以故意杀人罪判处张某某有期徒刑13年，剥夺政治权利3年。后被告人张某某上诉，省高级法院撤销原判对上诉人张某某的定罪量刑部分，对上诉人张某某以故意伤害罪判处有期徒刑10年。

该案中，市中级法院在案件提级管辖后，一审并未在无期徒刑以上刑罚的幅度量刑，而是判处被告人张某某有期徒刑13年。为了维护司法程序的安定性，对于下级法院认为有管辖权并已审判或者作出裁判的案件，除有充分的法律依据，否则不宜轻易提级管辖或者改变管辖。上诉案件发回重审后提级管辖的情形，原二审法院作为一审法院能否加重被告人的刑罚的。《刑事诉讼法》第237条第1款规定："第二审人民法院审理被告人或者法定代理人、辩护人、近亲属提出上诉的案件，不得加重被告人的刑罚。第二审人民法院发回原审人民法院重新审判的案件，除有新的犯罪事实，人民检察院补充起诉的以外，原审人民法院不得加重被告人的刑罚。"基于上诉不加刑原则的要求，上诉案件发回重审后提级管辖的情形，原二审法院作为一审法院也不得加重被告人的刑罚。尽管案件提级管辖后，原二审法院作为一审法院，不属于法律所规定的原审法院，但从诉讼程序的流转过程看，案件的发回重审及提级管辖，系因被告人提出上诉而引发，虽然法律未对此种情形作出专门规定，基于上诉不加刑原则的内在要求，理应遵守前述法律规定。对于发回重审的上诉案件，除有新的犯罪事实，人民检察院补充起诉的以外，不论是否改变案件管辖，不论原审法院是何审级，都不得加重被告人的刑罚。

（七）刑事二审案件是否需要再次举证

证据是认定案件事实的基石，但并非所有的刑事二审案件在开庭审理过程中都需要举证、质证和认证程序。根据《刑事诉讼法》第242条规定，第二审人民法院审判上诉或者抗诉案件的程序，除本章已有规定的以外，参照第一审程序的规定进行。开庭审理上诉、抗诉案件，可以重点围绕对第一审判决、裁定有争议的问题或者有疑问的部分进行。根据案件情况，法庭调查应当重点围绕对第一审判决提出异议的事实、证据以及提交的新的证据等进行；对没有异议的事实、证据和情节，可以直接确认。因此，刑事二审庭审之中，对举证情形可作如下处理：

1. 对于没有异议的事实、证据，法庭可以直接确认。

2. 对于二审法庭调查中提交的新证据，应当当庭举证、质证，再当庭或在合议中予以认证。证据是认定案件事实的基石，纯粹的法律适用之辩少之又少，搭建好证据体系，在法庭辩论阶段才能更有说服力，更有针对性。

【案例】徐某某、黄某某贪污、受贿案

2014年，某省高级人民法院二审开庭审理了徐某某、黄某某贪污、受贿案，此案系二审抗诉、上诉案件。徐某某原系某国有公司董事长，其利用国有公司改制之机，由国有公司与部分员工共同出资成立一家新公司，自己私人持有公司部分股份。

此案的焦点问题在于如何认定原审被告人所持股份的性质。在法庭调查中辩护人并未提供新证据，而检察人员根据案件情况在庭前补充了部分新证据，并结合新证据对原有证据进行系统化梳理，厘清了原审被告人徐某某非法占有国有资产的客观行为和主观故意，说服了法庭支持抗诉主张，运用事实、证据有力地驳斥上诉理由。最终，法院采纳了抗诉意见，驳回上诉。

3. 虽无新证据，但对于有异议的事实、证据，检察人员和原审被告人、上诉人及辩护人应当在法庭审理中发表质证意见。前两种情形尚好理解和执行，容易产生执行偏差的是此种情形。上诉、抗诉时并无新的证据，但往往对原有证据和一审裁判确认事实有异议，此种情形下，检察人员应当对有异议部分根据证明目的进行证据归纳梳理，在法庭中说明异议点和异议理由，阐明原一审有异议部分证据的证明目的和证明内容，请法庭予以采纳，不能在法庭调查部分置之不理、无所作为。

（八）如何应对辩护人对证人、鉴定人出庭盘问

根据《刑事诉讼法》第192条之规定，公诉人、当事人或者辩护人、诉讼代理人对证人证言有异议，且该证人证言对案件定罪量刑有重大影响，人民法院认为证人有必要出庭作证的，证人应当出庭作证。公诉人、当事人或者辩护人、诉讼代理人对鉴定意见有异议，人民法院认为鉴定人有必要出庭的，鉴定人应当出庭作证。经人民法院通知，鉴定人拒不出庭作证的，鉴定意见不得作为定案的根据。一般情形下，鉴定人提供的鉴定意见是人民检察院指控时向法庭提交，是认定事实的关键性证据，而被告人、辩护人不服证人证言和鉴定意见时，往往申请证人或鉴定人出庭作证，以削弱指控，实现无罪辩护或罪轻辩护的目的。尤其二审庭审之中，辩护人申请鉴定人和证人出庭作证时指向有异议的上诉或抗诉事实，无论是从巩固侦查成果维护公正，还是从庭审社会效果考虑，检察人员都需要认真应对。

【案例】黄某受贿、私分国有资产案

2016年，湖南省某中级法院开庭审理黄某受贿、私分国有资产案，

庭审中，辩护律师申请的鉴定人王某某出庭作证，在鉴定人作证过程中辩护律师黄某多次以质问的方式"讯问"鉴定人，讲其作出的鉴定依据不客观，质疑其专业水准，对鉴定人进行人身攻击，以此来实现让法庭认为鉴定意见不准确的辩护目的。遭到公诉人的反对和法庭的制止，但是，在法庭对其提出注意发问方式之后，辩护律师仍我行我素，继续讯问无关事实，导致庭审冗长、偏离争执焦点，更严重的是让鉴定人遭受攻击和侮辱。审判长和公诉人均无法阻止，甚至审判长遭到辩护律师当庭反驳。

此案陷入尴尬和被动的现象，是刑事辩护中辩护人经常使用质问鉴定人或证人的方法来提高庭审声势，庭审中审判人员和检察人员应对乏力造成的。对此种情况，出庭检察人员应做好以下几个方面的工作：

1. 提前预见焦点问题，提升倾听能力、理性应对。巧妇难为无米之炊，对出庭检察人员而言，证据就是庭审炊饭之米。证据是认定案件的基石，庭审前检察人员对全案证据链条的准确把握，对证据合法性的全面审查，是庭审交叉询问中应对复杂庭审局面的法宝。

2. 熟悉并及时规范运用反对权。反对虽然针对被告人或辩护人的发言，但反对是向审判长提出而并非直接向辩护人提出。反对应当同时向审判人员说明理由。反对时应当及时有力但不能辅之以情绪激动甚至拍桌子等动作。

3. 熟悉并熟练运用庭审规则。置身于法庭之中，检察人员应当熟悉法庭规则并监督法庭遵守规则。2016年5月1日施行的《中华人民共和国人民法院法庭规则》第17条规定，全体人员在庭审活动中应当服从审判长或独任审判员的指挥，诉讼人员发言或提问，应当经过审判长或独任审判员的许可，第19条、第20条规定，审判长或独任审判员对违反法庭纪律的人员应当予以警告、训诫，对训诫无效的，责令其退出法庭；对拒不退出法庭的，指令司法警察将其强行带出法庭；对侮辱司法工作人员或诉讼参与人，危及法庭安全或扰乱法庭秩序的，予以罚款、拘留；构成犯罪的，依法追究刑事责任。第24条规定，律师违反本规则的，人民法院可以向司法行政机关及律师协会通报情况并提出处理建议。

（九）二审刑事案件出庭中辩护人反复提出一审采信非法证据如何应对

对被告人供述合法性的认定是目前非法证据排除规则的核心问题。二审庭审中，辩护人基于一审程序和二审庭前会议已经审查过证据合法性问题，故一般不提出启动非法证据排除，但可能会提出被告人供述系非法获取，不应采信。对这种情况可从以下方面应对：

1. 庭前会议是否已经确认证据收集的合法性。根据《人民法院办理刑事案件排除非法证据规程（试行）》之规定，控辩双方在庭前会议中对证据收集的合法性达成一致意见的，法庭应当在庭审中向控辩双方核实并当庭予以确认。对于一方在庭审中反悔的，除有正当理由的，法庭一般不再进行审查。

2. 二审当庭提出的排除非法证据申请是否符合法定情形的规定。被告人及其辩护人在开庭审理前未申请排除非法证据，在庭审过程中提出申请的，应当说明理由。对证据收集的合法性没有疑问的，依法建议合议庭驳回其申请。根据《人民法院办理刑事案件排除非法证据规程（试行）》的规定："被告人在一审期间没有申请排除非法证据，在二审期间才提出申请的，有下列情形之一的，第二审人民法院应当审查：（一）第一审人民法院没有依法告知被告人申请排除非法证据的权利的；（二）被告人及其辩护人在第一审庭审后发现涉嫌非法取证的相关线索或者材料的。"

（十）二审抗诉案件出庭过程中发现"漏抗"怎么办

《刑诉规则》第446条对于出席二审抗诉法庭的检察人员的诉讼任务确定为"支持抗诉"，"支持抗诉"意味着只能对原审检察机关已经依法提出的抗诉，在二审法庭上表明支持的态度和理由，而不是提出新的抗诉意见。关于司法实践中存在的"漏抗"问题，有人认为，二审法院应当就第一审判决认定的事实和适用法律进行全面审查，不受上诉或抗诉范围的限制，检察官对于"漏抗"问题在二审法庭上应当提出来；也有人认为，二审出庭检察官对于"漏抗"问题不应提出来，因为这样做违反诉讼原理，造成原审被告人及其辩护人不能充分、有效地维护自身的合法权益。

笔者认为，二审出庭检察官提出"漏抗"的做法，从根本上动摇了"不告不理"的诉讼原理和原则，也使刑事诉讼法关于原审检察机关提出抗诉的有关规定形同虚设，使原审被告人及其辩护人对抗诉的态度和立场始终处于不确定、随时可能发生变化的境况下，这将对司法公正形成极大的冲击。有效解决"漏抗"问题，不在于是否在提出抗诉后还允许二审出庭检察官再提出新的抗诉意见，而在于在正式提出抗诉之前，上下级检察机关应当充分做好沟通工作。下级检察机关拟提出抗诉的重大疑难复杂案件，应当在抗诉期限内及时报告上级检察机关，从而对一审裁判进行全面充分的审查，形成上下一致的抗诉意见后再正式提出抗诉，而不是在正式提出抗诉以后再报告上级检察机关，此时即使发现"应当提出抗诉而没有提出抗诉"的问题，也难以纳入已提出的抗点之中。当然，即使工作再到位，恐怕也难以完全避免"应当提出抗诉而没有提出抗诉"的问题，或者虽然已经提出抗诉但仍存在"漏抗"的问题。对此，虽然不应当在已进行的二审程序中提出，但完全可以依据审判监督程序处理。

（十一）二审上诉案件出庭过程中发现原审确有错误怎么办

在二审上诉案件开庭审理中，检察人员对于原审判决量刑偏轻甚至畸轻，或者由于原审认定事实不当而导致对被告人轻判的案件，是否应当在法庭上提出来并要求二审法院进行改判？有人认为，不应该提出或者没有必要提出，因为即使这些问题确实存在，法院也不可能改判来加重被告人的刑罚，违反上诉不加刑原则；也有人认为，虽然二审法院不能直接改判加重被告人的刑罚，但检察官还是应该提出此类问题，建议二审法院以事实不清、证据不足为由发回重审。

笔者认为，出庭检察官也不应该提出这些问题或建议二审法院发回重审，根据《适用解释》第401条第1款第7项规定，"原判判处的刑罚不当、应当适用附加刑而没有适用的，不得直接加重刑罚、适用附加刑。原判判处的刑罚畸轻，必须依法改判的，应当在第二审判决、裁定生效后，依照审判监督程序重新审判"。因此，在只有被告人提出上诉的情况下，出庭检察官不应在法庭上直接或间接提出一审判决量刑过轻甚至畸轻的意见。如果确实存在这一问题需要纠正，应当在二审终结后按照审判监督程序提出抗诉加以解决。

（十二）如何实现庭审语言的规范化

检察官出庭应当理性、平和、文明、规范，遵守法定诉讼程序，遵守法庭规则，在维护公正的同时，展示检察机关的良好形象。

1. 庭审过程中，遇有其他重大变化，应建议休庭，并立即层报分管副检察长或者检察长，严禁随意发表意见。

2. 庭审意见发表应当基于案件事实、证据客观发表，实事求是，严禁主观臆断。

3. 应当严格遵守出庭规范，注意仪表仪态，在法庭上用语文明，严禁出现违反法庭规范的行为和言语。

4. 出庭人员在出席二审法庭时不得使用"公诉人"的称呼，检察员应当使用"检察官"的称呼，检察官助理应当使用"检察人员"的称呼。

第十一节 列席审判委员会

一、列席审判委员会的基本内涵

检察长列席人民法院审判委员会会议，是指人民检察院检察长或受检察长委托的副检察长对人民法院审判委员会讨论的特定案件和与检察工作有关的其他议题列席会议并发表意见，依法履行法律监督职能的活动。

2018年10月26日第十三届全国人民代表大会常务委员会第六次会议修订的《人民法院组织法》和《人民检察院组织法》，增加规定了检察长或者检察长委托的副检察长可以列席同级人民法院审判委员会会议。《人民检察院组织法》第 26 条规定："人民检察院检察长或者检察长委托的副检察长，可以列席同级人民法院审判委员会会议。"《人民法院组织法》第 38 条第 3 款规定："审判委员会举行会议时，同级人民检察院检察长或者检察长委托的副检察长可以列席。"这是立法对检察长列席法院审判委员会会议制度的再次确认和进一步完善。

　　1949 年新中国成立之初，检察机关为履行监督职责，就被赋予列席受监督机关部门会议的权限。1949 年 12 月颁布的《中央人民政府最高人民检察署试行组织条例》第 12 条规定，最高人民检察署"得参加最高人民法院、人民监察委员会、司法部、公安部之委员会议及部务会议"。1951 年 9 月颁布的《各级地方人民检察署组织通则》第 6 条第 5 项规定，各级地方人民检察署检察长（副检察长）为取得工作上的配合，"得商洽同级司法、公安、监察机关参加其行会议及专业会议"。1954 年 9 月颁布的第一部《中华人民共和国人民检察院组织法》第 17 条进一步明确了最高人民检察院检察长有权列席最高人民法院审判委员会会议，地方各级人民检察院检察长有权列席本级人民法院审判委员会会议。由此可见，早在新中国检察制度设立之初，就将检察机关派员列席包括法院审判委员会在内的有关机关部门会议作为一种重要的监督方式。检察机关恢复重建后，1979 年 7 月颁布的《中华人民共和国人民法院组织法》第 11 条重申了人民检察院检察长可以列席同级人民法院审判委员会会议的规定。依此规定，各级人民检察院和人民法院陆续开展了这项工作。

　　2004 年中央确定的司法体制与工作机制改革任务，要求检察机关要充分发挥法律监督的职能，保证司法部门的权力受到有效的监督和制约。其中，作为完善人民检察院对人民法院刑事审判工作的监督制度的改革措施之一，明确要求健全人民检察院派员列席审判委员会会议制度。之后，最高人民检察院、最高人民法院先后在检察改革实施意见和人民法院五年改革纲要等重要文件中将完善该项制度作为落实司法改革的重要内容。最高人民法院、最高人民检察院经过共同调研，于 2010 年 1 月 12 日联合制定下发了《关于人民检察院检察长列席人民法院审判委员会会议的实施意见》（以下简称《实施意见》），对列席会议的主体、议题范围、会前通知、发言顺序、材料送达等作出规范，标志着列席审委会制度进入普遍实施的阶段。

检察长列席审委会制度是中国特色社会主义司法制度的重要组成部分，是检察机关履行法律监督职能的重要方式，将这一制度写入"两高"组织法是对司法改革成果的法律化制度化。虽然理论界一直有质疑甚至反对的声音存在，但并不妨碍这项制度在司法实践运行中不断完善发展。特别是2018年以来，检察机关自上而下抓好列席审委会制度的贯彻落实，最高人民检察院检察长、首席大检察官张军以身作则带头列席最高人民法院审委会，要求各级检察长也要主动列席审委会，并建立全国省级检察院、市级检察院检察长列席同级法院审委会月通报制度。

首先，人民检察院检察长列席同级人民法院审判委员会会议制度，是中国特色社会主义司法制度的重要组成部分，也是检察机关履行法律监督职能的重要方式。检察长列席同级人民法院审判委员会会议，是法律规定各级人民检察院检察长的一项重要职责，也是检察机关加强自身建设，强化对人民法院审判活动监督的重要途径。在以往的司法实践中，由于种种原因，各级人民检察院检察长亲自列席较少，通常委托副检察长或检察委员会专职委员等列席。随着司法责任制改革的深入推进，各级人民检察院检察长不仅要领导、管理本院的检察工作，而且要带头办案，特别是要亲自办理重大疑难复杂案件，而这些案件有的是要提请审判委员会讨论的。检察长列席同级人民法院审判委员会会议，参与重大、疑难、复杂案件的讨论，可以了解审判委员会对法律、政策的理解和把握，有利于总结检察工作经验，及时发现纠正自身存在问题，规范指导检察实践。无论审判委员会是否支持检察院提出的抗诉、检察建议以及检察长发表的列席意见，都对检察机关履行法律监督职能、提升法律监督能力大有裨益。

其次，人民检察院检察长列席同级法院审判委员会会议，履行的是程序性监督职责，并不影响审判权依法独立行使，反而有助于人民法院公平公正司法。人民法院作为国家审判机关，依照法律规定独立行使审判权，不受行政机关、社会团体和个人的干涉，但依法应当接受同级人大和人民检察院的监督，这是我国人民代表大会制度和司法制度的重要特色。审判委员会是人民法院发挥集体智慧，提高审判质量，强化司法监督，总结审判经验的重要审判组织。检察长列席法院审判委员会会议，参与讨论重大、疑难、复杂案件或与检察工作相关的议题，目的是依法履行法律监督职能，保障审判权的公正行使。列席会议的检察长发表意见是履行程序性监督职责，实体意见仅供审判委员会参考，并不能决定或者左右案件的事实认定、证据把握和法律适用，案件的处理结果取决于审判委员会的讨论和表决，案件的裁决权始终是法院的。这与我国刑事诉讼法、民事诉讼法、行政诉讼法所规定的人民法院依法独立行使审判权的规定是一致的。从司法实践来看，列席会议的检察长与审判委员会委员探讨相关议题，既可以监督审判委员会按照法定程序履职，防止承办法官汇报案件时故意歪曲或者遗漏重要事实，误导审判委员会讨论决定案件；又可以通过发表法律、政策适用意见，促进检法两机关统一法律政策尺度，保证正确适用法律，这是本制度的生命力所在。

最后，检察长列席审判委员会会议制度符合以审判为中心的刑事诉讼制度改革要求，能够促进司法公正与效益，是实现法律监督多元化发展的有效途径。以审判为中心的刑事诉讼制度改革要求充分发挥庭审在查明事实、认定证据、保障诉权、公正裁判中的决定性作用。随着司法责任制改革的逐步落实，合议庭和独任制法官在审判中的作用得到强化，绝大多数案件都由合议庭和独任法官当庭裁决，提交审判委员会审议的案件数量大大减少，审判委员会工作的侧重点已经逐步转向总结审判经验，对审判工作重大事项进行宏观指导。由审判委员会讨论的案件范围也限缩为涉及国家外交、安全和社会稳定的重大复杂案件，以及其他重大、疑难、复杂案件的法律适用问题。在此背景下，一方面，在审判委员会讨论司法解释、司法政策、规范性文件、指导性案例等议题时，检察长列席审判委员会，从检察工作角度对此类议题发表意见，能够促进检法两机关对司法政策和司法规范的统一认识，维护国家法治的统一。另一方面，审判委员会在讨论涉及国家外交、安全和社会稳定的重大复杂案件，以及其他重大、疑难、复杂案件的法律适用问题时，检察长列席审判委员会会议并发表意见，有利于检法两机关在法律适用疑难复杂问题上统一标准尺度，保证国家法律正确实施，并对今后检法两机关办理类似案件提供指导和参考。

另外，检察长列席审判委员会会议制度虽然是我国司法制度的特色，但类似制度在国外也可以找到参照。从大陆法系国家的检察制度来看，检察长参加法官会议并发表意见或与法官进行必要的沟通协商，是许多国家的做法。如法国的检察长可以参加法院解决各种问题的法官会议，并发表意见。日本检察官可以对法院、审判官的违法或不当行为，提出适当的处理意见，法院必须及时作出裁定。这些国家法官和检察官对案件办理和司法政策的沟通协商机制，对保证法律的统一实施和司法权的公正行使发挥了积极作用。[①]

二、列席审判委员会的工作流程及方法

《人民法院组织法》第 38 条第 3 款、《人民检察院组织法》第 26 条仅对人民检察院检察长或者检察长委托的副检察长可以列席同级人民法院审判委员会会议作了原则性规定。实践中，检察机关、审判机关可以结合《实施意见》的规定，开展检察长列席法院审判委员会会议工作。

（一）关于列席主体

人民检察院检察长是列席法院审判委员会会议的法定主体，检察长因特殊原因不能列席时，可以委托副检察长列席。除此之外，检察长不能委托其他工作人员列席审判委员会会议。实践中，相关案件或者议题的承办检察官可以作为检察长或者受检察长委托的副检察长的助手随同前往。

（二）关于列席任务

检察长列席法院审判委员会会议的任务是，对于审判委员会讨论的

---

① 最高人民检察院政策研究室：《检察长列席审委会会议制度的立法完善》，载《检察日报》2019 年 4 月 13 日，第 3 版。

案件和其他有关议题发表意见，依法履行法律监督职责。

（三）关于列席案件和议题的范围

检察长列席审判委员会会议的案件范围，主要是可能判处被告人无罪、死刑的公诉案件，人民检察院提出抗诉的案件以及与检察工作有关的议题。对于同级法院审判委员会讨论的其他议题，检察长认为有必要的，可以向同级法院提出列席审判委员会会议的请求。

（四）关于列席程序

1. 程序启动：法院院长决定将符合列席范围的案件或者议题提交审判委员会讨论的，由法院审判委员会办事机构告知同级检察院检察委员会办事机构。

2. 会议材料发送：检察长决定列席本次审判委员会会议的，法院审判委员会办事机构应将会议材料在送审判委员会委员的同时，送列席会议的检察长。

3. 会前准备：列席会议的检察长应在会前进行充分准备，一般要亲自阅卷，研究起草列席意见，必要时可就有关问题召开检察委员会进行讨论。

4. 发言顺序：列席审判委员会会议时，检察长或者受检察长委托的副检察长可以在法院承办人汇报完毕后、审判委员会委员表决前发表意见，依法履行法律监督职责，不参与审判委员会的表决。需要注意的是，列席会议的所有人员对审判委员会讨论内容应当保密。

（五）关于会后文书送达

检察长列席审判委员会会议讨论案件的，法院审判委员会办事机构应将裁判文书及时送达或者抄送检察院；讨论与检察工作有关其他议题的，法院审判委员会办事机构应将讨论通过的决定文本及时送检察院。

三、相关文书制作与应用

（一）列席审委会意见书

列席审判委员会需要准备的列席发言材料根据列席案件和议题的范

围不同而有所不同：如果是与检察工作有关的其他议题，则需要就议题所进行的相关调研、讨论以及决定的意见来拟定列席意见；如果是可能判处被告人无罪、死刑的公诉案件，则需要根据起诉书、公诉意见书拟写列席意见；如果是人民检察院提出抗诉的案件，则需要根据刑事抗诉书、支持抗诉意见书等文书拟定列席审委会意见。列席审委会意见书没有统一的格式，但其基本内容应当包括对案件事实、证据及法律适用理由的阐述。

【案例】何某某合同诈骗案

基本案情：原审被告人何某某，男，从事个体经营，因涉嫌合同诈骗被某市公安局逮捕。后某区检察院起诉书指控何某某涉嫌合同诈骗事实如下：

2011年5月及11月，在何某某委托下，深圳某企业管理咨询有限公司为其在香港注册"中国网络电视摄制有限公司"以及公司另一名称"中国网络电视台"。在明知香港注册公司不能在内地从事经营的情况下，何某某没有重新在内地工商行政管理部门办理注册登记手续，而是以上述"中国网络电视台摄制有限公司"名义雕刻了"中国网络电视台某频道""中国网络电视台合同专用章"等印章，又持印章制造了中国网络电视台关于同意成立某频道的批复、聘请自己担任某频道总监的聘书、自己承包经营中国网络电视台某频道5年的协议，又以伪造的"王湛国"的名字代表中国网络电视台一方签名（与自己签订协议地点伪造为北京）、还伪造了交纳承包款20万元和承包押金30万元的收据。2012年12月，何某某持上述系列文件骗取了曾某某的信任，使其误以为何某某是中国官方媒体机构——中国网络电视台（CNTV）聘用的某频道总监且具有频道5年承包权，遂于12月11日与何某某签订合作协议书，约定共同经营频道。其中曾某某以自己购置的一间位于某市全新装修门面及全新桌椅等作为投入，占股36%，何占股35%。后曾某某将门面进行了装修，含办公桌椅共花费421979.30元。该门面于2012年12月底投入作为办公场地。何某某利用该场地开始经营所谓的某频道。后曾对何的身份产生怀疑，经查询得知中国网络电视台（CNTV）

没有何某某此人，也没有王湛国，且没有设立某频道，遂于 2013 年 2 月 21 日与何中止合作并签订了房屋租赁协议，要求何某某支付门面使用租金，何某某支付了 2 月 21 日至 5 月 21 日租金 6000 元给曾某某。2013 年 5 月 17 日，曾某某停止租赁门面给何某某，并于 2013 年 6 月 8 日向公安机关报案称自己被骗装修费 42 万余元，公安机关于 2013 年 7 月 3 日将何某某抓获。

在前述与曾某某签订协议合作经营某频道的同时，何某某还采取同样的方式骗取了欧某某的信任，欧某某同意投资所谓的某频道。2013 年 1 月 7 日，何某某与欧某某签订投资合作协议书，欧某某投入了 42569 元购买四台电脑、打印机及其他办公用品，以此获取了何 35% 股份中的 5% 股份。2013 年 5 月，曾某某不再允许何使用门面作办公场所，欧某某所购置的设备一直置于曾某某门面内，欧某某亦于 2013 年 7 月 9 日向公安机关举报何。

此外，何某某于 2011 年至 2012 年期间，还采取虚构事实、隐瞒真相的手段先后实施其他三笔合同诈骗，共骗取 194840 元。其中，以合作经营"中国网络电视台某频道"的名义骗取张某某 5 万元，以合作经营"某市电视资讯频道本土品牌合作播出"的名义骗取甲公司 4.5 万元、以拍摄《戒毒从心开始》并在片中进行广告宣传的名义骗取乙公司 9840 万元。

某区法院认定起诉书指控的上述五笔合同诈骗事实，对何某某以合同诈骗罪作出一审判决，判处何某某有期徒刑 10 年。何某某上诉后，某市中级人民法院二审裁定维持一审判决。某市检察院认为该裁定认定何某某合同诈骗罪，事实不清，证据不足，以合同诈骗数额特别巨大对其判处 10 年有期徒刑，量刑畸重，提请省检察院抗诉。省检察院经审查认为二审裁定对上述第一、第二笔事实认定为合同诈骗罪，属定性错误，适用法律不当，导致量刑畸重，遂提出抗诉。省高级法院终审判决采纳了省检察院的抗诉意见，改判何某某有期徒刑 7 年。

【文书示例】
何某某合同诈骗案列席审委会意见书

各位委员：

本案我们是抗诉轻罪重判。二审裁定认定何某某合同诈骗657000元，以"数额特别巨大"判处其有期徒刑10年。我们认为：二审裁定认定的第一、第二笔事实中，何某某的行为不构成合同诈骗罪，其合同诈骗金额应核减为194840元，仅属"数额巨大"，应在3年以上10年以下量刑。鉴于上述两笔，我们认为不构罪的理由在抗诉书中有具体论述，再审开庭时控辩双方对此两笔不构罪无分歧，在此不再赘述。

本案争议的焦点是：起诉书指控且一、二审裁判均已认定的张某某5万元、甲公司4.5万元、乙公司9.9万余元（共计194840元）三笔事实是否构成合同诈骗罪。我们认为上述三笔均构成合同诈骗罪。理由如下：

1. 关于诈骗张某某5万元。何某某以投资合作经营其虚构的"中国网络电视台某频道"的名义，代表所谓某频道作为甲方，骗取张作为乙方与其签订合作协议并出资5万元。何某某将该款用于个人生活开支及频道的虚假广告宣传，未按合同给张某某分红和为其安排工作。虽然何某某后来退还了该款，却是在张某某报案并电话告知其情况后才退还的，此笔合同诈骗事实应予认定。

2. 关于诈骗甲公司4.5万元。何某某与甲公司合作经营本土品牌栏目，但何某某收取甲公司4.5万元后，并未履行合作经营内容，而是将款项全部用于为自己虚构的某频道做广告宣传。此笔应认定为合同诈骗：一是何某某没有履行合同的诚意和行为。何收取甲公司款项后直至被抓获的半年时间内，没有从事协议中约定的任何业务；二是从对款项的处置行为看，何某某将其中3.5万元用于某频道的广告宣传，余款用于个人生活开支。何某某辩称其与甲公司合作期为一年，尚未到期即被抓获，故未退款。但如前所述，何某某在与甲公司签订协议后，没有履行合同约定的任何事项，没有履约诚意，将款项全部用于虚假宣传及个人日常生活开支，其行为已构成合同诈骗罪。该款退还与否，不影响定罪。

3. 关于诈骗乙公司99840元。何某某未经某市企事业文联授权即以该文联的名义虚构一份邀请函,以拍摄《戒毒从心开始》专题片为名,与乙公司签订赞助协议,之后,何某某并未拍摄该专题片和履行协议,而是采取通过其他网络视频添加字幕的方法蒙骗该公司人员,从而骗取乙公司价值近 10 万元的白酒,低价销售后用于购买电脑、空调归个人使用,该笔诈骗事实应予认定。

综上所述,原审被告人何某某以非法占有为目的、在签订履行合同过程中虚构事实、隐瞒真相,骗取他人财物 194840 元。某市中级人民法院(2014)×中法刑二终字第 105 号刑事裁定书适用法律不当,对何某某量刑畸重,建议再审改判。

(二) 会议情况反馈表

无论是何种议题,除拟定书面列席审委会意见外,案件或议题承办部门检察官需在会后填写《会议情况反馈表》入检察内卷存档。

【文书格式】

××××人民检察院
列席××××人民法院审判委员会
会议情况反馈表
(议题承办部门印章)

××检××列馈〔20××〕××号

列席时间		审委会会次	
列席领导		列席助手及职务	
列席议题名称			
法院承办人意见			
列席发表意见			
法院审判委员会意见			
法院裁判情况			

四、列席审判委员会制度的完善

现阶段，我国对于检察长列席审委会制度缺乏具体的法律规定。人民检察院组织法和人民法院组织法仅对其作了原则性规定，"两高"的司法解释和部分地方检法机关颁布的文件对其进行了一定的细化。法律依据的缺乏，使得检察长列席审委会制度在实践中遇到了诸多问题。

（一）列席的程序设计需进一步作出具体规定

关于检察长列席审委会的程序，仅由《实施意见》作出了几条原则性规定，法律依据的缺乏使得实践中检察长列席审委会制度缺乏可操作性与规范性，检察机关行使权力趋于懈怠，造成检察长列席审委会的制度在司法实践中重视程度不够。现行制度下法院对检察长列席审委会程序的启动具有决定权，这与该制度履行法律监督权的性质不符，与检察院和法院处于监督与被监督的地位不符。因此，应完善列席程序。一是应明确监督程序的启动条件，符合启动条件时，检察院必须列席；二是应就法院的通知时间以及检察院的准备时间等作出具体规定，便于列席人员充分了解列席案件及议题的具体情况。

（二）列席的案件议题范围可以作出合理调整

严格把握审委会讨论的案件范围。司法责任制改革后，独任法官、合议庭相对独立审案判案的权力得以加强。审委会讨论案件应严格执行最高人民法院《关于完善人民法院司法责任制的若干意见》规定，即审委会只讨论涉及国家外交、安全社会稳定的重大、复杂案件，以及重大、疑难、复杂案件的法律适用问题。当前在实践中尤其要重点防范两种倾向，一是合议庭或个别法官为了推诿司法责任而提交审委会讨论的案件，二是应提交审委会讨论的案件而被遗漏，这两种情况都不利于司法责任制的落实。对此法院设置了一些把关程序，如疑难、复杂、重大案件需要提交审委会讨论的，院长、主管副院长或者庭长认为必要的，可以提请审委会讨论。合议庭认为案件需要提交审委会讨论，层报庭长、主管副院长提请院长决定。严密的审核把关程序一方面会控制审委会讨论案件范围，另一方面也会导致一些合议庭为了避免程序拖延将案件作"降格"处理，避免案件被提交审委会讨论。考虑到上述情况，检察长列席会议时，如果发现待讨论案件不属于审委会讨论范围，应当向审委会提出并保留意见，如果发现经检察院办理的案件属于审委会讨论范围而没有列入的，也应当向审委会建议予以关注并启动议题审核把关程序。另外，有学者提出将辩方意见在列席同时引入审委会会议，使审委会诉讼化。这个观点的出发点也是将列席视为履行公诉职能，而非法律监督职能，如此一来等于在庭审之外开设了第二庭审，架空了合议庭的庭审，与以审判为中心的刑事诉讼制度改革背道而驰，而且浪费司法资源。

（三）列席的法律监督属性需要进一步彰显

在现行审判权运行机制中还有一些偏离"以审判为中心"的因素，需要检察机关的列席制度确保庭审的决定性作用。检察长列席审委会会议负有客观公正义务，应帮助认定事实证据，正确适用法律的职责，而不是公诉指控的继续。一是纠正庭审程序违法的情况。检察官出席庭审履行公诉职责时，发现法庭有违反法律规定的诉讼程序的情况，按照刑事诉讼法为保障庭审程序的中心地位不能当庭提出，而是可以通过检察长在列席审委会会议时向审委会提出。二是确保证据裁判规则贯穿始终。对于承办法官汇报案件事实证据和庭审情况不准确、不妥当之处，要及时予以补充和纠正；对于庭审程序中举证、质证、发问、辩论不充分的证据材料，在会议中要提醒审委会不能将其作为定案的证据。三是在审委会讨论案件中维护庭审程序中心地位。对于审委会讨论重大、疑难、复杂案件时，在会议中要协助审委会集中讨论案件的法律适用问题；对于审委会讨论中必须涉及事实和证据问题的死刑案件，在会议中要协助审委会尊重庭审程序审查证据的决定性作用。[①] 如，某市级院检察长列席审委会会议时，与会人员对一起案件的处理有较大分歧，讨论

[①] 项谷、姜伟：《司法体制改革中完善检察长列席审委会会议制度的新视域》，载《上海政法学院学报》2018 年第 1 期。

陷入僵局。检察长建议暂停对案件的讨论，建议待补充证据材料后，由法院再次开庭对新证据进行质证后下一次会议复议，复议时委员们意见趋于一致，取得了较好的效果。

总之，从履行法律监督权出发，在刑事诉讼中进一步完善检察长列席审委会制度，一方面能够消除列席制度可能带来检察权影响审判权独立行使的担忧，维护控辩平等；另一方面也能够促使检察机关更好地履行宪法和法律赋予的法律监督职能，促进公正审判。

第十二节　认罪认罚从宽制度

一、认罪认罚从宽制度的基本内涵

认罪认罚从宽制度，是指在刑事诉讼中，犯罪嫌疑人、被告人自愿如实供述自己的罪行，承认指控的犯罪事实，愿意接受处罚的，可以依法从宽处理的刑事诉讼制度。

2011年《刑法修正案（八）》从实体法层面，将坦白从宽政策法律化，但尚无程序法层面的规定。党的十八届四中全会提出，完善刑事诉讼中认罪认罚从宽制度。2014年6月，全国人大常委会作出《授权最高人民法院、最高人民检察院在部分地区开展刑事案件速裁程序试点工作的决定》。2016年9月，又作出《授权最高人民法院、最高人民检察院在部分地区开展刑事案件认罪认罚从宽制度试点工作的决定》，速裁程序试点纳入新的试点继续进行。在为期两年的试点工作结束后，2018年10月26日，第十三届全国人民代表大会常务委员会第六次会议通过了《关于修改〈中华人民共和国刑事诉讼法〉的决定》，将过去试点的刑事速裁程序以及认罪认罚从宽制度写进刑事诉讼法。至此，认罪认罚从宽制度正式成为我国刑事司法的一项重要诉讼制度，完善了程序法层面的规定，将认罪认罚从宽确立为重要原则，是对坦白从宽政策的制度化和深化发展。

2018年修改的刑事诉讼法为检察机关适用认罪认罚从宽制度提供

了法律依据。主要有：《刑事诉讼法》第 15 条规定认罪认罚可以依法从宽处理的原则。《刑事诉讼法》第 36 条增加规定了值班律师制度。《刑事诉讼法》第 81 条第 2 款增加将犯罪嫌疑人、被告人认罪认罚等情况作为判断社会危险性大小的因素。《刑事诉讼法》第 172 条、第 173 条、第 174 条、第 176 条和第 201 条增加规定速裁案件的审查起诉期限、审查起诉阶段检察机关应当听取当事人及诉讼参与人意见、认罪认罚具结书的签署、认罪认罚案件检察机关应当提出量刑建议、量刑建议的采纳和调整等。

2019 年 12 月 30 日新施行的《刑诉规则》第 267 条至第 279 条明确规定了检察机关认罪认罚从宽案件办理的法律适用依据。主要有：《刑诉规则》第 267 条、第 268 条规定了值班律师制度。《刑诉规则》第 269 条规定了认罪认罚从宽制度适用告知程序。《刑诉规则》第 270 条规定了审查逮捕和羁押必要性审查时将犯罪嫌疑人、被告人认罪认罚等情况作为判断因素。《刑诉规则》第 271 条规定了对侦查阶段认罪认罚案件审查起诉阶段重点审查内容。《刑诉规则》第 272 条规定了认罪认罚具结书的签署。《刑诉规则》第 273 条规定了认罪认罚从宽案件审查起诉办案期限。《刑诉规则》第 274 条至第 277 条规定了认罪认罚案件量刑建议。《刑诉规则》第 278 条规定了适用认罪认罚从宽制度作出不起诉决定后犯罪嫌疑人反悔时的处理。《刑诉规则》第 279 条规定了最高人民检察院核准的认罪认罚案件处理程序。

认罪认罚从宽制度是以审判为中心的刑事诉讼制度改革的重要内容，尤其是繁简分流功能，是庭审实质化得以实现的重要前提条件。认罪认罚从宽制度的正式构建，对于我国刑事司法的理念进化、诉讼制度的体系优化、诉讼资源的合理配置、提升诉讼质量效率、完善多层次刑事诉讼程序体系等，都产生了重大现实影响。适用认罪认罚从宽制度中，与检察机关联系最紧密，对检察职能行使影响最大，因为认罪认罚从宽制度最核心的环节是审查起诉阶段，因此，对新时代检察机关刑事检察工作的开展，创造了极大的发展机遇，也提出了更高的工作要求。

2019 年 2 月，最高人民检察院制定下发《2018—2022 年检察改革工作规划》，进一步明确了新时代检察改革的方向和路径，对今后几年的检察改革做了系统规划和部署。在本项改革工作规划所确定的6个方面46项改革任务中，作为"健全完善检察机关法律监督体系"任务中的一项重点，即"健全与多层次诉讼体系相适应的公诉模式"，具体包括"完善速裁程序、简易程序和普通程序相互衔接的多层次诉讼体系，在确保司法公正的前提下做到'简案快办''繁案精办'，形成简易案件更加注重效率、疑难案件更加注重精准、敏感案件更加注重效果的公诉模式"。"健全认罪认罚案件办理机制，完善认罪认罚案件量刑建议标准，完善认罪认罚自愿性保障和合法性审查机制。"

二、认罪认罚从宽制度的工作要求

（一）准确把握适用认罪认罚从宽制度的基本原则

2019年10月最高人民法院、最高人民检察院、公安部、国家安全部、司法部制定的《关于适用认罪认罚从宽制度的指导意见》对适用认罪认罚从宽制度的基本原则进行了明确。具体如下：

1. 贯彻宽严相济刑事政策

落实认罪认罚从宽制度，应当根据犯罪的具体情况，区分案件性质、情节和对社会的危害程度，实行区别对待，做到该宽则宽，当严则严，宽严相济，罚当其罪。对可能判处3年有期徒刑以下刑罚的认罪认罚案件，要尽量依法从简从快从宽办理，探索相适应的处理原则和办案方式；对因民间矛盾引发的犯罪，犯罪嫌疑人、被告人自愿认罪、真诚悔罪并取得谅解、达成和解、尚未严重影响人民群众安全感的，要积极适用认罪认罚从宽制度，特别是对其中社会危害不大的初犯、偶犯、过失犯、未成年犯，一般应当体现从宽；对严重危害国家安全、公共安全犯罪，严重暴力犯罪，以及社会普遍关注的重大敏感案件，应当慎重把握从宽，避免案件处理明显违背人民群众的公平正义观念。

2. 坚持罪责刑相适应原则

办理认罪认罚案件，既要考虑体现认罪认罚从宽，又要考虑其所犯罪行的轻重、应负刑事责任和人身危险性的大小，依照法律规定提出量刑建议,准确裁量刑罚,确保罚当其罪,避免罪刑失衡。特别是对于共同犯罪案件,主犯认罪认罚;从犯不认罪认罚的,人民法院、人民检察院应当注意两者之间的量刑平衡,防止因量刑失当严重偏离一般的司法认知。

3. 坚持证据裁判原则

办理认罪认罚案件,应当以事实为根据,以法律为准绳,严格按照证据裁判要求,全面收集、固定、审查和认定证据。坚持法定证明标准,侦查终结、提起公诉、作出有罪裁判应当做到犯罪事实清楚,证据确实、充分,防止因犯罪嫌疑人、被告人认罪而降低证据要求和证明标准。对犯罪嫌疑人、被告人认罪认罚,但证据不足,不能认定其有罪的,依法作出撤销案件、不起诉决定或者宣告无罪。

4. 坚持公检法三机关配合制约原则

办理认罪认罚案件,公、检、法三机关应当分工负责、互相配合、互相制约,保证犯罪嫌疑人、被告人自愿认罪认罚,依法推进从宽落实。要严格执法、公正司法,强化对自身执法司法办案活动的监督,防止产生"权权交易""权钱交易"等司法腐败问题。

(二)准确把握适用认罪认罚从宽制度的基本内容

1. 关于认罪的认定

认罪就是犯罪嫌疑人、被告人承认被指控犯罪的基本事实或者主要犯罪事实。

第一,从认罪的本质内容看,认罪是对被指控的"罪行"和"事实"的承认。犯罪嫌疑人、被告人认罪所承认的指控犯罪事实,应指主要犯罪事实。对于指控的个别细节有异议,则不影响认罪的认定。从实体法的角度,我国刑法规定的坦白和自首而言,"如实供述自己的罪行"是基本条件。根据最高人民法院《关于被告人对行为性质的辩解是否影响自首成立问题的批复》,"被告人对行为性质的辩解不影响自首的成立",因此,被追诉人对行为性质的辩解同样也不影响认罪的成立。[①]

---

① 陈卫东:《认罪认罚从宽制度的研究》,载《中国法学》2016年第2期。

第二，从认罪的表现形式看，认罪可以是自首、坦白，也可以是当庭认罪等其他表现形式。认罪既可以以自书材料表明，也可以体现在讯问笔录中。认罪既可以在侦查阶段，也可以在审查逮捕和审查起诉阶段。

第三，从认罪的范围看，具体案件应当具体分析。犯有数罪的犯罪嫌疑人仅如实供述所犯数罪中部分犯罪的，只在如实供述部分犯罪的行为范围内认定为"认罪"；被告人的认罪是避重就轻、推卸责任，不宜认定为"认罪"。

2. 关于认罚的认定

认罚是指犯罪嫌疑人、被告人对检察机关量刑建议的认同与接受。根据《刑事诉讼法》第15条的规定来看，认罚即犯罪嫌疑人、被告人"愿意接受处罚"，包括接受刑罚处罚、主动退赃退赔、积极赔偿被害人损失同被害人和解、预交罚金等。

第一，从实质要件看，认罚体现为犯罪嫌疑人、被告人对检察机关量刑建议即检察机关建议判处的处罚种类、刑期以及刑法执行方式的认可。如果犯罪嫌疑人、被告人只认罪而不认罚，则仅仅代表其对所犯罪行及国家对其行为的否定性法律评价的客观承认和认同，还不能体现出其对所犯罪行的真正悔罪和彻底悔过，因此并不足以适用认罪认罚从宽制度，此时必须通过"认罚"要求进一步判断能否从宽的制度要求。

第二，从形式要件看，认罚通常表现为犯罪嫌疑人、被告人与检察机关签署认罪认罚具结书。以有形的形式予以固定，作为法庭裁判处理从宽时的书面依据。

3. 关于从宽的把握

从宽是犯罪嫌疑人、被告人的认罪认罚的基础上，公安司法机关依法对其在实体上予以从轻、减轻或者免除处罚，得到实体刑罚上的从宽。从宽是认罪认罚从宽制度的关键支撑和制度保障。

第一，实体处理的从宽。犯罪嫌疑人认罪认罚的，人民检察院应当根据犯罪的事实、性质、情节和对社会的危害程度以及认罪认罚情况，依法提出从宽处罚的建议。人民法院作出判决时，一般应当采纳人民检察院指控的罪名和量刑建议，但被告人不构成犯罪或者不应当追究刑事责任、违背意愿认罪认罚、否认指控犯罪事实、起诉指控罪名与审理认定罪名不一致以及其他可能影响公正审判的情形除外。

第二，程序上的从宽。首先，简化审判程序，即对于基层人民法院管辖的认罪认罚案件，可以适用简易程序或者速裁程序进行审判；对于其他认罪认罚案件，适用普通程序简化审理。从简、从快处理是从宽处理的体现，在确保案件质量的前提下，既节约了司法资源，也是对被追诉人权利的保障。其次，强制措施适用相对宽缓化，通过对犯罪嫌疑人、被告人认罪时社会危险性的判断，对认罪认罚的犯罪嫌疑人、被告人优先考虑非羁押措施。如《刑事诉讼法》第81条第2款规定"批准或者决定逮捕，应当将犯罪嫌疑人、被告人涉嫌犯罪的性质、情节，认罪认罚等情况，作为是否可能发生社会危险性的考虑因素"。最后，附条件提前终止诉讼。如《刑事诉讼法》第182条规定"犯罪嫌疑人自愿如实供述涉嫌犯罪的事实，有重大立功或者案件涉及国家重大利益的，经最高人民检察院核准，公安机关可以撤销案件，人民检察院可以作出不起诉决定，也可以对涉嫌数罪中的一项或者多项不起诉"。

三、认罪认罚从宽制度的工作流程及方法

（一）关于认罪认罚从宽制度的案件适用范围

《刑事诉讼法》第15条规定，犯罪嫌疑人、被告人自愿如实供述自己的罪行，承认指控的犯罪事实，愿意接受处罚的，可以依法从宽处理。上述规定结合《刑诉规则》相关规定可见，认罪认罚从宽制度适用的案件范围原则上没有限制。从案件类型上说，所有犯罪案件都可以适用认罪认罚从宽制度。

（二）关于认罪认罚从宽制度的启动

在司法实践中，对刑事诉讼法规定的认罪认罚从宽制度，检察机关如何启动该程序，直接关系到制度功能的发挥。检察机关收案后可查阅侦查机关起诉意见书中是否写明犯罪嫌疑人认罪认罚情况，结合现有供述等材料决定是否适用认罪认罚从宽制度，以充分发挥认罪认罚从宽制

度的功能。

1. 审查起诉意见书

《刑事诉讼法》第162条规定，公安机关侦查终结的案件，应当做到犯罪事实清楚，证据确实、充分，并且写出起诉意见书，连同案卷材料、证据一并移送同级人民检察院审查决定；同时将案件移送情况告知犯罪嫌疑人及其辩护律师。犯罪嫌疑人自愿认罪的，应当记录在案，随案移送，并在起诉意见书中写明有关情况。

2. 审查侦查阶段认罪认罚的自愿性

对侦查阶段认罪认罚案件的审查，根据《刑诉规则》第271条之规定，"审查起诉阶段，对于在侦查阶段认罪认罚的案件，人民检察院应当重点审查以下内容：（一）犯罪嫌疑人是否自愿认罪认罚，有无因受到暴力、威胁、引诱而违背意愿认罪认罚；（二）犯罪嫌疑人认罪认罚时的认知能力和精神状态是否正常；（三）犯罪嫌疑人是否理解认罪认罚的性质和可能导致的法律后果；（四）公安机关是否告知犯罪嫌疑人享有的诉讼权利，如实供述自己罪行可以从宽处理和认罪认罚的法律规定，并听取意见；（五）起诉意见书中是否写明犯罪嫌疑人认罪认罚情况"；查阅案卷材料中的讯问笔录、自书材料，看被告人是否自愿如实供述，是否自愿认罪，是否愿意接受处罚。

3. 审查是否出现新的应适用认罪认罚从宽制度的情形

审查是否存在下列情形：（1）侦查阶段不认罪认罚，但检察机关收案后犯罪嫌疑人或其辩护人提交认罚认罚材料的情形；（2）侦查阶段未适用认罪认罚，但犯罪嫌疑人供述材料可见应对其适用认罪认罚从宽制度的情形。

4. 审查是否出现不宜适用认罪认罚从宽制度的情形

审查是否存在犯罪嫌疑人或其辩护人向检察机关提交新的书面材料或辩护意见，案件不再适用认罪认罚的情形。

（三）关于审查逮捕阶段适用认罪认罚从宽制度

1. 审查犯罪嫌疑人认罪认罚情况和社会危险性

《刑事诉讼法》第81条规定："批准或者决定逮捕，应当将犯罪嫌疑人、被告人涉嫌犯罪的性质、情节,认罪认罚等情况,作为是否可能发生社会危险性的考虑因素。对有证据证明有犯罪事实,可能判处十年有期徒刑以上刑罚的,或者曾经故意犯罪或者身份不明的,应当予以逮捕。被取保候审、监视居住的犯罪嫌疑人、被告人违反取保候审、监视居住规定,情节严重的,可以予以逮捕。"《刑诉规则》第270条规定,批准或者决定逮捕,应当将犯罪嫌疑人涉嫌犯罪的性质、情节,认罪认罚等情况,作为是否可能发生社会危险性的考虑因素。已经逮捕的犯罪嫌疑人认罪认罚的,人民检察院应当及时对羁押必要性进行审查。经审查,认为没有继续羁押必要的,应当予以释放或者变更强制措施。上述条款表明,认罪认罚情况是判断犯罪嫌疑人社会危险性大小的重要依据。可进行以下工作步骤:初步审查案卷材料;讯问被告人;作出是否逮捕决定。

2. 对符合条件的认罪认罚案件优先适用非羁押措施,依法作出不逮捕决定

目前的刑事司法实践中,羁押性强制措施适用率高。2010年,最高人民检察院对全国20个检察院的调研数据显示,2004年至2009年被调研地区的外地籍在押人员羁押率达90%以上,本地籍在押人员羁押率85%以上。自愿认罪认罚的犯罪嫌疑人、被告人采取逃跑、自杀、毁灭或伪造证据等可能性已经大大降低。因此,除对有证据证明有犯罪事实,可能判处10年有期徒刑以上刑罚的,或者曾经故意犯罪或者身份不明的予以逮捕外,对认罪认罚案件优先适用非羁押措施,更有利于节约司法资源。根据《刑诉规则》第270条第2款规定,已经逮捕的犯罪嫌疑人认罪认罚的,人民检察院应当及时对羁押必要性进行审查。经审查,认为没有继续羁押必要的,应当予以释放或者变更强制措施。

3. 对符合逮捕条件的犯罪嫌疑人依法予以逮捕

即对有证据证明有犯罪事实,可能判处10年有期徒刑以上刑罚的,或者曾经故意犯罪或者身份不明的予以逮捕。

(四)关于审查起诉阶段适用认罪认罚

1. 认罪认罚适用速裁程序案件的审查期限

根据《刑事诉讼法》第172条第1款之规定,"人民检察院对于监

察机关、公安机关移送起诉的案件，应当在一个月以内作出决定，重大、复杂的案件，可以延长十五日；犯罪嫌疑人认罪认罚，符合速裁程序适用条件的，应当在十日以内作出决定，对可能判处的有期徒刑超过一年的，可以延长至十五日"。该条款专门规定速裁案件审查起诉期限，旨在从刑事诉讼程序制度层面实现公正与效率的统一，提速诉讼流程，切实保障人权。《刑诉规则》第273条对审查期限作出了配套性规定，第273条第2款还规定，对于公安机关建议适用速裁程序办理的案件，人民检察院负责案件管理的部门应当在受理案件的当日将案件移送负责捕诉的部门。

2. 权利告知

审查起诉阶段对认罪认罚案件应告知诉讼权利、相关规定并应当听取当事人及诉讼参与人意见。根据《刑事诉讼法》第173条之规定，"人民检察院审查案件，应当讯问犯罪嫌疑人，听取辩护人或者值班律师、被害人及其诉讼代理人的意见，并记录在案。辩护人或者值班律师、被害人及其诉讼代理人提出书面意见的，应当附卷。犯罪嫌疑人认罪认罚的，人民检察院应当告知其享有的诉讼权利和认罪认罚的法律规定，听取犯罪嫌疑人、辩护人或者值班律师、被害人及其诉讼代理人对下列事项的意见，并记录在案：（一）涉嫌的犯罪事实、罪名及适用的法律规定；（二）从轻、减轻或者免除处罚等从宽处罚的建议；（三）认罪认罚后案件审理适用的程序；（四）其他需要听取意见的事项。人民检察院依照前两款规定听取值班律师意见的，应当提前为值班律师了解案件有关情况提供必要的便利"。《刑诉规则》第269条对此作出了配套性规定，该条第3款还规定，人民检察院不采纳辩护人或者值班律师所提意见的，应当向其说明理由。

3. 签署具结书

《刑事诉讼法》第174条之规定，"犯罪嫌疑人自愿认罪，同意量刑建议和程序适用的，应当在辩护人或者值班律师在场的情况下签署认罪认罚具结书。犯罪嫌疑人认罪认罚，有下列情形之一的，不需要签署认罪认罚具结书：（一）犯罪嫌疑人是盲、聋、哑人，或者是尚未完全丧失辨认或者控制自己行为能力的精神病人的；（二）未成年犯罪嫌疑人的法定代理人、辩护人对未成年人认罪认罚有异议的；（三）其他不需要签署认罪认罚具结书的情形。"该条款明确了犯罪嫌疑人签署具结书的4个条件：一是自愿认罪，即如实供述自己的罪行；二是自愿认罚，即同意量刑建议；三是同意程序适用，即同意适用速裁程序、简易程序或普通程序简化审理；四是辩护人或者值班律师应当在场。《刑诉规则》第272条对此作出了配套性规定。关于未签署具结书能否适用认罪认罚从宽制度，该条第3款作出了补充性规定，明确有前款情形，犯罪嫌疑人未签署认罪认罚具结书的，不影响认罪认罚从宽制度的适用。

4. 认罪认罚案件检察机关应当提出量刑建议

《刑事诉讼法》第176条规定，"人民检察院认为犯罪嫌疑人的犯罪事实已经查清，证据确实、充分，依法应当追究刑事责任的，应当作出起诉决定，按照审判管辖的规定，向人民法院提起公诉，并将案卷材料、证据移送人民法院。犯罪嫌疑人认罪认罚的，人民检察院应当就主刑、附加刑、是否适用缓刑等提出量刑建议，并随案移送认罪认罚具结书等材料"。

关于量刑建议的形式和内容，《刑诉规则》第274条、第275条予以了明确规定。"认罪认罚案件，人民检察院向人民法院提起公诉的，应当提出量刑建议，在起诉书中写明被告人认罪认罚情况，并移送认罪认罚具结书等材料。量刑建议可以另行制作文书，也可以在起诉书中写明。""犯罪嫌疑人认罪认罚的，人民检察院应当就主刑、附加刑、是否适用缓刑等提出量刑建议。量刑建议一般应当为确定刑。对新类型、不常见犯罪案件，量刑情节复杂的重罪案件等，也可以提出幅度刑量刑建议。"

5. 特殊案件认罪认罚的审前处理程序

《刑事诉讼法》第182条规定，"犯罪嫌疑人自愿如实供述涉嫌犯罪的事实，有重大立功或者案件涉及国家重大利益的，经最高人民检察院核准，公安机关可以撤销案件，人民检察院可以作出不起诉决定，也可以对涉嫌数罪中的一项或者多项不起诉。根据前款规定不起诉或者撤销案件的,人民检察院、公安机关应当及时对查封、扣押、冻结的财物及其孳息作出处理。"《刑诉规则》第279条对此也作出了配套性规定。

(五)关于人民法院对认罪认罚自愿性审查

根据《刑事诉讼法》第190条之规定,开庭的时候,被告人认罪认罚的,审判长应当告知被告人享有的诉讼权利和认罪认罚的法律规定,审查认罪认罚的自愿性和认罪认罚具结书内容的真实性、合法性。此条款的设置对确保司法公正和提高司法效率具有重要意义。适用认罪认罚的案件,被告人一般会放弃辩护权。因此,为防止被告人在被胁迫或利诱下作出错误的认罪认罚选择,或者减小被告人反悔后又转普通程序审理的概率,人民法院应对认罪认罚自愿性作审查。

(六)关于认罪认罚案件量刑建议的采纳和调整

根据《刑事诉讼法》第201条之规定,"对于认罪认罚案件,人民法院依法作出判决时,一般应当采纳人民检察院指控的罪名和量刑建议,但有下列情形的除外:(一)被告人的行为不构成犯罪或者不应当追究其刑事责任的;(二)被告人违背意愿认罪认罚的;(三)被告人否认指控的犯罪事实的;(四)起诉指控的罪名与审理认定的罪名不一致的;(五)其他可能影响公正审判的情形。人民法院经审理认为量刑建议明显不当,或者被告人、辩护人对量刑建议提出异议的,人民检察院可以调整量刑建议。人民检察院不调整量刑建议或者调整量刑建议后仍然明显不当的,人民法院应当依法作出判决"。一方面,明确了人民法院"一般应当"采纳人民检察院指控的罪名和量刑建议,体现了人民法院对控辩协商合意的处理原则,在裁判时充分尊重检察机关提出的量刑建议,以法律规定的形式限制人民法院不采纳量刑建议。另一方面,明确了调整量刑建议的具体情形,妥善处理人民法院依法行裁判权与量刑建议之间的关系,以法律规定的形式限制量刑建议的调整。

四、相关文书制作与应用

(一)《认罪认罚从宽制度告知书》

《认罪认罚从宽制度告知书》依据《刑事诉讼法》第15条、第174

条、《刑诉规则》第 272 条的规定制作,为人民检察院告知犯罪嫌疑人、被告人认罪认罚从宽制度时使用。文书一式二份,一份留存附卷,一份交犯罪嫌疑人、被告人。

【文书格式】

××××人民检察院
认罪认罚从宽制度告知书

一、根据《中华人民共和国刑事诉讼法》第十五条的规定,犯罪嫌疑人、被告人自愿如实供述自己的罪行,承认指控的犯罪事实,愿意接受处罚的,可以依法从宽处理。

二、犯罪嫌疑人、被告人没有委托辩护人,法律援助机构没有指派律师为其提供辩护的,由值班律师为犯罪嫌疑人、被告人提供法律咨询、程序选择建议、申请变更强制措施、对案件处理提出意见等法律帮助,犯罪嫌疑人、被告人有权约见值班律师。

三、适用认罪认罚从宽制度,犯罪嫌疑人、被告人应当签署《认罪认罚从宽制度告知书》及《认罪认罚具结书》。《认罪认罚具结书》应由辩护人或值班律师签字确认。有下列情形之一的,不需要签署认罪认罚具结书:

(一)犯罪嫌疑人是盲、聋、哑人,或者是尚未完全丧失辨认或者控制自己行为能力的精神病人的;

(二)未成年犯罪嫌疑人的法定代理人、辩护人对未成年人认罪认罚有异议的;

(三)其他不需要签署认罪认罚具结书的情形。

四、《认罪认罚具结书》应载明:犯罪嫌疑人基本信息、认罪认罚情况、被指控的犯罪事实、罪名及适用的法律规定、检察机关对犯罪嫌疑人拟提出的从轻、减轻或者免除处罚等从宽处罚的建议;认罪认罚后案件审理适用的程序及其他需要听取意见的情形。

五、检察机关根据犯罪嫌疑人、被告人的犯罪事实、犯罪情节、认罪情形,就主刑、附加刑、是否适用缓刑等拟出量刑建议。犯罪嫌疑人、被告人或其辩护人/值班律师可以向检察机关提出从轻、减轻处罚等意见,检察机关根据案件情况,可以进行调整。

六、对于认罪认罚案件,除《中华人民共和国刑事诉讼法》第二百零一条规定的除外情形外,人民法院依法作出判决时,一般应当采纳人民检察院指控的罪名和量刑建议。

七、《认罪认罚具结书》签署后,犯罪嫌疑人、被告人提出异议或变更的,人民检察院将重新提出量刑建议。

八、经协商,犯罪嫌疑人、被告人如不同意检察机关的量刑建议,有权不签署《认罪认罚具结书》,不适用本制度。

本人已阅读并完全理解上述《认罪认罚从宽制度告知书》,并由本人签署后附卷留存。

签名:
年　月　日

本文书一式二份,一份留存附卷,一份交犯罪嫌疑人、被告人
【制作说明】

一、本文书依据《中华人民共和国刑事诉讼法》第十五条、第一百七十四条、《人民检察院刑事诉讼规则》第二百七十二条的规定制作,为人民检察院告知犯罪嫌疑人、被告人认罪认罚从宽制度时使用。

二、本文书一式二份,一份留存附卷,一份交犯罪嫌疑人、被告人。

(二)《认罪认罚具结书》

《认罪认罚具结书》依据《刑事诉讼法》第15条、第174条、《刑诉规则》第272条的规定制作,在审查起诉阶段按照认罪认罚从宽制度,犯罪嫌疑人签署《具结书》时使用。文书一式三份,一份留存附卷,一份交未成年犯罪嫌疑人、被告人,一份送人民法院。

【文书格式】

认罪认罚具结书

（自然人）

一、犯罪嫌疑人身份信息

本人姓名_____，性别____，____年____月____日出生，公民身份号码：_____，民族____，文化程度_____，职业_____，户籍所在地：_____。

二、权利知悉

本人已阅读《认罪认罚从宽制度告知书》，且理解并接受其全部内容，本人自愿适用认罪认罚从宽制度。

三、认罪认罚内容

本人知悉并认可如下内容：

1. _____人民检察院指控本人犯罪事实：_____。

2. _____人民检察院指控本人构成_____罪。

3. _____人民检察院提出的量刑建议：_____（如在审理阶段具有赔偿被害人、取得谅解等情节的，将调整量刑建议或者给出具体预期刑期；如相对不起诉，可写鉴于×××情况，我院对拟你决定不起诉。）

4. 本人同意适用速裁程序/简易程序/普通程序。

四、自愿签署声明

本人就本具结书内容已经听取辩护人/值班律师的法律意见，知悉认罪认罚可能导致的法律后果。

本《认罪认罚具结书》是本人在知情和自愿的情况下签署，未受任何暴力、威胁或任何其他形式的非法影响，亦未受任何可能损害本人理解力和判断力的毒品、药物或酒精物质的影响，除了本《认罪认罚具结书》载明的内容，本人没有获得其他任何关于案件处理的承诺。

本人已阅读、理解并认可本《认罪认罚具结书》的每一项内容，上述内容真实、准确、完整。

本人签名：　　　　　　　　　　　　　　　　年　　月　　日

本人系＿＿＿＿＿＿＿＿（单位）的律师，担任犯罪嫌疑人/被告人＿＿＿＿＿＿的辩护人/值班律师。本人证明，该犯罪嫌疑人/被告人已经阅读了《认罪认罚从宽制度告知书》及《认罪认罚具结书》，自愿签署了上述《认罪认罚具结书》。

辩护人/值班律师签名：

年　月　日

本文书一式二份，一份留存附卷，一份送人民法院

【文书格式】

认罪认罚具结书

（单位）

一、犯罪嫌疑人身份信息

被告单位×××（写明单位名称、组织机构代码、住所地、法定代表人姓名、职务等）

诉讼代表人×××（写明姓名、性别、出生日期、工作单位、职务）

二、权利知悉

本人已阅读《认罪认罚从宽制度告知书》，且理解并接受其全部内容，本人代表单位自愿适用认罪认罚从宽制度。

三、认罪认罚内容

本人知悉并认可如下内容：

1. ＿＿＿＿＿＿人民检察院指控本单位犯罪事实：＿＿＿＿＿＿。

2. ＿＿＿＿＿＿人民检察院指控本单位构成＿＿＿＿＿＿罪。

3. ＿＿＿＿＿＿人民检察院提出的量刑建议：＿＿＿＿＿＿（如相对不起诉，可写鉴于×××，我院拟对××单位决定不起诉）

4. 本人代表单位同意适用速裁程序/简易程序/普通程序。

四、自愿签署声明

本人就本具结书内容已经听取辩护人/值班律师的法律意见，知悉认罪认罚可能导致的法律后果。

本《认罪认罚具结书》是本人在知情和自愿的情况下签署，未受任何暴力、威胁或任何其他形式的非法影响，亦未受任何可能损害本人理解力和判断力的毒品、药物或酒精物质的影响，除了本《认罪认罚具结书》载明的内容，本人没有获得其他任何关于案件处理的承诺。

> 本人已阅读、理解并认可本《认罪认罚具结书》的每一项内容，上述内容真实、准确、完整。
>
> 诉讼代表人签名：　　　　　　　　　　　　　年　月　日

本人系_____（单位）的律师，担任犯罪嫌疑单位/被告单位_____的辩护人/值班律师。本人证明，该诉讼代表人已经阅读了《认罪认罚从宽制度告知书》及《认罪认罚具结书》，自愿签署了上述《认罪认罚具结书》。

辩护人/值班律师签名：
年　月　日

本文书一式二份，一份留存附卷，一份送人民法院

（三）《量刑建议书》（认罪认罚案件适用）

【文书格式】

××××人民检察院

量刑建议书

（认罪认罚案件适用）

××检××量建〔20××〕×号

本院以_____号起诉书提起公诉的_____一案，经审查认为，被告人_____的行为已触犯《中华人民共和国刑法》_____之规定，犯罪事实清楚，证据确实、充分，应当以_____罪追究其刑事责任。

1. 被告人_____自愿如实供述涉嫌的犯罪事实，对指控的犯罪没

有异议，接受刑事处罚，建议判处被告人。

2. 被告人自愿如实供述涉嫌的犯罪事实，对指控的犯罪没有异议，接受刑事处罚，建议判处被告人。

……

此致

_____人民法院

检察官×××
20××年×月×日
（院印）

【制作说明】

一、本文书依据《中华人民共和国刑事诉讼法》第一百七十六条、《人民检察院刑事诉讼规则》第二百七十四条、第三百六十四条、第四百一十八条的规定制作。为人民检察院对提起公诉的案件拟以专门的量刑建议书的形式向人民法院提出量刑建议时使用。其中，对于认罪认罚案件，量刑建议一般应当为确定刑。对新类型、不常见犯罪案件，量刑情节复杂的重罪案件等，也可以提出幅度刑量刑建议。

二、法定刑为依法应适用的具体刑罚档次；量刑情节包括法定从重、从轻、减轻或者免除处罚情节和酌定从重、从轻处罚情节，如果有其他量刑理由的，可以列出；建议的法律依据包括刑法、相关法律和司法解释等。

三、量刑建议书应当署具体承办案件检察官姓名；量刑建议书的年月日，为审批量刑建议书的日期。

四、被告人犯有数罪的，应当分别指出其触犯的法律、涉嫌罪名、法定刑、量刑情节，对指控的各罪分别提出量刑建议后，可以根据案件具体情况决定是否提出总的量刑建议。

五、一案中有多名被告人的，可以分别制作量刑建议书，也可以同一份量刑建议书中集中表述。

六、本文书一式二份，一份附卷，一份送达人民法院。

（四）《量刑建议调整书》（认罪认罚案件适用）

认罪认罚案件《量刑建议调整书》依据《刑事诉讼法》第 201 条、《刑诉规则》第 274 条、第 364 条、第 418 条的规定制作。为人民检察院对提起公诉的案件需进行量刑建议调整时使用。文书一式二份，一份存档，一份送达人民法院。

【文书格式】

×××人民检察院

量刑建议调整书

××检××量建调〔20××〕×号

被告人＿＿＿＿＿＿涉嫌＿＿＿＿＿＿一案，本院以＿＿＿＿＿＿号起诉书向你院提起公诉，并建议判处被告人＿＿＿＿＿＿（写明原量刑建议）。因＿＿＿＿＿＿（写明原因）现对量刑建议作如下调整：

建议判处被告人＿＿＿＿＿＿＿＿＿＿＿＿＿＿＿＿。

（指控多个犯罪中仅对部分犯罪的量刑建议变更或指控多个被告人仅对部分被告人量刑建议变更时，写明："＿＿＿＿＿＿号起诉书/量刑建议书中的量刑建议未被变更内容仍然具有法律效力。"）

此致

＿＿＿＿＿＿人民法院

检察官×××

20××年×月×日

（院印）

【制作说明】

一、本文书依据《中华人民共和国刑事诉讼法》第二百零一条、《人民检察院刑事诉讼规则》第二百七十四条、第三百六十四条、第四百一十八条的规定制作。为人民检察院对提起公诉的案件需进行量刑建议调整时使用。

二、本文书一式二份，一份存档，一份送达人民法院。

（五）《起诉书》（认罪认罚案件）

【自然人犯罪认罪认罚】

××××人民检察院

起 诉 书

××检××刑诉〔20××〕×号

被告人……（写明姓名、性别、出生年月日、公民身份号码、民族、文化程度、职业或者工作单位及职务、户籍地、住址、曾受到刑事处罚以及与本案定罪量刑相关的行政处罚的情况和因本案采取强制措施的情况等）

本案由×××（监察/侦查机关）调查/侦查终结，以被告人×××涉嫌××罪，于××××年××月××日向本院移送起诉。本院受理后，于××××年××月××日已告知被告人有权委托辩护人和认罪认罚可能导致的法律后果，××××年××月××日已告知被害人及其法定代理人（近亲属）、附带民事诉讼的当事人及其法定代理人有权委托诉讼代理人，依法讯问了被告人，听取了被告人及其辩护人（值班律师）、被害人及其诉讼代理人的意见，审查了全部案件材料……（写明退回补充调查/侦查、延长审查起诉期限等情况）。被告人同意本案适用速裁/简易/普通程序审理。

经依法审查查明：

……（写明经检察机关审查认定的犯罪事实包括犯罪时间、地点、经过、手段、目的、动机、危害后果，以及被告人到案后自愿如实供述自己的罪行，与被害人达成和解协议或者赔偿被害人损失，取得被害人谅解等与定罪、量刑有关的事实要素。应当根据具体案件情况，围绕刑法规定的该罪的构成要件叙写。）

（对于只有一个犯罪嫌疑人的案件，犯罪嫌疑人实施多次犯罪的，犯罪事实应逐一列举；同时触犯数个罪名的犯罪嫌疑人的犯罪事实应该按照主次顺序分类列举。对于共同犯罪的案件，写明犯罪嫌疑人的共同犯罪事实及各自在共同犯罪中的地位和作用后，按照犯罪嫌疑人的主次顺序，分别叙明各个犯罪嫌疑人的单独犯罪事实。）

认定上述事实的证据如下：

……（针对上述犯罪事实，列举证据，<u>包括犯罪事实证据和量刑情节证据</u>）

<u>上述证据收集程序合法，内容客观真实，足以认定指控事实。被告人×××对指控的犯罪事实和证据没有异议，并自愿认罪认罚。</u>

本院认为，……（概述被告人行为的性质、危害程度、情节轻重），其行为触犯了《中华人民共和国刑法》第××条（引用罪状、法定刑条款），犯罪事实清楚，证据确实、充分，应当以××罪追究其刑事责任。被告人××认罪认罚，依据《中华人民共和国刑事诉讼法》第十五条的规定，可以从宽处理。……（阐述认定的法定、酌定量刑情节，并引用相关法律条款），建议判处被告人×××……（阐述具体量刑建议，包括主刑、附加刑的刑种、刑期，以及刑罚执行方式；建议判处财产刑的，写明确定的数额。也可以单独附量刑建议书，量刑建议不在起诉书中表述）根据《中华人民共和国刑事诉讼法》第一百七十六条的规定，提起公诉，请依法判处。

此致
×××人民法院

检 察 官×××
检察官助理×××
20××年×月×日
（院印）

附件：1. 被告人现在处所：具体包括在押被告人的羁押场所或监视居住、取保候审的处所

2. 案卷材料和证据××册

3. 《认罪认罚具结书》一份

4.《量刑建议书》一份（单独制作量刑建议书时移送）

5. 有关涉案款物情况

6. 被害人（单位）附带民事诉讼情况

7. 其他需要附注的事项

【单位犯罪案件认罪认罚】

×××人民检察院

起 诉 书

××检××刑诉〔20××〕×号

被告单位……（写明单位名称、组织机构代码、住所地、法定代表人姓名、职务等）

诉讼代表人……（写明姓名、性别、出生日期、工作单位、职务）

被告人……（写明直接负责的主管人员、其他直接责任人员的姓名、性别、出生年月日、公民身份号码、民族、文化程度、职业或者工作单位及职务、户籍地、住址、曾受到刑事处罚以及与本案定罪量刑相关的行政处罚的情况和因本案采取强制措施的情况等）

本案由×××（监察/侦查机关）调查/侦查终结，以被告单位×××涉嫌××罪，被告人×××涉嫌××罪，于××××年××月××日向本院移送起诉。本院受理后，于××××年××月××日已告知被告单位、被告人有权委托辩护人和认罪认罚可能导致的法律后果，××××年××月××日已告知被害人及其法定代理人（近亲属）（被害单位及其诉讼代表人）、附带民事诉讼的当事人及其法定代理人有权委托诉讼代理人，依法讯问了被告人，听取了被告单位的辩护人（值班律师）、被告人的辩护人（值班律师）、被害人及其诉讼代理人的意见，审查了全部案件材料。……（写明退回补充调查/侦查、延长审查起诉期限等情况）。被告单位、被告人同意本案适用速裁/简易/普通程序审理。

经依法审查查明：……（写明经检察机关审查认定的犯罪事实包括犯罪时间、地点、经过、手段、目的、动机、危害后果，以及被告人到案后自愿如实供述自己的罪行，与被害人达成和解协议或者赔偿被害人损失，取得被害人谅解等与定罪、量刑有关的事实要素。应当根据具体案件情况，围绕刑法规定的该罪的构成要件叙写。）

认定上述事实的证据如下：

……（针对上述犯罪事实，分别列举证据，包括犯罪事实证据和量刑情节证据）

上述证据收集程序合法，内容客观真实，足以认定指控事实。被告人×××对指控的犯罪事实和证据没有异议，并自愿认罪认罚。

本院认为，……（分别概述被告单位、被告人行为的性质、危害程度、情节轻重），其行为触犯了《中华人民共和国刑法》第××条（引用罪状、法定刑条款），犯罪事实清楚，证据确实、充分，应当以××罪追究其刑事责任。被告单位×××、被告人×××认罪认罚，依据《中华人民共和国刑事诉讼法》第十五条的规定，可以从宽处理。……（阐述认定的法定、酌定量刑情节，并引用相关法律条款），建议判处被告单位、被告人……（阐述具体量刑建议）。根据《中华人民共和国刑事诉讼法》第一百七十六条的规定，提起公诉，请依法判处。

此致
×××人民法院

检 察 官 ×××
检察官助理 ×××
20××年×月×日
（院印）

附件：1. 被告人现在处所：具体包括在押被告人的羁押场所或监视居住、取保候审的处所

2. 案卷材料和证据××册××页

3. 有关涉案款物情况

4. 被害人（单位）附带民事诉讼情况

5.《认罪认罚具结书》一份

6. 其他需要附注的事项

五、认罪认罚从宽制度的完善

（一）哪些情形不适用认罪认罚从宽制度

刑事诉讼法对认罪认罚制从宽度的适用条件未明确规定，换言之，对于何种情形下不适用认罪认罚从宽制度并未直接明确表述，需要综合《刑事诉讼法》第 15 条、第 174 条、第 222 条以及《刑诉规则》来全面地、正确地理解把握。认罪认罚是实质要件，签署认罪认罚具结书是形式要件，但根据《刑事诉讼法》第 174 条之规定，特殊情形下即使犯罪嫌疑人认罪认罚，也不需要签署认罪认罚具结书。

犯罪嫌疑人、被告人不自愿如实供述罪行、不愿意承认指控的犯罪事实，不愿意接受量刑建议处罚的，不适用认罪认罚从宽制度。根据《刑事诉讼法》第 215 条第 1 款第 3 项规定，共同犯罪案件中部分被告人不认罪或者对适用简易程序有异议的，不适用简易程序，《刑事诉讼法》第 223 条规定，共同犯罪案件中部分被告人对指控的犯罪事实、罪名、量刑建议或者适用速裁程序有异议的，不适用速裁程序。因此，结合《刑事诉讼法》第 15 条之规定可以得出前述结论。

根据《刑事诉讼法》第 215 条、第 223 条之规定，被告人是盲、聋、哑人，或者是尚未完全丧失辨认或者控制自己行为能力的精神病人的，不适用简易程序和速裁程序，旨在为盲、聋、哑人、限制行为能力的精神病人完善的程序保障，以体现人道主义和补偿正义的要求。《刑诉规则》第 272 条规定，犯罪嫌疑人是盲、聋、哑人，或者是尚未完全丧失辨认或者控制自己行为能力的精神病人的；未成年犯罪嫌疑人的法定代理人、辩护人对未成年人认罪认罚有异议的，但犯罪嫌疑人自愿认罪认罚，同意量刑建议和程序适用的，未签署认罪认罚具结书的，不影响认罪认罚从宽制度的适用。

《刑事诉讼法》第 223 条第 2 项规定，被告人是未成年人的，不适用速裁程序。因此，未成年人犯罪的案件只能适用简易程序和普通程序简化审审理。根据《刑事诉讼法》第 174 条规定，即使犯罪嫌疑人认罪认罚，未成年犯罪嫌疑人的法定代理人、辩护人对未成年人认罪认罚有异议的，也不需要签署认罪认罚具结书。前述条款表明，未成年人案件可以适用认罪认罚从宽制度，但程序上不能适用速裁程序，体现了对未成人合法权益的程序性保障，有利于对未成年人开展关护帮教。

（二）检察机关如何听取意见

1. 听取意见的对象范围

听取意见的对象范围为当事人及其诉讼代理人，没有辩护人时还应当听取值班律师的意见。

根据《刑事诉讼法》第173条之规定，人民检察院审查案件，应当讯问犯罪嫌疑人，听取辩护人或者值班律师，被害人及其诉讼代理人的意见。体现了检察机关办案中在保障被追诉人的权利同时，也不能忽视被害人的保护，除了犯罪嫌疑人、未成年犯罪嫌疑人的法定代理人的意见之外，他人的意见不是认罪认罚从宽制度适用的决定性因素。

2. 听取意见的内容

根据《刑事诉讼法》第173条之规定，人民检察院听取相关事项意见的内容有：一是涉嫌的犯罪事实、罪名及适用的法律规定；二是从轻、减轻或者免除处罚等从宽处罚的建议；三是认罪认罚后案件审理适用的程序。

3. 听取意见形式

根据《刑事诉讼法》第173条之规定，人民检察院听取相关事项的意见要形成书面记录。根据《刑诉规则》第269条对听取值班律师意见也未做出进一步明确。在司法实践中，讯问被告人以及值班律师会了解案件有关情况，具有当面签字的条件，但听取被害人及其诉讼代理人的意见时，法律未要求当面听取，在操作层面，检察机关办案人员可采取电话听取意见并制作记录的方式，以提高诉讼效率。

（三）检察机关制定量刑建议是否需要与法院事前沟通

检察机关办理认罪认罚案件应当提出明确的量刑建议。量刑建议具有明确性，刑事诉讼法对于常见的罪名可以进一步细化，这样在认罪认罚案件中，检察机关可以有更加准确的量刑建议书。把量刑规范化融入到认罪认罚从宽制度的全流程中去，量刑规范化是认罪认罚从宽制度的制度基础，所以必不可少的就是制定更为细化而明确的量刑参考意见，控辩双方可以以量刑参考意见为依据开展量刑协商，将量刑规范化提升到更加重要的战略位置，当然对案件量刑起决定性地位的还是法院的裁量权。

（四）对辩护人、值班律师提出的量刑意见不采纳时应否说明理由

审查起诉阶段，人民检察院依法就从宽处罚等方面听取辩护人、值班律师的建议，也是认罪认罚从宽制度中控辩双方沟通协商的重要内容，以此来鼓励被告人认罪认罚。《刑诉规则》第269条明确规定，人民检察院不采纳辩护人或者值班律师所提意见的，应当向其说明理由。对说明理由的形式，法律未明确以书面形式，建议实践处理中与辩方口头沟通并记录在卷。

1. 从量刑规范化制度层面看，量刑建议本质上是赋予检察机关的求刑权，要实现量刑精细化，目前法律制度尚不完善，需要司法人员依照法律结合司法实践经验和案情来自由裁量，很难以书面形式去论证检察机关与辩方之间关于量刑建议的差异。

2. 从被告人、犯罪嫌疑人的诉讼权益保障看，如果辩方认为检察机关提出的量刑建议不合预期，可以在签署具结书时行使拒绝权。

3. 从提高诉讼效率的角度看，检辩双方可以采用灵活沟通的方式，提高效率。

（五）认罪认罚案件被告人当庭翻供或对量刑建议提出异议时如何处理

根据《刑事诉讼法》第226条结合简易程序适用条件，适用认罪认罚从宽制度的案件，如果被告人一审程序中当庭翻供，可从以下方面酌定处理。

1. 查明被告人翻供原因，如果案件事实清楚、证据确实、充分，经说服教育被告人仍坚持否认事实，对证据提出异议的，建议人民法院

将案件转为普通程序处理。

2. 查明被告人系对量刑建议有异议,对指控罪名和事实无异议的,根据法律规定,检察办案人员经审查认为原量刑建议可以适当调整的,可以调整量刑;如果原量刑建议合理,适用了速裁程序,则可以转入简易程序重新审理。

(六) 人民法院不采纳量刑建议时如何处理

根据《刑事诉讼法》第201条规定,对于认罪认罚案件,人民法院作出判决时一般应当采纳人民检察院指控的罪名和量刑建议。人民法院经审理认为量刑建议明显不当,或者被告人、辩护人对量刑建议提出异议的,人民检察院可以调整量刑建议。人民检察院不调整量刑建议或者调整量刑建议后仍然明显不当的,人民法院应当依法作出判决。目前来看,大部分检察院的量刑建议均被采纳,但也存在法院未通知检察院调整量刑建议即改变量刑的情形。此种司法实践操作明显违背《刑事诉讼法》规定的程序,如果人民法院量刑明显不当,可以依法提出抗诉;如果量刑没有明显不当,人民检察院可以检察建议的方式向法院提出。

(七) 被告人认罪认罚后又提出上诉如何处理

在适用认罪认罚从宽制度的案件中,被告人得到从宽处理的判决后又提出上诉,此种情况下,可从以下几方面酌定处理:

1. 被告人享有上诉权,二审法院处理时遵从上诉不加刑原则。

2. 二审不宜再对上诉人从宽处罚。被告人经审查起诉和一审程序,自愿认罪认罚,已得到从宽处理,如果二审继续减轻处罚,显然违背了检察机关和审判机关依法量刑从宽的公信力,也违背了适用认罪认罚从宽制度以提高办案效率的初衷。

3. 检察机关能否根据上诉情形提出抗诉,目前而言,人民检察院将上诉作为单一的理由提出抗诉依据不足,此类问题有待制度运行中,综合大数据来进一步分析处理,并从立法层面完善相关规定。

(八) 如何提高检察人员适用认罪认罚的积极性

经对湖南省检察机关适用认罪认罚从宽制度案件进行统计,认罪认罚案件占受案数的比例有所上升，但仍然存在检察人员适用认罪认罚积极性不高的问题。主要原因在于适用该制度表面上看，使庭审程序确实有所简化，但从实际案件办理的各个环节来看，增加了量刑建议的提出、提供法律帮助、认罪认罚协商环节，部分案件需要多次协商，一定程度上增加了检察官的办案任务，从而导致检察院内部适用认罪认罚从宽制度动力不足。该问题具有普遍性。可从以下方面着手解决：

1. 加快在人民检察院设立值班律师，畅通认罪认罚案件沟通渠道。

2. 简化听取辩护人、值班律师、被害人及其诉讼代表人意见的工作文书。

3. 审查案件材料后拟适用认罪认罚从宽制度的，经听取意见，检察人员根据案件实际拟定量刑建议、讯问被告人、告知权利与签署具结书的流程合并进行。

第十三节 量刑建议

一、量刑建议的基本内涵

量刑建议，是指人民检察院对提起公诉的被告人，根据犯罪的事实、性质、情节和对社会的危害程度，依法就其适用的刑罚种类、幅度及执行方式等向人民法院提出的建议。

《刑事诉讼法》第176条规定，"人民检察院认为犯罪嫌疑人的犯罪事实已经查清，证据确实、充分，依法应当追究刑事责任的，应当作出起诉决定，按照审判管辖的规定，向人民法院提起公诉，并将案卷材料、证据移送人民法院。犯罪嫌疑人认罪认罚的，人民检察院应当就主刑、附加刑、是否适用缓刑等提出量刑建议，并随案移送认罪认罚具结书等材料"。第201条规定，为对于认罪认罚案件，人民法院依法作出判决时，一般应当采纳人民检察院指控的罪名和量刑建议。

《刑诉规则》第364条规定，"人民检察院提起公诉的案件，可以向人民法院提出量刑建议。除有减轻处罚或者免除处罚情节外，量刑建议应当在法定量刑幅度内提出。建议判处有期徒刑、管制、拘役的，可以具有一定的幅度，也可以提出具体确定的建议。提出量刑建议的，可以制作量刑建议书，与起诉书一并移送人民法院。量刑建议书的主要内容应当包括被告人所犯罪行的法定刑、量刑情节、建议人民法院对被告人判处刑罚的种类、刑罚幅度、可以适用的刑罚执行方式以及提出量刑建议的依据和理由等"。

2010年最高人民法院制定下发了《人民法院量刑指导意见（试行）》，并于2014年、2017年两次修改和完善，出台了《关于常见犯罪的量刑指导意见》《关于常见犯罪的量刑指导意见（二）》（以下统一简称高法《量刑指导意见》），高法《量刑指导意见》对量刑的基本方法、常见量刑情节的适用、常见犯罪的量刑等内容做了原则性规定。2010年2月最高人民检察院印发《人民检察院开展量刑建议工作的指导意见（试行）》首次明确人民检察院可以提出量刑建议。该指导意见构建出量刑建议制度的基本框架，也为检察机关开展量刑建议工作提供了依据。2010年9月最高人民法院、最高人民检察院、公安部、国家安全部、司法部联合制定了《关于规范量刑程序若干问题的意见（试行）》，该意见的出台，使量刑规范化改革工作在全国范围内展开。2016年"两高三部"制作了《关于在部分地区开展刑事案件认罪认罚从宽制度试点工作的办法》，规定"人民检察院向人民法院提起公诉的，应当在起诉书中写明被告人认罪认罚情况，提出量刑建议，并同时移送被告人的认罪认罚具结书等材料。量刑建议一般应当包括主刑、附加刑，并明确刑罚执行方式。可以提出相对明确的量刑幅度，也可以根据案件具体情况，提出确定刑期的量刑建议。建议判处财产刑的，一般应当提出确定的数额"。2018年修改刑事诉讼法，将该办法有关规定经修改后吸收纳入，增加一款关于对认罪认罚案件，人民检察院应当提出量刑建议，并随案移送认罪认罚具结书等材料的规定，至此，量刑建议制度上升为普遍适用的程序规则。《刑诉规则》则进一步明确了检察机关办理认罪认罚案件量刑建议的方式和幅度、调整程序等。

二、量刑建议的工作要求

（一）依法建议

量刑建议应当以事实为根据，以法律为准绳，坚持罪刑法定、法律面前人人平等、罪责刑相适应的基本原则，结合犯罪的主客观因素，决定建议判处的刑罚。如何理解"事实"，不应局限于犯罪手段、方式、后果、数额等犯罪事实，还应包括与量刑有关的事实，如未成年、犯罪未遂、犯罪中止、坦白、立功、累犯等事实认定。"以法律为准绳"是指量刑建议必须在法律的框架内开展，不能突破刑法、刑事诉讼法和相关司法解释所确立的基本内容。而罪刑法定原则是指，量刑建议的提出要以法律规定为基础，不能高于或低于法律规定的刑期幅度；在法定刑幅度以下量刑的，必须有与之相符的减轻或免除处罚的情节；最终的宣告刑，必须严格依据法律规定，不能将法律未规定的刑种和刑罚幅度作为宣告刑。同时，对任何犯罪的人，在适用法律上一律平等。平等适用刑法体现在量刑上，要求在具备相同罪名、相同情节、相同社会危险性及人身危险性的情况下，给予的刑罚具有相当性，不能出现同罪同情节却刑罚差距巨大的情况。量刑决定的作出要全面考虑被告人所犯罪行的轻与重及应负刑事责任的大与小，使被告人在接受刑法惩处时，所承担的刑事责任与其应负的刑事责任及犯罪的事实相适应，这就是罪责刑相适应原则。罪责刑的相适应性，体现在量刑建议上，就是量刑要与犯罪事实、犯罪性质以及行为人的人身危险程度相适应。

（二）客观公正

量刑建议应当从案件的实际情况出发，既要考虑犯罪行为的社会危害性、被告人的人身危险性，又要考虑受损社会关系的修复等情况，实现惩罚和预防犯罪的目的。要全面收集量刑证据和信息，既要重视不利于被告人的量刑情节，也要重视有利于被告人的量刑情节，依法确定量刑情节的适用及调节比例，确保量刑建议的客观公正性。

（三）宽严相济

量刑应坚持宽严相济的刑事政策，做到该宽则宽，当严则严，宽严相济，罚当其罪，确保法律效果和社会效果的统一。在确定调节比例时，对严重暴力犯罪、毒品犯罪等严重危害社会的犯罪，在确定从宽的幅度时，应当从严掌握；对犯罪情节较轻的犯罪、未成年人犯罪、认罪认罚的犯罪，应当充分体现从宽。如盗窃近亲属财物与盗窃陌生人财物相比，前者量刑应从宽；案发后马上投案比外逃多年后投案的嫌疑人适用自首的调整幅度应更大。具体确定各个量刑情节的调节比例时，应当综合平衡调节幅度与实际增减量刑罚量的关系，确保罪责刑相适应。

（四）量刑均衡

案情相同或者相似的案件，人民检察院对被告人建议的量刑应当基本均衡。一方面，量刑均衡是指同一地区、同一时期的相似或相近案件的量刑，而不是跨时空、跨地区的量刑均衡。不同时期的刑法对量刑有着不同的规定，既不能用先前的判决衡量之后的判决，也不能反过来衡量。而不同地区的经济发展、社会发展及人文发展都不同，它要求法律在适用时必须考虑地区差异性。正如盗窃司法解释中将盗窃犯罪的立案数额规定为1000元至3000元之间，而不是全国适用一个确定数额一样。在量刑时，也必须要考虑地区差异性，不能要求在全国范围内量刑均衡，这种均衡只能是建立在同等基础之上，也就是同一时期、同一地区相似案件要均衡。另一方面，量刑均衡并不否认个案的区别化。每一起案件都有其各自不同的量刑情节，在具备相应量刑情节时，就应考虑与之相对应的量刑幅度。量刑的均衡并不排斥量刑情节对量刑结果的调整，而是在相类似的案件中，具有相同量刑情节时，调整的幅度应大致相当，量刑结果也应基本相近，不致出现过重或过轻的同案不同判结果。因此，个案的区别对待与量刑均衡并不矛盾。

（五）配合制约

争取量刑建议的最佳效果，是维护司法公正的有效保障。量刑建议权是制约法官自由裁量权，而不是替代法官行使裁量权。检察机关在独立行使量刑建议权的同时，也应充分尊重人民法院依法独立行使审判权。同时，由于我国先前的量刑规范改革始终是由人民法院主导的，相较于法院,检察机关量刑经验不足,更需要向法院"取经",通过量刑建议的适用,与人民法院不断磨合,努力提高量刑建议的采纳率,逐步树立人民检察院量得准、说了算的司法权威。

三、量刑建议的工作流程及方法

(一) 量刑情节审查和评估

1. 量刑情节审查

量刑情节,是指犯罪构成基本要件事实之外影响被告人量刑的事实因素。量刑情节包括法定量刑情节和酌定量刑情节。法定量刑情节系法律明文规定在量刑时应当予以考虑的因素;酌定量刑情节系法律无明文规定,根据刑事政策和司法实践经验,在量刑时酌情考虑的因素。检察人员审查移送起诉的案件时,应当对涉及量刑情节的事实和证据进行审查。所有认定的量刑情节均应当有证据予以证实。

审查法定量刑情节应当注意以下情形:(1) 法定量刑情节由刑法总则和分则予以规定;(2) 总则规定的量刑情节包括未成年人犯罪,限制行为能力的精神病人犯罪,盲人或聋哑人犯罪,防卫过当,避险过当,犯罪的预备、未遂、中止,共同犯罪中的首要分子、主犯、从犯、胁从犯、教唆犯,累犯,自首和立功等;(3) 分则规定的量刑情节包括分则条文在罪状描述中反映的对社会的危害程度,包括犯罪后果、犯罪数额、犯罪次数、犯罪对象的个数等。

审查酌定量刑情节应当注意以下情形:(1) 犯罪时间、地点、动机、起因、对象、手段等;(2) 犯罪前的一贯表现、犯罪后的态度、退赃、赔偿和被害人的谅解程度等情形。

2. 量刑评估

对于符合提出量刑建议条件的案件,检察人员应当在全面、准确、客观地提取案件量刑情节的基础上,对犯罪嫌疑人所承担的刑事责任和具体刑罚进行综合评估,准确提出量刑建议。量刑评估一般包括以下内容:(1) 量刑情节及性质认定;(2) 认定量刑情节的证据;(3) 量刑情节有无变化可能;(4) 是否会出现新的量刑情节;(5) 各情节对量刑的实际影响；（6）拟定建议的量刑。

量刑评估应当全面考虑案件所有可能影响量刑的因素，包括从重、从轻、减轻或者免除处罚等法定情节和犯罪嫌疑人的认罪态度等酌定情节。案件中多个法定、酌定情节并存时，每个量刑情节均应得到实际评价。

拟定建议的量刑应当按照以下步骤进行：（1）根据犯罪构成基本要件事实在相应的法定幅度内确定量刑起点；（2）根据其他影响犯罪构成的犯罪数额、犯罪次数、犯罪后果等犯罪事实，在量刑起点的基础上增加刑罚量确定基准刑；（3）根据其他量刑情节调节基准刑，并综合考虑全案情况依法拟定建议的量刑。

（二）量刑建议的方式和幅度

1. 提出方式

根据刑事诉讼法及《刑诉规则》、高法高检《量刑指导意见》的相关规定，量刑建议可以单独制作量刑建议书，也可在起诉书中叙明。量刑建议书的主要内容应当包括被告人所犯罪行的法定刑、量刑情节、建议人民法院对被告人判处刑罚的种类、刑罚幅度、可以适用的刑罚执行方式以及提出量刑建议的依据和理由等，量刑建议书的制发数量应与起诉书数量一致。对于量刑建议的提出时间，可以在起诉时提出，也可在发表公诉意见时当庭提出，但犯罪嫌疑人认罪认罚的，必须在起诉时一并提出量刑建议。

2. 建议幅度

在量刑建议司法实践中，存在"幅度刑"和"确定刑"两种量刑建议方式，其中"幅度刑"的适用性更强，相关量刑指导意见、量刑程序意见及司法解释均规定，"量刑建议一般应当具有一定的幅度"。而《刑诉规则》第275条规定，"犯罪嫌疑人认罪认罚的，人民检察院应当就主刑、附加刑、是否适用缓刑等提出量刑建议，量刑建议一般应当为确定刑，对新类型、不常见犯罪案件、量刑情节复杂的重罪案件等，也可以提出幅度刑量刑建议"。笔者认为，如何提出具体的量刑建议，可以分类施策，对认罪认罚案件、影响定罪量刑情节较少、有明确量刑指导意见的案件，检察机关可以提出精准或幅度相对较小的量刑建议。对于案情相对复杂、影响定罪量刑情节较多、职务犯罪案件及知识产权等新类型案件，可以提出幅度刑量刑建议，并根据量刑轻重合理细化量刑幅度，可参考以下幅度执行：

（1）建议判处无期徒刑、死刑的，应当慎重。对于建议判处死刑的，根据案件具体情况，可以不明确执行方式。（2）建议判处有期徒刑的，对应的法定量刑幅度中最高刑与最低刑相差在3年以下（含3年）的，建议幅度一般不超过1年；相差在3年以上5年以下（含5年）的，建议幅度一般不超过两年；相差在5年以上的，建议幅度一般不超过3年。（3）建议判处管制的，建议的幅度一般不超过3个月。（4）建议判处拘役的，建议幅度一般不超过1个月。（5）建议判处缓刑的，应当明确提出。（6）建议判处附加刑的，可以只提出适用刑总的建议。

对指控被告人犯有数罪的案件，应当对指控的个罪分别提出量刑建议，并区分以下情况作出处理：（1）对于适用吸收原则的数罪并罚，应当对决定执行的刑罚提出量刑建议。（2）对于适用并科原则的数罪并罚，应当对合并执行的刑罚提出量刑建议。（3）对于适用限制加重原则，或限制加重原则与并科原则共同适用的数罪并罚，可以对合并执行的刑罚提出量刑建议。有期徒刑合并执行的建议量刑幅度一般不超过4年；管制合并执行的建议量刑幅度一般不超过5个月，拘役合并执行的建议量刑幅度一般不超过两个月。（4）对于共同犯罪案件，应当根据各被告人在共同犯罪中的地位、作用以及应当承担的刑事责任，分别提出量刑建议。（5）对于单位犯罪案件，可以仅就承担刑事责任的"直接负责的主管人员和其他直接责任人员"提出量刑建议，对单位可不再提出量刑建议。

3. 决定主体

对拟提出量刑建议的案件，承办人应当在案件审查报告中提出量刑评估意见，并写量刑建议。一般案件的量刑建议由员额检察官决定，职务犯罪案件、追诉漏罪、漏犯的案件、改变侦查机关认定的事实或者定性的案件、建议适用缓刑、减轻处罚的案件、建议适用死刑的案件、其他重大、复杂案件,报检察长(分管副检察长)决定。按照指导意见的规定,检察机关在提出量刑建议时,要区分案件情况,分别适用不同的审批程序,报由不同的领导进行审批。

4. 宣读建议及量刑辩论

公诉人在法庭辩论阶段发表公诉意见后,应当宣读量刑建议书。宣读量刑建议书时,可以根据庭审情况节录宣读,但不得违背建议的原意。

被告人及其辩护人对公诉人的量刑建议提出异议的,在法庭的主持下,公诉人可以就以下问题与辩护方展开量刑辩论:量刑事实是否清楚,据以认定的证据是否确实、充分;有无遗漏其他影响量刑的情节;对量刑情节的定性与评判是否符合法律规定和刑事政策;建议量刑幅度是否准确;其他有关量刑的问题。

(三)调整量刑建议的程序

根据刑事诉讼法、《刑诉规则》等相关规定,提出量刑建议后,需要调整量刑建议的,主要有以下情形:一是出现新的事实、证据,导致原定的量刑建议不当的;二是被告人当庭翻供,拒不认罪的;三是被告人、辩护人对人民检察院量刑建议提出异议,或被告人撤回认罪认罚具结书的;四是人民法院经审理认为量刑建议明显不当,建议人民检察院调整量刑建议的。

在法庭审理之前调整量刑建议的,人民检察院应当制作量刑建议调整书送达人民法院,并告知被告人、辩护人,以保障辩方充分行使量刑辩护权。在庭审过程中调整量刑建议的,公诉人可以在发表公诉意见时提出调整后的量刑建议,休庭后再提交书面量刑建议调整书。如果指控被告人犯有数罪或者一案中有多名被告人,需要对多个犯罪或者多个被告人的量刑建议做出调整的,应当对该各罪或者各被告人分别写明量刑建议调整的原因及调整后的量刑建议,指控被告人犯有数罪的,还应写明调整后的总的量刑建议。认罪认罚案件中,被告人同意人民检察院调整后量刑建议的,应当重新签署认罪认罚具结书。

（四）对采纳情况的审查与处理

人民检察院收到人民法院的判决、裁定后，应当对判决、裁定采纳检察机关的量刑建议的情况进行审查。人民检察院认为判决、裁定未采纳量刑建议确有错误的，经检察委员会讨论决定，依法向人民法院提出抗诉或者提请上级人民检察院抗诉。

（五）二审或再审案件的量刑建议

根据高检《量刑指导意见》第20条、第21条规定，人民检察院办理刑事二审再审案件，可以参照本意见提出量刑建议。对于二审或者再审案件，检察机关认为应当维持原审裁判量刑的，可以直接在出庭意见中提出维持意见；认为应当改变原审裁判量刑的，可以另行制作量刑建议书提交法庭审理。

四、相关文书制作及应用

（一）《量刑建议书》

【文书格式】

××××人民检察院
量刑建议书

××检××量建〔20××〕×号

被告人_____涉嫌_____犯罪一案，经本院审查认为，被告人_____的行为已触犯《中华人民共和国刑法》第_____条第_____款第_____项之规定，犯罪事实清楚，证据确实、充分，应当以_____罪追究其刑事责任，其法定刑为_____。

因其具有以下量刑情节：

1. 法定从重处罚情节：_____
2. 法定从轻、减轻或者免除处罚情节：_____
3. 酌定从重处罚情节：_____
4. 酌定从轻处罚情节：_____

5. 其他_____

故根据_____（法律依据）的规定，建议判处被告人_____（主刑种类及幅度或单处附加刑或者免予刑事处罚），_____（执行方式），并处_____（附加刑）。

此致
_____人民法院

检察员×××
20××年×月×日
（院印）

【制作说明】

一、本文书依据《中华人民共和国刑事诉讼法》第一百七十六条、《人民检察院刑事诉讼规则》第二百七十四条、第三百六十四条、第四百一十八条的规定制作。为人民检察院对提起公诉的案件拟以专门的量刑建议书的形式向人民法院提出量刑建议时使用。其中，对于认罪认罚案件，量刑建议一般应当为确定刑。对新类型、不常见犯罪案件，量刑情节复杂的重罪案件等，也可以提出幅度刑量刑建议。

二、法定刑为依法应适用的具体刑罚档次；量刑情节包括法定从重、从轻、减轻或者免除处罚情节和酌定从重、从轻处罚情节，如果有其他量刑理由的，可以列出；建议的法律依据包括刑法、相关法律和司法解释等。

三、量刑建议书应当署具体承办案件检察官姓名；量刑建议书的年月日，为审批量刑建议书的日期。

四、被告人犯有数罪的，应当分别指出其触犯的法律、涉嫌罪名、法定刑、量刑情节，对指控的各罪分别提出量刑建议后，可以根据案件具体情况决定是否提出总的量刑建议。

五、一案中有多名被告人的，可以分别制作量刑建议书，也可以同一份量刑建议书中集中表述。

六、本文书一式二份，一份附卷，一份送达人民法院。

（二）《量刑建议调整书》

人民检察院发现提出的量刑建议不当，应当制作量刑建议调整书。对于认罪认罚的案件，人民法院经审理认为量刑建议明显不当，或者被告人、辩护人对量刑建议提出异议的，人民检察院可以调整量刑建议。该文书详见上节。

五、量刑建议的完善

（一）如何计算刑期的问题

计算刑期分三步走：第一步，确定量刑起点；第二步，确定基准刑；第三步，确定宣告刑。

1. 确定量刑起点

高法《量刑指导意见》规定，量刑起点是根据基本犯罪构成事实在相应的法定刑幅度内确定。量刑起点取决于基本犯罪构成事实的社会危害性的大小，对数额刑犯罪，主要取决于犯罪数额的大小；对非数额型犯罪，主要取决于行为对象、结果及方法等构成要件要素。高法《量刑指导意见》根据不同犯罪在相应法定刑幅度内确定了不同的量刑起点幅度，例如规定：①故意伤害致一人轻伤的，可以在 2 年以下有期徒刑、拘役幅度内确定量刑起点。②故意伤害致一人重伤的，可以在 3 年至 5 年有期徒刑幅度内确定量刑起点。③以特别残忍手段故意伤害致一人重伤，造成六级严重残疾的，可以在 10 年至 13 年有期徒刑幅度内确定量刑起点。但量刑起点不是一个幅度，而是一个确定的刑罚点，且设定为完全刑事责任能力主体在既遂状态下所应判处的刑期，具有不完全刑事责任能力主体、未遂、从犯等情节先不考虑。量刑起点有可能是法定最低刑，但并不一定是法定最低刑，因为即使是基本犯罪构成事实相同的犯罪，其具体犯罪行为的社会危害性也不可能完全一样，如同样是持刀致人重伤，捅刺头部、胸部等要害部位，与捅刺大小腿致人重伤的社会危害性是不同的，所以在确定量刑起点时就应有所区别，不能都确定法定最低刑为量刑起点。

2. 计算基准刑

高法《量刑指导意见》规定,基准刑是根据其他影响犯罪构成的犯罪数额、犯罪次数、犯罪后果等犯罪事实,在量刑起点的基础上增加刑罚量确定。基准刑包括量刑起点和增加的刑罚量两个部分,是两个部分的总和。和量刑起点一样,基准刑也是在不考虑刑事责任能力主体、犯罪形态、共同犯罪等特殊情况,根据犯罪的一般既遂状态来确定的。湖南省高级人民法院《关于贯彻〈最高人民法院关于常见犯罪的量刑指导意见〉的实施细则》(以下简称湖南省高院《实施细则》)明确了常见犯罪增加刑罚量的根据,例如故意伤害罪:①每增加轻伤一人,增加3个月至6个月刑期;②每增加重伤一人,增加1年至2年刑期;③造成被害人六级至三级残疾的,每增加一级残疾,增加6个月至1年刑期;④造成被害人二级至一级残疾的,每增加一级残疾,增加2年至3年刑期。为了便于理解计算基准刑的方法和步骤,现分别就数额型犯罪和非数额型犯罪举例说明。

(1) 数额型犯罪计算基准刑的方法。例如犯罪嫌疑人曹某诈骗多名被害人共计现金人民币22万元,本案确定基准刑的方法和过程是:第一,确定量刑起点。根据湖南省高院《实施细则》规定,诈骗金额5万元是数额巨大的起点,在3年至4年有期徒刑幅度内确定量刑起点,结合多次诈骗的情节,确定量刑起点为3年3个月。第二,增加刑罚量计算基准刑。曹某诈骗22万元,超出数额巨大起点17万元,湖南省高院《实施细则》规定,诈骗数额巨大的,每增加6000元,增加1个月刑期。依此计算,17万元可增加约28个月刑期。据此,在量刑起点3年3个月的基础上增加刑罚量28个月(2年4个月),计算得出基准刑为5年7个月。

对于高法《量刑指导意见》或湖南省实施细则未涉及的数额型犯罪,一般可以使用数学比例将数额换算为以月为单位的刑期。如职务侵占6万元以上为数额较大,处5年以下有期徒刑或者拘役;100万元为数额巨大,处5年以上有期徒刑。行为人犯罪数额较大,假设确定量刑起点为 6 个月，则刑期区间为 6 至 60 个月（5 年），相隔 54 个月；犯罪金额区间为 6 万—100 万元，差额 94 万元；94 万元除以 54 得出犯罪金额每增加 17407.4 元增加 1 个月刑期，以此来换算增加刑罚量。例如行为人职务侵占 30 万元，30－6＝24 万元，24 万÷17407.4＝13.78≈14 个月，量刑起点 6 个月＋刑罚量 14 个月＝基准刑 20 个月。

（2）非数额型犯罪计算基准刑的方法。例如犯罪嫌疑人张三捡起砖块朝李四头部猛砸、朝王五手臂猛砸，致李四头部二级重伤，王五手臂一级轻伤。本案确定基准刑的方法和过程是：第一步，根据高法《量刑指导意见》的规定，故意伤害致一人重伤，可以在 3 年至 5 年有期徒刑幅度内确定量刑起点，张三持砖头砸被害人李四头部的情节，确定量刑起点为 3 年 6 个月。第二步，张三还造成被害人王五手臂一级轻伤，根据湖南省高院《实施细则》的规定，每增加轻伤 1 人，增加 3 个月至 6 个月刑期。结合本案持砖头砸、部位、伤势等情况考虑，确定手臂轻伤一级增加 4 个月刑期，在量刑起点 3 年 6 个月的基础上，增加刑罚量 4 个月，确定基准刑为 3 年 10 个月。应注意的是，在同时具有两种以上基本犯罪构成事实的，一般应以危害较重的一种确定量刑起点，其他影响犯罪构成的犯罪事实作为增加刑罚量的事实。

对于重大责任事故、拒不执行判决、裁定和生产、销售有毒、有害食品等，高法《量刑指导意见》或湖南省高院《实施细则》未涉及，且犯罪构成事实无法量化的罪名，还可以利用裁判文书库，大数据量刑系统等现代科技手段，通过分析相似判例来确定基准刑，为精准量刑提供参考。

3. 确定宣告刑

高法《量刑指导意见》规定，宣告刑是根据量刑情节调节基准刑，并综合考虑全案情况依法确定。

（1）适用量刑情节调节基准刑。高法《量刑指导意见》规定：①具有单个量刑情节的，根据量刑情节的调节比例直接调节基准刑。②具有多个量刑情节的，一般根据各个量刑情节的调节比例，采用同向相加、逆向相减的方法调节基准刑；具有未成年人犯罪、老年人犯罪、限制行为能力的精神病人犯罪、又聋又哑的人或者盲人犯罪、防卫过当、避险过当、犯罪预备、犯罪未遂、犯罪中止、从犯、胁从犯和教唆犯等，先适用特定量刑情节对基准刑进行调节，在此基础上，再适用其他量刑情节进行调节。根据上述规定，调节基准刑的量刑情节可分为一般量刑情节和特定量刑情节，特定量刑情节可归纳为特殊主体、犯罪形态、共同犯罪中存在的从轻减轻情节。首先，对于自首、累犯、立功等一般量刑情节，采用"同向相加，逆向相减"的方法调节基准刑，用数字公式可表示为：基准刑×（1＋从重情节 A 的调节比例－从轻情节 B 的调节比例－从轻情节 C 的调节比例）。其次，特定量刑情节采用"分步连乘"的方法调节基准刑，用数字公式可表示为：基准刑×（1－从轻情节 A 的调节比例）×（1－从轻情节 B 的调节比例）×（1＋从重情节 C 的调节比例）。先适用特定量刑情节，再适用一般量刑情节进行调节。举例说明如下：犯罪嫌疑人张三、李四共谋在夜间拦截过路女子发生性关系，因被害人激烈反抗而未得逞，但造成被害人轻微伤后果，二人行为构成强奸罪，且系轮奸。其中犯罪嫌疑人张三系未成年人，且案发后张三主动向公安机关投案自首，张三、李四与被害人达成赔偿协议，取得被害人谅解。高法《量刑指导意见》和湖南省实施细则规定，二人以上轮奸妇女的，可以在 10 年至 13 年有期徒刑幅度内确定量刑起点，本案虽为犯罪未遂，但系预谋夜间在户外对陌生女子实施性侵，故确定量刑起点为 11 年。根据湖南省实施细则"每增加轻微伤一人，增加六个月以下刑期"的规定，结合本案四个被害人受伤部位、伤势等情况考虑，确定轻微伤增加 4 个月刑期。据此，在量刑起点 11 年的基础上，增加刑罚量 4 个月，确定基准刑为 11 年 4 个月（136 个月）。其中，犯罪嫌疑人张三具有的量刑情节包括：①犯罪未遂，减少基准刑 40%；②未成年人，减少基准刑 30%；③自首，减少基准刑 10%；④赔偿被害人并取得谅解，减少基准刑 15%。先适用未遂和未成年人这两个特定量刑情节，采用"分步连乘"的方法调节基准刑，然后再适用自首和赔偿谅解这两个一般量刑情节，采用"同向相加、逆向相减"的方法调节基准刑，即基准刑 136 个月×（1－40%）×（1－30%）×（1－10%－

15%）＝42.84 个月≈43 个月（3 年 7 个月）。

（2）依法确定宣告刑。量刑情节对基准刑的调节结果是采用数字方法计算出来的，并非就是最终的宣告刑。因为有的调节结果不一定符合罪责刑相适应原则，甚至不符合刑法规定，所以不能直接作为宣告刑。依法确定宣告刑，要充分运用定性分析和定量分析的方法，综合考虑全案情况，不能简单、机械地以调节结果作为宣告刑，要保证罪责刑相适应。方法程序如下：①量刑情节对基准刑的调节结果在法定刑幅度内，且罪责刑相适应的，可以直接确定为宣告刑；如果具有相应减轻处罚情节的，应依法在法定最低刑以下确定宣告刑。②量刑情节对基准刑的调节结果在法定最低刑以下，具有法定减轻处罚情节，且罪责刑相适应的，可以直接确定为宣告刑；只有从轻处罚情节的，可以依法确定法定最低刑为宣告刑；但是根据案件的特殊情况，经最高人民法院核准，也可以在法定刑以下判处刑罚。③量刑情节对基准刑的调节结果在法定最高刑以上的，可以依法确定法定最高刑为宣告刑。④被告人犯数罪，同时具有适用于各个罪的立功、累犯等量刑情节的，先适用该量刑情节调节个罪的基准刑，依法确定个罪所应判处的宣告刑，再实行数罪并罚，决定最终执行的刑罚。

（二）如何提出罚金刑建议的问题

附加刑是量刑建议不可或缺的重要内容，而附加刑中，罚金刑又是适用最普遍的刑罚种类。罚金刑分为无限额罚金刑和限额罚金刑两类。

对于无限额罚金刑，最高人民法院《关于适用财产刑若干问题的规定》第 2 条规定，刑法没有明确规定罚金数额标准的，罚金最低数额不能少于 1000 元。对未成年人犯罪应当从轻或者减轻判处罚金，但罚金最低数额不能少于 500 元。尤其需要注意，司法解释还对无限额罚金刑的个别罪名明确了最低罚金起点，例如，最高人民法院、最高人民检察院《关于办理敲诈勒索刑事案件适用法律若干问题的解释》第 8 条规定，对犯敲诈勒索罪的被告人应当 2000 元以上、敲诈勒索数额二倍以下判处罚金；被告人没有获得财物的，应当在 2000 元以上 10 万元以下判处罚金。

对于限额罚金刑，又分为数额罚金、倍数罚金、比例罚金三类。例如，《刑法》第196条规定，进行信用卡诈骗活动，数额较大的，处5年以下有期徒刑或者拘役，并处2万元以上20万元以下罚金……这规定的是数额罚金。第225条规定，"违反国家规定，有下列非法经营行为之一，扰乱市场秩序，情节严重的，从五年以下有期徒刑或者拘役，并处或者单处违法所得一倍以上五倍以下罚金"。这规定是倍数罚金。第179条规定，"未经国家有关主管部门批准，擅自发行股票或者公司、企业债券，数额巨大、后果严重或者有其他严重情节的，处五年以下有期徒刑或者拘役，并处或者单处非法募集资金金额百分之一以上百分之五以下罚金"。这规定的是比例罚金。对于限额罚金，一般可以使用数学比例计算与主刑对应罚金数额，如信用卡诈骗罪情节严重的，假设行为人的量刑起点为有期徒刑6个月，其主刑区间为6—60个月，与之对应的罚金差额为2万—20万元，于是，罚金差额18万元÷主刑间隔54个月＝3333.3元，即主刑每增加1个月，罚金刑增加3333.3元。实践中，为方便计算和缴纳罚金，应当取整，且当刑法条文中以万元为单位计量罚金时，一般应当以万元为单位向下取整。如信用卡诈骗罪宣告刑为有期徒刑11个月的，比量刑起点6个月多5个月，则并处罚金数额＝2万元＋3333.3元×5个月＝36666.6元≈3万元。倍数罚金和比例罚金也是同样计算方式，但需要事先查明犯罪金额、违法所得等数额，作为计算罚金的基础，才能提出精准的罚金刑建议。

（三）如何准确提出缓刑适用的问题

是否适用缓刑也是量刑建议内容中的一部分，而针对认罪认罚的案件，是否适用缓刑是必须明确提出。因为认罪认罚量刑时依法从宽要体现优惠政策，坚持能判缓刑就不判实刑，这是对被告人自愿认罪认罚和放弃部分程序性权利在实体上应当获得的权益。

1. 法律规定可以适用缓刑的情形

《刑法》第72条规定了应当适用缓刑的条件，对于被判处拘役、3年以下有期徒刑的犯罪分子，同时符合下列条件的，可以宣告缓刑，对其中不满18周岁的人、怀孕的妇女和已满75周岁的人，应当宣告缓刑：①犯罪情节较轻；②有悔罪表现；③没有再犯的危险；④宣告缓刑对所居住社区没有重大不良影响。《刑法》第 74 条规定了不适用缓刑的情况，对累犯和犯罪集团首要分子，不适用缓刑。需要说明的是，适用缓刑与基准刑并无必然关系，只与宣告刑有关。在量刑时，所确定基准刑在 3 年以上，但是经过量刑情节调节以后，依法确定宣告刑只要是在 3 年以下有期徒刑或者拘役，并符合适用缓刑条件的，就可以依法适用缓刑。

认罪认罚案件适用缓刑一般可以分为以下三种情况：第一，对于不满 18 周岁的人、怀孕的妇女和已满 75 周岁的人符合缓刑条件的，应当适用缓刑。第二，对于未成年在校学生、哺乳期妇女、残疾人、精神智障者，过失犯罪，民间矛盾引发犯罪且矛盾得以化解的，以及具有从犯、胁从犯、犯罪预备、未遂、中止、防卫过当、避险过当、被害人有严重过错、刑事和解等量刑情节的，自愿认罪认罚并符合缓刑条件的，一般应当适用缓刑。第三，对惯犯、共同犯罪中情节严重的主犯、犯罪后果严重或者社会影响重大的，即使自愿认罪认罚，一般也不适用缓刑。

2. 法律规定不宜适用缓刑的情形

对于不适用缓刑的具体犯罪情节，最高人民法院、最高人民检察院《关于办理职务犯罪案件严格适用缓刑、免于刑事处罚若干问题的意见》规定，有下列情形之一的职务犯罪分子，一般不适用缓刑或者免于刑事处罚：（1）不如实供述罪行的；（2）不予退缴赃款赃物或者将赃款赃物用于非法活动的；（3）属于共同犯罪中情节严重的主犯的；（4）犯有数个职务犯罪依法实行并罚或者一罪处理的；（5）曾因职务违纪违法行为受过行政处分的；⑥犯罪涉及的财物属于救灾、抢险、防汛、优抚、扶贫、移民、救济、防疫等特定款物的；（7）受贿犯罪中具有索贿情节的；（8）渎职犯罪中徇私舞弊情节或者滥用职权情节恶劣的。人民检察院在对其他罪名提起缓刑建议时，也可以比照以上犯罪情节类似的情况来规范缓刑的适用。

另外，为避免社区矫正机构不接受被告人社区矫正等问题出现，对拟提出缓刑建议的犯罪嫌疑人，应将委托司法行政部门进行社会调查的程序前置至审查起诉阶段。

（四）适用量刑情节调节基准刑时如何避免重复评价的问题

对于同一事实涉及不同量刑情节时，不重复评价。禁止重复评价主要包括两方面的内容：

一是已经作为定罪、升降格处理的事实，不能再作为从重、加重处罚的量刑情节。如根据交通肇事犯罪司法解释的规定，交通肇事致一人以上重伤，负事故全部责任，并具有为逃避法律追究逃避事故现场情节的，以交通肇事罪定罪处罚。这里的"为逃避法律追究逃离事故现场情节"，即刑法规定的肇事逃逸情节，已作为定罪情节考虑，所以在量刑时不能再单独作为一个量刑情节予以考虑。案件的量刑应在3年以下有期徒刑或者拘役幅度内提出，而实践中有判决将肇事逃逸情节在定罪和量刑时做了二次评价，导致案件量刑在3年以上7年以下，这是错误的。但前述情况如果还有酒驾、毒驾、无证驾驶等定罪情节时，则应先适用这些定罪情节，再将逃逸作为加重情节，在3年以上7年以下量刑。又如我国《刑法》第263条规定，具有持枪抢劫、在公共交通工具上抢劫、抢劫金融机构等法定情节的处10年以上有期徒刑，上述情节作为升格量刑情节适用后，就不能在确定宣告刑时再次作为从重处罚、增加被告人刑罚量的依据。但是，在行为人具有两个严重情节的情况下，则可以将一个严重情节作为法定刑升格的根据，将另一个严重情节作为在升格的法定刑内从重处罚的根据。如既持枪又在公共交通工具上抢劫的，可以根据持枪抢劫在10年以上法定刑幅度内确定量刑起点，然后根据在公共交通工具上抢劫增加刑罚量确定基准刑。

二是同一事实涉及两个量刑情节时，不得同时用以调节刑罚。如对被告人适用自首情节的情况下，就不再适用坦白情节，否则就是重复评价。但对于认定被告人坦白的犯罪事实与认定自首的犯罪事实不相同的，就可分别适用自首情节和坦白情节。对于这种情形，不存在重复评价的问题。再如同一前科情节，已认定为累犯，就不再单独作为前科的从重处罚考量因素。但对于毒品再犯与累犯情节并存时，则需要区分不同情形。对于前罪是毒品犯罪的累犯，不能重复评价，应选择从重幅度更大的累犯情节进行适用（但注意在法律文书引用条文时，要同时引用毒品再犯和累犯的条文）。对于前罪不是毒品犯罪的累犯可以分别从重处罚。例如，被告人因犯贩卖毒品罪被判处有期徒刑1年，刑满释放后5年内又贩卖毒品，依照规定其行为同时构成累犯和毒品再犯，这种情况适用从重幅度较大的累犯情节。如果被告人因犯贩卖毒品罪被判处有期徒刑2年，后因犯盗窃罪被判处有期徒刑2年，刑满释放后5年内又贩卖毒品，这种情况同时适用累犯情节和毒品再犯情节，分别确定从重处罚的比例。另外，累犯情节的效力及于被告人此次所犯的数罪，在数罪中均适用累犯从重情节，不属于重复评价。量刑时，累犯情节先分别对各罪基准刑进行调节，确定各罪宣告刑后，再依法实行数罪并罚。

（五）同种犯罪，部分既遂、部分未遂，如何调节基准刑的问题[①]

对于同种犯罪，部分既遂、部分未遂，如何调节基准刑，实践中争议比较大，高法《量刑指导意见》也未作出规定。根据诈骗罪、盗窃罪相关司法解释的规定，诈骗（盗窃）既有既遂，又有未遂，分别达到不同量刑幅度的，依照处罚较重的规定处罚；达到同一量刑幅度的，以诈骗罪（盗窃罪）既遂处罚。该规定明确了诈骗、盗窃犯罪部分既遂、部分未遂情形确定法定刑幅度的原则，即分别根据诈骗、盗窃罪既遂部分的数额和未遂部分的数额确定各自对应的法定刑幅度，而不是将诈骗、盗窃既遂和未遂相加，以总额确定法定刑幅度。同时规定，既遂部分所对应的量刑幅度较重，或者既遂、未遂所对应的量刑幅度相同的，以既遂部分确定基准刑，未遂部分作为调节基准刑的量刑情节；未遂部分对应的量刑幅度较重的，以未遂部分确定基准刑，既遂部分作为调节基准刑的量刑情节。例如，被告人诈骗被害人甲7000元既遂（数额较大标准为5000元），诈骗被害人乙7万元未遂（数额巨大标准为5万元）。前者

[①] 南英主编：《量刑规范化实务手册》，法律出版社2014年版。

适用诈骗罪法定刑第一档，后者适用诈骗罪法定刑第二档，故应以诈骗乙7万元未遂部分确定基准刑。其中诈骗甲5万元的事实作为基本犯罪构成事实用来确定量刑起点，超出的部分（2万元）用来增加刑罚量确定基准刑。被告人诈骗被害人甲5000元既遂的事实，系酌定从重处罚情节，用来调节基准刑。需要说明的是，被告人诈骗乙7万元的事实系未遂，被告人具有未遂情节，应用来减少基准刑。鉴于不是全案未遂，故在确定调节比例时，应在定性分析的基础上，区别于全案未遂的情况。

对于诈骗罪和盗窃罪之外的其他犯罪中，既有既遂、又有未遂的情形如何量刑？通常做法是先确定全部犯罪事实在假定的全部既遂状态下对应的基准刑，然后确定未遂部分犯罪事实所应减少的刑罚量，即综合考虑未遂部分犯罪事实在全部犯罪事实中的比例，并具体分析未遂犯罪情节的实行程度、造成损害的大小及犯罪未得逞的原因等情形，在高法《量刑指导意见》和湖南省高院《实施细则》规定的幅度内确定合适的从宽比例。如果未遂部分罪行比既遂部分罪行重的，从宽的比例可相对大一些，反之可相对小一些。在确定从宽比例时，还需注意权衡调节比例与实际减少刑罚量的关系，确保因未遂减少的刑罚量不超过未遂犯罪事实对应的刑罚量。例如，甲采用在饮料中下迷药的方式强奸女性网友4人，前3人既遂，第4人因被发现未遂，作案方式相同，被害人均为成年妇女，未造成人身伤害，无其他量刑情节。确定未遂情节的调节比例的过程如下：根据"强奸三人"确定量刑起点为11年，根据"增加被害人一人，增加刑期二年"，确定基准刑为13年。考虑到针对4人作案，其中1人未遂，且未遂犯罪的作案方式、手段及作案对象选择等与前3人相同，仅因被他人发现而未得逞，故应选择相对较小的从轻比例。另因未遂事实增加的刑罚量为2年，故实际减少的刑罚量不得超过2年。综上，确定该案未遂情节的调节比例为10%（实际减少的刑罚量为1年4个月）。

同时，要注意未遂犯在司法解释中的特殊规定，如盗窃案件，生产销售伪劣产品案件，虽然达到构成犯罪的数额起点，但在未遂的情况下并不构成犯罪，需要根据司法解释的特殊规定来认定未遂的犯罪构成。

所以，在具体办案过程中，要注重司法解释的特殊规定，不要教条的按照高法《量刑指导意见》规定的量刑步骤和方法进行量刑。

同理，对于一人犯同种数罪，有部分是满18周岁前的犯罪、有部分是满18周岁后的犯罪的，或者部分起主要作用、部分起次要或辅助作用的基准性调节也是如此，首先要根据全部犯罪构成事实确定基准刑，然后综合考虑未成年犯罪事实、从犯犯罪事实在全部犯罪事实中的比重，确定合适的从宽比例。如果未成年犯罪的罪行比成年犯罪的罪行重的，系从犯的犯罪罪行比系主犯的犯罪罪行重的，从宽处罚的比例可大一些，反之亦然。例如，甲、乙均各自抢劫两次，年龄上均跨越未成年与成年，若甲未成年时抢劫致人重伤，成年时抢劫致人轻伤，而乙刚好与之相反，则甲从宽处罚的比例相对于乙要大些。又如，被告人3次抢劫，其中2次为主犯，1次为从犯，量刑时，先不考虑主从犯情节，全案按照主犯抢劫确定量刑起点和基准刑，再考虑一次从犯情节，酌情确定从轻处罚的幅度，对基准刑进行调节。

（六）关于能否在两档法定刑以下量刑的问题

《刑法》第63条规定，有数个量刑幅度的，应当在法定量刑幅度的下一个量刑幅度内判处刑罚。这就意味着，减轻处罚时，一般只能在法定量刑幅度的下一个量刑幅度内量刑，而不能在两个法定刑幅度以下减轻处罚。但对于同时具有多个减轻处罚情节，或者具有"减轻或者免除"功能量刑情节的，能否在两个法定刑以下减轻处罚，实践中存在争议。笔者认为，对于在法定刑一档以下确定宣告刑，明显罪责刑不相适应的，应当提交检察委员会讨论，如果被告人罪行较轻，且具有多个减轻处罚情节，属于《刑法》第37条规定的犯罪情节轻微不需要判处刑罚的，可对其作出相对不起诉处理。同理，对刑法条文没有规定可判处拘役、管制的情况下，即使计算出基准刑在6个月以下，也不能提出拘役、管制的量刑建议。但可根据《刑法》第37条之规定，对其作出相对不起诉处理。

(七) 认罪认罚案件的量刑建议与非认罪案件的量刑建议的异同问题

认罪认罚案件的量刑建议与非认罪案件的量刑建议既有共同之处，又有所不同。相同之处在于，不论是认罪认罚案件还是非认罪案件，量刑建议的性质相同，都是求刑权。不同之处在于，认罪认罚案件中的量刑建议，是控辩双方协商后达成的"合意"。这种"合意"的达成，以犯罪嫌疑人认罪认罚为前提，以检察机关的量刑减让为承诺。因此，认罪认罚案件中的量刑建议具有一定的司法公信力，其效力与非认罪案件也不完全相同，即经过犯罪嫌疑人签署具结书同意的量刑建议，除法定情形外，人民法院一般应当采纳。而非认罪案件中的量刑建议不具有此等法律效力。

(八) 如何认识理解认罪认罚案件中人民法院不得采纳量刑建议的情形

《刑事诉讼法》第201条第1款，在明确一般应当采纳量刑建议的同时，明确规定了人民法院不得采纳量刑建议的五种情形：一是被告人的行为不构成犯罪或者不应当追究其刑事责任的；二是被告人违背意愿认罪认罚的；三是被告人否认指控的犯罪事实的；四是起诉书指控的罪名与审理认定的罪名不一致的；五是其他可能影响公正审判的情形。以上五种情形从不同维度对禁止采纳量刑建议作出规定，实际上是反向对采纳量刑建议提出要求，以确保人民法院公正行使裁判权，公正审判认罪认罚案件。

第一种情形是从两个方面对采纳量刑建议予以禁止：一是证据尚未达到定罪证明要求的，不能采纳；二是依法不应当追究刑事责任的，不能采纳。实质上，该两种情形明确了采纳量刑建议的证明标准没有降低，也就是说，案件证据没有达到法定证明要求的，即使被告人认罪认罚也不能作出有罪判决，这体现了我国的认罪认罚从宽制度与辩诉交易有着本质的不同。认罪认罚案件中，人民法院仍然承担公正裁判的职责，案件审理仍然是实质意义上的审理，不是仅对量刑建议进行形式审查与确认。

第二种情形是从违背被告人认罪认罚自愿性方面对采纳量刑建议予以禁止,即经审理发现,被告人认罪认罚是违背其真实意愿的,不得采纳量刑建议。被告人自愿认罪认罚是认罪认罚从宽制度的正当性前提,确保犯罪嫌疑人、被告人认罪认罚的自愿性,贯穿刑事诉讼始终,是制度顶层设计的核心。基于此,人民法院负有确保认罪认罚自愿性的职责,一旦审理发现被告人认罪认罚是违背真实意愿的,则不得采纳量刑建议,而应转程序处理,这是对认罪认罚自愿性进行最后的把关。

第三种情形是从保障被告人反悔权的角度予以禁止,及被告人否认指控犯罪事实的,不得采纳量刑建议。审判阶段,被告人否认指控犯罪事实,实质上是被告人对审判前的认罪认罚予以反悔。实践中,导致该情形的原因比较复杂,被告人在审前阶段的认罪可能并非出于自愿,也可能系被告人抵赖罪行而翻供。不论是基于何种原因,一旦被告人否认指控的犯罪事实,量刑建议便失去了事实基础,当然不得被采纳。上述情形的出现,意味着控辩双方对抗增强,案件需要转程序进行审理。

第四种情形是从保证法律正确适用的角度予以禁止,即起诉指控的罪名与审理认定的罪名不一致的,不得采纳。在我国,采取"诉因变更"理论,因人民法院审理认定的罪名与指控的罪名不一致的,应以审理认定的罪名作出有罪判决,以保证法律的正确适用。我国的认罪认罚案件,控辩双方只能就量刑进行协商,不能就罪名和罪数进行协商,审理认定的罪名与指控的罪名不一致的,应当以审理认定的罪名作出有罪判决,以确保法律统一和正确适用。

第五种情形是兜底条款,人民法院在审理过程中发现,案件具有上述四种情形之外影响公正审判的其他情形的,不得采纳量刑建议。这里的"其他情形"主要包括:一是量刑建议明显不当影响公正审判的;二是限制、剥夺犯罪嫌疑人、被告人诉讼权利而影响公正审判的;三是违反诉讼基本原则,诉讼程序的规定而影响公正审判的;四是其他情形。该兜底条款的规定,实质上是对认罪认罚案件量刑建议的采纳提出了底线要求,即不能违背公正审判的要求,避免造成新的不公正。上述五种情形中的第一、第二、第三项事由是属于绝对排除事由，应当转为普通审判程序审理，不再适用认罪认罚案件处理模式；出现第四种事由，在听取控辩双方的意见后，根据审理查明的事实依法作出判决。

（九）如何把握认罪认罚案件中检察院调整量刑建议的规定

《刑事诉讼法》第201条第2款规定，"人民法院经审理认为量刑建议明显不当，或者被告人、辩护人对量刑建议提出异议的，人民检察院可以调整量刑建议。人民检察院不调整量刑建议或者调整量刑建议后仍然明显不当的，人民法院应当依法作出判决"。该规定赋予检察机关在审判阶段仍有调整量刑建议权。在适用本款规定时，要注意把握以下几点：一是调整量刑建议应当适当限制，即唯有人民法院经审理认为量刑建议明显不当，或者被告人、辩护人对量刑建议提出异议的，人民检察院才可以调整量刑建议；二是调整量刑建议不是必经程序，亦即量刑建议明显不当或辩方提出异议，检察机关不调整量刑建议或者调整量刑建议后仍然明显不当的，人民法院有权直接依法作出判决，但是在判决前应当就量刑充分听取控辩双方的意见；三是量刑建议的调整程序应当简便易行，禁止繁琐，避免本末倒置，毕竟对被告人的定罪量刑是由法院裁判决定的，量刑建议仅是求刑权。

（十）量刑标准滞后的解决办法

高法《量刑指导意见》只囊括了23种常见罪名，特别是在现行法律中，对部分罪名的法定刑升格标准都没有相应的规定，比如《刑法》第224条规定的合同诈骗罪，适用的法定刑主刑分别为3年以下有期徒刑或者拘役、3年以上10年以下有期徒刑、10年以上有期徒刑或者无期徒刑，虽然规定了三档刑罚，但每一档刑罚适用什么标准却没有明确，检察机关在提出量刑建议时，并没有可参照的标准，而只能依据以往的判例或其他地区的生效判决来确定量刑的幅度。

及时修改、完善立法、司法解释，为量刑建议提供法律依据是一方面。同时，在顶层设计还未到位的情况下，可以通过同级检、法两家会商讨论，以案件为基础，按照高法《量刑指导意见》，并结合本地实际，通过联合制定规范化文件的形式，明确更大范围的常见罪名量刑方法和标准，更加细化盗窃、诈骗等常见罪名的量刑幅度，明确量刑浮动的基准刑，使量刑建议有据可查、量刑幅度心中有数。

（十一）未采纳量刑建议的处理问题

审判机关对量刑建议采纳与否的理由进行说明，表明最终裁决时在量刑取舍上所遵循的依据和理由，使裁判结果所依据的法律规定和事实理由更加透明化，裁决也更容易被接受和遵照执行。在人民法院不采纳量刑建议时，这种不采纳理由的说明就显得更为重要，所以一方面可以与审判机关建立量刑建议不采纳的理由说明制度，另一方面对于人民法院未采纳量刑建议确有错误的，应当依法提出抗诉或提请抗诉。所谓确有错误是指有充足的事实和理由确认人民法院的判决、裁定未在人民检察院建议量刑的幅度内处刑存在错误。

第三编 刑事诉讼监督工作指引

第一章　刑事立案监督

刑事立案监督是刑事诉讼的源头性监督，在整个检察机关的法律监督体系中具有特殊的意义和作用。多年来，由于种种原因，有罪不究、有案不立、以罚代刑屡禁不止，严重影响了对犯罪的打击。此外，依照事实和证据本不该立案而立案的情况也时有发生，尤其是少数公安干警以刑事立案插手经济纠纷，损害人民群众的合法权益。为有效惩治犯罪，保护公民的合法权益，保证国家法律统一正确实施，推进民主法治建设，维护社会的稳定和谐，必须进一步加强刑事立案监督。

第一节　刑事立案监督概述

一、刑事立案监督的基本内涵

刑事立案监督是人民检察院对公安机关、国家安全机关、海关缉私部门、监狱监管部门等刑事立案主体的立案活动是否合法所进行的法律监督，包括对应当立案而不立案的监督、不应当立案而立案的监督，建议行政执法机关移送涉嫌犯罪案件、移送犯罪线索。

检察机关对刑事立案活动的监督在宪法和刑事诉讼法中均有规定。《宪法》第134条规定"中华人民共和国人民检察院是国家的法律监督机关"。这是人民检察院作为国家法律监督机关，享有法律监督权的原则性规定。立案监督属于人民检察院行使法律监督权的具体形式。《刑事诉讼法》第8条规定："人民检察院依法对刑事诉讼实行法律监督。"第113条进一步对立案监督作出了明确规定："人民检察院认为公安机关对应当立案侦查的案件而不立案侦查的,或者被害人认为公安机关对应当立案侦查的案件而不立案侦查,向人民检察院提出的,人民检察院应当要求公安机关说明不立案的理由。人民检察院认为公安机关不立案理由不能成立的,应当通知公安机关立案,公安机关接到通知后应当立案。"这一规定对于解决侦查机关有案不立、有罪不究、以罚代刑、尤其是对于解决人民群众告状无门问题,促进侦查机关公正执法起到了十分重要的作用。最高人民检察院《人民检察院刑事诉讼规则》(以下简称《刑诉规则》)细化并扩展了刑事诉讼法的规定。

二、刑事立案监督的工作原则

(一) 坚持监督与配合相统一原则

检察机关开展刑事立案监督,必须正确处理好与公安机关的关系。既不能只强调配合,不依法开展监督,放弃法律赋予检察机关法律监督的职责,又不能只强调监督,不加强配合,形成公正执法、严格执法的合力。立案监督是案件侦查工作的第一步,侦破案件,查获犯罪嫌疑人等工作,都需要在侦查过程中完成,公安机关是刑事案件的侦查主体,要使立案监督取得实际效果,就必须要求公安机关加大侦查力度,侦破案件,使犯罪嫌疑人得到法律的审判,还必须要求检察机关与公安机关密切配合,促进案件的快侦快结,真正使刑事立案监督收到好的效果。

(二) 人民检察院法律监督与公安机关内部监督相结合原则

立案监督不是检察机关一家的事,需要检察机关与公安机关的共同配合。在进行立案监督的过程中,必须充分考虑到公安机关本身也有内部监督纠错机制,对于一些投诉转交公安机关处理,由公安机关再次审查,可以充分发挥公安机关的自我纠错功能。公安机关可以及时向申诉人说明情况,释法说理,做好申诉人的罢访息诉工作,化解社会矛盾,这一方面可以减轻检察机关的办案压力,另一方面也能够使检察机关集中精力做好对一些重点案件的监督。

(三) 办案数量、质量、效率、效果相统一原则

落实立案监督改革,增强监督力度,绝不是简单地追求办理监督案

件的数量,而是要做到监督数量与监督质量、效率效果的有机统一。其中,质量是核心,效率是保证,效果是根本。没有一定的监督数量,该监督的不进行监督,就谈不上监督力度;而缺乏准确性、没有质量的监督,根本不可能取得预期的监督效果;只讲质量不讲效率,也会使监督的效果大打折扣。因此,既要保持一定的监督数量,又要特别注重监督的质量和效率,突出监督的重点,以实际效果取信于民。

(四)有错必纠的原则

立案监督要重点监督纠正典型的有罪不究、以罚代刑、违法立案、动用刑事手段插手经济纠纷等案件,以及社会各界关注的热点案件,要把工作着力点放在那些明显构成犯罪的或者明显不涉嫌犯罪的案件上,发现一起,纠正一起,力求取得实效。[①]

三、刑事立案监督的类型

刑事立案监督是作为国家法律监督机关的人民检察院对法律规定的刑事立案主体的立案行为是否合法实施的法律监督,是法律赋予法律监督机关的一项重要职能。目前我国刑事立案监督以人民检察院对公安机关的刑事立案活动依法进行的监督为主要内容,同时也包括对人民检察院侦查部门的立案活动监督。具体来说,检察机关对刑事立案活动的监督包括三种:第一种是检察机关认为侦查机关对应当立案而不立案的案件,依法监督侦查机关立案的活动。第二种是检察机关认为侦查机关不应当立案而立案的案件,依法监督侦查机关撤销案件的活动。第三种是人民检察院侦查部门应当立案侦查而不报请立案侦查的案件。在实践中,人民检察院还通过两法衔接平台,对行政执法机关在行政执法过程中发现涉嫌犯罪的案件移送公安机关刑事立案进行监督,这种监督包含对行政机关是否移送犯罪案件的监督,也包含公安机关对受理的行政执法机关移送案件是否立案的监督,其实质仍然是一种立案监督。

---

① 熊启然:《刑事立案监督若干问题研究》,载《知网》。

第二节 对应当立案而不立案的监督

一、对应当立案而不立案的监督线索来源

(一) 控告申诉

1. 被害人的控告申诉

被害人是指其合法权益遭受犯罪行为直接侵害的人。为了加强对被害人利益的保护,《刑事诉讼法》第108条第2款将被害人规定为当事人,并规定了一系列被害人的权利,其中就包括第113条规定的被害人的控告申诉权。被害人因为是直接遭受犯罪行为侵害的人,在心理上希望犯罪嫌疑人能够受到惩处,为了保护被害人的利益,刑事诉讼法将其作为立案监督材料的主要来源之一。这在很大程度上,对于打击犯罪,保障被害人的利益,抚慰被害人的精神,有着重要的意义。被害人往往又是和犯罪分子有直接接触的人,所以对犯罪有较为直接和全面的了解。从这个角度来看,将被害人的申诉控告作为人民检察院立案监督的线索来源符合打击犯罪、追究犯罪的客观规律。

在刑事诉讼中,被害人的近亲属、法定代理人、委托代理人作为其他诉讼参与人参与诉讼,是基于被害人的当事人的地位及其权利的维护。也就是说被害人的近亲属、法定代理人、委托代理人参与诉讼是被害人权利的延伸。在立案监督中,被害人的近亲属、法定代理人、委托代理人,为了维护被告人利益,向人民检察院提出控告申诉的,人民检察院应当将其当作被害人所提出的控告申诉来对待和审查。

2. 人民群众控告

在我国,中国共产党作为执政党,是依法治国和我国社会主义法治建设领导力量。群众路线是党的根本工作路线。《刑事诉讼法》第6条规定:"人民法院、人民检察院和公安机关进行刑事诉讼,必须依靠群众。"在司法实践中,人民群众不论是对打击犯罪、追究犯罪还是对公安司法机关的监督,促进司法进步都发挥了重要的作用。在检察实务

中，人民群众一方面对犯罪行为或犯罪嫌疑人进行检举控告，另一方面，对公安司法机关受理的检举控告进行监督。人民群众对其认为公安机关应当立案而不立案侦查，向人民检察院提出控告的，人民检察院应当受理控告，并且进行审查，并依法作出相应的处理。①

（二）检察机关自行发现

1. 通过办案发现

包括人民检察院在办理审查逮捕案件中发现、查阅公安机关行政处罚案件台账中发现等。在办理审查逮捕案件中，要注意从以下方面发现立案监督案件线索：（1）注意审查是否有遗漏的非同种犯罪事实。（2）查犯罪预谋，看有无事先预谋的同案犯；查犯罪原因，看是否案中有案；在审查案情发生重大变化的案件时，注意审查引起案情发生变化的原因。（3）在审查证据之间产生重大矛盾的案件时，注意发现人为地制造矛盾的蛛丝马迹，看是否存在包庇、伪证罪等。（4）在审查团伙犯罪案件、系列犯罪案件中，在深挖余罪漏犯的同时，注意发现相关犯罪案件线索。如从盗窃犯罪中发现掩饰、隐瞒犯罪所得的犯罪线索。（5）在审查涉及另案处理、在逃、刑事责任年龄、刑事责任能力等案件时，注意查明真伪。（6）在讯问犯罪嫌疑人时，注意对其进行政策教育，促使其坦白自己罪行的同时，鼓励其检举、揭发他人犯罪。

2. 引导侦查发现

引导侦查是检察机关通过介入侦查，主动地参与公安机关侦查活动的一项工作机制。尽管引导侦查的初衷不是为了展开立案监督，但却是开展立案监督工作的途径之一。在司法实践中，人民检察院对于重大疑难案件的侦查可以提前介入。在提前介入引导侦查的过程中，人民检察院发现的其他犯罪应当立案侦查，而公安机关或者其他依法享有侦查权的机关没有立案侦查的，应当依法要求其说明不立案的理由，并依法审查；对于不立案的理由不成立的，应当对其发出通知立案书，要求其立

---

① 毛建平主编：《侦查监督实务与技巧》，中国检察出版社2008年版，第58页。

案。在检察实务中，人民检察院通过引导侦查活动，拓展了刑事立案监督的线索来源，会给刑事立案监督工作的开展带来意想不到的收获。

3. 两法衔接发现

在我国，行政处罚依据的法律法规中有许多规定是其行为本身只要达到一定的条件，如数额巨大、特定时期、特殊地点、情节严重等就可以构成犯罪。行政机关对于构成犯罪的行为如果作行政处罚，实质是出罪处理以规避刑罚处罚，属于对应当移交公安机关立案侦查的案件不移交。国务院《行政执法机关移送涉嫌犯罪案件的规定》第9条确立了行政机关移送涉嫌犯罪案件活动接受人民检察院监督的原则。因此，人民检察院对同级行政执法机关查处行政违法案件、移送涉嫌犯罪案件情况，可以通过检查和个案抽查，查阅行政执法机关的移送案件文书、行政处罚文书及相应的台账、资料，重点检查有无涉嫌犯罪案件不移交、以罚代刑的情况。必要时，上级人民检察院可以会同上级行政执法机关联合进行检查或抽查。实践中，要注意审查市场监督、税务、环保等行政执法机关查处的有关案件，如果涉嫌犯罪没有移送公安机关立案侦查的，应当依法监督移送。注意审查劳动教养、行政拘留等行政处罚案件，从中发现公安机关应当立案侦查而不立案侦查，行政机关应当移送立案而不移送的案件，对于解决当前存在的较为严重的有案不立、以罚代刑的现状具有重要的意义，同时也是解决刑事立案监督案源的重要途径之一。

4. 检察机关其他内设部门移送（略）

（三）其他途径

1. 党委、人大、上级检察机关交办以及下级检察院报告

在我国，党对国家的领导是组织上和政治上的领导，党委对司法工作的领导也是如此，而不是对具体案件的指导和干预。但是党委对其认为是应当受到法律追究的犯罪行为，而公安机关没有立案的，可以转批给人民检察院依法进行立案监督。

人民代表大会制度是我国的根本政治制度。人民代表大会是我国的权力机关，人民检察院由人民代表大会产生，并受人民代表大会监督。人民代表大会在检查法律的实施的过程中以及了解基层执法情况的过程

中，发现公安机关应当立案侦查而没有立案的，可以向人民检察院转交人民来信或者人大代表建议，要求人民检察院进行监督，从而给人民检察院提供立案监督的线索。

我国的检察系统实行上下级检察机关的垂直领导。下级检察院在业务上受上级检察院的领导。在具体的检察实务中，上级人民检察院发现应当由下级人民检察院侦查部门或者下级公安机关立案侦查而没有立案的，可以将该案件交给下级人民检察院办理。下级人民检察院发现应当由上级人民检察院侦查部门或者上级公安机关立案侦查而没有立案的，应当将该线索上报上级人民检察院，由上级人民检察院进行立案监督。

2. 媒体报道中发现

新闻媒体被称为现代法治国家的"第四种权力"、已经广泛地深入到国家社会生活的各个方面，其在国家社会生活中的作用日益明显。在我国建设社会主义法治国家的进程中，一方面需要大众媒体的法治宣传，另一方面大众媒体对新闻事件的报道以及案件的报道，是对公安、司法机关的具体执法行为的监督。大众媒体在其报道中涉及刑事案件的，如果公安机关应当立案而没有立案侦查的，人民检察院发现之后，应当要求公安机关说明不立案理由。有时媒体甚至会直接曝光公安机关应当立案侦查而没有侦查的案件，对此，人民检察院应当要求公安机关说明不立案的理由，如果认为不立案的理由不成立的，应当要求其立案。

3. 日常生活中发现

检察官在日常生活中，同样要和社会接触，广泛了解社会生活和国家政治生活。虽然法律并不要求检察官在日常生活中仍然保持着工作状态，但是作为训练有素，具备丰富的法律知识和司法经验，具有敏锐的法律眼光和法律意识的检察官，在日常生活中接触各种信息时，必然会用法律人的眼光去分析对待，因而在日常生活中，检察官仍然可能发现各种立案监督的线索。检察官将其在日常生活中发现的立案监督线索，依法反映给相关部门，由相关部门依法进行调查核实，并依法处理。[1]

---

[1] 毛建平主编：《侦查监督实务与技巧》，中国检察出版社2008年版，第61页。

二、对应当立案而不立案的监督程序

(一) 受理和审查

1. 受理程序

案件受理是指人民检察院对发现的公安机关应当立案而不立案的刑事案件线索予以受理或者创建审查的环节。统一业务应用系统默认的立案监督案件,由负责捕诉的部门自行创建,主要是由控告部门转来以及在工作中自行发现的立案监督案件。

2. 审查线索

《刑诉规则》第558条规定:"人民检察院负责控告申诉检察的部门受理对公安机关应当立案而不立案或者不应当立案而立案的控告、申诉,应当根据事实、法律进行审查。认为需要公安机关说明不立案或者立案理由的,应当及时将案件移送负责捕诉的部门办理;认为公安机关立案或者不立案决定正确的,应当制作相关法律文书,答复控告人、申诉人。"

审查的主要内容是:(1) 是否存在应当立案侦查而公安机关不立案侦查的犯罪事实。(2) 是否符合刑事诉讼法规定的刑事立案条件。即是否符合刑事诉讼法第112条规定的"认为有犯罪事实需要追究刑事责任"的情形。(3) 是否属于相应的公安机关管辖。即是否符合刑事诉讼法第19条第1款有关公安机关的管辖规定。(4) 公安机关是否决定不立案。①

3. 处理线索

对监督立案案件线索审查后,应根据不同情况分别作出处理:

(1) 没有犯罪事实发生,或者犯罪情节显著轻微不需要追究刑事责任,或者具有其他依法不追究刑事责任的情形,负责捕诉的部门认为不需要要求公安机关说明不立案理由,且属于投诉人投诉或行政执法机关建议的,应制作《控申案件回复函》,通知控告检察部门,由其在10日以内将不立案监督的理由和根据告知投诉人或者行政执法机关。

---

① 湖南省人民检察院原侦查监督一处编写《两项监督工作指引》,2015年8月。

（2）不属于被投诉的公安机关管辖，且属于投诉人投诉或行政执法机关移送的，负责捕诉的部门应制作《控申案件回复函》，通知控告检察部门，由控告检察部门将有管辖权的机关告知控告人或行政执法机关，建议向该机关控告或者移送。

（3）公安机关尚未作出不予立案决定的，制作《移送函》移送公安机关处理。

（4）有犯罪事实需要追究刑事责任，属于被投诉的公安机关管辖，且公安机关已作出不立案决定的（公安机关已作出行政处罚决定的案件，或根据公安机关办案材料显示其已获知案件线索的，可视同已作出不立案决定），应当制作《要求说明不立案理由意见表》，经业务机构负责人审查，分管检察长审批后，要求公安机关说明不立案理由。

（5）人民检察院在办理审查逮捕案件过程中，发现公安机关遗漏犯罪事实的，如遗漏的犯罪事实与立案侦查的犯罪属于不同种类犯罪的，应当将线索移送公安机关，按照立案监督程序办理。

（6）共同犯罪案件中，部分被告人已被判决有罪且判决已经生效，负责捕诉的部门审查认为还应当追究其他共同犯罪嫌疑人的刑事责任而侦查机关未立案侦查的，应当要求公安机关说明不立案的理由。

（二）要求说明不立案理由及审查

1. 要求说明不立案理由

要求说明不立案理由必须书面进行，应制作《要求说明不立案理由通知书》，并加盖院印，送达公安机关。要求说明不立案理由的期限为7日，期间开始日不计算在内。

2. 对公安机关不立案理由的审查

公安机关在接到检察机关《要求说明不立案理由通知书》后，直接立案侦查的，公安机关将《立案决定书》复印件送达检察机关。公安机关未直接立案，回复说明不立案理由的，应制作《立案监督案件审查意见书》，对其说明的不立案理由进行审查。在审查中要重点审查以下事实：（1）是否有证据证明有犯罪事实、是否有犯罪嫌疑人、是否需要追究犯罪嫌疑人的刑事责任。（2）证据是否有查证属实的。（3）是否属于相应的公安机关管辖。审查后应提出是否同意公安机关不立案理由的意见。经审查认为公安机关不立案理由成立的，应当经业务机构负责人审查，分管检察长审批决定是否同意公安机关不立案理由。负责捕诉的部门认为公安机关不立案理由成立的，应制作《控申案件回复函》，通知控告检察部门，由其在10日以内将不立案的理由和根据告知被害人及其法定代理人，近亲属或者行政执法机关。（4）公安机关对当事人的报案、控告、举报或者行政执法机关移送的涉嫌犯罪案件受理后未在规定期限内作出是否立案决定，当事人或者行政执法机关向人民检察院提出的，人民检察院应当受理并进行审查。经审查，认为尚未超过规定期限的，应当移送公安机关处理，并答复报案人、控告人、举报人或者行政执法机关；认为超过规定期限的，应当要求公安机关在7日以内书面说明逾期不作出是否立案决定的理由，连同有关证据材料回复人民检察院。公安机关在7日以内不说明理由也不作出立案或者不立案决定的，人民检察院应当提出纠正意见。人民检察院经审查有关证据材料认为符合立案条件的，应当通知公安机关立案。

（三）通知立案

负责捕诉的部门审查认为公安机关不立案理由不成立的，经检察长或检察委员会讨论决定，应当通知公安机关立案。通知立案必须书面进行，应制作《通知立案书》，说明依据理由，并加盖院印，连同证据材料送达公安机关。通知立案的期限为15日，期间开始的日不计算在内。对公安机关在收到通知立案书后超过15日不予立案，又不回复说明不立案理由的，应当发出《纠正违法通知书》予以纠正，公安机关仍不纠正的，报上一级人民检察院协商同级公安机关处理。

（四）跟踪监督

1. 对立案情况的监督

公安机关在收到《通知立案书》后，超过15日不予立案的，检察机关应当制作《纠正违法通知书》予以纠正。如果通知立案的案件有多名犯罪嫌疑人，公安机关接到《通知立案书》后仅对部分犯罪嫌疑人立案的，检察机关应当制作《纠正违法通知书》予以纠正。检察机关纠正违法后，公安机关仍不立案的，应将情况报上一级人民检察院，由上一级人民检察院商请同级公安机关处理。

2. 对侦查情况的监督

公安机关立案后3个月以内未侦查终结的，人民检察院可以向公安机关发出立案监督案件催办函，要求公安机关反馈侦查工作进展情况。

（五）对应当立案而不立案的监督案件的商请[①]

公安机关在收到通知立案书后不在规定期限内立案，经检察机关发出《纠正违法通知书》后仍不纠正，同级检察机关提请上一级检察机关协商同级公安机关处理的情形。应注意：

1. 对需要提请上一级人民检察院商请同级公安机关处理的案件，下一级人民检察院应书面提请，并附送立案过程中形成的全部案件材料。

2. 对下级人民检察院提请上一级人民检察院商请同级公安机关处理的案件，上级人民检察院应指派专人进行审查，制作《商请案件审查意见书》，意见书应依次写明犯罪嫌疑人基本情况、公安机关说明的不立案理由、下级人民检察院报送商请的理由、经审查认定的案件事实及证据、需要说明的问题，并提出是否商请同级公安机关处理的意见，报业务机构负责人审查，分管检察长审批。

3. 需要商请同级公安机关处理的案件，应制作《商请函》，载明案件诉讼过程及应当立案侦查的理由，送达同级公安机关，要求其督促下级公安机关及时予以纠正。

（六）注意事项

1. 被害人没有向公安机关报案或者公安机关没有掌握、发现犯罪事实的案件，以及告诉才处理的刑事案件，不属于刑事立案监督范围。

2. 人民检察院在办理审查逮捕案件过程中，发现公安机关遗漏涉嫌犯罪的同案人的，应当将线索移送公安机关，如果现有事实、证据证

[①] 湖南省人民检察院原侦查监督一处编写《两项监督工作指引》，2015年8月。

明该同案人符合逮捕条件的，应当按照《刑诉规则》第288条规定的纠正漏捕程序办理，不适用立案监督程序。

3. 人民检察院在办理审查逮捕案件过程中，发现公安机关遗漏犯罪事实的，如遗漏的犯罪事实与公安机关立案侦查的犯罪属于同一性质，应通过《逮捕案件继续侦查取证意见书》引导公安机关补充侦查取证，不适用立案监督程序。

三、相关法律文书的制作

（一）《要求说明不立案理由通知书》

【文书格式】

<pre>
                ××××人民检察院
              要求说明不立案理由通知书
                    （存　根）

                          ××检××不立通〔20××〕×号

案　　由_____
犯罪嫌疑人_____
发现途径_____
提出侦查机关不立案的时间____年____月____日
送达机关_____
批　准　人_____
承　办　人_____
填　发　人_____
填发时间_____

                  第一联　统一保存
</pre>

| ××××人民检察院 |
| 要求说明不立案理由通知书 |
| （副　本） |

　　　　　　　　　　××检××不立通〔20××〕×号

_____：

　　根据《中华人民共和国刑事诉讼法》第一百一十三条的规定，请在收到本通知书以后七日以内向本院书面说明_____一案的不立案理由。

　　　　　　　　　　　　　　　　　20××年×月×日
　　　　　　　　　　　　　　　　　　　（院印）

第二联　附卷

×××× 人民检察院
要求说明不立案理由通知书

×× 检 ×× 不立通〔20××〕×号

_____：

根据《中华人民共和国刑事诉讼法》第一百一十三条的规定，请在收到本通知书以后七日以内向本院书面说明_____一案的不立案理由。

20××年×月×日
（院印）

第三联 送达侦查机关

【制作说明】

一、本文书依据《中华人民共和国刑事诉讼法》第一百一十三条和《人民检察院刑事诉讼规则》第五百五十九条、第五百六十条、第六百八十条的规定制作。要求公安机关、国家安全机关、海警机关、监狱等书面说明不立案理由时使用。

二、本文书以案为单位制作。

三、本文书共三联，第一联统一保存备查，第二联附卷，第三联送达侦查机关。

（二）通知立案书

【文书格式】

×××× 人民检察院
通知立案书

××检××通立〔20××〕×号

_____（侦查机关名称）：

本院于____年____月____日收到你局回复的(姓名)涉嫌(罪名)的《不立案理由说明书》，本院审查认为：

（写明侦查机关关于不立案理由不能成立的原因和应当立案的事实根据和法律依据。）

根据《中华人民共和国刑事诉讼法》第一百一十三条的规定，现通知你局在收到本《通知立案书》后十五日以内对涉嫌(罪名)的(姓名)进行立案，并将立案决定书副本送达本院。

20××年×月×日
（院印）

【制作说明】

一、本文书依据《中华人民共和国刑事诉讼法》第一百一十三条和《人民检察院刑事诉讼规则》第五百六十三条的规定制作。人民检察院认为侦查机关说明的不立案理由不能成立，或侦查机关不说明不立案理由，但经审查符合立案条件，通知侦查机关立案时使用。

二、本文书一式二份，一份留存，一份送达侦查机关。

三、本文书采用叙述式，按以下层次叙写：

1. 发往单位。

2. 写明侦查机关回复《不立案理由说明书》的时间。

3. 写明侦查机关关于不立案理由不能成立的原因和应当立案的事实根据和法律依据。

4. 写明通知侦查机关立案的法律依据和要求。

四、统一业务应用系统操作规程①

（一）刑事立案监督流程

1. 流程图

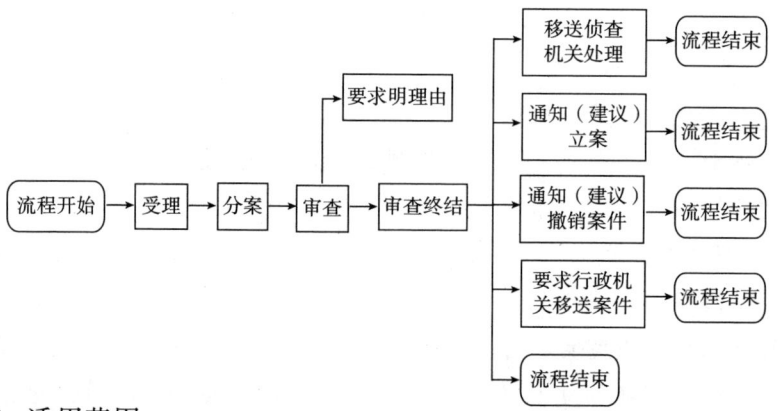

2. 适用范围

（1）监督侦查机关不应当立案而立案。

（2）监督侦查机关应当立案而不立案。

（3）监督行政执法机关不移送涉嫌犯罪案件，即监督"两法衔接"案件。

---

① 王晋：《全国检察机关统一业务应用系统使用指引手册——侦查监督业务》，中国检察出版社2013年版，第132页。

3. 流程节点说明

（1）【受理】节点，是指对刑事立案监督案件进行受理或者创建审查的环节。系统默认立案监督案件由负责捕诉的部门自行创建，主要由控申部门转来以及工作中自行发现的立案监督案件。

（2）【分案】节点，同审查逮捕流程。

（3）【审查】节点，是指承办人办理刑事立案监督案件的具体过程，由承办人操作完成。

（4）【要求说明理由】节点，是指人民检察院经过调查、核实后，需要侦查机关说明立案或者不立案理由的情形。该节点是【审查】节点的并行节点，并非必经节点，它附属于【审查】节点，承办人收到侦查机关说明理由的相关材料后，仍在【审查】节点办理。此节点有"送案"标志。

（5）【审查终结】节点，是指承办人对案件审查后，作出了审查结论。此节点是虚节点，是为流程的清晰而设计的，用户点击无效。

（6）【移送侦查机关处理】节点，是指人民检察院审查后，将相关材料移送给侦查机关处理的情形。此节点主要适用下列两种情况：

①人民检察院审查侦查机关应当立案而不立案的线索材料后，对于侦查机关尚未作出不予立案决定的，移送侦查机关处理。

②人民检察院对于不服侦查机关立案决定的投诉，如没有证据证明侦查机关可能存在违法动用刑事手段参与民事、经济纠纷，或者办案人员利用立案报复陷害、敲诈勒索以及谋取其他非法利益等违法立案情形的，可以移送立案的侦查机关处理。此节点有"送案"标志。

（7）【通知（建议）立案】节点、是立案监督的结果之一。人民检察院对侦查机关说明的不立案理由审查后，认为侦查机关不立案理由不成立的，应当通知侦查机关立案。

（8）【通知（建议）撤销案件】节点、是立案监督的结果之一。人民检察院对侦查机关说明的立案理由审查后，认为侦查机关立案理由不成立的，应当通知侦查机关撤销案件。

（9）【要求行政机关移送案件】节点，是人民检察院对行政执法机关不移送涉嫌犯罪案件的材料审查后，认为行政执法机关应当移送涉犯罪案件的，应当向行政执法机关提出检察建议，要求其按照管辖规定向侦查机关或者人民检察院移送涉嫌犯罪案件。此节点有"送案"标志。注意事项：行政执法机关移送给侦查机关后，侦查机关没有立案侦查，需要立案监督的，另行创建立案监督案件进行办理。

4. 节点文书配置

节点名称	文书名称	最低审批权限（参考）	用印种类
审查	《询问通知书》	承办人	院印
	《调取证据通知书》	承办人	院印
	《调取证据清单》	承办人	院印
	《立案监督案件审查意见书》	承办人	无
	《交办通知书》	副检察长	院印
要求说明理由	《要求说明立案理由意见表》	承办人	无
	《要求说明立案理由通知书》	承办人	院印
	《要求说明不立案理由意见表》	承办人	无
	《要求说明不立案理由通知书》	承办人	院印
移送侦查机关处理	《移送侦查机关处理函》（立案监督用）	承办人	院印
通知（建议）撤案	《通知撤销案件书》	副检察长	院印
	《提请协商报告书》（监督应当撤案用）	承办人	院印
	《纠正违法通知书》（立案监督用）	副检察长	院印
通知（建议）立案	《通知立案书》	副检察长	院印
	《催办函》（立案监督用）	承办人	院印
	《提请协商报告书》（监督应当立案用）	承办人	院印
	《提请批准直接受理书》	承办人	院印
	《犯罪线索移送函》	副检察长	部门印
	《纠正违法通知书》（立案监督用）	副检察长	院印
要求行政机关移送案件	《建议移送涉嫌犯罪案件函》	副检察长	院印

5. 案卡填录

【应当立案而不立案的监督情况】案卡的填录主体为案件承办人

数据项名称	是否必填	指标解释	填录说明
不立案机关	必填	指作出不立案决定或通知的公安机关。	无
不立案通知书文号	必填	指侦查机关不立案决定书或通知书的文号。	无
移送公安机关处理日期	必填	指人民检察院对于公安机关应立案而不立案侦查的线索进行审查后，对于公安机关尚未作出不予立案决定的，作出移送公安机关处理决定的日期。	以《移送侦查机关处理函》的落款日期为填录来源。
要求公安机关说明不立案理由日期	必填	指人民检察院要求公安机关说明不立案理由，应当制作要求说明不立案理由通知书。	以人民检察院作出《要求公安机关说明不立案理由通知书》落款日期为填录来源。
公安机关主动立案日期	必填	指公安机关收到《要求公安机关说明不立案理由通知书》后，公安机关主动立案的，将立案决定书复印件及时送达人民检察院。	以公安机关《立案决定书》上的立案日期为填录日期。
公安机关答复日期	必填	指公安机关收到《要求公安机关说明不立案理由通知书》后7日以内，书面说明不立案的情况，依据和理由，连同有关证据材料复印件回复人民检察院的日期。	以公安机关移送的答复文书日期为填录来源。
不立案理由是否成立	必填	指公安机关说明不立案理由后，负责捕诉的部门应当审查公安机关不立案理由是否成立。	根据审查结果填录"是"或"否"。

续表

数据项名称	是否必填	指标解释	填录说明
通知公安立案日期	必填	指公安机关说明不立案理由后，经负责捕诉的部门审查认为公安机关不立案理由不能成立的，经检察长或检察委员会讨论决定，作出通知公安机关立案的《通知立案书》的日期。	以《通知立案书》送达的落款日期为填录来源。
通知立案书文号	必填	指向公安机关发出的《通知立案书》的文号。	以《通知立案书》的文号为填录。
公安机关执行通知立案日期	必填	指公安机关收到《通知立案书》后，作出立案决定的日期。	以公安机关《立案决定书》的落款日期为填录来源。
催办日期	必填	指公安机关立案后3个月以内未侦查，人民检察院可以向公安机关发出立案监督案件催办函，要求公安机关及时向人民检察院反馈侦查工作进展情况。	以发出《催办函》的日期为填录来源。
发纠正违法通知书日期	必填	指公安机关在收到通知立案书后超过15日不予立案，人民检察院发出《纠正违法通知书》的日期。	以发出《纠正违法通知书》的日期为填录来源。
纠正违法通知书文号	必填	指发出的《纠正违法通知书》文号。	无
报上级院协商同级公安机关日期	必填	指人民检察院发出《纠正违法通知书》后，公安机关仍不纠正，决定报上级人民检察院协商同级公安机关处理的日期。	以《提请协商报告书》的送达日期为填录日期。

【两法衔接案件监督情况】案卡

数据项名称	是否必填	指标解释	填录说明
行政执法机关类别	必填	指控申部门转来或者负责捕诉的部门自行发现的行政执法机关不移送涉嫌犯罪案件的行政机关。	根据该具体行政执法机关名称进行选择。
行政执法机关名称	必填	指行政执法机关的具体名称。	根据该具体行政执法机关名称进行填录。
建议移送日期	必填	指人民检察院接到控告、举报或者发现行政执法机关不移送涉嫌犯罪案件的，向行政执法机关提出检察意见的日期。	以向行政执法机关发出检察意见的日期为填录来源。
行政执法机关移送日期	必填	指行政执法机关收到检察机关的检察意见后，向公安机关或人民检察院移送涉嫌犯罪案件的日期。	以行政执法机关回复的相关文书上的移送案件日期为填录来源。
立案日期	必填	根据立案机关代码进行选择。	无
查询日期	必填	指检察机关向行政执法机关提出查询要求的日期。	根据实际查询日期填录。
阅卷日期	必填	指检察机关向行政执法机关提出阅卷要求的日期。	根据实际阅卷日期填录。

（二）商请督促立案监督案件流程

1. 流程图

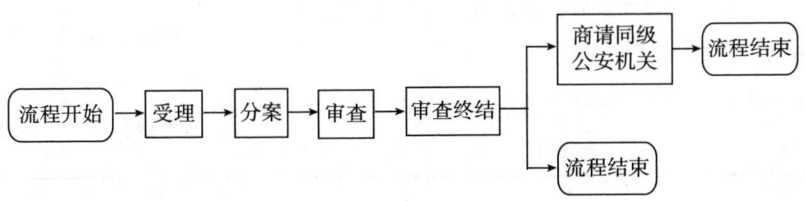

2. 适用范围

人民检察院向同级公安机关发出《通知立案书》或者《通知撤销案件书》后，公安机关超过 15 日不予立案或者既不提出复议、复核也不撤销案件的，人民检察院又发出《纠正违法通知书》，公安机关仍不纠正的，报上一级人民检察院协商同级公安机关处理，上一级人民检察院办理此类案件时，则适用此流程办理。

3. 流程节点说明

（1）【受理】节点，是支队下级人民检察院报请的商请督促侦查机关执行立案监督意见的案件进行受理审查的环节。此类案件在系统里是默认有案件管理部门受理。

（2）【分类】节点，同审查逮捕流程。

（3）【审查】节点，是指承办人办理案件的具体过程。此节点的一系列行为由侦查部门的承办人操作完成。

（4）【审查终结】节点，是指承办人对案件审查后，作出来审结结论。

（5）【商请同级公安机关】节点，是指人民检察院审查后，以为下级人民检察院发出的，《通知立案书》或者《通知撤销案件书》以及《纠正违法通知书》正确，决定商请同级公安机关督促下级公安机关执行《通知立案书》或者《通知撤销案件书》的意见。

4. 节点文书配置

节点名称	文书名称	最低审批权限（参考）	用印种类
审查	《商请案件审查意见书》（立案监督商请用）	副检察长	无
商请同级公安机关	《立案监督商请函》（监督不应当立案而立案用）	副检察长	院印
	《立案监督商请函》（监督应当立案而不立案用）	副检察长	院印

5. 案卡填录

【审结情况】案卡由承办人填录

数据项名称	是否必填	指标解释	填录说明
审结日期	必填	指审查下级检察院报请的案件材料后，作出处理结论的日期。	以结论性文书的落款日期为填录来源。
审结结果	必填	指审结处理结果，包括同意、不同意。	根据案件的审结处理结果选择。
商请同级公安机关日期	必填	指向同级公安机关发出《商请函》的日期。	无
同级公安机关回复日期	必填	指同级公安机关收到《商请函》后，回复检察机关的日期。	以收到公安机关的回复文书的日期为填录来源。

注意事项：凡是反映立案监督案件情况的案件材料和文书应当及时扫描上传至全国统一业务应用系统中，在填报案卡信息时应当注意"要求公安机关说明立案理由日期、要求公安机关说明不立案日期、公安机关撤案日期、公安机关立案日期"等具体情形数据应当及时准确地录入。起诉、判决情况则需要公诉环节，案件承办人在"审查起诉受理情况"案卡中将犯罪嫌疑人基本信息这一涉案信息栏中"是否立案监督对象"项下点击下拉菜单选择"是"之后才能体现出来。

五、实践中常见的应当立案而不立案的情形[①]

（一）基于侦查谋略需要的不破不立

"破案"一般是指侦查机关在发现犯罪事实以后查获犯罪嫌疑人，

---

① 毛建平主编：《侦查监督实务与技巧》，中国检察出版社2008年版，第64页。

或者接到对犯罪嫌疑人的控告后查清了某人确实实施了犯罪行为。在共同犯罪案件中，查获部分犯罪嫌疑人也属于破案。所谓"不破不立"，是指刑事立案主体对案情复杂、一时难以侦破的案件，不立案就开展侦查工作，等到案件侦破后再补办立案手续。造成这种现象存在的原因主要有两方面，一是公安机关内部有侦破案件的年度考核指标、发案数和破案率不仅是刑警部门的工作业绩指标、而且还是地方治安状况的"晴雨表"；二是出于破案的需要和侦查保密的需要。虽然立案以后、侦查措施仍然可以采取必需的保密方式，但是知悉案件情况的人员范围会扩大、可能不利于案件的顺利侦破。这种情况，在无具体被害人的犯罪案件或侦查有组织犯罪案件和团伙犯罪案件中比较常见。有时候，处于侦查策略或保护线人的需要，也采取有案不立，待破案后再立案的方式。

基于侦查技术和策略的需要而不立案的、检察机关应适当考虑破案的需要，而不宜简单催促监督公安机关立案。对于有被害人或者控告人的、检察机关控申部门还需做好解释工作，但不宜向其透露不立案的真实原因。

（二）业务性的非刑罚化处理的应立而不立

该种情况是指公安机关把应当追究刑事责任的轻微刑事案件以治安处罚案件立案或者处理、区别于后文所指的因为权力寻租或权力庇护而产生不立案的情形。非刑罚化处理轻微的犯罪案件是刑法发展的一个趋势，即所谓轻轻重重的刑事政策。《刑事诉讼法》第112条前句后段"认为没有犯罪事实，或者犯罪事实显著轻微，不需要追究刑事责任的时候，不予立案，并将不立案的原因通知控告人"，赋予公安机关对于所获事实进行性质判断的裁量权。"没有犯罪事实"指符合《刑法》第13条的"但书"规定，或者根本就没有违法事实发生。"不需要追究刑事责任"指公安机关根据刑法的规定，对于查明的事实明显不具有应受刑事处罚性的，就可以不立案。非刑罚化处理的应立而不立的案件是指符合刑事诉讼法规定的立案标准而不立案。这种情形已经超越了公安机关的自由裁量权范围。常见的就是以罚代刑等。我们国家对犯罪概念和行为的确定不同于大陆法系国家,更与英美法系国家不同,比如,日本的无证驾驶、酒后驾驶,甚至闯交通红灯,都属于犯罪。我国的犯罪行为的确立要比普通违法行为的社会危害性更重,一些行为处在罪与非罪的边缘化状态,大量的治安违法行为与刑事犯罪行为往往具有一致的方面。而且由于被害人因素的影响,比如获得的经济补偿或经济赔偿较多,也往往倾向于非刑罚化处理。如一交通肇事罪嫌疑人家属,对被害人家属明示,如果被害人家属不告,将愿意赔偿40万元。如果被害人家属控告,肇事者服刑,肇事者家属将不会给付任何赔偿。从犯罪统计学上看,这种警察业务性地对犯罪行为实施非刑罚化处理,可能增添犯罪黑数,也可能存在警方把严重犯罪案件故意或消极地当作轻微案件处理的情况。检察机关对于在工作中获悉的这种应立案而不立案的案件,有必要依法实施监督。

(三)权力寻租或权力庇护背后的应立而不立

公安机关对符合法定立案条件的案件故意不予立案或者以罚代刑、以劳代刑等。主要有两种表现形式:一是公安机关接到报案或者已经发现犯罪事实、犯罪嫌疑人,故意不作出刑事立案决定;二是公安机关以治安处罚标准或方式立案处理应当受刑事处罚的案件,即"以罚代刑"。这种故意往往出于执法人员权钱交易、权权交易、以权谋私、徇私枉法等原因。这种有案不立的情况是检察监督的重点。

【案例】某县级市税务局一税务检查小组三人在年终例行税务、企业账目规范化检查中,查明某公司偷逃税款35万元,占该企业全年应纳税款总额的13%。该公司要求给检查小组人员6万元过节费和辛苦费,被拒绝。税务机关根据国务院《行政执法机关移送涉嫌犯罪案件的规定》,将案件移送公安机关处理。在该案件办理过程中,该公司向公安局某侦查大队"捐款赞助"5万元。经群众举报,检察机关向公安机关发出《说明不立案理由通知书》。公安机关答复该案件属于一般性偷漏税款案件,已经由税务机关和公安机关对公司负责人和公司实施行政处罚。后检察机关认为此理由不成立,便发出《通知立案书》,公安机关将此案作为刑事案件处理,重新立案侦查。

近几年来，行政执法领域涉嫌犯罪的行为增加幅度很大，检察机关掌握移送案件中的立案信息存在不全面的情况，知情权受到极大的限制。在当前司法实践中，检察机关对于行政执法领域的立案监督较少，因而造成行政执法机关对破坏市场经济秩序犯罪案件行政处理多，移送司法机关追究刑事责任少的现象，甚至存在有些行政执法机关的情况把一些应向司法机关移送的涉嫌犯罪案件没有移送，或者以行政处罚代替刑事处罚的现象。因此，必须按照《关于加强行政执法机关与公安机关、人民检察院工作联系的意见》的要求，行政执法机关应当定期向公安机关、人民检察院通报查处破坏社会主义市场经济秩序案件情况以及向公安机关移送涉嫌犯罪案件情况；公安机关应当定期向行政执法机关通报行政执法机关移送案件的受理、立案、销案情况；人民检察院应当定期向行政执法机关通报立案监督、批捕、起诉破坏社会主义市场经济秩序犯罪案件的情况，并根据最高人民检察院《人民检察院办理行政执法机关移送涉嫌犯罪案件的规定》关于"检察机关发现行政执法机关应当移送的涉嫌犯罪案件而不移送的，可以提出检察意见"的规定，开展多向联系，可以及时行使立案监督权。

（四）消极管辖产生的应立而不立

管辖问题可能产生两种情形，即应当立案而不立案和不应当立案而立案。积极管辖，即公安机关争夺管辖权，易于产生不应当立案而立案的现象；消极管辖，即公安机关推卸管辖权，易于产生应当立案而不立案的情形。消极管辖产生的应当立案而不立案的情况，主要发生在地区管辖冲突中。如 A 省 B 市一辆出租车在开往邻省 J 省 X 市的途中失踪，司机可能被杀害。B 市和 X 市的公安机关都不履行立案管辖义务。B 市检察院向 B 市公安机关发出《说明不立案理由通知书》。公安机关答复说案件不是发生在 B 市境内，本市公安机关无管辖权。检察院认为本理由不能成立，因为本案件具有流窜作案的特点，究竟犯罪行为和危害结果发生在哪里，在没有明确查清之前，只要怀疑司机遭到抢劫或系被害，B 市公安机关就应当立案，进行侦查。随后向公安机关发出《通知立案书》，要求公安机关立案侦查。B 市公安机关立案后，通过上级公安机关的协调，取得了 X 市公安机关的积极配合和支持，B 市检察机关将立案监督概要书面函告 X 市检察院，希望 X 市检察院能够与 X 市警方一起，对 B 市警方侦查予以支持。这样，两地警检协调合作，最终将这起抢劫杀人案件成功告破。

检察机关在实施该类情形的监督时，比较容易产生预期的效果。不过，由于各地的公安机关办案经费紧张和其他一些情况，如命案必破的行政性压力，因此，检察机关对于由于管辖权消极冲突而产生的应当立案而不立案的案件的监督，往往需要超越省界、市区的限制，实现多单位合作。虽然从制度上看检察一体、警察一体，但由于机关经费由各地政府承担，难免有不一致的地方。

【案例】梅某职务侵占案

犯罪嫌疑人梅某，原系某市某贸易有限公司 06026 号投注体彩销售员。2010 年 4 月，梅某利用体彩销售员的便利，截留体育彩票销售结余款 12169 元未上交省体彩中心，并据为己有。同年 9 月，梅某又利用职务便利，在未支付投注款 57122 元情况下，从省体彩中心提走采取金色方式投注体彩中心 4 花选 4 第 01404 期 88371720 号票印联中奖金 52288 元据为己有，后潜逃。

2013 年 6 月，某市某区人民检察院接到某贸易有限公司举报，该公司业务员侵吞本单位资金潜逃，向区公安分局报案，该局未立案。2013 年 7 月 7 日，区人民检察院即向区公安分局发出《要求说明不立案理由通知书》。同年 7 月 8 日区公安分局以此案正在调查和管辖范围有异议的不立案理由答复检察机关。区人民检察院经审查认为区公安分局对 2010 年梅某侵吞本公司财产案有管辖权，以正在调查为由不立案理由不成立。2013 年 7 月 10 日，向区公安分局发出《通知立案书》，区公安分局于同年 7 月 11 日移送本区内某企业公安分局。该分局于同日立案，同时抓获犯罪嫌疑人梅某。2013 年 11 月 20 日，区人民法院判决梅某犯职务侵占罪并判处有期徒刑 3 年。

（五）自诉与公诉案件的界限模糊产生的应立不立

人民法院对公民提出的自诉案件以不属于自诉案件为由不予立案，

而公安机关又以自诉案件归法院受理为由不予受理，属于自诉与公诉界限模糊所产生的公安机关应立案而不立案的情形。为了解决被害人救济途径不畅的问题，刑事诉讼法扩大了被害人及其近亲属自诉案件的范围，还增加了公诉转自诉的法律规定。《刑事诉讼法》第210条规定了自诉案件的三个范围：告诉才处理，被害人有证据证明的轻微刑事案件以及被害人有证据证明对被告人侵犯自己人身、财产权利的行为应当依法追究刑事责任，而公安机关或者人民检察院不予追究被告人刑事责任的案件。为了进一步明确条文含义，《刑事诉讼法》第210条第二项规定的人民法院直接受理的"被害人有证据证明的轻微刑事案件"，是指下列被害人有证据证明的刑事案件：（1）故意伤害案（轻伤）；（2）重婚案；（3）遗弃案；（4）妨害通信自由案；（5）非法侵入他人住宅案；（6）生产、销售伪劣商品案件（严重危害社会秩序和国家利益的除外）；（7）侵犯知识产权案（严重危害社会秩序和国家利益的除外）（8）属于刑法分则第四章、第五章规定的、对被告人可以判处3年以下有期徒刑刑罚的其他轻微刑事案件。上述所列八项案件中、被害人直接向人民法院起诉的、人民法院应当受理、对于其中证据不足、可由公安机关处理的、应当移送公安机关立案侦查。被害人向公安机关控告的、公安机关应当受理。自诉案件有两个标准：一是范围明确、超越自诉案件的法定范围的案件就不能作为自诉案件处理；二是自诉人主张权利必须依法行证明责任，达不到证明标准要求的，必须补充证据或者被法院我国起诉。对于第一个标准、法院认为自诉的案件是应当由公安机关管辖的公诉案件的、将案件移送公安机关立案侦查。这样有利于保护被害人的权利。比如上述八项案件中的第（6）、（7）、（8）项案件的公诉与自诉的判断标准就依赖于警察、检察官和法官的个别化判断。对于第二个标准，自诉人收集的证据达不到案件证明标准时，法院将案件移送公安机关后、公安机关应当立案。如果公安机关对移送的案件不立案，自诉人向检察院提出的，检察机关应当发出《说明不立案理由通知书》认为不立案理由不成立的，再发出《通知立案书》。

（六）其他公安机关应立案而没立案的情形

在实践中，可能会出现一些公安机关其他应立案而没立案的情形、也应启动刑事立案监督程序来处理。这些情形主要包括以下两类：一是法院已作生效判决，检察机关发现遗漏的共犯、公安机关应该立案而没有立案的。就此类案件在批捕、起诉或审判阶段，可通过启动追捕、追诉方法来解决，但判决生效后，只能启动立案监督程序来处理新案件。二是行政执法机关在行政执法中发现应当追究刑事责任的案件移送公安机关，公安机关应该立案而没有立案的。

第三节 对不应当立案而立案的监督

一、对不应当立案而立案的监督线索来源

（一）控告申诉

人民检察院的立案监督不仅限于对应当立案而不立案的监督，还包括对不应当立案而错误立案的监督。对于错误立案的立案监督线索来源主要是正在被追诉的犯罪嫌疑人及其近亲属、法定代理人及其委托律师的申诉。具体包括被害人的控告申诉、人民群众控告和犯罪嫌疑人控告申诉三种情形。

（二）检察机关自行发现

包括通过办案发现、提前介入引导侦查发现和检察机关其他内设部门移送。

（三）其他途径发现

主要有党委、人大、上级检察机关交办以及下级检察院报告，大众媒体报道中发现和日常生活中发现。

二、对不应当立案而立案的监督程序[①]

（一）受理与审查线索

1. 受理程序

案件受理是指对刑事立案监督案件进行受理或者创建审查的环节。统一业务应用系统默认的立案监督案件，由负责捕诉的部门自行创建，主要是由控告部门转来以及在工作中自行发现的立案监督案件。

2. 线索审查

审查的内容主要包括：据以决定立案的犯罪事实是否存在，即有无该事实发生，该事实是否达到刑事立案标准；决定立案的犯罪嫌疑人是否存在；决定立案的犯罪事实与犯罪嫌疑人是否相符，即该犯罪事实是否该犯罪嫌疑人所为；被立案的犯罪嫌疑人是否达到刑事责任年龄；被立案的犯罪嫌疑人有无刑事责任能力；有无违法插手经济纠纷、报复陷害、敲诈勒索、谋取非法利益等违法立案情形。

3. 线索的处理

对刑事监督撤案案件线索审查后，应当根据不同情况分别作出处理：

认为公安机关无违法立案情形的，可以移送公安机关处理，移送应制作《移送函》，连同相关材料一并送达。认为公安机关有插手经济纠纷、报复陷害、敲诈勒索、谋取非法利益等四种严重违法立案情形，及其他明显违反法律规定予以刑事立案的情形，如没有证据证明有犯罪事实发生或虽有犯罪事实发生但不是犯罪嫌疑人所为等情形，公安机关仍予以立案的，或者对明显不构成犯罪或者依法不应追究刑事责任的人立案的，等等，应要求说明立案理由。

（二）要求说明立案理由及审查

1. 要求说明立案理由

拟要求公安机关说明立案理由的，承办人应制作《要求说明立案

[①] 湖南省人民检察院侦查监督一处主编《两项监督工作指引》，2015年8月。

理由意见书》，提出要求说明立案理由的建议，报业务机构负责人审查，分管检察长审批后，制作《要求说明立案理由通知书》，加盖院印，送达公安机关。要求说明立案理由的期限为 7 日，期间开始的日不计算在内。

2. 审查公安机关立案理由

公安机关在接到《要求说明立案理由通知书》后，直接撤销案件的，公安机关应将《撤销案件决定书》复印件送达检察机关。公安机关未直接撤销案件，而是回复说明立案理由的，检察机关负责捕诉的部门应制作《立案监督案件审查意见书》，对其说明的立案理由进行审查，提出是否同意公安机关立案理由的意见。

（1）承办人审查认为立案理由成立的，经业务机构负责人审查，报分管检察长审批后制作《控申案件回复函》，通知控告检察部门，由其在 10 日以内将立案的理由和根据告知被害人及其法定代理人、近亲属或者行政执法机关。

（2）承办人审查认为立案理由不成立的，经业务机构负责人审查、检察长或者检察委员会讨论决定后，应当通知公安机关撤销案件。

①通知撤案必须制作《通知撤销案件书》，以书面形式进行，说明依据和理由，并加盖院印，连同证据材料送达公安机关。《通知撤销案件书》中应写明撤销案件的具体期限，且应明确告知其如认为撤销案件通知有错误，应在接到文书后 15 日内向人民检察院提出复议。

②公安机关对撤销案件书没有异议的，应当立即撤销案件，并将撤销案件决定书送达人民检察院。

③对公安机关既不撤销案件，又不回复说明立案理由的，应当发出《纠正违法通知书》予以纠正。公安机关仍不纠正的，报上一级人民检察院协商同级公安机关处理。

（三）复议、复核

1. 复议

公安机关认为人民检察院撤销案件通知有错误而要求复议的，同级人民检察院应当重新审查。承办人应重点审查以下内容：（1）审查原

《撤销案件通知书》阐述的公安机关立案理由不能成立的原因和应当撤销案件的法律依据。（2）审查公安机关提请复议即认为检察机关《通知撤销案件书》错误的理由和法律依据。（3）对案件事实及公安机关立案理由进行分析，重点分析公安机关立案决定是否正确，检察机关通知撤案的理由是否正确。

承办人制作《通知撤销案件复议审查意见书》，提出是否变更撤销案件意见的建议，经业务机构负责人审查，报检察长或检察委员会讨论决定。在收到要求复议意见书和相关案卷材料后7日内做出是否变更的决定，填发《复议决定书》，送达公安机关。认为原通知撤销案件决定错误的，应同时发函撤销原《通知撤销案件书》。

2. 复核

公安机关不接受人民检察院复议决定，提请上一级人民检察院复核的，上级人民检察院应当进行审查。承办人应重点审查以下内容：

一是审查下级人民检察院《撤销案件通知书》阐述的公安机关立案理由不能成立的原因和应当撤销案件的法律依据。二是审查公安机关提请复核即认为检察机关《通知撤销案件书》错误的理由和法律依据。三是审查下级人民检察院复议决定书阐述的检察机关通知撤案理由正确及公安机关提请复议意见不成立的依据。四是对案件事实及公安机关立案理由进行分析，重点分析公安机关立案决定是否正确，检察机关通知撤案及维持通知撤销案件决定的理由是否正确。

承办人制作《通知撤销案件复核审查意见书》，提出是否变更撤销案件意见的建议，经业务机构负责人审查，报检察长或检察委员会讨论决定。上级人民检察机关应在收到提请复核意见书和相关案卷材料后15日内做出是否变更的决定，填发《复核决定书》，送达下级人民检察院和公安机关。上级人民检察院复核认为撤销案件通知有错误的，下级人民检察院应当发函撤销原《通知撤销案件书》；上级人民检察院复核认为撤销案件通知正确的，下级公安机关应当撤销案件。

（四）跟踪监督

公安机关在收到《通知撤销案件书》后，既不提出复议、复核，也不撤销案件的，检察机关应当制作《纠正违法通知书》予以纠正。经检察机关纠正违法，公安机关仍不撤案的，应将情况报上一级人民检察院，由上一级人民检察院协商请同级公安机关处理。公安机关接到《通知撤销案件书》后仅对已立案犯罪嫌疑人作出行政处罚或予以释放，而不作撤销案件决定的，检察机关可以制作《纠正违法通知书》予以纠正。对拒不撤销案件并且向检察机关报捕或者直诉的，依法作出不批准逮捕决定或不起诉决定。

（五）对不应当立案而立案的监督案件的商请

1. 对需要提请上一级人民检察院商请同级公安机关处理的案件，下一级人民检察院应书面提请，并附送立案监督过程中形成的全部案件材料。

2. 对下级人民检察院提请上一级人民检察院商请同级公安机关处理的案件，上级人民检察院应指派专人进行审查，制作《商请案件审查意见书》，提出是否商请同级公安机关处理的意见，意见书应依次写明犯罪嫌疑人基本情况、公安机关说明立案理由、下级人民检察院报送商请的理由、经审查认定的案件事实及证据、需要说明的问题，并提出是否商请同级公安机关处理的意见，报业务机构负责人审查，分管检察审批。

3. 需要商请同级公安机关处理的案件，应制作《商请函》，载明案件诉讼过程及应当撤销案件的理由，送达同级公安机关，要求其督促下级公安机关及时予以纠正。

（六）注意事项

1. 对公安机关已经提请批准逮捕的案件，经审查认为不构成犯罪或者依法不应追究刑事责任的，应依法做出不批准逮捕决定，不能直接监督公安机关撤案。

2. 检察机关以不构成犯罪或者依法不应追究刑事责任为由作出不批准逮捕决定后，公安机关仍不撤案的，应当通知公安机关撤销案件，但不另行计入立案监督工作统计台账。

三、相关法律文书的制作

（一）《要求说明立案理由通知书》

【文书格式】

×××人民检察院
要求说明立案理由通知书
（存　根）

××检××立通〔20××〕×号

案　　　由＿＿＿＿＿＿＿＿＿＿＿＿＿＿＿＿＿＿＿＿＿＿
犯罪嫌疑人＿＿＿＿＿＿＿＿＿＿＿＿＿＿＿＿＿＿＿＿＿＿
发现途径＿＿＿＿＿＿＿＿＿＿＿＿＿＿＿＿＿＿＿＿＿＿＿
公安机关立案时间＿＿＿年＿＿＿月＿＿＿日
送达机关＿＿＿＿＿＿＿＿＿＿＿＿＿＿＿＿＿＿＿＿＿＿＿
批　准　人＿＿＿＿＿＿＿＿＿＿＿＿＿＿＿＿＿＿＿＿＿＿
承　办　人＿＿＿＿＿＿＿＿＿＿＿＿＿＿＿＿＿＿＿＿＿＿
填　发　人＿＿＿＿＿＿＿＿＿＿＿＿＿＿＿＿＿＿＿＿＿＿
填发时间＿＿＿＿＿＿＿＿＿＿＿＿＿＿＿＿＿＿＿＿＿＿＿

第一联　统一保存

××××人民检察院

要求说明立案理由通知书

（副　本）

××检××立通〔20××〕×号

_____：

　　根据《人民检察院刑事诉讼规则》第五百五十九条、第五百六十条和《最高人民检察院、公安部关于刑事立案监督有关问题的规定（试行）》第六条的规定，请在收到本通知书以后七日以内向本院书面说明_____一案的立案理由。

20××年×月×日

（院印）

第二联　附卷

××××人民检察院
要求说明立案理由通知书

×× 检 ×× 立通〔20××〕×号

_____：

　　根据《人民检察院刑事诉讼规则》第五百五十九条、第五百六十条和《最高人民检察院、公安部关于刑事立案监督有关问题的规定（试行）》第六条的规定，请在收到本通知书以后七日以内向本院书面说明_____一案的立案理由。

20××年×月×日
（院印）

第三联　送达公安机关

【制作说明】

一、本文书依据《人民检察院刑事诉讼规则》第五百五十九条、第五百六十条和《最高人民检察院、公安部关于刑事立案监督有关问题的规定（试行）》第六条的规定制作。要求公安机关书面说明立案理由时使用。

二、本文书以案为单位制作。

三、本文书共三联，第一联统一保存备查，第二联附卷，第三联送达公安机关。

（二）《通知撤销案件书》

【文书格式】

××××人民检察院
通知撤销案件书

××检××通撤〔20××〕×号

_____（侦查机关名称）：

本院于____年____月____日收到你局回复的_____案的《立案理由说明书》，经审查认为：

（写明侦查机关立案理由不能成立的原因和应当撤销案件的事实、法律依据。）

根据《人民检察院刑事诉讼规则》第五百六十一条、第五百六十三条、第五百六十四条和《最高人民检察院、公安部关于刑事立案监督有关问题的规定（试行）》第八条、第九条的规定，现通知你局撤销_____案并将撤销案件决定书复印件及时送达本院。

20××年×月×日

（院印）

【制作说明】

一、本文书依据《人民检察院刑事诉讼规则》第五百六十一条、第五百六十三条、第五百六十四条和《最高人民检察院、公安部关于刑事立案监督有关问题的规定（试行）》第八条、第九条的规定制作。为公安机关说明的立案理由不成立，要求公安机关撤销案件时使用。

二、本文书一式二份，一份留存，一份送达公安机关。

三、本文书采用叙述式，按以下层次叙写：

1. 发往单位。

2. 写明公安机关回复《立案理由说明书》的时间。

3. 写明公安机关立案理由不能成立的原因和应当撤销案件的事实、法律根据。

4. 写明通知公安机关撤销案件的法律依据和要求。

（三）《纠正违法通知书》

【文书格式】

××××人民检察院

纠正违法通知书

××检××纠违〔20××〕×号

_____（侦查机关）：

本院于××年×月×日向你局发出×号《通知立案书》（或者《通知撤销案件书》），你单位在收到后超过十五日未予立案（既然不提出复议、复核也不撤销案件）。

根据《人民检察院刑事诉讼规则》第五百六十四条之规定，现通知你局予以纠正，并在收到本通知书后十五日内将纠正情况告知我院。

××年×月×日

（院印）

（四）《提请协商报告书》

【文书格式】

××××人民检察院
提请协商报告书
××检××立提商字〔20××〕×号

_____人民检察院：

　　我院于____年____月____日向____公安局发出×号《通知撤案书》，该局收到《通知撤案书》后未提出复议复核，也未撤销案件，我院于____年____月____日发出《纠正违法通知书》，该局仍未撤销案件，现报请你院协商×公安局予以处理。

　　一、犯罪嫌疑人基本情况

　　涉案人_____，（曾用名_____，绰号_____），（性别）____，___年___月___日出生，身份证号码_____，（民族）_____，文化程度_____，户籍所在地_____，住_____。工作单位_____。于_____被_____单位采取_____（强制措施），现羁押于_____。

　　二、公安机关说明的立案理由

　　……

　　三、经审查认定的案件事实及证据

　　……

　　四、需要说明的问题

　　……

　　五、处理意见

　　本院认为，犯罪嫌疑人_____的行为不符合立案条件，×公安局说明的立案理由不成立，应当依法撤销案件。依据《人民检察院刑事诉讼规则》第五百六十四条的规定，特报请你院协_____公安局处理。

20××年×月×日
（院印）

四、统一业务应用系统操作规程

（一）刑事撤案监督流程

1. 流程图。

2. 适用范围。

3. 流程节点说明。

4. 节点文书配置。

上述参照刑事立案监督流程进行。

5. 案卡填录。

【不应当立案而立案的监督情况】案卡

数据项名称	是否必填	指标解释	填录说明
立案机关	必填	指立案的公安机关。	无
立案决定书号	必填	指公安机关立案决定书文号。	无
移送公安机关处理日期	必填	指人民检察院对于不服公安机关立案决定的投诉，作出移送公安机关处理决定的日期。	以《移送侦查机关处理函》的送达日期为填录来源。
要求公安机关说明立案理由日期	必填	指人民检察院对不服公安机关立案决定的投诉经审查，认为有证据证明公安机关可能存在违法动用刑事手段插手民事、经济纠纷、或者利用立案实施报复陷害、敲诈勒索以及谋取其他非法利益等违法立案情形，尚未提请批准逮捕，经检察院批准，要求公安机关书面说明立案理由。	以送达《要求公安机关说明立案理由通知书》的日期填录来源。
公安机关主动撤案日期	必填	指公安机关收到《要求公安机关说明立案理由说明书》后，公安机关主动做出撤案决定的日期。	以公安机关的撤案文书上的落款日期为填录来源。

续表

数据项名称	是否必填	指标解释	填录说明
公安机关答复日期	必填	指公安机关收到《要求公安机关说明立案理由通知书》后，公安机关进行答复的日期。	以收到公安机关答复文书的日期为填录来源。
立案理由是否成立	必填	指负责捕诉的部门审查公安机关立案理由是否成立形成的结论。	无
通知公安机关撤案日期	必填	指收到公安机关说明立案的理由后，经侦查部门审查，认为公安机关立案理由不能成立的，经检察长或者监察委员会讨论决定，作出通知公安机关撤案的《通知撤销案件书》的日期。	以发出《通知撤案书》的日期为填录来源。
通知撤案书文号	必填	指发出的《通知撤销案件书》的文号。	无
发出纠正违法通知书日期	必填	指公安机关在收到通知撤案书后超过15天既不提出复议、复核也不撤销案件的，人民检察院决定发出《纠正违法通知书》的日期。	以发出《纠正违法通知书》的日期为填录来源。
纠正违法通知书文号	必填	指发出的《纠正违法通知书》的文号。	无
报上级院协商同级公安机关日期	必填	是指人民检察院发出《纠正违法通知书》后，公安机关仍不纠正，决定报上一级人民检察院协商同级公安机关处理的日期。	根据《立案监督案件提请协商报告书》上的落款日期填录。
公安机关接通知后撤案日期	必填	是指公安机关撤案的日期。	以公安机关《撤案决定书》落款日期为填录来源。

（二）刑事立案监督复议流程

1. 流程图

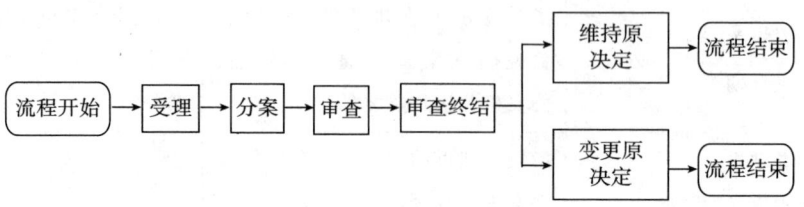

2. 适用范围

人民检察院通知侦查机关撤销案件，侦查机关认为撤销案件通知错误，并在5日内要求复议的，人民检察院应当重新审查，在收到《要求复议意见书》和案卷材料后7日内作出是否受理的决定。人民检察院处理此类复议案件时，则适用本流程办理。

3. 流程节点说明

（1）【受理】节点，是指对侦查机关提出的复议案件进行受理审查的环节。此类案件在系统里默认有案件管理部门受理。

（2）【分案】节点，同审查逮捕流程。

（3）【审查】节点，是指承办人办理复议案件的具体过程。此节点的一系列行为由负责捕诉的部门的承办人操作完成。

（4）【审查终结】节点，是指承办人对案件审查后，作出来复议结论。

（5）【维持原决定】节点，是指人民检察院审查后，认为原通知公安机关撤销案件的意见正确，从而作出维持原决定的复议结果。此节点有"送案"标志。

（6）【变更原决定】节点，是指人民检察院审查后，认为原通知公安机关撤销案件的意见确有错误，从而作出变更原决定的复议结果。此节点有"送案"标志。

4. 节点文书配置

节点名称	文书名称	最低审批权限（参考）	用印种类
审查	《复议案件审查意见书》	副检察长	无
维持原决定	《复议决定书》	副检察长	院印
变更原决定	《复议决定书》	副检察长	院印

5. 案卡填录

【复议情况】案卡的填录主体为案件承办人

数据项名称	是否必填	指标解释	填录说明
复议日期	必填	指人民检察院负责捕诉的部门另行指派办案人员进行复议审查，并在收到提请复议书和案卷材料后的7日以内作出是否变更决定的日期。	以《复议决定书》的落款日期为填录来源。
复议决定书文号	必填	指对公安机关要求复议的案件作出复议决定的文书文号。	无
复议结果	必填	指复议审查后的处理结论。包括：维持原决定、变更决定。	无

（三）刑事立案监督复核流程

1. 流程图

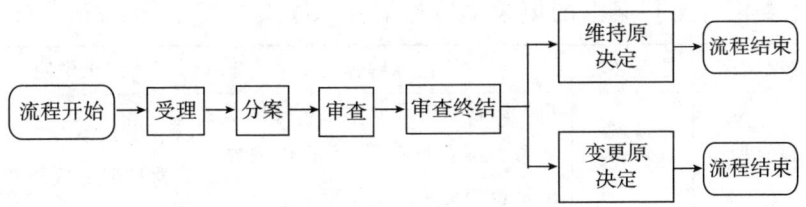

2. 适用范围

人民检察院办理下一级侦查机关就同级人民检察院监督撤销案件提请复核的案件，则适用此流程办理。

3. 流程节点说明

（1）【受理】节点，是指对侦查机关提请复核的案件进行受理审查的环节。此类案件在系统默认有案件管理部门受理。

（2）【分案】节点，是指将已受理的案件分配至具体承办人。

（3）【审查】节点，是指承办人办理复核案件的具体过程。此节点的一系列操作由负责捕诉的部门的承办人完成。

（4）【审查终结】节点，是指承办人对案件审查后，作出来复核结论。

（5）【维持原决定】节点，是指人民检察院复核后，认为下级检察院向侦查机关发来通知撤销案件的意见正确，从而作出维持原决定的复核结果。此节点有"送案"标志。

（6）【变更原决定】节点，是指人民检察院复核后，认为下级人民检察院向侦查机关发出的通知撤销案件的意见确有错误，从而作出变更决定的复核结果。此节点有"送案"标志。

4. 节点文书配置

节点名称	文书名称	最低审批权限（参考）	用印种类
审查	《复核案件审查意见书》	副检察长	无
维持原决定	《复核决定书》	副检察长	院印
变更原决定	《复核决定书》	副检察长	院印

5. 案卡填录

【复核情况】案卡的填录主体为案件承办人

数据项名称	是否必填	指标解释	填录说明
复核日期	必填	指人民检察院在收到提请复核意见书和案卷材料后15日以内作出是否变更决定的日期。	以《复核决定书》的落款日期为填录来源。
复核决定书文号	必填	指《复核决定书》的文书文号。	以《复核决定书》的文号为填录来源。
复核结果	必填	指对于公安机关提请复核的立案监督案件作出的复核审查结论。	根据复核结果进行选择。

五、实践中常见的不应当立案而立案的情形

（一）打击报复、徇私枉法、徇情枉法，将普通民事纠纷或工作失误刑事化

不该立案而立案，把普通民事纠纷或工作失误刑事化、犯罪化处理，往往是基于个人利益的驱使。例如，A女与B女因为自行车相撞，造成B女左腿裤缝裂开。经小区居委会调解，A女赔偿B女医疗诊断费和赔偿费100元。事隔半月后，公安局以涉嫌伤害罪立案侦查，对A女实施刑事拘留。警方拘留的证据有医院的诊断住院费、医药费收据和某医疗鉴定机构出具的伤害等级鉴定意见书。该鉴定意见书认为，B女的脊椎骨第三椎骨发生骨折。对A女以伤害罪立案并拘留，并非警方本意，而是迫于B女家庭背景的压力。公安机关将此案报请批捕时，检察机关侦查监督部门以鉴定结论不可靠、证据不足为由，不予批捕。虽然公安机关立即将A女释放，但由于错误立案和刑事拘留给当事人身体、精神、名誉等造成的损失和伤害却很大。

对于此类案件的监督，检察机关在审查逮捕时的不批准逮捕而使公安机关撤案是"迟到的春天"。从目前法律规定和实践运作经验看，检察机关对公安机关此类立案程序的监督往往是事后监督，被动地等待警方将案件报送本机关审查逮捕。如果被害人或其近亲属没有向检察机关申诉或控告，检察机关无法知悉已经立案的程序是否合法。这就是学界所说的检察机关对被监督机关进行诉讼程序的行为缺乏知情权的现象。对于此类立案监督，检察机关只能尽可能地从法律规定方面争取完善，建立公安机关立案登记报送检察机关制度；增强信息交流，借助新闻媒体，向社会各界宣传检察机关对已立案件监督的工作职能；与有关部门建立立案监督工作联系制度，通过群众举报，当事人控告申诉，法院民庭移交等多种途径，解决信息渠道不畅通的问题。

（二）经济、商事纠纷刑事化

随着市场经济的建立和社会结构转型，经济和商事领域的犯罪行为

伴随着经济、商事纠纷同步大量增加，犯罪罪名也大量增多。由于法律调控规范的缺失和社会主体行为的失范，经济领域的纠纷常常与犯罪行为相混淆或混合。造成经济、商事案件不该立案而立案的诱因有两个方面：一方面，许多经济纠纷当事人认为遭遇生意对方欠债不还，最便捷有效的讨债方式就是借助公安机关的权力逼迫对方还账。他们故意夸大欠债事实，歪曲债务性质，甚至虚构票据账目证据，使公安机关相信发生了经济犯罪，诱导公安机关干涉经济纠纷，以经济犯罪案由入手变相追讨债务，迫使对方当事人处于不平等的被立案侦查进行刑事责任追究地位而达成所谓的还款协议。另一方面，存在个别公安干警利用职权搞创收，人为制造经济犯罪案件的现象。如有的公安干警把明显是经济合同纠纷或债务纠纷的案件，立为诈骗刑事案件，为一方当事人追款讨债；对于不得不撤案的案件，也以"事实待查、证据待足"为借口长期列为在侦案件，使当事人长期处于刑事追诉的潜在阴影之下；有的办案人员在羁押当事人期间并不积极查案件，而是故意长时间不结案，恶意运用权力，企图通过限制当事人的人身自由施加压力，达到为报案人索要欠款的目的。

针对经济、商事领域中公安机关不应立案而立案、滥用刑事立案权的行为，检察机关的立案监督途径有两个方面：一是在检察机关决定不批捕。但是，检察机关不批捕的，警察可以依据刑事诉讼法规定，为羁押中的当事人变更强制措施，反而使得当事人处于不稳定的悬浮式诉讼状态。检察机关在决定不批捕的同时，应该审查公安机关的立案条件是否符合法律规定。虽然不批捕合法地阻止了刑事诉讼程序的进一步推进，但并不是对滥用立案权的违法行为的制裁和惩罚，所以，负责捕诉的部门应该在审查逮捕条件时，同时审查立案的合法性。对于属于不该立案而立案的，应向公安机关提出监督意见。二是检察机关控告申诉部门接受被追究者及其亲属的控告后，控告申诉部门应该积极进行调查，在发现公安机关的立案决定是错误的时候，转交负责捕诉的部门，向公安机关进行监督纠正，并监督该意见的执行情况。

【案例】叶某合同诈骗案

犯罪嫌疑人叶某，某市某公司法人代表。2016年元月6日上午11时，某变压器有限公司向某市公安局报案称，2015年12月，该市某区人民法院在受理变压器有限公司诉某公司拖欠货款200余万元一案中，发现该公司办公地点突然人走楼空，房产被转让，公司账号亦销户，与该公司有关人员的联系全部中断，民事诉讼无果，遂向公安机关报案。市公安局侦查后查明，某变压器公司与某市某公司签订变压器购销合同，合同总金额为2300万元。2013年6月，某市某公司法人代表变更，由徐某变更为犯罪嫌疑人叶某。叶某担任法人代表后，继续履行该合同，至2016年4月1日，尚有130余万元未能履行，且将应该履行合同的60余万元贷款收回后故意不履行还款业务，而是挪作他用，并于2015年11月底开始注销公司银行账号，遣散公司员工，变卖公司房产，为隐匿债务作了准备工作，企图非法占有这笔应该履行的货款。2016年3月25日，市公安局对某公司以涉嫌单位犯罪，叶某系直接主管人员，决定立案侦查，并于2016年4月1日将叶某抓获，同日刑事拘留。

2003年4月12日，某公司向市人民检察院提出控诉，控告市公安局插手经济纠纷，绑架该公司法人代表作为人质，替某变压器公司追讨债务。市人民检察院经调查后认为，某市某公司与叶某均不涉嫌合同诈骗罪。其理由是：

某市某公司不具备将货款占为己有的故意。虽然叶某本人交待尚欠变压器公司130余万元是合同诈骗，其主观上是想暂时非法占有该笔货款。但从其客观行为看：（1）从2013年3月6日叶某接手该公司法人代表后，不但履行其接任后的合同，对其前任的合同也在继续履行；（2）某市某公司与变压器公司在2012年8月13日对账后，当时确定某市某公司尚欠400余万元，后某公司到2015年11月20日又陆续履行了200余万元；（3）该合同总标的为2300余万元，已实际履行2100余万元，尚欠130余万元，已履行了绝大部分；（4）该公司虽已将办公场地转卖，并于2015年11月19日将公司账号销户但其仍在2015年11

月20日还一笔款给变压器公司；（5）叶某在2015年11月，2016年3月16日至31日，一直与变压器公司驻广州办事处的人有电话联系，抓获叶某也是以与变压器公司人员对账为名约出的，因此，不存在找不到叶某的事实。

某市某公司并未实际占有变压器公司的货款，其销出的变压器货款，也有部分未收回。其中一笔某供电局欠某公司46万元的货款，按照合同约定应由供电局直接支付给变压器公司，因此，这笔实际上是供电局欠变压器公司的货款，应从某市某公司130余万元欠款中扣除。

基于以上理由，市人民检察院认为某市某公司与变压器公司存在欠款纠纷，不构成合同诈骗罪，于2016年4月22日向市公安局发出《检察建议书》，建议公安机关撤销此案。市公安局接建议书后，于2016年4月29日撤销该案。

（三）管辖积极冲突产生的不应立案而立案

《公安机关办理刑事案件程序规定》第21条规定，几个公安机关都有权管辖的刑事案件，由最初受理的公安机关管辖。必要时，可以由主要犯罪地的公安机关管辖。第22条规定，对管辖不明确或者有争议的刑事案件，可以由有关公安机关协商。协商不成的，由共同的上级公安机关指定管辖。第25条规定，公安机关内部对刑事案件的管辖，按照刑事侦查机构的设置及其职责分工确定。根据刑事诉讼法的规定，公安机关在职能管辖案件范围内，其内部不同的部门再次进行各自立案、侦查的分工，因而存在着立案方面的冲突。公安机关内外部管辖的积极冲突表现在三个方面：基于职能管辖而与检察机关发生的立案冲突，基于地域管辖而与其他同级公安机关发生的冲突，基于公安内部不同立案权部门之间的管辖冲突。

对由于与检察机关立案管辖方面的冲突而发生的不应当立案而立案的案件，检察机关在得知信息后，应按照刑事诉讼法的规定，要求公安机关将案件移送检察机关，无须进行立案监督。对于因为地方保护主义插手经济纠纷，或从狭隘的局部利益出发，违反公安机关办案权限和案件管辖规定，越权办案，违法抓人，为本地企业追款讨债而发生不应该立案而立案的，检察机关应当要求公安机关说明立案理由，立案理由不成立的，应当监督公安机关撤销案件。

（四）根据《刑事诉讼法》第 16 条不该立案而立案的

《刑事诉讼法》第 16 条规定了具体的几种不应当立案的情形，已经立案的应撤销案件。实践中，有的公安机关出于故意或过失的原因，将依《刑事诉讼法》第 16 条规定不应追究刑事责任的案件，也予以立案追究，也有的公安机关因认识上的原因，混了罪与非罪的界限，错误地立案追究本不构成犯罪的嫌疑人。对于《刑事诉讼法》第 16 条第 1 项规定的"犯罪情节显著轻微、危害不大，不认为是犯罪"的罪与非罪的界限的理解，公安机关与检察机关易于产生分歧。除明显的错误外，检察机关一般应尊重公安机关的立案裁量权。对于其他四项规定的情形，检察机关应当进行立案监督，不可用不批捕、不起诉代替立案监督。因为不批捕、不起诉不等于对立案违法行为的否定和纠正，以不批捕、不起诉等方法纠正不该立案而立案中的违法行为，混淆了立案监督与侦查监督的界限，并以侦查监督取代立案监督。此外，既然违法行为在立案阶段就已经发生，不立刻纠正，而是待诉讼进行到下一个阶段才采取纠正措施，无异于对该违法行为的放任。

（五）初查时证据收集时机和技术手段欠缺或者错误

《刑诉规则》《中华人民共和国人民警察法》及各省公安机关办理经济犯罪案件暂行规定，都规定了侦查机关在立案前都必须对控告、报案的材料进行审查和初查，经过初查后，认为符合立案条件的，再作出立案的决定，不符合立案条件的，作出不立案决定。可见，初查是立案的前奏。初查时收集的证据或者技术手段欠缺或错误，也可能导致公安机关将不该立案的案件立案。例如，公安机关在初查一涉嫌犯罪案件时，将某甲列为涉案嫌疑人，但又没有证据证实其实施了该犯罪行为，最后只能以普通违法行为对某公民立案并实施拘留。意图是通过被拘留人口供，供出侦查机关正在侦破的案件作案者。一旦拘留期限届满，获取不到口供，只能撤销案件。对于这种不该立案而立案的情形，如果被害人及其近亲属不向检察机关控告,检察机关很难掌握。①

第四节 建议行政机关移送涉嫌犯罪案件②

一、建议行政机关移送涉嫌犯罪案件的基本内涵

(一)概念

建议行政执法机关移送涉嫌犯罪案件是指人民检察院对行政执法机关应当移送而不移送涉嫌犯罪案件进行监督的活动。《刑诉规则》第557条第3款规定:"人民检察院接到控告、举报或者发现行政执法机关不移送涉嫌犯罪案件的,经检察长批准,应当向行政执法机关提出检察意见,要求其按照管辖规定向公安机关移送涉嫌犯罪案件。"

2001年7月国务院公布了《行政执法机关移送涉嫌犯罪案件的规定》。首次以行政法规的形式确立了行政执法与刑事司法衔接机制的基本框架,对行政执法机关如何移送违法犯罪案件,公安机关如何审查立案涉嫌犯罪案件线索作出了相对具体的规定;对违反该规定,不依法移送犯罪案件,不依法立案侦查的单位和个人规定了相应的处罚措施,但是该规定并未把检察机关纳入其中。2001年9月10日最高人民检察院通过了《人民检察院办理行政执法机关移送涉嫌犯罪案件的规定》,将行政执法机关的行政执法活动纳入了检察机关法律监督范围。2006年1月26日最高人民检察院、全国整规办、公安部和监察部联合颁发《关于在行政执法中及时移送涉嫌犯罪案件的意见》,进一步明确了检察机关对行政执法机关不移送涉嫌犯罪案件进行监督的具体措施和力度。2011年2月,中央办公厅、国务院办公厅转发的由国务院法制办、中

---

① 毛建平主编:《侦查监督实务与技巧》,中国检察出版社2008年版,第72页。

② 印仕柏主编:《行政执法与刑事司法衔接实务大全》,湘潭大学出版社2013年版,第825页。

纪委、最高人民法院、最高人民检察院等七部门联合制定的《关于加强行政执法和刑事司法衔接工作的意见》。明确了检察机关"对行政执法机关应当移送涉嫌犯罪案件而不移送或者公安机关应当受理而不受理、应当立案而不立案的举报"的调查处理权,同时又规定了检察机关对行政执法机关逾期不移送案件的跟踪监督权、对公安机关不立案的立案监督权以及对不移送涉嫌犯罪案件有关人员的追责权。2015年12月,最高人民检察院、最高人民法院会同食药监总局等部门联合颁发《食品药品行政执法与刑事司法衔接工作办法》,在食品药品领域对移送涉嫌犯罪案件的程序、内容、时限和责任等做了具体的规定。另外,2001年公安部会同卫生部、工商行政管理总局等六部门颁布了移送涉嫌犯罪案件移送工作加大打击生产销售伪劣商品违法犯罪活动力度的规定,该文件并无检察机关的参与,2008年国土资源部、最高人民检察院、公安部联合制定了移送涉嫌国土资源犯罪案件的若干意见,等等,这些部分单项合作意见,在此不一一列举。2016年6月16日,公安部颁发《公安机关受理行政执法机关移送涉嫌犯罪案件规定》,明确规定"公安机关受理行政执法机关移送涉嫌犯罪案件,依法接受人民检察院的法律监督"。

由此可见,检察机关对行刑衔接具有法律意义上的刑事程序监督的地位,检察机关在行刑衔接程序机制中的监督权,是随着行刑衔接机制的不断完善逐步确立的,呈现出从无到有、从事前到事中到全程的拓展,从弱化到逐步强化的演变趋势。

(二) 主要特征

建议行政机关移送涉嫌犯罪案件主要有以下特征:

1. 建议行政执法机关移送涉嫌犯罪案件是一种办案协作机制。需要行政执法主体、侦查机关、检察机关在办理违法犯罪案件上进行多方面协调和配合。

2. 建议行政执法机关移送涉嫌犯罪案件以维护社会、经济等秩序为目标。公安司法机关处在与犯罪作斗争的最前沿,是同犯罪作斗争的专门机关,但与犯罪作斗争,不光是公安司法机关的职责。行政执法主体负责对行政违法行为的查处,但行政违法行为与行政犯罪行为之间在行为性质上不仅存在"质"的差异,而且存在社会危害"量"上的差异。行政违法犯罪行为人首先违反了行政法律、法规,往往行政执法程序先于司法程序启动,行政违法犯罪行为在先由行政执法主体在行政执法过程中发现和查处。通过检察监督,促使行政执法主体在行政执法过程中,将犯罪案件及时移送公安司法机关,不让涉嫌犯罪的人逃避刑事责任,为整个社会构筑一道坚实的防线。

3. 建议行政执法机关移送涉嫌犯罪案件以制约和规范行政执法权力为出发点。由于行政管理、行政执法的时效性、主动性、直接性的特点,使行政权成为最容易被滥用的一种权力。为了保证行政执法主体严格、规范执法,对行政执法权力的监督制约,防止"以罚代刑",通过行政执法与刑事司法的衔接机制,加强对行政执法权力的制约和规范,实现司法权对行政权的监督制约,规范行政执法行为。

二、建议行政机关移送涉嫌犯罪案件的监督程序

(一) 流程图

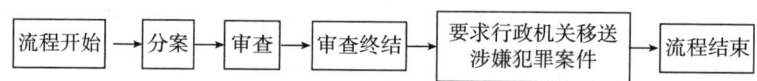

(二) 相关文书

【文书格式】

××××人民检察院
建议移送涉嫌犯罪案件函
××检××建移〔20××〕×号

————(发往单位):

……〔发现的违法情况。包括:发现时间和发现途径,违法人员的姓名、单位、职务(如果是单位违法,要写明违法单位的名称),涉嫌犯罪的违法事实(要写明违法时间、地点、手段、目的和后果)等〕。

我院认为,上述行为……(写明移送的理由和法律依据。包括:违法

行为涉嫌触犯的法律、法规和规范性文件的条款，违法行为的性质）。

根据……（"两法衔接"有关司法文件，如中办发〔2011〕8号、国办发〔2012〕51号）的要求，特建议你单位将本案移送_____公安局（_____人民检察院）依法审查，并将有关材料抄送我院。

20××年×月×日
（院印）

三、建议行政机关移送涉嫌犯罪案件的监督方式

行政执法与刑事司法衔接机制中的检察监督主要包括两部分内容，一是对行政执法机关移送涉嫌犯罪案件的监督，二是对公安机关立案活动的监督。检察监督必须通过具体的监督方式体现出来，才能产生实质性的监督效果。而本节主要论述第一部分的监督。

（一）接受抄送和备案

所谓抄送，是指文件在主送的同时发送给与公文有关的其他需要知晓的单位的行为。备案则指向主管机关报告事由存案以备查考。抄送实际上也是备案的方式之一。在行政执法与刑事司法衔接机制中，接受抄送和备案是检察机关了解行政执法机关和公安机关执法行为的一个重要渠道。接受抄送和备案的做法有利于检察机关及时掌握一般行政执法机关和公安机关的执法资料，从而更好地行使监督职权。

现有相关法律文件主要规定了一般行政执法机关在移送涉嫌犯罪案件以及公安机关审查立案活动中应向检察机关抄送相关文件。如最高人民检察院等部门联合出台的《关于加强行政执法机关与公安机关、人民检察院工作联系的意见》中即指出，行政执法机关查处的破坏社会主义市场经济秩序违法案件，根据法律和司法解释的规定，凡是达到刑事追诉标准、涉嫌犯罪的，应按照《行政执法机关移送涉嫌犯罪案件的规定》，及时向公安机关移送，并向人民检察院备案，切实防止"以罚代刑"现象的发生。行政执法机关向公安机关移送涉嫌犯罪案件，应当移送案件的全部材料，同时将案件有关材料目录抄送人民检察院。

公安机关对行政执法机关移送的涉嫌犯罪案件，应当以书面形式予以受理。受理后认为不属于本机关管辖的，应当及时转送有管辖权的机关，并书面告知移送案件的行政执法机关，同时抄送人民检察院。对受理的案件，公安机关应当及时审查，依法作出立案或者不予立案的决定并书面通知行政执法机关，同时抄送人民检察院。公安机关立案后决定撤销案件的，应当书面通知行政执法机关、同时抄送人民检察院。

【案例】庹某某生产、销售有毒有害食品案

基本案情：2002年至2017年间，庹某某在某县宏卫市场经营"汇丰腊货店"，主营腊货销售，并在其家中加工生产猪肉、鸭子等腌制品。庹某某将购买的鸭子、猪肉等腌制好、晾晒。为防止腌制的鸭子、猪肉和猪蹄等被蚊虫叮咬、生虫，其用事先备好的"敌敌畏"农药和喷洒壶，将"敌敌畏"农药稀释后喷洒在腌制的鸭子、猪肉和猪蹄上，制成肉制品销售。经鉴定：从庹某某家中扣缴的腌制的鸭子、猪肉、猪蹄上均有"敌敌畏"成分。

2017年5月24日，某县食品药品工商质量管理局就该案向该县检察院提出咨询，该院通过听取案情汇报，查看行政卷宗，认为庹某某的行为已涉嫌刑事犯罪，依法向该县食品药品工商质量管理局发出《建议移送涉嫌犯罪案件建议书》。某县食品药品工商质量管理局遂将该案件线索移送该县公安局，该县公安局后立案侦查。

2017年9月15日庹某某以生产、销售有毒有害食品罪被判处有期徒刑2年，并处罚金人民币4万元。

（二）查询案件和查阅案卷

查询案件和查阅案卷材料属于检察机关监督调查权的范畴。检察机关有权对可能涉嫌违法的行政执法行为依法进行调查，是法律监督的题中之义。现有相关法律文件规定了检察机关查询案件、查阅案卷材料的调查案件方式。最高人民检察院、全国整顿和规范市场经济秩序领导小组办公室、公安部2004年联合发布的《关于加强行政执法机关与公安机关、人民检察院工作联系的意见》中指出，对于行政执法机关不移送涉嫌犯罪案件，有关单位、个人举报或者群众反映强烈的，人民检察院可以向行政执法机关查询案件情况；经协商同意，还可以派员查阅有关案卷材料，行政执法机关应予配合。最高人民检察院、全国整规办、公安部、监察部于2005年联合颁发的《关于在行政执法中及时移送涉嫌犯罪案件的规定（试行）》以及最高人民检察院、全国整顿和规范市场经济秩序领导小组办公室、公安部、监察部于2006年通过的《关于在行政执法中及时移送涉嫌犯罪案件的意见》都作了相同的规定。查询案件和审阅案卷材料是检察机关在两法衔接机制中行使监督调查权的具体手段，只有通过调查才能确认是否需要通知行政执法机关移送案件。同时无论最终是否存在需要移送涉嫌犯罪案件的情形，检察机关的查询和查阅行为本身就能起到一定的督导警醒作用，督促行政执法机关严格执法，准确及时地移送涉嫌犯罪案件。因此查询案件和查阅案卷材料的过程也是检察机关法律监督职能得以实现的过程。

【案例】左某某生产、销售有毒、有害食品案

基本案情：2008年10月20日，左某某在某市工商行政管理局分局申请办理了经营冻品零售的个体工商营业执照。2009年8月14日执照到期后，左某某未申请年检。此后，左某某凭该过期营业执照在某市某区梅溪桥华达市场（以下简称华达市场）租赁门面进行熟食加工、销售活动。因顾客反映其制作、销售的捆肠发黑、有异味，为节约成本，自2014年初开始，左某某在门店内使用其在化工原料店购进的双氧水浸泡漂白变黑的猪小肠，并用清水漂洗后加工成捆肠予以零售获利。2014年3月，某市工商行政管理局岳阳楼分局执法人员对其门店进行例行检查，但在现场未发现证据，便告知左某某食品内不能添加有毒有害物质。2014年4月28日，该局执法人员发现左某某正在加工捆肠，制作现场杂乱，原材料猪小肠随便堆放在地上，一蓝色塑料桶内和红色塑料盆内盛装着用不明液体浸泡的猪小肠及一蓝色塑料瓶内盛装有约1公斤不明液体。执法人员制作了现场笔录并扣押了上述物品，经现场快速检验出双氧水成分。然而，因无先例，该局对此案是否达到刑事案件立案标准把握不准而未将该涉嫌犯罪线索移送公安机关。

某区人民检察院在"电视问政"节目中获悉此线索后，采取走访

行政执法机关、调取执法卷宗等举措,积极畅通监督线索渠道。该院在走访过程中,听闻华达市场有人使用双氧水浸泡捆肠被行政处罚,意识到可能存在监督线索,立即向某市工商行政管理局岳阳楼分局调取了行政处罚案卷。该案线索的获得,以及后续的细致工作,为成功办理此案打下了坚实的基础。某区人民检察院随即启动两法衔接工作机制,向区工商局发出《建议移送涉嫌犯罪案件函》,建议将案件移送公安机关。2014年6月3日,某市公安分局对该案立案侦查,2014年9月1日,某区人民法院一审判决被告人左某某犯生产、销售有毒有害食品罪,判处有期徒刑6个月,缓刑1年,并禁止其在缓刑考验期限内从事食品生产、销售活动。

(三) 检察建议和检察意见

检察建议和检察意见都是人民检察院行使检察权的具体方式,是检察机关履行法律监督职能有效形式,但二者还是有所区别的。根据2009年《人民检察院检察建议工作规定(试行)》的规定,检察建议是人民检察院为促进法律正确实施、促进社会和谐稳定,在履行法律监督职能过程中,结合执法办案,建议有关单位完善制度,加强内部制约、监督,正确实施法律法规,完善社会管理、服务,预防和减少违法犯罪的一种重要方式。在行政执法与刑事司法衔接工作中,检察机关可根据案件具体情况提出预防职务犯罪、预防未成年人犯罪、规范监管工作程序、对违反党纪政纪的国家工作人员建议党纪政纪处理、表彰积极为犯罪作斗争者等检察建议。检察意见则通常是检察机关在办案中对于与案件处理直接相关的事项向相关部门提出的法律监督意见。《刑事诉讼法》第177条规定,人民检察院决定不起诉的案件,应当同时对侦查中查封、扣押、冻结的财物解除查封、扣押、冻结。对被不起诉人需要给予行政处罚、行政处分或者需要没收其违法所得的,人民检察院应当提出检察意见,移送有关主管机关处理。有关主管机关应当将处理结果及时通知人民检察院。这是刑事诉讼法关于适用检察意见的直接法律依据。在行政执法与刑事司法衔接机制的相关法律文件中也有关于检察意见的规定。如2001年最高人民检察院《人民检察院办理行政执法机关移送涉嫌犯罪案件的规定》第12条规定:"各级人民检察院对行政执法机关不移送涉嫌犯罪案件,具有下列情形之一的,可以提出检察意见:(一)检察机关发现行政执法机关应当移送的涉嫌犯罪案件而不移送的;(二)有关单位和个人举报的行政执法机关应当移送的涉嫌犯罪案件而不移送的;(三)隐匿、销毁涉案物品或者私分涉案财物的;(四)以行政处罚代替刑事追究而不移送的。"第13条规定:"各级人民检察院对公安机关不接受行政执法机关移送的涉嫌犯罪案件,或者逾期不作出立案或者不予立案决定,在检察机关依法实施立案监督后,仍不接受或者不作出决定的,可以向公安机关提出检察意见。"

以下附湖南省检察机关部分移送犯罪线索6个案例。

【案例】朱某某、袁某某生产有毒、有害食品案

基本案情:自2015年8月起,朱某某租用原某县泉水镇岭头村学校空教室和学校空坪存放和加工辣椒。为了使辣椒不易腐烂且易于销售,朱某某将收购的新鲜辣椒用工业硫磺进行熏烤制作成干辣椒。2015年8月11日上午,某县农业局查获后由某县公安局民警在某县泉水镇岭头村学校空坪内依法扣押了黄色晶体状物品2.82公斤以及朱某某使用熏烤方法生产出来的干辣椒成品4400公斤。经鉴定,扣押的黄色晶体状物品为合格的工业硫磺;扣押的干辣椒成品二氧化硫残留量不符合GB 2760-2014《食品安全国家标准食品添加剂使用标准》要求。

袁某某自2015年8月初在某县泉水镇胜利村自家的老屋内存放和加工辣椒。为了使辣椒不易腐烂且易于销售,袁某某将收购的新鲜辣椒用工业硫磺进行熏烤制作成干辣椒。2015年8月11日上午,某县农业局查获后由某县公安局民警在某县泉水镇胜利村袁某某家老屋内依法扣押了黄色晶体状物品4.9公斤以及袁某某使用熏烤方法生产出来的干辣椒成品127公斤。经鉴定,扣押的黄色晶体状物品为合格的工业硫磺;扣押的干辣椒成品二氧化硫残留量不符合GB 2760-2014《食品安全国家标准食品添加剂使用标准》要求。

2015年8月11日该县检察院接群众匿名举报称县农业局在执法过程中发现有人在使用工业硫磺熏制朝天椒,该院立即派人赶往某县农业

局了解情况,得知是三星镇村民朱某某、袁某某在使用工业硫磺熏制朝天椒,预销售,该院立即与某县公安干警联系,要求其出警到现场调查相关情况。该院经研究认为朱某某、袁某某的行为涉嫌生产有毒、有害食品罪,建议某县农业局将二人涉嫌的犯罪事实移送某县公安局立案侦查。2015年8月12日某县公安局对朱某某和袁某某以涉嫌生产有毒、有害食品案进行了立案侦查。

2015年11月13日,某县人民法院以生产有毒、有害食品罪判处朱某某有期徒刑6个月,并处罚金人民币2万元,以生产有毒、有害食品罪判处袁某某有期徒刑6个月,并处罚金人民币1万元。

【案例】张某甲、吴某某、张某乙等生产、销售有毒、有害食品案

基本案情:自2003年开始,犯罪嫌疑人张某甲租赁某县塘渡口镇中心街门面经营"福建特味馄饨店",犯罪嫌疑人张某甲负责在店内帮工,犯罪嫌疑人吴某某负责在种子公司家属楼制作馄饨皮。

2015年3月底,犯罪嫌疑人张某甲明知硼砂系有毒有害物质,从福建鲤南镇一化工厂购买了40公斤硼砂带至上述"福建特味馄饨店"。2015年4月1日,犯罪嫌疑人张某乙接手犯罪嫌疑人张某甲的"福建特味馄饨店"继续经营。自此,为防止馄饨变质且口感更好,犯罪嫌疑人张某乙指使犯罪嫌疑人吴某某在制作馄饨皮的过程中,在面粉中添加硼砂,制作完成后销售。犯罪嫌疑人张某甲在明知犯罪嫌疑人张某乙、吴某某在面粉中添加硼砂的情况下,仍在张某甲店内帮忙收银、打杂。2015年6月16日,某县食品药品监督管理局执法人员当场扣押上述店内查获尚未用完的白色结晶颗粒物39千克,并对该馄饨店正在销售的馄饨等物品进行抽样检测。在查获的39千克白色结晶颗粒物中检出硼砂,含量为百分之九十五;所抽样的馄饨与馄饨皮中,硼砂不符合食品中《可能违法添加的非食用物质和易滥用的食品添加剂名单(第1—5批汇总)》的要求。

县人民检察院掌握该情况后,建议某县食品药品监督管理局向某县公安局报案。2015年6月25日,某县检察院持续跟踪该案的进展并从该局了解到,案件仍旧未能移送公安机关立案侦查,原因是某县公安局

不能明确该局承办机构，未能明确犯罪嫌疑人张某甲、吴某某、张某乙的行为是否达到刑事立案标准。该院及时将本案案情向某县人大进行详细汇报。在县人大的主持下，召开了某县公安局、某县人民检察院、某县食品药品监督管理局共同参加的案情分析会。会上，该院一方面建议某县食品药品监督管理局完善对硼砂等物质的法定扣押手续、出具该局鉴定机构的法定鉴定资质、将该案全部证据及时移送公安机关，同时建议某县公安局及时确定办案部门，对该案开展刑事立案侦查活动。同年6月29日，某县公安局治安大队承办了该案，并对此案开展立案侦查。

四、建议行政机关移送涉嫌犯罪案件的完善

（一）存在问题和原因

实践中涉嫌犯罪案件多而移送司法机关追究刑事责任少，查处一般犯罪分子多追究幕后主犯少，原因主要表现在以下三个方面。

1. 部分行政执法机关有案不移

首先，部分行政机关移送案件法律意识不强。实践中，部分行政机关由于法律意识淡薄，在是否涉嫌犯罪上缺乏敏感性，对本该移送的案件没有移送，错过最佳取证时机，使本应受到刑事处罚的案件因证据问题不能得到追诉。部分行政机关担心出错，于是在向司法机关移送案件中，选择案情简单、证据确凿的案件移送，避开对案情复杂、情节隐蔽、取证手段有限的案件的移送。还有一些违法行为被大事化小，小事化了，与部分地方保护、执法办案受到干扰有着密切关系。其次，行政机关权力膨胀，为了部门"利益"而徇私枉法。在实践中，有的行政机关将其工作人员的工资、福利与行政征收、行政罚款直接挂钩，导致行政机关以罚代刑。另外，存在个别行政执法人员与犯罪嫌疑人之间的权钱交易，致使涉嫌犯罪的案件不被移送司法机关处理的现象。

2. 监督主体和被监督主体之间信息共享不畅通

"两法衔接"工作平台不仅包括了由行政机关向公安机关或检察机关的信息传递，也包括检察机关对前者移送案件办理信息的反馈和通报。主要包括联席会议机制、案件通报及备案机制和信息共享机制等。

其中最为重要的就是信息共享机制，通过这种信息共享使检察机关了解行政执法机关正在查处的案件状况，以便及时提出司法建议或决定是否提前介入，也便于行政执法机关了解移送案件的查处情况，及时予以有效配合，为检察机关依法履行法律监督提供辅助决策依据。然而，当前信息平台的作用还没有完全发挥，行政机关没有及时填写信息。检察机关的监督权只有建立在真实、全面掌握案件信息的基础上，才能有针对性地就监督案件的移送以及立案等环节予以监督。现实中，检察机关在不畅通信息平台上对于涉嫌犯罪的案件数量摸不清楚、情况看不明白，使得涉嫌违法活动逃脱于法律监督之外。

3. 检察官不能适应办案专业化的需要

任何一项工作都离不开扎实的专业能力，尤其是建议行政机关移送案件涉及很多行政执法领域的专业问题，比如环境案件，涉及废物的检测、鉴定和损失的认定，在海量信息里面搜寻甄别出可能涉嫌犯罪的案件需要很多专业知识，如果不加强学习，甚至畏难，就会错过或者识别不出关键案件线索。

（二）应对措施

1. 建立完备的奖惩考核制度

针对行政执法机关移送案件法律意识淡薄、主动性差以及移送案件时避重就轻心理的问题，笔者认为，在对行政机关监督和管理中可以借助行政机关的考核制度，将行政执法机关能否按照规定移送案件的情况作为对该行政执法机关及其主要负责人员或者工作人员的政务考核评价标准之一，给予优秀的行政机关与个人奖励，惩罚不作为、怠于作为的行政机关与个人，倒逼行政机关主动、全面移送案件。从移送主体的主动性和积极作为上保证移送的实际效果，从而确保移送案件的数量与质量。

《行政执法机关移送涉嫌犯罪案件的规定》第16条规定了不依法移送的后果："行政机关违反本规定，逾期不将案件移送公安机关的，由本级或者上级人民政府，或者实行垂直管理的上级行政执法机关，责令限期移送，并对其正职负责人或者主持工作的负责人根据情节轻重，给予记过以上的处分；构成犯罪的，依法追究刑事责任。行政机关违反本规定，对应当向公安机关移送的案件不移送，或者以行政处罚代替移送的，由本级或上级人民政府，或者实行垂直管理的上级行政执法机关，责令改正，给予通报；拒不改正的，对其正职负责人或者主持工作的负责人给予记过以上的处分；构成犯罪的，依法追究刑事责任。对本条第一款、第二款所列行为直接负责的主管人员和其他直接责任人员，分别比照前两款的规定给予行政处分；构成犯罪的，依法追究刑事责任。"

我们需要将此真正地落到实处，达到对行政执法行为纵向和横向监督的并重并举。

2. 进一步完善网络信息共享平台

当前许多地方运用高科技手段探索建立了网络信息共享平台，在行政机关、检察机关及公安机关之间形成"网上衔接"，为"两法衔接"提供现代化的手段和长效工作机制。然而在实践中，对行政机关录入案件数量及范围的要求一直是争议不休。其实从本质上来说，无论是仅录入涉嫌犯罪的案件，还是尽可能地录入所有的案件，都存在一定弊端，仅录入涉嫌犯罪案件使监督流于形式，没有选择全部录入又会耗费时力。因此在技术支持的前提下，笔者建议可以切换思维，改案件录入形式为案件导出模式，将行政机关的固有操作系统与"两法衔接"网络信息平台相连接，实现信息共享，加强双向互动，这样涉嫌犯罪的案件必然流转到衔接系统接受监督，而检察机关也可以对其他案件适时进行依法监督。实现行政执法与刑事司法的紧密衔接，有效发挥"两法衔接"机制的作用，从而保障行政执法秩序，维护社会发展，推动法治国家建设。还应该加强行政机关上级对下级进行考核和监督，从行政机关上下级的领导权力角度保证检察机关的知情权。线下的联席会议和案件研讨会与线上的两法平台相结合，甚至可以定期派专人到行政执法机关拷贝行政处罚案件信息，通过线上与线下的合力，实现检、警、行的最大公约数。

3. 进一步细化检察机关的法律监督权限,强化检察监督权的刚性

虽然宪法、行政法、刑事诉讼法中都规定了人民检察院为法律监督机关。但在实践中,人民检察院的权力与其监督者的地位不相称,监督手段有限,再加上信息匮乏,使得人民检察院对行政执法与刑事司法衔接的监督力度弱化尤为凸显。在对行政执法与刑事司法衔接机制的改革与完善中,立法位阶低导致检察机关监督乏力的问题,建议修改《人民检察院组织法》,将检察机关对行政执法活动的监督纳入其中,明确规定检察机关对行政处罚结果的查询权和对行政处罚是否合法的调查权;以法律的形式明文规定检察机关对行政执法机关的全程监督。

从微观角度来讲,加强法律监督力度,赋予人民检察院刚性的监督权力,还应当配备相应的权利。首先,检察机关除被动接受备案通报外,还应享有知情权,包括对案件信息的查询、查阅等。其次,检察机关应享有纠正权和移送建议权。检察机关在发现行政机关应当向公安机关移送案件而不移送的,或阻碍移送的,有纠正的权利;检察机关针对上述情况建议移送案件的,行政执法机关应当移送,有向违法人员及其主管部门提出处分建议的权利。另外,应建立检察机关提前介入制度。以便正确引导行政执法机关收集、保全证据,形成被动监督与主动监督相得益彰的局面。

第五节 移送犯罪线索

一、移送犯罪线索的基本内涵

移送犯罪线索是指检察机关负责捕诉的部门在工作中发现相关人员涉嫌犯罪,将案件线索移送给侦查机关处理。《刑诉规则》第258条规定,人民检察院讯问犯罪嫌疑人时,……犯罪嫌疑人检举揭发他人犯罪的,应当予以记录,并依照有关规定移送有关机关、部门处理。这应当作为负责捕诉的部门移送犯罪线索的直接依据。

二、移送犯罪线索的移送程序和操作规程

（一）移送主体：检察机关负责捕诉的部门

1. 检察机关负责捕诉的部门的承办人具体负责线索审查及相关调查工作，提出审查意见。

2. 负责捕诉的部门的负责人负责对承办人所提出的意见进行审核，并提出审核意见。

3. 检察长作出是否将相关涉嫌犯罪案件线索移送给公安机关、监察机关的决定。

4. 将涉嫌犯罪案件线索移送给公安机关、监察机关。

【文书格式】

×××人民检察院
犯罪线索移送函

××检捕诉线索移〔20××〕×号

_____（侦查机关名称）：

我（科、处、厅）在办理犯罪嫌疑人中（在工作中），发现如下犯罪线索：

……

现将该线索移送你部门，并将查处结果函告我（科、处、厅）。

20××年×月×日
（院印）

附（相关材料）

（二）犯罪线索的发现

犯罪线索来源只要有以下四个渠道：

（1）在办理审查逮捕案件中发现；

（2）被害人控告；

（3）群众举报；

（4）媒体舆论。

（三）犯罪线索的审查

重点审查以下方面：

（1）有无明确的犯罪事实或明确的犯罪嫌疑人；

（2）是否涉嫌犯罪；

（3）侦查机关是否已获知该案件线索；

（4）侦查机关有无作出立案或不立案决定。

对犯罪线索的调查，主要从以下几个方面进行。

（1）询问办案人员和有关当事人；

（2）查阅、复制侦查机关刑事受案、（不）立案、治安处罚等相关法律文书及案卷；

（3）查阅、复制行政执法机关行政处罚受案、立案、处罚等相关文书及案卷。

（四）犯罪线索的移送程序

1. 承办人对线索进行审查后，应提出是否移送的建议，报部门负责人审核，经分管副检察长审批后，决定是否移送。

2. 决定移送案件线索的，应制作《犯罪线索移送函》加盖院印，送达侦查机关。《犯罪线索移送函》应简要说明案件线索情况，并要求侦查机关将案件线索处理情况书面反馈检察机关。

3. 移送案件线索时，应将获取的相关证明材料一并移送侦查机关。

4. 对移送的案件线索，侦查机关既不在合理期限内作出立案或者不立案决定，又不回复说明情况的，应当进行立案监督。

5. 立案审查期限。立案审查期限原则上不超过3日；涉嫌犯罪线索需要查证的，立案审查期限原则上不超过7日；重大疑难复杂案件，经县级以上侦查机关负责人批准，立案审查期限可以延长至30日。法律、法规、规章等对受案立案审查期限另有规定的，从其规定。

三、移送犯罪线索的完善

（一）存在的问题

1. 移送意识淡漠，导致有价值线索白白流失

检察机关在工作中可能会接触一些有成案价值的线索，但是由于缺乏良好的沟通渠道，业务考核方面又没有对线索移送的要求，有时也缺乏主动移送的意识，浪费掉有价值的案件线索。

2. 后续反馈制度不完善，导致移送效果缺乏监督

线索移送后，应对案件的处理结果，在不违反保密规定的前提下，予以一定程度的知悉。但实践中往往对线索是否予以立案得不到及时的反馈，这一方面使得侦查机关缺乏应有的外部监督，另一方面挫伤了移送部门的积极性。

（二）应对措施

完善犯罪线索移送机制，关键是要提高移送线索的意识，落实不移送的责任，真正达到畅通渠道反馈和跟踪机制。具体如下：

1. 明确案件线索移送的考核责任

完善犯罪线索移送机制，关键要落实责任。因此，犯罪线索发现后，移送机关要进行必要的调查核实工作，提高可移送犯罪线索的质量，将犯罪线索移送数量、成案率等情况纳入年度目标量化考核体系，作为工作业绩的重要考核指标和评优评先的重要参考依据；同时严格考核，对因责任心不强等原因导致案件线索应移送而未移送等情况坚决实行问责，从而真正建立起长效的机制，实现常态化管理。

2. 建立有效的线索跟踪及反馈机制

线索的反馈分为两种：一种是处理情况的反馈，即对是否开展初查的反馈；另一种是处理结果的反馈，即对立案或不立案情况进行反馈。侦查机关应在重视侦查保密工作的前提下，及时对线索处理情况及处理结果向移送机关反馈。同时移送部门应注意不能移"送"了之，要及时跟踪办案效果，及时掌握线索办理情况和动向，认真学习研究发案规

律，认识其历史根源、现实状况、社会危害、基本特征等，根据这些规律性的认识，增强对线索真实性、可查性和衍生性的判断能力，不断提高移送线索的质量，同时发挥自身优势，积极配合、协助职务犯罪侦查机关进行初查。

第二章 侦查活动监督

第一节 侦查活动监督概论

一、侦查活动监督的基本内涵

(一) 侦查活动监督的概念

侦查活动监督是指人民检察院依法对公安机关的侦查活动是否合法所实行的专门法律监督。侦查活动监督是检察机关履行法律监督职能的重要体现。检察机关所承担的法律监督职能是一种应然性的功能与作用,这种应然性的职能需要转化为实际的功能与作用,检察机关才能体现其真正的存在价值。①检察机关发挥法律监督职能作用有其特定的场域,在刑事诉讼的侦查环节,检察机关发挥法律监督职能主要体现为侦查活动监督。侦查是探求案件事实真相的国家调查活动,其本质上是职权主义、实体真实发现主义的,以追求秩序和效率为目标,有时甚至以牺牲自由价值为代价,而在正义、自由、秩序等法的价值中,秩序并不是最高价值,如果缺少有效的监督制约,侦查行为就很可能违背正义、侵犯自由。为确保公平正义的实现,有效地保障公民的人身自由,法律设置了第三方权力——检察权对侦查行为进行监督。侦查活动监督对于确保公安机关侦查活动依法进行,保障刑事诉讼法统一正确实施、保障

---

① 龚佳禾等:《法律监督的基本原理》,湖南人民出版社2012年版,第154页。

犯罪嫌疑人、被告人及其他诉讼参与人合法权益，维护社会公平正义具有重要意义，侦查活动监督实现了检察机关在侦查环节的法律监督任务。

侦查活动监督的法律依据有：《人民检察院组织法》第 20 条规定，各级人民检察院行使下列职权：……（五）对诉讼活动实行法律监督。《刑事诉讼法》第 8 条规定，人民检察院依法对刑事诉讼实行法律监督。第 100 条规定，人民检察院在审查批准逮捕工作中，如果发现公安机关的侦查活动有违法情况，应当通知公安机关予以纠正，公安机关应当将纠正情况通知人民检察院。第 171 条就审查起诉程序规定，人民检察院审查案件的时候，必须查明：……（五）侦查活动是否合法。

（二）侦查活动监督的内容

根据《刑事诉讼法》第 115 条的规定，侦查是指公安机关对已经立案的刑事案件，所进行的收集、调取犯罪嫌疑人有罪或者无罪、罪轻或者罪重的证据材料的过程以及采取拘留、执行逮捕等强制措施，概括来说包括收集、调取证据和采取强制措施，因此，从刑事诉讼法对侦查的定义来看，侦查活动监督应当包括对公安机关收集、调取证据材料的活动和采取强制措施的活动是否依法进行实施的监督。从《刑诉规则》的规定和负责捕诉的部门实际工作情况来看，侦查活动监督主要涵盖以下内容：

1. 对公安机关收集、调取证据的监督，包括对讯问犯罪嫌疑人、询问证人、勘验、检查、侦查实验、辨认、鉴定、通缉、扣押物证、书证等事项的监督。重点是对刑讯逼供、暴力取证、应录音录像而未录音录像、未在法定羁押场所讯问等违法收集证据行为以及伪造、隐匿、销毁、调换、私自涂改证据、帮助当事人毁灭、伪造证据的监督（《刑诉规则》第 567 条第 1、2、4、7 项）。

2. 对公安机关决定、执行、变更、撤销强制措施等活动中有违法情形的监督，包括对拘传、拘留、取保候审、监视居住、逮捕等强制措施是否合法的监督。重点是对公安机关执行人民检察院批准或者不批准逮捕决定的情况、释放被逮捕的犯罪嫌疑人或者变更逮捕措施的情况的监督以及对应当退还取保候审保证金不退还的监督（《刑诉规则》第567条第6项）。

3. 对公安机关采取侦查措施的监督。重点是对非法采取技术侦查措施、对与案件无关的财物采取查封、扣押、冻结措施，或者应当解除查封、扣押、冻结不解除的监督，对贪污、挪用、私分、调换、违反规定适用查封、扣押、冻结的财物及其孳息的监督（《刑诉规则》第567条第7、8、9项）。

4. 对侦查过程中非法拘禁他人、非法剥夺他人人身自由等侵权行为的监督（《刑诉规则》第567条第3、5项）。

5. 对侦查过程中没有保障相关当事人诉讼权利的监督，重点是对侦查过程中不告知权利义务规定、阻碍当事人、辩护人、诉讼代理依法行使诉讼权利的监督（《刑诉规则》第567条第12、13、14项）。

6. 对侦查过程中不应当撤案而撤案的监督（《刑诉规则》第567条第10项）。

7. 对遗漏报捕的监督（《刑诉规则》第288条）。

8. 对侦查羁押期限、重新计算侦查羁押期限的监督（《刑诉规则》第14章第8节）。

9. 对羁押必要性的监督（《刑诉规则》第13章第5节）。

10. 在侦查中有其他违反刑事诉讼法有关规定的行为的监督。

（三）侦查活动监督的特征

1. 侦查活动监督是检察机关的专门活动，是中国特色社会主义检察制度的有机组成部分和重要标志之一

侦查活动监督是检察机关法律监督职能在侦查活动场域的重要体现。我国宪法明确规定检察机关是法律监督机关，同时人民检察院组织法规定人民检察院依法对诉讼活动实行法律监督。宪法性文件对检察机关及侦查活动监督予以了明确定位，这就使得侦查活动监督具有专门性、权威性。由于我国检察机关并不直接指挥公安机关侦查，不需要对公安机关侦查的成败负责，可以较为超脱地依法开展监督活动，监督侦查权的行使，保障犯罪嫌疑人的合法权益，侦查活动监督明显地体现出

一定的独立性和中立性。我国检察机关还承担着类似国外预审（羁押与自由）法官签发逮捕令状的审查逮捕职责，这种权威性、专门性，以及准司法的中立性，可以确保侦查活动监督的法律监督属性，侦查活动监督也是我国社会主义检察制度不同于域外检察制度的标志之一。

2. 侦查活动监督具有主体法定、效力法定和程序法定的特点

主体法定，是指刑事诉讼法明确规定人民检察院在审查逮捕、审查起诉过程中开展侦查活动监督，也就是说侦查活动监督的主体只能是人民检察院，其他任何机关、团体和个人都不具有这项法定职权。效力法定，是指侦查活动监督具有法律的强制性，人民检察院依照法律规定通知侦查机关纠正的，侦查机关应当立即纠正并将纠正情况通知人民检察院。程序法定，是指人民检察院开展侦查活动监督，应当依照刑事诉讼法和《刑诉规则》规定的法定程序进行，具有规范性。

3. 侦查活动监督具有依职权主动监督与被动监督相结合的特点

我国的侦查活动监督在一定程度上与审查逮捕、审查起诉紧密结合，审查逮捕、审查起诉过程中对于侦查机关的侦查活动是否合法也要一并进行审查，发现侦查违法的，要提出纠正意见，这个阶段开展的侦查活动监督系依职权主动开展的监督，实践中检察机关还可以根据情况，开展各项专项监督活动，如对违法查封、扣押、冻结款物的专项检查，对另案处理的监督等，这些工作都体现出主动性。实践中，检察机关也经常根据犯罪嫌疑人、被告人及其辩护律师、被害人及其诉讼代理人的申诉、控告启动监督程序，具有一定的被动性。依职权主动监督有利于自行确定监督的目标和重点，被动监督有利于及时维护公民的合法权利。

二、侦查活动监督的原则

（一）依法监督原则

所谓依法监督原则，是指检察机关开展侦查活动监督，必须要严格依法，以法律为活动准绳，法律有规定的，就要不折不扣地开展相关工作，法律没有规定的，就不能自我授权。《刑事诉讼法》第 8 条规定，

人民检察院依法对刑事诉讼实行法律监督。按此要求，一方面，检察机关应当严格依照法律的授权和法律规定的程序开展侦查活动监督，遵守监督的法定条件，规范监督程序，防止滥用监督权。刑事诉讼法和《刑诉规则》都强调人民检察院对公安机关的侦查活动是否合法实行监督应依法进行，法律和《刑诉规则》之所以强调依法监督，表明在刑事诉讼架构中，检察机关对公安机关的监督权力来源于法律的明确授权，没有授权的则不能开展，唯有这样才能协调好现行宪政体制下的检警关系。另一方面，严格依法也可以阐释为凡是法律要求检察机关开展侦查活动监督的，检察机关就应当监督，确保法律统一正确实施，确保法律权威神圣不可侵犯，要依法独立行使检察权，防止和克服只讲配合，不敢监督的倾向。要树立依法监督的理念，正确处理好监督与被监督的关系，善于排除非法干扰，坚持"实事求是，有错必究"，同时要接受外部合法的监督制约。

（二）规范监督原则

规范监督，是指在侦查活动监督的具体操作层面上，遵循相应标准程序开展监督活动，体现着严谨、细节，与随意、无序相对立。侦查活动监督工作既要切实维护诉讼当事人的合法权益，又要有利于及时侦查破案，有效打击犯罪，要把握两者之间的平衡，就不能凭个人意愿和感情用事，要严格依照一定的规范来开展监督活动。

坚持规范监督原则，一是适用法律要准确，对每一项侦查违法行为的确认都有刑事诉讼法、《刑诉规则》或者办案程序规定为准绳，有一定的事实和证据为依据。二是监督活动程序化。程序是规范的保证，既然规范讲究的是程序化，按照一定标准来操作，那么客观上就需要为细化办案规程，完善业务流程，规范办案环节，力求使每个环节都有章可循。三是完善监督机制，通过完善监督机制使工作常态化、正规化。如在发现线索方面，借助看守所检察为平台的刑事诉讼信息监控机制和提前介入引导侦查工作机制，建立健全方便群众举报、申诉、听取律师意见以及从新闻媒介中发现诉讼违法行为线索的制度，提高监督的针对性和及时发现、准确纠正违法的能力。四是救济的程序化。目前针对犯罪嫌疑人提出的被刑讯逼供或者非法取证的，检察机关往往缺乏统一的规程进行处理，随意性较大，有必要按照一定的规范来受理控告、申诉，启动调查、反馈信息，以及进行法律救济。同时坚持公安机关司法救济的程序化，公安机关不接受人民检察院提出的纠正意见，可以要求复查，检察机关应按照复查程序处理。五是规范对违法行为的调查职权和犯罪线索的移送职权。实践中应当严格调查程序和移送犯罪线索程序，确保监督效果。

（三）理性监督原则

理性监督原则就是指开展侦查监督活动要提高认识，突出重点，方法稳妥，保证监督质量和效果。一是坚持侦查活动监督是全面监督与有限监督的统一。根据《刑事诉讼法》第8、第100、第171条规定，检察机关对侦查活动的监督是全面的监督，贯穿从立案到侦查终结的全过程，没有也不应该有检察监督不能涉及的禁区。法律赋予检察机关的侦查监督权，主要是起司法救济作用，加上侦查活动本身所具有的面广线长、隐蔽、动态、灵活等特点以及侦查监督资源的有限性，要进行全覆盖、无遗漏、试图"把整个侦查活动都管起来"的监督，是非常困难的，也是不现实的，故侦查监督又是有限的监督。二是在监督手段的运用上坚持多种监督手段灵活运用，讲究监督的艺术性。对情节较轻的，可以由检察人员以口头方式向侦查人员或者公安机关负责人提出纠正意见，并及时向本部门负责人汇报，必要的时候，由部门负责人提出。对于情节较重的违法情形，报请检察长批准后，向公安机关发出纠正违法通知书。对涉嫌犯罪的，移送职务犯罪线索给监察机关处理。原案件承办人继续办理案件将严重影响诉讼活动公正性的，可以建议侦查机关更换办案人。三是坚持把监督纠正个案问题与强化对侦查环节普遍性、倾向性问题的监督紧密结合起来，坚持个案监督和类案监督、日常监督与专项监督、纠正违法和检察建议相结合，探索创新监督方式，更加注重监督实效。

三、侦查活动监督的中外比较

除了中国、俄罗斯等少数几个国家明确规定，检察机关对侦查机关的执法活动实施监督外①，其他国家都没有关于侦查活动监督的专门规定。因此，对侦查活动监督的比较就不能单纯从词义出发，认为其他国家没有相关规定就忽略对相关制度的分析与借鉴，而是要立足于侦查活动监督功能的实现来寻找各国制度的共性与不同。目前在西方国家，基本上采用检察指挥、司法审查（令状制度）、司法救济（当事人对抗）与非法证据排除规则这几种方式对刑事侦查权进行法律控制，考虑到各国对侦查活动的控制方法和程度都不一样，本书以各国检察机关对侦查的影响作为主要比较对象，兼论各国其他对侦查活动的控制手段。

在检察主导侦查的国家，侦查权由检察机关和警察机关共同行使，但检察机关不仅可以自行侦查，还有权指挥、监督侦查。如在法国，检察官兼具有司法警察的所有职权，并有权指挥司法警察的一切侦查活动。在德国，检察机关既可自行侦查，也可领导和指挥检察进行侦查，警察机关进行侦查是负有迅速向检察官报告侦查结果的义务。在检察指挥侦查的国家，除检察官监督、指挥侦查外，预审法官（羁押与自由法官）也可对侦查行为进行监督制约。在德国，检察官和侦查法官同时行使侦查监督职能。检察官作为刑事侦查的指挥，有责任来保证程序的顺利运转，由其对侦查行为进行控制，只有在涉及一些侵犯公民受保护的法定权益时（比如搜查、扣押以及监视），检察官需要（事先或者事后）获得侦查法官的授权。② 在法国，自由暨羁押法官除了主要负责

---

① 《俄罗斯联邦检察院组织法》（又译《俄罗斯联邦检察院机关法》）第3章"检察监督"规定了俄罗斯检察机关刑事的监督权包括对侦查机关、预审和预侦机关的执法活动实施监督。参见何家弘主编：《检察制度比较研究》，中国检察出版社2008年版，第249、483页。

② ［德］托马斯·维根：《德国刑事诉讼中的检察机关》；载皮特·J. P. 泰克编著：《欧盟成员国检察机关的任务和权力》，吕清、马鹏飞译，中国检察出版社2007年版，第115、116页。

与先行羁押所有相关问题的决定权外，还掌管特殊预审手段的决定权，例如，拘留期间的延长，例外情况下的搜查和扣押，对律师事务所的搜查，实施电话监听和在私人住所安置摄像头、窃听器等监视手段。①

在日本的刑事诉讼法中，司法警察官员是第一层次的侦查机关，检察官是第二层次的侦查机关。对于没有申报受案的案件或者贪污、逃税、知识产权财产犯罪等需要高度法律知识和侦查技术的案件，一般由检察官来负责侦查工作。检察官和司法警察都是独立的侦查机关，在理论上保持相互平等、互相协助的关系，但由于侦查是以起诉为目的行动，为了能够顺利地提审和维持公判，需要检察官积极参与并指正、补充侦查中的错误和不足，纠正侦查中出现的偏差和抑制过度侵犯人权的侦查活动。因此，检察官经常、主动和全面地参与侦查活动。为此，日本刑事诉讼法规定了检察官的一般指示权、一般性指挥权以及具体指挥权。其中，一般指示权是检察官为了保障侦查和公诉活动的顺利进行，有权制定必要的侦查规则并要求管辖区内的司法警察职员予以遵守。一般性指挥权是指检察官对其管辖区域内的司法警察职员一般性地做出要求协作侦查所必要的指挥的权限。具体指挥权则是检察官在自行侦查而认为有必要时，指挥特定的个别司法警察职员辅助其进行侦查的权限。②

一般认为，英美法系的警察机关与检察机关各有相对独立的地位和

---

① 魏武：《法德检察制度》，中国检察出版社2008年版，第73页，注释一。2000年法国通过改革，新设立自由暨羁押法官来决定审前羁押。此前一直是由预审法官来行使相应侦查监督权，法国刑事诉讼法第92条规定，预审法官可以到必要地点进行一切有效的调查或者进行搜查。第100条规定，预审法官为了侦查的必需，可以决定截留、登记和抄录邮件通讯。此项措施由他授权并监督。参见余叔通：《法国刑事诉讼法典》，谢朝华译，中国政法大学出版社1997年版。

② 彭勃：《日本刑事诉讼法通论》，中国政法大学出版社2002年版，第46、47页。

侦查权①，检察机关的侦查权都具有一定范围，如美国检察机关直接进行侦查的案件主要包括，特别重大的贪污案、行贿受贿案、警察腐败案、白领犯罪等案。英国检察机关只对少数重大刑事案件进行侦查②。虽然美国检察机关可以指导甚至直接领导警方的犯罪侦查活动，但他们并不享有一般的法律监督职能③，英美法系国家主要从立法和司法上全方位地对侦查进行指导、指示与推动，并由法官以司法令状和证据可采性的判断的方式对侦查行为进行控制。在英国，确立了比较完善的针对侦查程序的司法审查机制。一般而言，除了那些法律允许采用"无证逮捕"或"无证搜查"的情况以外，警察对任何公民实施的逮捕或者对任何公民实施的搜查或扣押行为，都必须事先向治安法官提出申请，并说明实施逮捕、搜查或扣押的正当理由。④ 在美国，检察官的主要职能是公诉，控告刑事犯罪，法官则通过签发搜查、扣押、逮捕、窃听等令状以及庭审控制侦查权。美国联邦和地方警察受到美国联邦宪法和联邦最高法院确立的规则的约束，这些规则最终都被法院在具体个案中运用，通过排除非法证据进行程序性制裁从而实现对侦查活动的控制。在英美法系，侦查行为除了受到检察官、治安法官的控制之外，因为律师制度的发达，还可以通过当事人一方的对抗来对侦查行为进行制约。犯罪嫌疑人拥有的沉默权、获得律师帮助权、不被强迫自证其罪、获得迅速公开审判的权利等都可以对抗侦查权。

在俄罗斯，俄罗斯联邦检察机关承担并实施广泛的职能，包括：（1）监督职能；（2）参加法院案件审理的职能；（3）刑事侦查职能；（4）协调各种护法机关反犯罪斗争的职能；（5）参加完善法律活动的

---

① 何家弘主编：《检察制度比较研究》，中国检察出版社2008年版，第484页。

② 顾培培：《中外检察机关侦查权之比较研究》，载《检察论丛》第13卷，法律出版社2008年版。

③ 何家弘：《论美国检察制度的特色》，载《外国法译评》1995年第4期。

④ 陈瑞华：《刑事诉讼的前沿问题》，中国人民大学出版社2000年版，第289页。

职能。其中,监督职能包括对侦查机关、初步调查机关执行法律情况的监督。①《俄罗斯联邦检察机关法》第三章规定,俄罗斯联邦检察机关有权对实施侦查搜查、初查调查和预审活动的机关执行法律的情况实施监督。俄罗斯 2002 年 7 月 1 日施行的《俄罗斯联邦刑事诉讼法典》确立了司法审查原则,对于采取涉及公民的人身自由权、财产权、住宅不受侵犯权和通信自由不受侵犯权的强制措施或者侦查措施,必须由法院做出最终的决定,然而,侦查员在向法院申请适用强制措施之前,还必须取得检察长的同意。

相较于其他国家检察机关对侦查活动的监督和制约,我国检察机关对侦查的控制的直接性不如德国、法国等检察主导侦查的国家,也不像在日本,可以由警察协助检察侦查。我国检察机关对侦查的监督权限则是英美法系国家所不具备的,而两大法系国家的法院系统对侦查权的影响比我国更为重大和深远。我国检察机关与俄罗斯检察机关都是法律监督机关,但我国检察机关不具备俄罗斯检察机关的一般监督职能,在对侦查搜查、初步调查、秘密侦查的监督力度上也比俄罗斯相对较弱。总的来说,相比上述国家,我国侦查活动监督的专门性强,有专门的法律规定和特定的程序规定作保障,具有一定的独特性。

四、侦查活动监督的常用方法概述

(一) 纠正违法

纠正违法是指检察机关对于侦查机关在侦查过程中违法行为进行纠正的处理方法,它是检察机关依法对公安机关的侦查活动是否合法实行监督的主要手段。

纠正违法的种类包括:(1) 口头通知纠正,是指检察人员发现公安机关的侦查活动存在情节较轻的违法行为时,以言词的方式要求侦查人员予以纠正的一种监督方法。口头纠正违法只适用于情节较轻的违

---

① [俄] Ю. E. 维诺库罗夫主编:《检察监督》(第七版),刘向文译,中国检察出版社 2009 年版,译者前言。

行为，一般由履行监督职责的承办人直接向违法的侦查人员提出，对带有较普遍性的违法，可以向侦查部门的负责人提出。必要时，可以由检察机关部门负责人向公安机关提出纠正意见。口头建议纠正违法，一般不要求公安机关书面答复。对于侦查机关同一性质的轻微违法行为，在一段时间内屡经口头提出而仍不纠正的，可以综合发出一份书面纠正违法意见。(2) 发出书面《纠正违法通知书》，是指人民检察院对于公安机关及其工作人员在侦查活动中违反刑事诉讼程序，具有情节较重的违法情形时，以法律规定的《纠正违法通知书》的形式要求公安机关纠正的监督方法。书面纠正违法应只适用于性质恶劣、情节较重的违法行为。判断侦查机关在侦查活动中的违法行为是否达到性质恶劣、情节较重的程度，主要是看违法行为是否严重侵害当事人及其辩护人、诉讼代理人的人身权利、财产权利或者诉讼权利，是否严重破坏诉讼程序、妨害刑事诉讼依法公正进行。

（二）纠正漏捕

纠正漏捕是指人民检察院在审查逮捕案件过程中，发现符合逮捕条件、公安机关应当提请逮捕而未提请的同案犯罪嫌疑人，应当建议公安机关提请逮捕；经审查认为公安机关不提请逮捕的理由不成立的，可以直接做出逮捕决定。司法实践中也称"追捕"。

属于纠正漏捕的情形主要有：(1) 公安机关在罪与非罪的界限上把握不准导致的漏捕。(2) 对个别案件以罚代刑导致遗漏报捕。(3) 对犯罪嫌疑人另案处理不当而造成的漏捕。(4) 公安机关办理的一些重大案件，侦查时多人参与，各自取证，破案后没有对案件涉及的事实和证据进行仔细的汇总审查，仅把主要犯罪嫌疑人移送检察机关处理，造成其他犯罪嫌疑人漏捕。(5) 在涉及案件关键证据上审查不严。在侦查过程中，对一些关系罪与非罪的关键证据上，没有进行认真核实，造成漏捕。

（三）追诉漏罪、漏犯

追诉漏罪、漏犯是指人民检察院负责捕诉的部门承办检察人员在审查起诉过程中，发现案件存在漏罪、漏犯的情况，依照法律规定要求侦查机关补充移送审查起诉，对于事实清楚，证据确实充分的，可以直接提起公诉的法定程序。

漏罪是指侦查机关移送审查起诉的犯罪嫌疑人，除移送审查起诉的罪行外，还涉嫌有其他罪行或罪名侦查机关未移送审查起诉。

漏犯是指案件中，除侦查机关移送审查起诉犯罪嫌疑人外，还有其他需要追究刑事责任的未移送审查起诉的其他同案犯罪嫌疑人。

（四）建议更换办案人员

对于符合《刑诉规则》第567条规定的违法侦查行为，当该行为严重违反有关法律的规定，办案人员继续承办案件将引发公众对诉讼活动公正性质疑的，应当建议更换办案人员；对于不履行或者不正当履行职责，导致当事人和其他人合法权益受到损害或者造成其他恶劣影响的，可以建议更换办案人员。

加强对办案人员行使司法权力的监督，正确处理和解决司法人员在诉讼中渎职的违法行为，确保公正执法，是当前司法体制和工作机制改革亟待解决的问题。检察机关作为国家法律监督机关，对于侦查人员在办理案件中严重违法，虽不构成犯罪但如继续承办案件可能影响对案件公正处理的，可以建议更换办案人，这种做法是适应当前形势发展和现实需要的，也是遏制司法腐败的有效手段。同时值得注意的是，侦查机关更换办案人，不但要耗费更多的司法资源，而且会对原承办人形成负面评价，检察机关对此应持慎重态度。除非确有必要才启动此项监督手段。

（五）追究刑事责任

人民检察院发现侦查人员在侦查活动中的违法行为情节严重，依法构成犯罪的，应当移送监察机关处理。通常侦查人员可能涉嫌的罪名主要有玩忽职守罪、徇私枉法罪、滥用职权罪、私放在押人员罪、放纵制售伪劣商品犯罪行为罪、不解救被拐卖、绑架妇女、儿童罪、帮助犯罪分子逃避处罚罪，等等。检察人员应当全面掌握此类犯罪的追诉标准，一旦发现侦查人员涉嫌犯罪的，应当及时将相关线索移送监察机关处理。

（六）类案通报

类案通报是指检察机关定期或不定期对侦查机关的办案程序、证据收集与固定、事实认定、法律文书制作等方面存在的问题和瑕疵进行罗列，列明问题出现的具体案件、具体环节，归纳和分析侦查机关执法办案中具有规律性、普遍性和倾向性的问题，有针对性地提出改进的意见和建议，从源头上确保刑事案件质量。

如岳阳市人民检察院与岳阳市公安局共同设立侦审指导办公室，每周二、四由负责捕诉部门的两名检察官到侦审指导办公室通过登录公安机关办案系统对公安机关查处、移送案件等情况进行检查或抽查。检警双方共同加强对刑事执法状况的分析、研究和评估，不断提高类案通报的质量。并明确了建立联席会议制度，规定公、检两家原则上每半年召开一次联席会议，重点研究解决工作中遇到的新情况以及带有普遍性的问题；着重解决影响办案质量、执法效果的突出性、源头性问题；适时研究法律适用标准、范围和条件；及时研究阶段性打击重点等。

（七）跟踪监督

检察机关对公安机关提请批准逮捕的犯罪嫌疑人作出批准逮捕或不批准逮捕决定后，采取与公安机关机动沟通和定期通报相结合的方式，对后续侦查活动继续做好跟踪、督促和引导工作，实现对刑事案件整个侦查过程的监督。在上海市人民检察院制订的《上海市检察机关捕诉合一办案规程（试行）》中，就对将跟踪监督分为存疑不捕后的跟踪监督、督促移送、逮捕变更的监督等几种情况作出了明确规定，检察官在跟踪监督过程中，可以提出意见和建议，跟踪补充侦查意见的落实情况，参与关键证据的收集、复核工作，建议撤销案件或提请逮捕，督促及时移送审查起诉等。

第二节　纠正违法

一、纠正违法的基本内涵

（一）概念及法律规定

纠正违法是指检察机关对于侦查机关在侦查过程中违法行为进行纠正的处理方法，它是检察机关依法对公安机关的侦查活动是否合法实行监督的主要手段。

《刑事诉讼法》第100条规定，人民检察院在审查批准逮捕工作中，如果发现公安机关的侦查活动有违法情况，应当通知公安机关予以纠正，公安机关应当将纠正情况通知人民检察院。

《刑事诉讼法》第171条规定，人民检察院在审查案件的时候，必须查明：……（5）侦查活动是否合法。

《刑诉规则》第341条规定，人民检察院在审查起诉中发现有应当排除的非法证据，应当依法排除，同时可以要求监察机关或者公安机关另行指派调查人员或者侦查人员重新取证。必要时，人民检察院也可以自行调查取证。

《刑诉规则》第552条第1款规定，人民检察院发现刑事诉讼活动中的违法行为，对于情节较轻的，由检察人员以口头方式提出纠正意见；对于情节较重的决定，发出纠正违法通知书。对于带有普遍性的违法情形，经检察长决定，向相关机关提出检察建议。构成犯罪的，移送有关机关、部门依法追究刑事责任。

《刑诉规则》第256条规定，经公安机关商请或者人民检察院认为确有必要时，可以派员适时介入重大、疑难、复杂案件的侦查活动，参加公安机关对于重大案件的讨论，对案件性质、收集证据、适用法律等提出意见，监督侦查活动是否合法。经监察机关商请，人民检察院可以派员介入监察机关办理的职务犯罪案件。

《刑诉规则》第287条规定，对于没有犯罪事实或者犯罪嫌疑人具有刑事诉讼法第16条规定情形之一，人民检察院作出不批准逮捕决定的，应当同时告知公安机关撤销案件。对于有犯罪事实需要追究刑事责任，但不是被立案侦查的犯罪嫌疑人实施，或者共同犯罪案件中部分犯罪嫌疑人不负刑事责任，人民检察院作出不批准逮捕决定的，应当同时告知公安机关对有关犯罪嫌疑人终止侦查。公安机关在收到不批准逮捕决定书后超过15日未要求复议、提请复核，也不撤销案件或者终止侦查的，人民检察院应当发出纠正违法通知书。公安机关仍不纠正的，报上一级人民检察院协商同级公安机关处理。

（二）纠正违法的范围

《刑诉规则》第567条规定了侦查活动监督应当发现和纠正的16种主要违法情形，列举的这些情形并不是侦查活动违法情形的全部情形，而应当是监督的重点，侦查活动监督是对侦查机关在办理刑事案件过程中所进行的各项专门调查工作和有关的强制措施是否合法进行的专门监督，根据刑诉法的规定，以下侦查活动违法情形属于纠正违法的范围：

1. 对专门调查工作违法情形的纠正

专门调查工作是指侦查机关为收集、查明、证实犯罪而依法进行的专门调查工作。《刑事诉讼法》第115条至第155条对于专门调查工作作了一系列详细的规定，主要包括：讯问犯罪嫌疑人、询问证人、被害人；勘验、检查；搜查；查封、扣押物证、书证；查询、冻结；鉴定；辨认；侦查实验；通缉；电子监听、秘密拍照、秘密录音录像等技术侦查措施，等等。检察机关如果发现侦查机关在专门调查工作中违反法定程序和要求，应当通知侦查机关予以纠正。

2. 对违法采取、执行、变更、撤销强制措施的纠正

强制措施包括拘传、取保候审、监视居住、拘留、逮捕五种。根据刑事诉讼法的规定，公安机关在侦查中可以自行决定拘传、取保候审、监视居住和刑事拘留，对这些强制措施主要是监督公安机关所做出的决定是否符合刑事诉讼法规定的条件。例如对指定居所监视居住的监督。《刑事诉讼法》第75条第4款规定："人民检察院对指定居所监视居住

的决定和执行是否合法实行监督。"根据《刑诉规则》的规定，对于公安机关、人民法院决定指定居所监视居住的案件，由批准或者决定的公安机关、人民法院的同级人民检察院负责捕诉的部门对决定是否合法实行监督，由人民检察院负责刑事执行检察的部门对指定居所监视居住的执行活动是否合法实行监督。

3. 对阻碍当事人、辩护人、诉讼代理人和其他诉讼参与人依法行使诉讼权利的纠正

如询问聋、哑、外国籍或者不通晓当地通用语言的证人，是否为他们聘请翻译等。讯问未成年犯罪嫌疑人、询问未成年被害人、证人，是否通知其法定代理人到场。未成年犯罪嫌疑人没有委托辩护人的，是否通知法律援助机构指派律师为其提供辩护，是否随案移送社会调查报告。

4. 对违法采取强制性侦查措施的纠正

一是应当退还取保候审保证金不退还的；二是对与案件无关的财物采取查封、扣押、冻结措施的；三是应当解除查封、扣押、冻结不解除的；四是贪污、挪用、私分、调换、违反规定使用查封、扣押、冻结的财物的。对上述四种违法情形的监督有前置程序，当事人及其辩护人、诉讼代理人、利害关系人应先向办理案件有违法情形的机关提出申诉或控告，对该机关做出的处理不服，或者该机关未在规定时间内做出答复的（受理申诉或者控告的公安机关应当及时进行调查核实，并在收到申诉、控告之日起30日以内作出处理决定），再向办理案件机关的同级人民检察院提出申诉。

5. 对侦查活动中其他违法情形的纠正

如在侦查活动中徇私舞弊、放纵、包庇犯罪分子的，故意制造冤、假、错案的，利用职务之便谋取非法利益的，不应当撤案而撤案的，等等。

二、纠正违法的工作流程

（一）线索来源

1. 通过办理审查批准逮捕案件或审查起诉案件发现

通过审查侦查机关提请批准逮捕或审查起诉的案卷，依法讯问犯罪嫌疑人以及依法询问相关证人、被害人，听取辩护人意见，发现侦查活动中的违法行为。

（1）人民检察院负责捕诉的部门可以通过仔细阅读案卷材料，审查犯罪嫌疑人的基本情况和犯罪事实是否属实，对犯罪嫌疑人采取的强制措施是否合法、手续是否齐备，证据之间有无矛盾、证据的取得方式是否合法等，发现侦查活动中存在违法行为的疑点和线索。

（2）检察人员在办理审查逮捕案件或审查起诉案件时讯问犯罪嫌疑人是复核证据的一种方式，也是发现侦查活动违法情况的一条重要途径。通过讯问，不仅能获得犯罪嫌疑人的供述，还可以复核犯罪嫌疑人的供述是否与之前相一致，供述与案件中的其他证据是否存在矛盾，以及侦查人员对犯罪嫌疑人是否存在刑讯逼供、诱供等违法行为，讯问的时间、地点、讯问人员是否符合法律的规定，从而及时发现侦查活动中可能存在的各种违法情况。

（3）在询问相关证人、被害人过程中，通过询问案件中的疑点，发现侦查机关在获取证人证言、被害人陈述过程中是否有违法行为。

（4）通过听取辩护人对犯罪嫌疑人无罪、罪轻或者减轻、免除其刑事责任的意见，发现侦查机关违法办案侵害其委托人合法权益的线索。

（5）审查同步录音录像。审查录音录像要注意对以下情形进行监督：一是对于法定应当录音录像的案件是否都进行了同步录音录像；二是录音录像是否全程同步进行。三是讯问过程是否合法，有无刑讯逼供等违法情形；四是录音录像的制作是否符合规定等；五是同步录像与讯问笔录是否一致，是否存在重大实质性出入。

2. 通过介入侦查机关的侦查活动发现

介入侦查，即介入公安机关的侦查活动，也称"提前介入"，是指检察机关在刑事案件提请批准逮捕或审查起诉之前根据需要，派员参加公安机关对于重大案件的讨论和其他侦查活动，对侦查活动进行引导和监督的行为。① 刑事诉讼法及相关司法解释虽然没有明确提出介入侦查的概念，但在《刑事诉讼法》第87条和第134条对检察机关介入侦查工作做了规定，这是检察机关介入侦查的法律依据。

具体来说在介入侦查中有以下方式同时进行侦查活动监督：一是提前审阅有关的案件材料。尤其是特别注意审查证据的来源、证据获取的方法，以及证据与证据之间有无矛盾，犯罪嫌疑人的口供是否存在时供时翻的情况，在侦查活动中有无其他违法情况等。二是参与讯问犯罪嫌疑人、询问证人活动。检察人员在介入侦查中可以参与讯问犯罪嫌疑人、询问证人。检察人员参与讯问犯罪嫌疑人或者询问证人时，应当坚持"参与而不干预，协作而不代替"，而不是直接讯问犯罪嫌疑人或者询问证人。② 三是参加公安机关对重大案件的讨论。四是参与现场勘验、检查、复验、复查。检察人员主要是参与侦查机关对重特大案件的现场勘验、检查活动，对于命案和其他重大案件要争取第一时间参与现场勘查。五是要求公安机关对犯罪嫌疑人、被害人进行医学鉴定或者与公安机关共同进行医学鉴定，要求公安机关提供物证、书证、视听资料、搜查、勘验、检查笔录获取、制作的有关情况。六是参加重大、复杂、疑难案件联席会议。

3. 通过受理有关控告、检举、申诉发现

（1）诉讼参与人对于侦查人员侵犯公民诉讼权利和人身侮辱的行为，有权提出控告。

（2）当事人和辩护人、诉讼代理人、利害关系人对于侦查人员有下列行为之一的，有权向该机关申诉或者控告：

①采取强制措施法定期限届满，不予以释放、解除或者变更的；

---

① 本文专指审查逮捕阶段的介入侦查。
② 余啸波主编：《侦查监督检察实务教程》，上海社会科学院出版社2003年版，第162页。

②应当退还取保候审保证金不退还的；

③对与案件无关的财物采取查封、扣押、冻结措施的；

④应当解除查封、扣押、冻结不解除的；

⑤贪污、挪用、私分、调换、违反规定使用查封、扣押、冻结的财物的。

（3）当事人和辩护人、诉讼代理人、利害关系人对于司法机关及其工作人员有上述第（2）点列举的五种情形之一的，应当先向该机关申诉或者控告，对处理不服的，才可以向同级人民检察院申诉。

（4）对于控告检察部门移送的上述案件，人民检察院负责捕诉的部门应当受理，并及时审查，依法处理，并及时通过控告检察部门进行答复。

4. 通过对批准逮捕、不批准逮捕等决定的执行情况进行同步跟踪监督而发现

（1）该同步跟踪监督是指由人民检察院对于公安机关执行人民检察院批准逮捕决定或者不批准逮捕决定的情况，以及撤销、变更强制措施的情况实行跟踪了解，及时纠正侦查活动中存在的违法情况。

（2）对已经批准逮捕的案件，要实行跟踪监督，及时掌握侦查机关是否变更强制措施、撤案、移送审查起诉等情况。发现侦查活动中存在违法情形的，及时依照有关规定和程序予以解决处理。

（3）对因负案在逃、批捕在逃等不在押的犯罪嫌疑人，要定期与侦查机关交换信息，督促侦查机关加大抓捕的力度，防止发生执法不严和司法腐败。

（4）对作出不批捕决定的案件，要监督执行机关及时释放被刑事拘留的人或者变更强制措施。

（5）对因证据不足不予批捕的，要跟踪侦查机关的补查情况，督促及时重新提请批准逮捕。

（二）对侦查违法行为的调查

检察机关在发现侦查活动违法的线索后，对于比较简单和轻微的违法行为，可以直接通过审查案卷材料进行确认后予以纠正。

如果通过案卷材料审查无法查清侦查违法行为的事实和情节，那么

就应当进行调查核实,才能准确提出纠正意见。

1. 调查的法律依据

《刑事诉讼法》第56条和第57条的规定明确了检察机关对侦查机关的违法取证行为进行调查核实的职责权限,在《刑诉规则》第72条也相应规定,在侦查、审查起诉和审判阶段,人民检察院发现侦查人员以非法方法收集证据的,及时进行调查核实。并在该条及其后的第73条、第74条、第75条明确了调查权的启动、调查的方法、调查的处理等调查的程序。此外以,《刑事诉讼法》第117条、75条和49条的规定也包含了检察机关对这些侦查违法行为的调查权。

2010年8月,最高人民法院、最高人民检察院、公安部、国家安全部、司法部联合下发了《关于对司法工作人员在诉讼活动中的渎职行为加强法律监督的若干规定(试行)》(以下简称"两高三部"《规定》),进一步明确了检察机关对司法工作人员渎职行为的调查权,并完善了调查和纠正违法的程序。2013年9月,最高人民检察院侦查监督厅正式下发了《关于侦查监督部门调查核实侦查违法行为的意见(试行)》(以下简称高检院《调查意见》)。规定了调查核实侦查违法行为的范围、程序、措施及对调查结果的处理。

2. 调查的程序

(1) 对侦查人员非法取证行为的调查程序

《刑事诉讼法》第56条、第57条以及《刑诉规则》第66条至第72条规定了对侦查人员非法取证行为的调查程序。

①线索的受理和审查。犯罪嫌疑人及其辩护人、被害人及其诉讼代理人、证人向检察机关报案、控告、举报,侦查人员采用刑讯逼供等非法方法收集犯罪嫌疑人供述,或者采用暴力、威胁等非法方法收集证人证言、被害人陈述的,人民检察院应当受理,应当要求相关当事人提供涉嫌非法取证的人员、时间、地点、方式和内容等材料或者线索,并对涉嫌非法取证的材料或线索进行审查,在审查批捕或审查起诉阶段审查案件过程中,发现侦查人员非法取证线索,现有证据无法证明证据合法性的,也应当依职权调查。

②调查的启动。受理或发现侦查人员非法取证行为线索后,对于根据现有材料无法证明证据收集合法性,需要进一步调查的,由承办人提出开展调查的书面意见,并制定调查方案,经部门负责人审核,报经检察长批准后,进行调查核实。人民检察院决定调查核实的,应当及时通知侦查机关,并可以书面向侦查机关发出《提供证据收集合法性说明通知书》要求侦查机关对证据收集的合法性进行说明。

③调查终结。人民检察院调查完毕后,应当制作调查报告,根据查明的情况提出处理意见,报请检察长决定后作出处理。办案人员经调查核实依法排除非法证据的,应当在调查报告中予以说明。

(2)《刑事诉讼法》第117条规定的对五种侦查违法行为的调查程序

①调查的前置程序。当事人等提出申诉、控告和侦查机关先行处理是检察机关开展此类监督必经的前置程序。当事人和辩护人、诉讼代理人、利害关系人认为侦查机关及其工作人员使用强制措施、侦查措施存在违法的,有权提出申诉或者控告,但是应先向该侦查机关进行申诉或者控告,而不能直接向检察机关申诉,侦查机关应当及时处理。对侦查机关处理决定不服的,才可以向同级或者上一级检察机关申诉。其中,对采取强制措施、侦查措施的公安机关处理决定不服的,可以向同级检察机关申诉;对采取强制措施、侦查措施的检察机关处理决定不服的,可以向上一级检察机关申诉。检察机关对于受理的此类申诉,认为需要侦查机关说明理由的,应当要求侦查机关说明理由,并在收到理由说明后15日内提出审查意见,情况属实的,通知侦查机关予以纠正。但是人民检察院在审查逮捕过程中发现的《刑事诉讼法》第117条规定的违法情形的,可以不经前置程序,直接监督纠正。

②其余调查的启动及调查终结的处理均同下面对侦查人员渎职行为的调查程序。

(3) 对其他侦查违法行为的调查程序

"两高三部"《规定》第 4 条至第 6 条①规定了对司法工作人员在诉讼活动中的渎职行为的调查程序。高检院《调查意见》第 6 条至第 12 条规定了检察机关负责捕诉的部门开展调查核实工作的程序。

①线索的审查分流。负责捕诉的部门对发现和受理的侦查人员违法行为的线索,应当填写线索登记表,进行审查、评估,分别按以下情形进行处理:对明显涉嫌犯罪的线索,报经检察长批准,移送有管辖权的部门或机关办理;对属于本部门权限、需要启动违法行为调查的,报经检察长批准,及时进行调查核实;对不属于本部门权限的,报经检察长批准,及时移送有关部门办理。

②调查的启动。对受理的侦查违法行为线索,经初步审查后,认为需要进一步调查核实的,应当制作调查审批表和调查方案,报经检察长决定。检察长批准的,及时进行调查核实。

③调查终结。对侦查违法行为调查完毕后,应当制作调查终结报

---

① "两高三部"《规定》第 4 条:人民检察院在开展法律监督工作中,发现有证据证明司法工作人员在诉讼活动中涉嫌渎职的,应当报检察长批准,及时进行调查核实。对于单位或者个人向人民检察院举报或者控告司法工作人员在诉讼活动中有渎职行为的,人民检察院应当受理并进行审查,对于需要进一步调查核实的,应当报经检察长批准,及时进行调查核实。第 5 条:人民检察院认为需要核实国家安全机关工作人员在诉讼活动中的渎职行为的,应当报经检察长批准,委托国家安全机关进行调查。国家安全机关应当及时将调查结果反馈人民检察院。必要时,人民检察院可以会同国家安全机关共同进行调查。对于公安机关工作人员办理危害国家安全犯罪案件中渎职行为的调查,比照前款规定执行。第 6 条:人民检察院发现检察人员在诉讼活动中涉嫌渎职的,应当报检察长批准,及时进行调查核实。人民法院、公安机关、国家安全机关、司法行政机关有证据证明检察人员涉嫌渎职的,可以向人民检察院提出,人民检察院应当及时进行调查核实并反馈调查结果。上一级人民检察院接到对检察人员在诉讼活动中涉嫌渎职行为的举报、控告的,可以直接进行调查,也可以交由下级检察院调查。交下级检察机关调查的,下级人民检察院应将调查结果及时报告上一级人民检察院。

告，载明调查查明的事实和依据，提出处理意见，经部门负责人审核后，报请检察长决定后作出处理。

3. 调查的措施

侦查违法行为调查不是刑事侦查活动，根据相关规定，可以采取以下调查措施：

（1）询问当事人及其知情人员。包括讯问犯罪嫌疑人、询问被害人、证人，询问办案人员、在场见证人员及其他知情人员，听取律师意见，等等。

（2）查阅、调取、复制相关资料。侦查违法行为往往在一定的诉讼案卷材料中有所反映，可以查阅、调取、复制相关法律文书或者报案登记材料、案卷材料。同时还可以向其他单位、个人查阅、调取、复制相关资料。

（3）核实伤情、病情。侦查人员刑讯逼供、暴力取证的，可以调查伤害的程度，时间，以及伤害形成的原因，调取相关身体检查记录，当进行伤情、病情检查或鉴定。

（4）相关场所的勘查。相关场所一般可能是侦查人员讯问或询问时的场所，但也可能是其他侦查违法行为场所，如非法搜查他人身体、住宅，或者非法侵入的他人住宅等。

（5）其他调查核实方式。可以采取其他必要的调查方式，但是调查措施不得违背国家禁止性规定，不得侵犯公民基本权利或个人隐私，不得妨碍侦查活动顺利进行。

4. 调查的注意事项

调查时应当注意，检察机关负责捕诉的部门对侦查违法行为进行调查，应当由检察人员进行，参加调查的检察人员不得少于2人。调查人员应当依法全面、客观地收集证据，对涉及被调查对象有无违法行为、违法行为情节轻重的各种证据都应当收集。调查核实后，应当当场制作调查笔录，由调查人、被调查人、记录人签名盖章。调查对象为单位的，应当在有关材料上加盖单位公章。被调查人、被调查单位拒绝签名和盖章的，应当在调查笔录中注明。调查的期限，检察机关对司法工作人员在诉讼活动中的渎职行为进行调查，调查期限不得超过1个月。确需延长调查期限的，可以报经检察长批准，延长2个月。对其他侦查违法行为的调查期限可以参照对司法工作人员渎职行为的调查期限，调查一般应在侦查终结前完成。但是对于《刑事诉讼法》第117条的申诉时限与此有所不同。对于侦查人员非法取证行为的调查期限，在审查逮捕阶段办案过程中发现的，则一般在审查逮捕期间完成，如果无法完成，则应先将案件做出处理，不管案件是做出捕还是不捕的决定，其后仍应继续对非法取证行为进行调查，调查应在侦查终结前完成。

5. 调查后的处理

对侦查违法行为调查完毕后，应当制作调查报告，根据查明的情况提出处理意见，报请检察长决定后作出处理。结合刑事诉讼法、《刑诉规则》及"两高三部"《规定》、高检院《调查意见》的相关规定，对侦查违法行为调查后可以采取以下方式进行：

（1）对无侦查违法行为的处理

经调查后，认定无侦查违法行为的，应当及时回复投诉人，并及时向被调查人所在机关说明情况。调查中询问过被调查人的，应当及时向被调查人本人说明情况，并采取适当方式在一定范围内消除不良影响。对于举报人、控告人捏造事实诬告陷害，意图使司法工作人员受刑事追究，情节严重的，依法追究刑事责任。

（2）对侦查违法人员的处理

经调查后确有侦查活动违法情形的，对相关办案人员采取下列方式处理。

①侦查活动行为虽违法但尚不构成犯罪的，应当依法向被调查人所在机关提出纠正意见。其中情形较轻的，由检察人员以口头方式向侦查人员或侦查机关负责人提出纠正意见，情节较重的，应当报请检察长批准后，向公安机关发出《纠正违法通知书》，载明违法事实、适用法律依据及纠正意见，涉嫌渎职行为的还应将证明其渎职行为的材料按照干部管理权限移送有关机关处理。

②被调查人继续承办该案将影响诉讼活动公正性的,应当向所在公安机关提出更换办案人员的建议。

③认为有犯罪事实需要追究刑事责任的,应当按照刑事诉讼法关于管辖的规定立案侦查或者移送有管辖权的机关立案侦查。

(3) 对违法收集的证据的处理

①非法方法收集的证据应予排除。这是侦查人员侦查程序违法必须承担的诉讼程序上的不利后果,这种程序制裁使违法侦查行为归于无效,非法取得的证据不能进入刑事诉讼程序。

②对于经调查核实后,不属于采用上述非法方法收集的言词证据的,如果仅仅只是瑕疵证据,则应当要求侦查机关补正或者作出合理解释。对于需要补正或者作出合理解释的,应当提出明确要求。经补正或作出合理解释后可以采信,但如果得不到补正或合理解释,也不能作为定案的根据。

③对于侦查人员的违法行为明显违反法律规定,取得的物证、书证不符合法定程序,可能严重影响司法公正的而又无法补正或者不能作出合理解释的,该物证、书证不能作为定案根据。

6. 湖南省检察机关关于重大侦查监督事项案件化办理的探索

近年来,为贯彻落实最高人民检察院《"十三五"时期检察工作发展规范纲要》提出的探索重大监督事项案件化办理及司法改革的相关部署要求,提高侦查监督工作的规范化、精准化、和实效性,湖南省检察院部署并指导在省内相关单位开展试点工作,试点工作取得良好的实效,湖南省检察院于 2018 年 5 月 4 日正式印发了《湖南省检察机关重大侦查监督事项案件化办理实施办法》(以下简称《办法》),在全省范围内组织实施。

《办法》对重大侦查监督事项案件化办理的概念、原则、范围、程序和方法等做出了较为详细的规定。《办法》规定,重大侦查监督事项案件化办理,是指人民检察院在刑事法律监督、"两法衔接"和司法办案过程中,对重大侦查监督事项以案件方式规范办理的工作模式。重大侦查监督事项案件化办理应作为独立案件,依照受理立案、调查核实、实施监督、跟踪反馈、复议复核、结案归档等流程开展法律监督。实行案件化办理的重大侦查监督事项范围：（1）公安机关应当立案侦查而不立案侦查的；（2）公安机关不应当立案侦查而立案侦查的；（3）行政执法机关应当移送而不移送涉嫌犯罪案件的；（4）刑讯逼供、暴力取证的；（5）伪造、毁灭证据的；（6）非法拘禁、非法搜查的；（7）违法查封、扣押、冻结的；（8）遗漏应报捕的犯罪嫌疑人的；（9）超期羁押的；（10）怠于侦查，可能影响司法公正的；（11）其他需要调查核实，可能发出纠正违法通知书、检察建议等法律监督意见的违法行为或事件。重大侦查监督案件，可以通过以下方式依法开展调查核实：（1）讯问犯罪嫌疑人、被告人；（2）询问证人、被害人或者其他诉讼参与人；（3）询问办案人员；（4）询问在场人员或者其他可能知情的人员；（5）听取当事人的法定代理人、辩护人、诉讼代理人、近亲属意见；（6）查阅、调取讯问笔录、讯问录音、录像、监控录像、行政执法记录仪等视听资料；（7）查询、调取犯罪嫌疑人出入看守所的身体检查记录及相关材料；（8）查阅、调取或者复制相关法律文书及案件材料、电子证据；（9）进行伤情、病情检查或者鉴定；（10）对案发现场进行勘查；（11）组织涉案人员进行辨认；（12）派员参加公安机关对于重大案件的讨论；（13）书面要求侦查机关对有关情况进行说明；（14）其他调查核实方式。

（三）纠正违法的适用及程序

根据违法行为的性质和情节的严重程度，可以分别采用口头通知纠正和发书面《纠正违法通知书》进行纠正。2013年，最高人民检察院下发了《关于进一步规范书面纠正违法适用工作的通知》（以下简称《纠正违法的通知》），对司法实践中，如何适用书面、口头纠正违法做出了明确。

1. 口头通知纠正

口头通知纠正是指检察人员发现公安机关的侦查活动存在情节较轻的违法行为时，以言词的方式要求侦查人员予以纠正的一种监督方法。一般由履行监督职责的承办人直接向违法的侦查人员提出，对带有较普遍性的违法，可以向侦查部门的负责人提出。必要时，可以由检察机关部门负责人向公安机关提出纠正意见。口头建议纠正违法，一般不要求公安机关书面答复。对于侦查机关同一性质的轻微违法行为，在一段时间内屡经口头提出而仍不纠正的，可以综合发出一份书面纠正违法意见。

2. 发出书面《纠正违法通知书》

发出书面《纠正违法通知书》是指人民检察院对于公安机关及其工作人员在侦查活动中违反刑事诉讼程序，具有情节较重的违法情形时，以法律规定的《纠正违法通知书》的形式要求公安机关纠正的监督方法。

（1）应当发出书面《纠正违法通知书》的情形

书面《纠正违法通知书》应只适用于性质恶劣、情节较重的违法行为。判断侦查机关在侦查活动中的违法行为是否达到性质恶劣、情节较重的程度，主要是看违法行为是否严重侵害当事人及其辩护人、诉讼代理人的人身权利、财产权利或者诉讼权利，是否严重破坏诉讼程序、妨害刑事诉讼依法公正进行。对于侦查人员故意实施《刑诉规则》第567条规定的违法行为，最高人民检察院的《纠正违法的通知》明确书面纠正违法重点的违法行为，或者违法手段较为恶劣，情节、后果较为严重，损害司法公正的，应当发出《纠正违法通知书》予以纠正。

（2）适用书面《纠正违法通知书》应注意的问题

司法实践中在适用书面《纠正违法通知书》时存在以下问题，一是书面纠正轻微违法。对于一些如案件材料不符合制作要求的轻微违法或不规范情形，以及可以通过口头纠正的轻微违法，向侦查机关制发书面《纠正违法通知书》。二是拆分监督。对于同一案件中的同一性质违法情形，按照犯罪嫌疑人人数分别发出纠正违法通知书，或者针对同一案件中的多个违法情形，拆分发出多份纠正违法通知书。

（3）书面纠正违法的程序

①检察官在查清违法事实和情节以后，提出书面纠正意见，经业务机构负责人审核后，报检察长批准。经检察长审查同意书面通知公安机关纠正违法的意见后，检察官应制作《纠正违法通知书》。《纠正违法

通知书》经检察长签发后发出,一式二份,一份送侦查机关,一份附卷备查。

②备案程序。根据最高人民检察院侦查监督厅《关于进一步规范书面纠正违法适用工作的通知》的要求,省级以下(不含省级)检察机关向侦查机关发出书面纠正违法通知书后,应及时报上一级人民检察院负责捕诉的部门备案。上级人民检察院负责捕诉的部门要对书面纠正违法的适用是否规范进行审查,发现适用不当的,应当予以纠正。上一级人民检察院负责捕诉的部门可以通过全国检察机关统一业务应用系统对下级院办理的书面纠正违法案件进行检查和质量监控,及时指出问题,指导下级院规范书面纠正违法工作。

③监督落实程序。人民检察院负责捕诉的部门发出《纠正违法通知书》的,应当根据公安机关的回复,监督落实情况;没有回复的,应当督促公安机关回复。人民检察院负责捕诉的部门提出纠正意见不被接受的,应当向上一级人民检察院负责捕诉的部门报告,并抄报上一级公安机关。

④公安机关的复查程序。公安机关对人民检察院负责捕诉的部门提出的纠正意见不接受的,可以要求复查。人民检察院负责捕诉的部门应当在收到公安机关的书面意见后7日以内进行复查。经过复查,认为纠正违法意见正确的,应当及时向上一级人民检察院报告;认为纠正违法意见错误的,应当及时撤销,做出《撤销纠正违法意见决定书》。上一级人民检察院经审查,认为下级人民检察院的纠正意见正确的,应当及时通知同级公安机关督促下级公安机关纠正;认为下级人民检察院的纠正意见不正确的,应当书面通知下级人民检察院予以撤销,下级人民检察院应当执行,并及时向公安机关及有关侦查人员说明情况。同时,将复查结果及时回复申诉人、控告人。

（四）相关法律文书的格式及制作要求

1.《纠正违法通知书》

【文书格式】

××××人民检察院

纠正违法通知书

××检××纠违〔20××〕×号

_____（侦查机关）：

本院在办理_____案件中（或在工作中）发现，你在侦查_____案过程中存在下列违法行为：

1. 发现的违法情况。包括违法人员的姓名、单位、职务、违法事实等，如果是单位违法，要写明违法单位的名称。违法事实，要写明违法时间、地点、经过、手段、目的和后果等。可表述为：经调查核实，发现……。

2. 认定违法的理由和法律依据。包括违法行为触犯的法律、法规和规范性文件的具体条款，违法行为的性质等。可表述为：本院认为……。

根据《中华人民共和国刑事诉讼法》第____条之规定，现通知你____予以纠正，并在收到本通知书后十五日内将纠正情况告知本院。

20××年×月×日

（院印）

【制作说明】

一、本文书依据《中华人民共和国刑事诉讼法》第八条、第五十七条、第一百条、第一百一十七条、第一百七十一条、第二百七十六条，《刑诉规则》第二百八十七条、第五百五十二条、第五百五十三条、第五百六十四条、第六百一十八条、第六百二十四条等规定制作。为人民检察院依法纠正侦查机关、审判机关、执行机关的违法活动时使用。

二、本文书的文号" 检 纠违〔 〕号"由提出纠正违法意见的具体业务部门分别按顺序编号。

三、本文书采用叙述式，按以下层次叙写：

1. 写明发往单位，即发生违法情况的单位，行文上顶格书写。

2. 写明发现的违法情况。书写为：经调查核实，发现……。"发现"后书写顺序为：①发生违法情况的具体单位和人员。违法人员要写明姓名、所在单位、职务等。②违法事实。写明违法的时间、地点、经过、手段、目的和后果等。

3. 检察机关认定违法的理由及其法律依据。书写为：本院认为……。"本院认为"后写明违法行为触犯的法律、法规的具体条款、违法行为的性质等。

4. 纠正意见。写明：根据……（法律依据）的规定，特通知你单位予以纠正。请将纠正情况告知本院。

四、本文书一案一文书，同一案件发现多项违法问题的，制发一份文书即可，各违法项按照严重程度从重到轻排序。

五、人民检察院可以直接向本院所办理案件的同级单位发送纠正违法通知书；办案单位为上级机关的，应当层报被纠违单位的同级人民检察院决定并发送纠正违法通知书，或者由办理案件的人民检察院制作纠正违法通知书后，层报被纠违单位的同级人民检察院审核并转送被纠违单位。

需要向下级有关单位发送纠正违法通知书的，可以指令对应的下级人民检察院发送纠正违法通知书。

需要向异地有关单位发送纠正违法通知书，应当征求被纠违单位所在地同级人民检察院意见。被纠违单位所在地同级人民检察院提出不同意见，办理案件的人民检察院坚持认为应当发送纠正违法通知书的，层报共同的上级人民检察院决定。

六、本文书一式二份，一份送达发生违法行为的单位，一份附卷。

2.《撤销纠正违法意见决定书》
【文书格式】

××××人民检察院
撤销纠正违法意见决定书
（存　根）

×× 检 ×× 撤纠〔20××〕×号

案　　由_____
犯罪嫌疑人基本情况_____
纠正违法通知书文号_____
撤销纠正违法意见的理由_____
送达机关_____
批 准 人_____
承 办 人_____
填 发 人_____
填发时间_____

第一联　统一保存

××××人民检察院
撤销纠正违法意见决定书
（副　本）

××检××撤纠〔20××〕×号

＿＿＿＿＿＿：

本院于＿＿＿年＿＿＿月＿＿＿日以＿＿＿＿＿＿＿＿＿号作出的纠正违法意见。现经本院重新审查认为：＿＿＿＿＿＿＿＿＿＿＿＿＿＿＿＿＿＿＿＿。根据《人民检察院刑事诉讼规则》第五百五十四条的规定，决定予以撤销。

20××年×月×日

（院印）

第二联　附卷

××××人民检察院
撤销纠正违法意见决定书

××检××撤纠〔20××〕×号

_____：

　　本院于____年____月____日以_____号作出的纠正违法意见。现经本院重新审查认为：_____。根据《人民检察院刑事诉讼规则》第五百五十四条的规定，决定予以撤销。

20××年×月×日
（院印）

第三联　送达被监督单位

【制作说明】

一、本文书依据《人民检察院刑事诉讼规则》第五百五十四条的规定制作。为被监督单位提出对人民检察院纠正违法意见不服的复查时，人民检察院经复查后，认为纠正违法意见错误，撤销纠正违法意见时使用。

二、本文书共三联，第一联统一保存备查，第二联由作出撤销决定的部门附卷，第三联送达被监督单位。

（五）全国检察机关统一业务应用系统的录入与办理

1. 录入、办理程序

对书面纠正违法案件，在全国检察机关统一业务应用系统中应以侦查活动监督案件录入。侦查活动监督案件办理流程如下：

内勤登记案件，确定承办人——承办人登录，点击在办案件——双击案件名称，进入案卡填录界面，完善相关信息——根据需要，选择提讯证、调取证据通知书、提供证据收集合法性说明通知书、侦查活动监督调查报告等——点击办案步骤，双击审查终结下（发纠正违法通知书）节点——以发纠正违法通知书为例——【新建文书】——选择纠正违法通知书并进行拟定保存——在办文书中，选择纠正违法通知书，右键点击拟制审批表——选择审批表及其附件——发送检察长审批——审批完毕——查看领导审批文件——入卷——点击办案步骤，右键点击送案——检查并填写案卡信息——等待侦查机关回复，填写侦查机关回复日期、纠正日期——点击办案步骤，双击流程结束——选择"是"。

2. 案卡信息填报

侦查活动监督流程的案卡信息中，"书面提出纠正日期""侦查机关纠正日期"及"侦查活动违法情形"分别对应检统表0620表中的"书面提出纠正"和"已纠正"及各项具体违法情形数据。办理纠正违法案件时特别要加强案卡信息录入，防止侦查活动监督工作无法在统计报表中予以体现，尤其是在获悉侦查机关回复以及纠正情况后，要及时填报"侦查机关纠正日期"，结束办案流程。

（六）纠正违法工作流程图

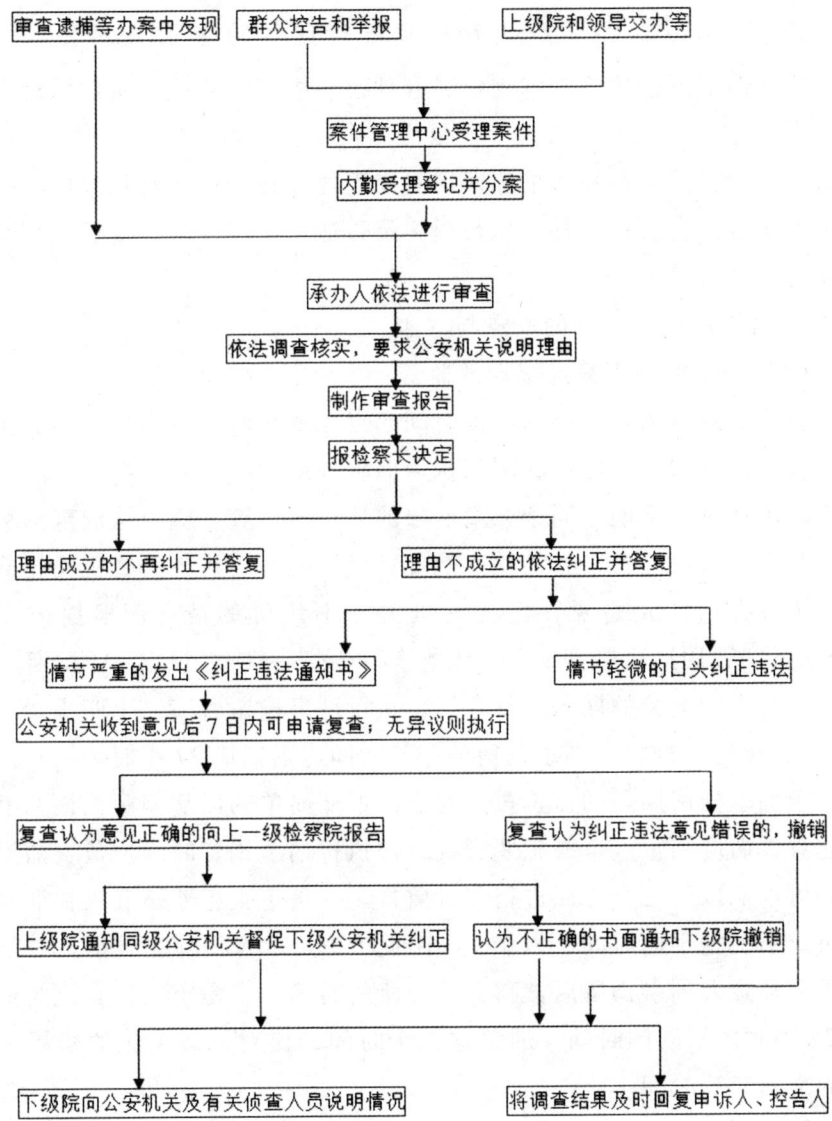

三、纠正违法的监督重点与方法

检察机关对侦查违法行为的监督主要分为对强制措施适用和变更的

监督、对收集言词证据的监督以及对其他侦查违法行为监督等几个方面，下面将逐一详细介绍监督的重点与方法。

(一) 对强制措施适用和变更进行监督的重点与方法

我国刑事诉讼法第六章规定了五种强制措施，按照强制措施对人身自由强制程度的轻重顺序排列，依次是：拘传、取保候审、监视居住、刑事拘留和逮捕。对强制措施适用和变更的监督，包括对强制措施的适用范围是否符合法定条件，执行程序是否适合法定要求，变更和解除是否及时、合法等方面。

1. 对拘留进行监督的重点与方法

(1) 拘留时间起算点错误的监督

目前公安机关对于刑事拘留时间起点主要是从执行刑事拘留的次日起计算，但有的负责捕诉的部门认为刑事拘留这种限制人身自由的强制措施期限计算，不能等同于办案期限的从次日计算，应当从刑事拘留的当天起算。这也导致了有的检察院负责捕诉的部门认为侦查机关超期羁押一天并提出纠正意见，但公安机关并不认可的情况。根据公安部《公安机关适用刑事羁押期限规定》第4条第一项之规定："拘留后的提请审查批准逮捕的期限以日计算，执行刑事拘留后满二十四小时为一日。"根据这一规定，刑事拘留的起算时间应当以满24小时为一日。因此对于刑事拘留期限的监督重点在于，不能简单的以从哪一天被刑事拘留起算，而应当重点审查犯罪嫌疑人被执行刑事拘留时间。负责捕诉的部门可以从以下几个方面进行审查监督。一是审查犯罪嫌疑人在刑事拘留决定书上签字的时间，以满24小时为一天，然后以此类推。二是审查犯罪嫌疑人刑事拘留后被移送看守所的时间。三是审查侦查机关刑拘后24小时内讯问的时间。通过这三个时间的比对，确定犯罪嫌疑人刑拘的准确起算时间。

【案例】如某县公安机关办理的杨某某盗窃案。公安机关提请批准逮捕书上注明于2017年12月23日对杨某某刑事拘留，后延长拘留期限至2018年1月22日，但公安机关直到1月23日才提请批准逮捕，根据计算，超期羁押1天，但是承办人通过审查拘留证上的犯罪嫌疑人签字时间，发现犯罪嫌疑人签字的执行拘留时间是 2017 年 1 月 24 日，经讯问犯罪嫌疑人核实执行的时间，确认犯罪嫌疑人实际上并未被超期羁押。

（2）延长拘留时间至 30 日期限的监督

造成刑事拘留期限超 30 日的情形主要有两种，一种是刑事拘留的起始时间计算错误，如前文所述，有的侦查机关以次日为第一日，导致犯罪嫌疑人实际羁押时间超过了 24 小时的规定，一旦延长至 30 日以后，则实际羁押的时间将超过 30 日。另一种是有的侦查机关将刑诉法规定的延长至 30 日理解为延长 30 日，在延长至 7 日以后再延长 30 日，造成事实上羁押 37 天后才报捕或者改变强制措施，导致超期羁押。对于第二类情形的超期羁押监督，要重点审查侦查机关刑事拘留决定的时间和公安机关刑拘延押的审批手续和时间。

【案例】如某县公安局办理的张某某盗伐林木案，犯罪嫌疑人张某某于 2018 年 11 月 3 日被刑事拘留，经报经公安机关负责人批准，决定延长拘留期限至 12 月 10 日。检察机关在审查案件中发现公安干警将延长拘留期限错误理解为刑拘 7 天后再延长 30 日，总拘留期限为 37 日，直到 12 月 7 日才提请检察机关批准逮捕，超出 30 天的办案期限 5 天。检察机关立即向公安机关提出纠正意见，并向公安机关就此刑拘延长期理解错误的问题进行了通报，督促公安机关加强对干警的培训。

（3）异地执行拘留的时间计算的监督

在司法实践中，往往存在着犯罪嫌疑人作案后潜逃，结果在异地被当地公安机关抓获的情形，特别是一些网上在逃的犯罪嫌疑人这种情况更是常见。对于这类人员如何计算其拘留期限往往存在着较大的争议。有观点认为根据《刑事诉讼法》第 105 条的规定"法定期间不包括路途上的时间"，所以异地羁押的期限虽然是自犯罪嫌疑人被羁押之日起即开始计算，但应当扣除案发地公安机关前往押送犯罪嫌疑人回案发地的在途时间。在司法实践中，侦查机关普遍也是如此操作和执行。有观点则认为应当自犯罪嫌疑人被羁押之日起开始计算羁押时间，在途时间不能从期限中扣除，否则犯罪嫌疑人实际羁押的期限将大大超过法定期限。笔者认为对于此种情形，侦查机关的刑事拘留期限，应当扣除侦查机关前往提押和押解的在途时间，但犯罪嫌疑人的羁押时间应当自犯罪嫌疑人被羁押之日起计算，其在途的时间可以折抵刑期。这样一方面保证了侦查机关的办案时间以打击刑事犯罪分子，另一方面又防止侦查机关在非羁押场所长期羁押犯罪嫌疑人，侵犯犯罪嫌疑人的合法权益。

【案例】如某县公安机关办理的李某某故意伤害案，犯罪嫌疑人李某某在A地将被害人砍成重伤后潜逃。犯罪地A地公安机关于2014年8月2日对犯罪嫌疑人做出刑事拘留决定并进行网上追逃。2016年10月5日犯罪嫌疑人李某某在外地被B地公安机关抓获并刑拘。2016年10月11日A地公安机关将犯罪嫌疑人李某某押解回本地，11月9日公安机关提请批准逮捕。对于李某某的刑事拘留期限计算，侦查机关与检察机关出现较大的分歧，最终检察机关在要求公安机关出具相关押解犯罪嫌疑人的证明材料后，没有就公安机关是否超期5天提出纠正违法意见。对于此种情形的监督，要重点审查：一是要审查异地公安机关的押解通知，该地公安机关是何时发出押解通知，当地公安机关是何时收到该通知的。二是要审查当地公安机关的押解时间，即公安机关从出发到押解返回的路途时间。三是要审查犯罪嫌疑人在当地看守所的投所时间。从三个方面入手准确把握公安机关押解时间，查明公安机关是否存在多计算在途时间，造成事实上超羁押期限的情形。

（4）拘留延长至30日案件类型的监督

根据《刑事诉讼法》第91条第2款规定，对于流窜作案、多次作案、结伙作案的重大嫌疑分子，提请审查批准逮捕的时间可以延长至30日。但司法实践中，公安机关存在普通刑事案件拘留期限大量延长至30日的情形，其中相当一部分案件不符合三类案件的情形。究其原因，一方面是受公安机关自身的警力有限，侦查水平不足的制约，另一方面也是由于刑事拘留延长至30日由公安机关内部进行审批，缺少必要的外部监督和司法审查程序，因此导致了滥用。检察机关在监督此类情形时，一是要注意审查是否有侦查机关的《呈请延长拘留期限报告书》，并有公安机关负责人的签批；二是要注意审查侦查机关延长拘留期限的案件类型是否符合刑事诉讼法的相关规定。要从案件实体上进行审查，是否属于可以延长至30日的三类案件。根据《公安机关办理刑事案件程序规定》（以下简称《办案规定》）第129条第3款规定，流窜作案是指跨市、县辖区连续作案，或者在居住地作案后逃跑到外市、县继续作案；多次作案是指三次以上作案；结伙作案是指二人以上共同作案。实践中公安机关往往将异地作案当作流窜作案，将二次作案当作多次作案来延长拘留期限。

【案例】如某县公安局办理的肖某某故意伤害案，公安机关以犯罪嫌疑人流窜作案为由决定对肖某某延长拘留期限至30日。检察机关通过审查案卷材料，发现肖某某系作案后潜逃外地，并非流窜作案，公安机关延长拘留期限理由适用错误，遂依法向公安机关提出纠正意见。又如某市公安分局办理的吕某某贩卖毒品案。公安机关2012年8月23日对吕某某刑事拘留，后又以多次作案为由延长拘留期限至9月22日。检察机关经审查犯罪嫌疑人供述及其他证据，均只能证明吕实施了二次贩毒行为，没有证据证明其多次贩毒，公安机关适用延长30日期限的理由不对。实践中，对于涉及贩毒犯罪的上下线犯罪案件，能否认定为结伙作案而延长拘留期限，目前存有分歧。侦查机关认为毒品犯罪是有共谋的上下线犯罪，应当可以认定为结伙作案。有的检察机关认为上下线犯罪是分别不同的两个案件，在公安机关报捕时，对未报捕人员的监督，检察机关也是适用立案监督，而不是纠正漏捕，因此对于上下线单独作案的毒品犯罪案件，不宜认定为结伙作案。笔者认为，结伙犯罪不等同于共同犯罪。在结伙犯罪中，可能是出于共同的犯罪故意，也可能没有共同的犯意联络，而是各自在自己的犯罪意图下行使犯罪行为。如甲偷得一信用卡，骗乙说是捡来的，然后两人结伙到银行取款机上取得现金后并分赃。在本案中，甲构成盗窃罪，乙则构成信用卡诈骗罪。两人不具有共同的盗窃犯罪故意，但是仍然构成结伙作案。因此对于上下线共谋进行的贩卖毒品案件，应当可以认定为结伙犯罪，并可以延长拘留期限至30日。

(5) 对拘留后不通知家属的监督

根据《刑事诉讼法》及《办案规定》第127条规定，犯罪嫌疑人被刑事拘留后，除有无法通知或者三类案件可能出现有碍侦查的情况外，应当及时将羁押原因及羁押场所告知被拘留人的家属，并在拘留通知书上注明羁押原因及羁押场所。在司法实践中，往往存在着侦查机关（部门）拘留后，为了防止出现犯罪嫌疑人家属前往探访犯罪嫌疑人，避免干扰办案，往往以无法通知或者联系不上为由不进行通知；或者在羁押之后再变更羁押场所，并且不再告知犯罪嫌疑人家属的情形。对于这种情形的监督方式，一是应当重点审查讯问笔录中注明的羁押场所的变化，与拘留通知书上注明的羁押场所是否相符。对于变更羁押场所的，要及时向侦查人员了解是否通知了被拘留人家属。二是如果拘留通知书上注明无法通知的，要详细向侦查人员了解无法通知的具体事由，核查侦查人员在通知书上注明的无法通知理由是否属实；要调查侦查人员是否到拘留人家属住所、单位等地进行调查，而不能仅仅以打电话没有人接或者当时不在家等临时性原因联系不上而不进行通知。三是要审查是否属于三类案件中的四种可能有碍侦查的情形。对于三类案件性质的认定要结合侦查的规律来进行分析。在侦查初期阶段，侦查机关（部门）对于案件的定性和数额认定可能与最终的案件罪名、事实存在差异。如恐怖活动、特别重大贿赂犯罪，这类案件在侦查之初往往并不认定该罪名或者数额巨大，往往以故意伤害、寻衅滋事，或者较小的贿赂金额进行立案。因此对于这一类案件性质的认定，不能仅仅依靠立案的罪名来判断，而应当充分了解案件事实以及可能涉及的其他犯罪事实，做出综合判断。

(6) 对拘留后未在24小时内讯问犯罪嫌疑人的监督

根据《刑事诉讼法》第86条的规定，公安机关对被拘留的人，应当在拘留后的24小时以内进行讯问。在发现不应当拘留的时候，必须立即释放，发给释放证明。但实践中，往往发生公安机关未在刑拘后24小时内讯问犯罪嫌疑人的情形。这就要求检察机关要加强对案卷材料的审查过程。一是审查公安机关是否移送了全部的讯问材料，特别是刑拘后24小时的讯问，发现卷中没有的，应当通知公安机关补充移送。公安机关未移送的，应当提出纠正意见。二是要注意审查讯问的内容，是否向其宣布了刑拘决定或逮捕决定，犯罪嫌疑人对刑事拘留和逮捕决定有何意见。三是要注意审查讯问的时间，是否在24小时以内进行讯问。四是要注意审查讯问的地点，是否在看守所内进行。实践中有的侦查人员在传唤犯罪嫌疑人到期后，即宣布刑事拘留的决定，并在办案点进行了刑拘后的问话，没有移送看守所执行。笔者认为，这种拘传问话无缝衔接拘留问话的方式，实际是一种连续讯问，是一种疲劳战术的刑讯逼供行为。对于这种情形，我们侦查监督要依法进行监督，并提出纠正意见。同时实践中对于刑拘24小时内进行讯问的地点，是否应当在看守所内进行对此存在着不同的理解，笔者认为，根据刑事诉讼法的规定，刑事拘留后应当立即交看守所执行。《办案规定》第126条第1款规定，拘留后，应当立即将被拘留人送看守所羁押，至迟不得超过24小时。同时，《办案规定》第198条规定，对于已送交看守所羁押的犯罪嫌疑人，应当在看守所讯问室内进行。因此，犯罪嫌疑人被执行拘留后，应当立即送交看守所羁押，除了指认现场或者查收赃物情形，任何在看守所外讯问的行为都不符合法律的相关规定。三是犯罪嫌疑人被刑事拘留后，应当在24小时内将拘留的原因和羁押处所告知其家属。如果犯罪嫌疑人仅仅是宣布了拘留决定，但没有交看守所收押的，一方面其讯问的行为违反了拘留后应当在看守所进行的规定，同时在通知犯罪嫌疑人家属时，也会因为无法告知其羁押的场所而不能在24小时内全面准确通知。因此我们对于这种拘留后没有立即送交看守所羁押的行为，应当视为拘留决定实际上并没有执行，其讯问笔录也不能作为拘留内24小时的讯问。负责捕诉的部门应当结合其拘留证的签字时间，讯问笔录时间和通知家属等时间进行全面审查，发现确实存在上述情形的，要依法提出监督意见。

【案例】如某市公安分局办理的王某某盗窃案中，公安机关于2018年9月26日对王某某执行刑事拘留，直到10月5日才进行刑事拘留后第一次问话，违反了《刑事诉讼法》第84条的规定，检察机关依法提出了监督意见。

(7) 对拘留后妨害辩护人行使权利的监督

在司法实践中,侵害律师辩护权主要体现在会见难、取证难和了解难。2012年刑事诉讼法修改了辩护权的相关内容,着力保障律师在刑事诉讼活动中的权益。将侦查阶段律师介入刑事诉讼活动的定位由提供法律帮助变更为辩护人,对于律师会见在押犯罪嫌疑人也作了规定。根据刑事诉讼法及《刑诉规则》《办案规定》的相关规定,犯罪嫌疑人在第一次讯问或者采取强制措施之日起即可聘请律师为其辩护人。《办案规定》第50、51条也规定"辩护律师向公安机关了解案件有关情况的,公安机关应当依法将犯罪嫌疑人涉嫌的罪名以及当时已查明的该罪的主要事实,犯罪嫌疑人被采取、变更、解除强制措施,延长侦查羁押期限等案件有关情况,告知接受委托或者指派的辩护律师,并记录在案""辩护律师可以同在押或者被监视居住的犯罪嫌疑人会见、通信"。负责捕诉的部门在受理律师关于侵害律师辩护权的投诉过程中,要注意从以下几个方面加强监督。一是要充分了解律师的投诉内容,审查其主体资格、投诉的内容是否符合法律的相关规定,其委托程序、委托人、行使辩护权的程序是否合法等。二是要及时将律师的诉求向侦查机关和侦查人员进行反馈、核实,并查阅相关的文书、笔录,要详细向侦查人员了解辩护人的申请事项,严格审查其说明的理由。三是要做好矛盾的化解工作,对于因双方沟通不够造成的工作未衔接好等情况,要及时做好双方的工作,督促侦查机关依法保障辩护人行使辩护权益;对于双方认识有分歧的,要充分做好相关的说明解释工作。四是要注意保密规定。在侦查阶段由于案件尚未完全查清,证据尚未完全到位,侦查人员基于侦查考虑可能未将一些情况向律师完全说清楚,因此侦查监督干警在解释说明时,应当注意案件保密规定,严谨、准确、克制的向律师说明我们的监督结论,对于其中涉及侦查秘密的内容则应当保密,不宜过多的谈论案件的事实及证据的情况,以免影响办案。

2. 对逮捕进行监督的重点与方法

（1）对逮捕时间的监督

逮捕期限一般从执行逮捕的次日起算，在实践中，要注意在期限届满最后一天逮捕的执行时间监督。即公安机关在刑事拘留期限的最后一天提请批准逮捕，检察机关经过审查后在7天的最后一天中做出批准逮捕决定，根据刑事诉讼法规定，公安机关应当立即执行逮捕决定。但可能由于文书送达、路途等原因，公安机关在次日才宣布执行逮捕。那么对于这种逮捕期限的计算，不能够从执行逮捕的次日起算，而应当根据其羁押的时间顺延关系，从作出逮捕决定的次日起算。

【案例】如杨某某涉嫌合同诈骗案，公安机关8月11日对其执行刑事拘留，9月10日提请批准逮捕，检察机关9月17日做出批准逮捕决定，公安机关于9月18日执行逮捕，如果我们逮捕期限从执行逮捕的次日19日起算，则犯罪嫌疑人拘留的实际时间为38天，超期1天。

（2）对逮捕后不通知家属的监督

根据《刑事诉讼法》及《办案规定》第145条规定，犯罪嫌疑人被逮捕后，除了无法通知的情况外，应当在逮捕后24小时以内，制作逮捕通知书，通知被逮捕人家属。在司法实践中，存在着侦查机关（部门）逮捕后，仍然以有碍侦查为由而没有通知其家属的，对于这种情形的监督方式，一是要重点审查侦查机关在逮捕犯罪嫌疑人通知书上注明未通知的原因，是否属于无法通知的情形。二是要审查其无法通知的情况是否属实。要详细向侦查人员了解无法通知的具体事由，核查侦查人员在通知书上注明的无法通知理由是否属实；要调查侦查人员是否到拘留人家属住所、单位等地进行调查，而不能仅仅以打电话没有人接或者当时不在家等临时性原因联系不上而不进行通知。三是审查无法通知的情形是否已经消除，如果当时无法通知的情形已经消除，则侦查机关应当立即将羁押的原因和羁押处所告知其家属。

（3）对批准（决定）逮捕后不立即执行的监督

包括两种情形，一种是由于刑事拘留的期限未满37天的，侦查机关（部门）既没有进行宣布，也没有执行逮捕决定，而是将犯罪嫌疑人继续处于刑事拘留的状态。另一种是公安机关接到逮捕决定后,没有及时向犯罪嫌疑人宣布逮捕决定。上述两种情形都是违反了刑事诉讼法关于逮捕应当立即送看守所羁押的相关规定,应当立即纠正。

【案例】如某县公安局办理的肖某寻衅滋事一案,公安机关2017年10月29日刑事拘留犯罪嫌疑人肖某,11月28日提请检察机关批准逮捕犯罪嫌疑人肖某,检察机关2017年12月4日做出批准逮捕决定,同日送达公安机关,检察机关通过督促公安机关送达执行回执时发现,该局直到12月8日才执行逮捕,推迟执行逮捕时间4天,遂依法提出监督意见。

3. 对拘传进行监督的重点与方法

(1) 对拘传期限的监督

由于立法上对于什么是"连续拘传"未做出明确规定,仅有《刑诉规则》第83条第2款规定,两次拘传间隔的时间一般不得少于12小时,其效用限于人民检察院侦查部门查办职务犯罪案件。公安机关的《办案规定》未做出相应的明确规定。实践中,侦查人员往往采取一些变通的办法,将留置盘问与拘传混用或者交替使用以及连续拘传、多次拘传等,以尽可能延长讯问时间,为突破案件赢得时间。笔者认为上述做法是值得探讨的。适用拘传措施时应当严格按照刑事诉讼法的有关规定,一般刑事案件的犯罪嫌疑人拘传持续的时间最长不得超过12小时,案情重大复杂、需要采取拘留、逮捕等强制措施的,不得超过24小时,且不得以连续拘传的形式变相拘禁被拘传人。如果确实需要再次讯问的,也必须重新办理审批手续,并且两次拘传之间应间隔一定时间,应保证被讯问人在间隔时间正常吃饭、睡眠。为了延长讯问时间而采用留置盘问与拘传混用或者交替使用的变通做法更为不妥。留置盘问是人民警察法授权警察为维护社会治安秩序,对有违法犯罪嫌疑的人员当场进行的,只能运用于有现行违法犯罪嫌疑的人,而不能在对犯罪嫌疑人采取了拘传措施后再转换为留置盘问。将留置盘问与拘传混用或者交替使用,违背了立法的本意,是没有法律依据的。

(2) 拘传人大代表、政协委员程序的监督

司法实践中，容易出现对人大代表和政协委员采取拘传、取保候审和监视居住等强制措施时，由于人身强制性不强，而没有提请许可和通报的情况。因此在受理这两类人员案件过程中，要从以下几个方面进行监督：一是要注意核实犯罪嫌疑人的身份，是否属于各级人大代表、政协委员，或者是多级人大代表，同时兼任人大代表、政协委员身份。二是仔细审查是否在采取强制措施前报请相关部门许可、通报相关部门，或者是否属于法律规定的紧急情况，以及事后是否报请许可或者通报。三是要注意审查侦查机关是否按照犯罪嫌疑人的特殊身份分别报请许可和通报，有无遗漏的情形等。

(3) 对先约谈后拘传的监督

在司法实践中，存在一种事先以约谈名义将犯罪嫌疑人叫至办案点进行谈话的，等到时间快到 12 小时后，再办理拘传手续继续讯问，造成事实上的讯问时间可能长达 36 小时。对于这一情形是否符合刑事诉讼法的规定，还是踩红线、打擦边球需要负责捕诉的部门认真研究和把握。应当看到采取这种将约谈和拘传无缝链接的讯问方式，其核心在于疲劳讯问，使犯罪嫌疑人在较长的时间内无法得到正常的休息，其本质是一种变相的刑讯逼供，因此对于这种行为应当依法进行监督纠正。在监督过程中，一是要注意讯问笔录时间的连续性和两份笔录时间继承关系，是否存在着连续讯问的情况，对于侦查机关移送笔录不全的，应当要求侦查机关将全部的讯问笔录和问话材料移送审查。二是在讯问犯罪嫌疑人过程中，要核实犯罪嫌疑人到案的时间，是否与第一次讯问笔录的时间一致。三是必要时要到犯罪嫌疑人家庭、单位等进行调查，核实了解犯罪嫌疑人到案的时间。

(4) 监督是否存在未立案就拘传的情形

目前，公安机关办理经济案件时，经常遇到民事违法行为与经济犯罪行为难以辨别，甚至交织在一起的情况。对于这种案件，公安机关在使用拘传等强制措施时要十分谨慎。根据最高人民检察院、公安部《关于公安机关办理经济犯罪案件的若干规定》第 18 条 "在立案审查

过程中，发现案件事实或线索不明的，经公安机关办案部门负责人批准，可以依照有关规定采取询问、查询、勘验、鉴定和调取证据材料等不限制被调查对象人身、财产权利的措施"。对于公安机关办理利用经济犯罪案件，采取强制措施的，检察机关要严格审查其采取强制措施的时间和立案时间，是否存在着立案在后而采取强制措施时间在前的情况。

4. 对取保候审进行监督的重点与方法

(1) 对取保候审保证方式的监督

在司法实践中，一是对于采取保证人保证的，要严格审查保证人的资格，以及是否具备对被取保人的监督、制约能力等。二是对于采取保证金方式取保，要严格审查保证金的金额是否适当、管理是否规范等，是否存在以钱赎罪、放纵犯罪的现象发生。各地区应当根据本地区的实际情况，分别作出交纳保证金数额的适度规定，以供执法机关参考和诉讼参与人监督。根据《办案规定》的规定，保证金的金额为1000元以上，根据案件的具体情况决定执行的数额，《刑诉规则》则进一步明确，对于未成年人犯罪的，取保候审保证金的数额为500元以上。三是要注意在讯问犯罪嫌疑人时核实是否还存在两种取保候审方式并用的情况。

【案例】如某县公安机关办理的李某某掩饰隐瞒犯罪所得案，案卷材料反映公安机关以其妻子作为保证人，对李某某取保候审。检察机关在提审犯罪嫌疑人时，通过讯问，发现公安机关收取了犯罪嫌疑人2万元的所谓"保证金"，存在两种取保方式同时适用的情形，经向公安机关调查了解核实这一情况后，及时向公安机关提出纠正意见。

对取保候审的保证金管理的监督。目前实践中对于保证金的收取、保管、没收和退还比较混乱。具体表现为：由于对保证金数额的上限没有做出明确限制，致使具体办案单位随意收取高额保证金的现象时有发生；收取、管理程序不完善，缺乏监督机制；退还手续不清楚。根据"罚收分离"原则，保证金应当归口、统一管理，由执行机关与当地银行开设保证金专用账户，配合做好保证金的管理工作。因此对于决定没收保证金的监督,应当严格审查没收决定中认定的违反取保候审规定的行为是否存在,违反规定的行为是否情节严重,是否系由于侦查机关的瑕疵导致。

【案例】某市公安分局办理的杨某某故意伤害案,对杨某某取保候审后,要求其每天上午九时前到公安机关报告,只要有一次没有按时报到的,就以违反取保候审规定为由,没收保证金,显然不妥。应当要严格审查没收保证金的程序是否规范、合法,是否经有权决定机关做出审批决定,是否一次性直接存入取保候审保证金专用账户管理等。

(2)对取保候审执行程序的监督

实践中由于取保候审的时间长达一年,加之公安机关办案任务较重,如果案件未能及时侦查终结,容易使犯罪嫌疑人处于事实上的无人管理状态。因此对于取保候审,要监督取保候审的期限届满后,侦查机关是否及时解除取保候审。

【案例】如某县公安机关办理的王某某非法买卖爆炸物品案,2008年公安机关对王某某刑事拘留后,变更强制措施为取保候审,之后直到2010年8月仍然未解除和宣布变更强制措施。直到该县检察机关通过监所检察的刑事拘留人员办案台账核对,才发现并通知公安机关,公安机关才于2010年8月对犯罪嫌疑人王某某提请批准逮捕。因此,要注意监督取保候审决定期限届满后,解除强制措施后是否通知犯罪嫌疑人。如某县公安机关办理的杨某某开设赌场一案,2012年2月25日公安机关解除对杨某某的取保候审决定,但没有依法告知犯罪嫌疑人。

5. 对指定居所监视居住进行监督的重点与方法

(1)加强对犯罪嫌疑人是否确实无固定住处进行监督

在对无固定住所监视居住的监督工作中,一是要准确把握无固定住所的法律内涵。司法实践中,有的地方掌握的标准普遍是犯罪嫌疑人在办案机关所在的市、县有无本人所有的住处。笔者认为固定住所不仅仅指本人所有的合法住所,其"固定"主要是指居住时间的长期性、固定性和公开性。对于犯罪嫌疑人寄居在父母、子女、亲戚处以及租住房屋连续居住满一年以上的,应当视为有固定住所。二是要对无固定住所的地域范围进行监督。应当严格执行在执法机关的市、县无固定住所的地域标准,其中这个市是指辖区的市、县级市,不能将其扩大为市的下辖区;同时对于在辖区的市内有固定住所,只是不在执法机关所在的区的,也应当视为有固定住所。三是对指定异地管辖导致犯罪嫌疑人"无固定住处"的监督。笔者认为经过上一级机关的审批,对确实存在可能有碍侦查情形的,可以指定异地管辖,并对犯罪嫌疑人指定居所监视居住,但是应当通知当地的公安机关来执行,并委托当地的检察机关进行监督,以确保决定监视居住的合法性。在监督过程中,一是要注意通过审查讯问犯罪嫌疑人笔录、犯罪嫌疑人的户籍资料等核查犯罪嫌疑人的基本情况,查明住址和户籍所在地是否一致,是否当地有固定住所。二是要查明其个人简历,对于犯罪嫌疑人虽然户籍所在地虽然不在当地,但是根据其个人简历可以证明其在当地长期生活的,则应当查明其在当地是否有相对固定的住所,必要时应当讯问犯罪嫌疑人进行证据复核,对于犯罪嫌疑人供述在当地有固定住所的,应当要求公安机关到其住所附近的邻居进行调查,查明是否系其的长期居住场所。三是要通过询问其家庭成员或者单位同事,了解其是否有固定住所。

(2) 加强对案件类型是否符合刑事诉讼法规定的案件类型的监督

刑事诉讼法明确了对于无指定居所监视居住的类型包括危害国家安全犯罪和恐怖活动犯罪。在实践中,危害国家安全犯罪、恐怖活动犯罪公安机关在立案时可能不会以该罪名立案,往往是通过后期侦查活动发现和查明犯罪嫌疑人涉嫌危害国家安全犯罪或者恐怖活动犯罪。因此对于适用此类罪名的指定居所监视居住,在监督中不宜单纯的以立案的罪名来认定,而应当综合分析全案的事实及证据材料,最终判断犯罪嫌疑人是否涉嫌危害国家安全犯罪、恐怖活动犯罪,对于虽然以危害国家安全、恐怖活动犯罪来立案,但是通过审查全案的证据材料和事实,发现其不涉嫌这两类犯罪的,应当及时提出监督意见,要求公安机关撤销或者变更强制措施。

(3) 加强对适用的案件条件是否合法进行监督

根据《刑事诉讼法》第74条之规定,监视居住是指符合逮捕条件的案件，这个逮捕条件除了社会危险性条件外，还应当符合逮捕的证据条件和刑罚条件，只有具有刑事诉讼法规定的 6 种特殊情形的犯罪嫌疑人才可以监视居住。因此除了符合取保候审条件，但是提不出保证人和保证金的情况除外，其他五种案件均应当是有证据证明有犯罪事实存在，可能判处徒刑以上刑罚的案件。因此，要加强对适用案件是否符合逮捕条件的监督工作。要认真审查案件的事实及证据情况，要从逮捕证据的三个层次证明标准来把关。实践中，有的办案单位没有执行这一条件，而是进行风险决策，利用指定居所监视居住相对封闭、时间较长的特点，来突破案件、深挖犯罪。对于这类违法反监视居住规定的情形，应当及时向侦查机关提出监督意见。

（4）加强对决定指定居所监视居住地点不合法的监督

根据《刑事诉讼法》第 75 条规定，指定居所监视居住的地点不得是羁押场所和专门的办案场所执行。在负责捕诉的部门监督工作中，要防止将监视居住在实践中演变为"变相羁押"是对监视居住监督的核心所在。有的办案部门直接在执行地点进行讯问，没有将讯问地点与执行监视居住地点严格分开，导致监视居住点成了"办案场所"，其讯问是否有效？因此，对于监视居住场所的监督，一是要审查是否在犯罪嫌疑人的住所执行监视居住。如果是指定居所的监视居住，其监视居住的场所是否符合公安部、最高人民检察院关于指定居所监视居住场所的规定。根据《刑诉规则》第 116 条规定指定的居所应当具备正常的生活、休息条件，便于监视、管理和能够保证办案安全这三个条件，同时采取指定居所监视居住的，不得在看守所、拘留所、监狱等羁押、监管场所以及留置室、讯问室等专门的办案场所、办公区域执行。二是要审查是否存在事实上羁押的问题。应当明确的是指定居所监视居住是一种限制性强制措施，不是剥夺性强制措施，因此对于犯罪嫌疑人在被指定居所的监视居住期间，其的人身自由相对于逮捕是比较宽松的，如果决定监视居住的场所不具备基本的自由条件，而仅仅是"如一个 20 平米的小房间，与外界是完全隔绝"，那么这种指定居所的监视居住场所就演变为一种变相的羁押场所，甚至是有过之而无不及。三是对监视居住的场所中,有共同生活的其他人员,是否对监视居住的场所进行了适当的限制等。四是要审查讯问笔录的地点,是否存在将指定居所的场所同时作为办案和讯问犯罪嫌疑人的场所,使之变质成为侦查机关(部门)的办案场所。

(5)加强对监视居住审批程序的监督

检察机关作为国家法律的专门监督机关,要加强对公安机关、人民法院在有关案件中适用监视居住措施的监督,凡有采取监视居住强制措施的案件,笔者认为一是检察机关要及时建立相关的台账和备案手续,做到及时了解侦查机关的强制措施适用和决定情况;二是检察机关要不定期的进行跟踪监督检查,一旦发现问题要及时予以纠正,对不符合监视居住强制措施的,应当及时通知其变更其它强制措施。

6. 对捕后变更强制措施进行监督的重点与方法

捕后变更强制措施是指犯罪嫌疑人被执行逮捕后,公安机关或者人民检察院发现逮捕不当或者因诉讼活动的需要、不宜继续羁押的,依法变更、撤销逮捕强制措施,解除羁押状态的措施。对捕后变更强制措施的监督重点与方式为:

(1)捕后变更强制措施理由

要进一步明确变更逮捕强制措施的条件。依据刑事诉讼法的有关规定,公安机关变更逮捕措施的法定条件是发现"逮捕强制措施不当"。何谓"不当"?一般有以下几种情况:一是发现没有犯罪事实或者嫌疑人的行为不构成犯罪;二是逮捕的是正在怀孕、哺乳自己婴儿的妇女,但这种情况在逮捕时未被发现;三是逮捕以后患严重疾病,或者是在逮捕前已患病而在逮捕时未被发现的;四是依照刑事诉讼法的规定,羁押期限已满,但案件尚需继续查证、审查的;五是对犯罪嫌疑人采取取保候审和监视居住不致发生社会危害性的。对于前四种情形,法律有明文规定,在司法实践中不存在争议。但是在判断是否有"社会危害性"上,公安机关和检察机关在认识上存在"仁者见仁、智者见智"的情况,这也是造成公安机关随意变更逮捕强制措施的重要原因之一。刑事诉讼法对于社会危险性条件做出了明确的规定,可以根据刑事诉讼法的规定，结合本书前述的变更强制措施的情形，对变更强制措施的理由进行监督。同时为了便于实际操作，实践中，对具有以下情节的犯罪嫌疑人应当逮捕，慎用非羁押性强制措施：危害国家安全犯罪的，恐怖活动犯罪的，严重暴力犯罪的，涉黑、涉恶等有组织犯罪的，系累犯、惯犯、逃犯的，拒不认罪的，在被羁押前后有串供、毁证和妨害作证行为的，社会影响恶劣的。对于涉嫌上述罪名或者情形的犯罪嫌疑人侦查机关变更强制措施的，应当加强监督力度。一是要查阅案件材料，是否案件事实已基本查清；二是要求公安机关提供已无社会危险性的证明材料；三是要了解被害人对变更强制措施的意见；四是要到犯罪嫌疑人所在的社区或者乡村，了解其一贯表现和群众的反映。

（2）捕后变更强制措施审批、报备程序

根据《刑事诉讼法》第96条规定"人民法院、人民检察院和公安机关如果发现对犯罪嫌疑人、被告人采取强制措施不当的，应当及时撤销或者变更。公安机关释放被逮捕的人或者变更逮捕措施的，应当通知原批准的人民检察院"。在对捕后变更强制措施的监督中，一是要注意公安机关捕后变更强制措施后是否及时通知检察机关。二是目前全国有不少省市和基层院对捕后变更强制措施的决定程序进行了改革。在公安机关内部实行由法制部门审查批准的内部审查机制。有的县则明确经检察机关批准逮捕的犯罪嫌疑人，如公安机关认为需要变更强制措施时，应当向原批准人民检察院提交变更书面报告说明理由，经同意后才能变更。同时，公安机关认为检察机关的决定有错误的，可以要求复议、复核。这样才能使检察机关的批准逮捕权更加科学合理、规范全面。此外，也赋予了公安机关对检察机关所作的逮捕后释放或者变更强制措施决定的复议、复核权，从而形成两机关的有效监督制约。

【案例】某县公安机关办理的邓某某盗窃案，公安机关对检察机关批准逮捕的邓某某变更强制措施为取保候审，但没有通知检察机关。检察机关通过与本院监所检察部门的信息共享，发现了公安机关的变更措施，向公安机关发出了监督意见，要求其补充提供相关的变更材料。

(3) 捕后变更强制措施的执行

实践中犯罪嫌疑人被逮捕后，变更强制措施主要变更为取保候审或者监视居住。这两种限制性强制措施能否得到较好的执行，是衡量捕后变更强制措施是否得到较好实施的重要依据。

【案例】某市公安分局办理的黄某某贩卖毒品一案。犯罪嫌疑人变更强制措施为监视居住。检察机关通过监督发现犯罪嫌疑人一直没有在监视居住的法律文书上签字，造成该强制措施并没有得到实际执行，遂依法向公安机关提出监督意见，公安机关也多次电话通知黄某某来办理监视居住手续，但黄某某一直不肯前来办理，直到黄某某因为涉嫌其他贩卖毒品犯罪，被其他县公安机关抓获，该公安分局才将此案移送他县公安机关办理。因此负责捕诉的部门一要及时与当地派出所加强联系，强化对犯罪嫌疑人变更强制措施后的跟踪监督。二要定期跟踪案件的后续处理情况，不要让变更强制措施变成撤销强制措施，导致案件后续处理消极甚至停滞。

(4) 捕后变更强制措施的时间

逮捕是最严厉的强制措施，逮捕后的羁押期限是 2 个月，犯罪嫌疑人的羁押必要性和社会危险性在一定的时间内具有相对的稳定性。但是在司法实践中存在着逮捕后，短时间内就变更强制措施，甚至出现同一天宣布逮捕和变更决定的情况。这一方面是由于有的地方公安机关工作考核以逮捕数量作为考核标准之一，为了考核成绩不至于落后，将一些实际上不需要逮捕的犯罪嫌疑人也提请批准逮捕，而检察机关一旦批捕完成考核任务后，就可以变更强制措施。另一方面是由于在犯罪嫌疑人心目中存在着逮捕中心主义的认识。认为如果检察院逮捕了自己，那么自己的罪行就严重了，就没有侥幸心理了，愿意配合司法机关工作，以减轻罪责。如在刑事和解中，侦查机关常以逮捕作为手段使对方愿意多赔偿经济损失而迅速结案；如在追赃工作中，逮捕后以变更为条件诱使犯罪嫌疑人交代赃款和赃物的去向等。对于这一情形的监督，一是要注意审查变更强制措施的必要性和正当性，是否确属达成刑事和解协议、或者交代赃款去向等有悔罪表现，不至于再发生社会危险性。二是要及时向侦查机关沟通，就侦查机关提请批准逮捕时是否全面移送案卷材料进行监督。对侦查机关隐瞒侦查情况，没有全面移送犯罪分子是否具备社会危险性等证据材料的，要及时进行监督并提出纠正意见。

(二) 对收集言词证据的监督重点与方法

所谓言词证据，即以人类语言为内容和表现形式的证据。《刑事诉讼法》第 50 条规定：可以用于证明案件事实的材料，都是证据。证据包括：(一) 物证；(二) 书证；(三) 证人证言；(四) 被害人陈述；(五) 犯罪嫌疑人、被告人供述和辩解；(六) 鉴定意见；(七) 勘验、检查、辨认、侦查实验等笔录；(八) 视听资料、电子数据。上述八类证据中，证人证言、被害人陈述、犯罪嫌疑人、被告人供述和辩解均属刑事诉讼言词证据。

1. 对刑讯逼供与暴力取证的监督重点与方法

根据《刑诉规则》第 67 条的规定，刑讯逼供是指采用殴打、违法使用戒具等暴力方法或者变相肉刑的恶劣手段，使犯罪嫌疑人遭受难以忍受的痛苦而违背意愿作出的供述；或是采用以暴力或者严重损害本人及其近亲属合法权益等进行威胁的方法，使犯罪嫌疑人遭受难以忍受的痛苦而违背意愿作出的供述的行为暴力取证是指司法工作人员以暴力逼取证人证言或被害人陈述的行为。刑讯逼供的表现形式大体上可分为两种。一是"肉刑"，主要是指通过物理强制、直接实施暴力打击，使嫌疑人身体遭受伤害；二是"变相肉刑"，是指不直接实施暴力，而是通过限制嫌疑人基本生存需要，长时间地折磨，间接使其身体、精神遭受伤害。

司法实践中，认定"刑讯逼供"，必须注意把握如下标准：第一，应正确界定刑讯逼供与违法情节轻微的不规范审讯。刑讯逼供是指使受讯者"在肉体或精神上遭受剧烈疼痛或痛苦"的酷刑，侦查机关在审讯中为突破犯罪嫌疑人的心理防线，保持对犯罪嫌疑人"高压"态势，在审讯中伴有轻微打骂、呵斥，这类审讯行为，虽属非法审讯，但未对犯罪嫌疑人造成肉体或精神上的剧烈痛苦而不构成"刑讯逼供"。第二，在行为方式上，积极作为与消极不作为均可构成刑讯逼供。例如，监管机关为逼迫犯罪嫌疑人做出有罪供述而故意不给予其生存所必须的食物、水、衣物以进行逼供。第三，刑讯逼供不一定发生在审讯期间。实践中，侦查机关讯问犯罪嫌疑人时可能存在先审后打的现象，也可能先打再审，只要刑讯行为与犯罪嫌疑人的有罪供述之间存在因果关系，即可认定。

2. 对引诱、欺骗、威胁型取证方法的监督重点与方法

所谓引诱就是允诺给予犯罪嫌疑人或证人一定利益，以此诱使对方供述或作证；所谓欺骗，就是指以隐瞒真相或虚构事实的方式获取证据。根据《刑事诉讼法》第52条及第56条规定，我国对引诱、欺骗的取证方法是严禁的，但没有明文规定对采取引诱、欺骗手段获取的言词证据应绝对排除。之所以对采取引诱、欺骗手段获取的言词证据没有规定绝对排除，是因为引诱、欺骗的取证方法与司法实践中的引诱型侦查谋略、欺骗型侦查谋略的界限较难区分。

我们在对侦查机关询、讯问方法进行监督时，对侦查谋略的底线控制应把握以下原则：一是不得以违法方式实施侦查谋略。如侦查人员允诺提供香烟给有烟瘾的犯罪嫌疑人吸食，以此引诱其做出供述，系侦查谋略，因为提供香烟的行为本身并不违法；但若利用犯罪嫌疑人吸毒的弱点，以允诺吸毒来引诱其做出供述，则系法律所禁止的非法取证手段。二是不得产生过高的道德成本。侦查谋略的采用不得违背宗教伦理、职业伦理以及家庭人伦，不得妨碍犯罪嫌疑人或证人意志的自愿性和真实性。

3. 对讯问程序违法进行监督的重点与方法

（1）加强对讯问持续时间及间隔时间的监督。我国现行法并没有对被羁押的犯罪嫌疑人每次讯问持续的时间作限制，也未对两次讯问的间隔时间作限制，导致司法实践中一些侦查人员滥用自由裁量权，通过长时间的持续讯问及间歇时间过于短促的频繁讯问来对犯罪嫌疑人的身体及精神施加压力，变相进行刑讯逼供，故在侦查监督过程中，对于讯问持续时间及间隔时间明显不合理的情形，应提出纠正违法的意见。

（2）加强对采取羁押强制措施的犯罪嫌疑人是否在羁押场所讯问

的监督。刑事诉讼法明确规定对犯罪嫌疑人宣布拘留、逮捕决定后，应立即投放看守所羁押，侦查人员对被拘留、逮捕的犯罪嫌疑人进行讯问，应在看守所进行。但司法实践中，侦查人员对犯罪嫌疑人宣布拘留、逮捕后并未立即投放看守所，而较长时间地将其滞留在侦查机关的办案场所并进行讯问，涉嫌非法取证嫌疑，检察机关应加强监督。

【案例】某市公安局某分局向该区检察院提请批准逮捕的颜某某涉嫌抢劫一案，该区院经审查发现，公安机关于2016年3月27日9时52分对颜某某宣布拘留决定，但未立即投所执行，同日11时40分、18时20分还两次在看守所外对颜某某进行讯问，涉嫌非法取证。承办人通过讯问犯罪嫌疑人了解情况、联系办案人员听取辩解，通过综合分析，全面判断，并向上级汇报，将上述两次犯罪嫌疑人的供述作为非法证据予以了排除，同时提出重新取证等弥补性建议，有效防止非法证据流入下一诉讼阶段。

（3）加强对违规提外审的监督。司法实践中，侦查机关借提外审名义对犯罪嫌疑人以刑讯逼供等非法手段取证的现象较为普遍。提外审现象屡禁不止且难以监督的原因是：一些提外审表面看确实符合法律关于提外审的有关规定，但实质上则并非如此，提审犯罪嫌疑人指认现场与追缴赃款只是侦查人员掩人耳目的幌子，对犯罪嫌疑人在羁押场所以外的办公办案区域进行讯问才是提外审的真正目的，由于该类讯问场所一般无录音录像设备与两录人员，为检察监督带来难度。

（4）加强对各项权利告知的监督。刑事诉讼法规定，侦查阶段应确保犯罪嫌疑人合法的诉讼权利，但司法实践中，侦查人员讯问时常常忽视对犯罪嫌疑人合法权利的告知与保障，检察机关应结合刑事诉讼法的规定，加强对侦查机关在讯问过程中，对犯罪嫌疑人依法享有的各项权利的告知情况进行监督。

（5）加强对讯问过程的监督。刑事诉讼法规定重大刑事犯罪案件应全程同步录音录像。但从目前的司法实践看，录音录像存在不具有全程性和同步性的问题，实践中侦查机关在录音、录像时随意性很大，与意图通过录音录像来真实反映讯问全过程的立法目的相违背。为有效防止讯问程序违法，负责捕诉的部门应加强对录音录像资料的审查，并与讯问笔录进行比对，准确判断讯问是否存在程序违法的问题。

（6）加强对讯问特殊犯罪嫌疑人的监督。法律对讯问未成年犯罪嫌疑人、女性未成年犯罪嫌疑、聋哑或者不通晓当地通用语言文字的犯罪嫌疑人均有特殊规定。在司法实践中，检察机关应加强对讯问上述特殊犯罪嫌疑人的监督，保障其诉讼权利。

4. 对询问程序违法进行监督的重点与方法

（1）加强对法律规定外询问地点的监督。司法实践中，一些办案人员擅自在宾馆、茶楼或某些娱乐场所对证人进行询问取证的现象屡见不鲜，违反了刑事诉讼法关于询问证人地点的规定。检察机关进行监督时，应审查该询问地点是否系证人提出的地点，是否系案发现场等。

（2）加强询问保密工作的监督。为了保证证人证言的客观真实性，询问人不得向证人泄露案情或者表示自己对案件的看法。司法实践中，有些侦查人员询问证人时泄露案情或表达自己对案件的看法，或将甲证人的证言内容透露给乙证人听，影响证人证言的客观性、真实性。检察机关进行监督时，应审查侦查人员询问证人、被害人是否先让其就所知道的案件情况作详细叙述，并说明这些情况的来源，即如何知道这些情况的，然后再进行询问，询问过程中，是否注意对案情保密，询问过程中有无主观评判倾向，询问用语是否客观、中立。

（3）加强对询问证人个别进行的监督。刑事诉讼法明确规定，询问证人应个别进行。司法实践中，一些侦查人员为节省时间、人力，采取将数名证人召集于同一间询问室，对证人进行轮流询问的方式进行取证，或者两名侦查人员对几名证人同时取证，甲证人接受询问时，乙证人在旁倾听，并即时对甲证人的证言进行补充或纠正，上述情形有违询问证人应个别进行的规定，检察机关应加强对上述情形的监督。

（4）加强对询问笔录内容是否明确并符合证言原意的监督。询问笔录要尽量记录被询问人陈述的原话，准确表达被询问人陈述的原意。检察机关监督时应注意审查询问过程中，当被询问人使用地方方言或证言语焉不详、语义可作多种不同理解的情况下，侦查人员是否让被询问人做出解释或加以说明,同时注明于询问笔录之中,并请被询问人签字认可,以保证证人证言意思表示的真实性与确定性。

(三)对勘验、检查、辨认、搜查、查封、扣押、冻结、技术侦查、鉴定进行监督的重点与方法

1. 对勘验、检查、辨认进行监督的重点与方法

(1)勘验、检查或辨认的审批程序和实施主体是否合法。在司法实践中,部分侦查人员为图"省事",往往不经审批即进行勘验、检查或辨认,因此在审查勘验、检查、辨认笔录时,要特别注意对勘验、检查、辨认是否经过审批进行审查;实施主体不合法的情况虽然较少出现,但也不能放松对勘验、检查或主持辨认的主体是否符合规定的审查。

(2)是否有见证人在场,见证人主体是否适格。勘验、检查应有见证人到场有法律的明确规定,不存争议。但辨认是否需要见证人在场,则存在不同的看法,为了最大限度地保证辨认的客观真实性,防止侦查违法行为,辨认要求见证人在场是有重要现实意义的。见证人必须是与现场或当事人无关的人才能受邀担任见证人。下列人员不能作为见证人:当事人及亲属;公安司法人员;现场目睹人、知情人;未成年人;生理有缺陷、无见证能力的人;在本地临时居住的人。[①] 实践中部分侦查人员为图简便,不另行邀请见证人,而是由其他侦查人员充当见证人的违法现象较为常见,应当注意纠正。

(3)检查妇女身体的主体是否适格。检查妇女的身体涉及女性的隐私和尊严,在一般情况下应当由女性工作人员进行,当然,对一些有特殊要求的检查如伤情检查,因为需要相应的专业知识,如一律要求由女性工作人员进行,亦不符合客观规律,此时可由具有医师资格的人员进行。

(4)是否依法制作笔录。所有的勘验、检查和辨认,侦查机关均

[①] 蒋世红:《浅谈现场勘验检查笔录规范制作》,载中国知网,http://www.cnki.net,最后访问日期:2013年6月8日访问。

应将勘验、检查情况或辨认情况制作形成《勘验、检查笔录》或《辨认笔录》，详细载明勘验、检查或辨认的过程，并由侦查人员、参加勘验检查的人、辨认人、见证人签字或盖章。在司法实践中，普遍存在笔录没有侦查人员或辨认人、见证人签字、只记录结果不记录过程、照片、录像等资料不附卷等情形。如湖南省长沙市某区公安局办理的龙某容留卖淫案、邵阳市某县公安局办理的肖某盗窃案，检查笔录均没有见证人签名或盖章。甚至有的侦查机关在主持辨认后，因辨认结果没有达到其希望的结果，甚或与其希望的结果相悖，侦查机关担心影响刑事诉讼活动顺利进行，干脆不制作辨认笔录。

（5）现场勘验、检查是否及时、全面。我们所说的及时、全面，只要是能避免犯罪现场被破坏或者移动，以及避免现场遗留物和痕迹因自然条件或人为因素而发生变化或者消失，即可以视为及时、全面。如果发现现场勘验、检查未达上述目的或者遗漏而未进行勘验，或者在勘验、检查过程中对应当提取、扣押的物证、书证未全面提取，应当通知公安机关及时进行补充或者重新勘验、检查。

（6）对尸体是否依法进行解剖。在许多情况下，需要通过解剖尸体或者开棺验尸才能确定死因和死亡性质。因此，检察机关在监督时应当注意审查：解剖尸体是否在侦查人员的主持下，由法医或者医生实施解剖；解剖尸体是否由侦查人员填写尸体解剖表，经县级以上公安机关负责人批准；侦查人员是否通知死者家属到场，无法通知或者通知后没有到场的情况是否记入笔录；尸体解剖检验的一切情况是否都制作详细笔录，并且对致死原因等提出尸检报告，侦查人员和进行解剖的法医或者指派的医生是否都签名或者盖章。

（7）辨认人是否具有辨认能力。辨认是对与犯罪有关的物品、文件、尸体、场所或者犯罪嫌疑人进行的辨别和确认，这就要求辨认人具备辨认所必须的辨认能力，当然辨认能力并不是一成不变的，对不同事物、不同对象的辨认，对辨认能力的要求也会有所不同，因此对辨认能力存在的一些问题如辨认人因精神障碍或年幼，不能正确表达，没有辨别控制能力，或没有辨认所必需的良好的记忆力、听力或视力等，可能影响辨认客观性的,应注意结合案件其他材料进行审查,谨防遗漏。

(8) 辨认是否单独进行。由于两名或者两名以上的辨认人对同一被辨认人或者同一物品进行辨认时,容易相互影响,难以保证辨认的准确性。在司法实践中,要重点注意的是有两个以上的辨认人对同一对象进行辨认时,是否让辨认人单独进行辨认,是否造成辨认人相互影响,相互干扰,甚至相互串通,如果辨认没有单独进行,辨认结果必然不会客观和准确,对此种情况下取得的辨认结果,应该予以排除,不能作为证据使用。如湖北张海生强奸案①,警察让四个小学生同时辨认张海生,即严重违反了单独辨认规则。

(9) 辨认前是否向辨认人详细询问辨认对象的具体特征。一些侦查人员为图省事,或者为了使辨认结果与辨认前询问保持一致,往往辨认前不详细询问辨认对象的具体特征,或是在辨认完成后根据辨认情况补充询问材料。

【案例】辽宁李某武故意杀人案中②,办案人员让李某武的妻子辨认现场遗留的编织袋之前,没有向其仔细询问编织袋的特征,而是让李妻直接辨认编织袋,导致李妻根据所见编织袋的特征做出虚假辨认结论,办案人员却浑然不觉,最终造成错案。

(10) 辨认时是否将被辨认对象混杂。一是被辨认对象的陪衬数量

---

① 张海生,湖北省老河口市人,2004年9月28日因强奸罪被判处有期徒刑9年,2005年1月13日该起强奸案的真凶王玉平被抓获,张海生于4月4日被释放(载《大河报》2005年4月14日《张海生:480天身陷强奸"冤"案?》)。

② 李某武,辽宁省北镇满族自治县青堆子镇人,1988年8月12日因抢劫杀人一审被判处死刑立即执行,李某武不服上诉,辽宁省高级人民法院因证据存疑,决定不予核准死刑,撤销原判,发回重审。1991年7月28日,青堆子镇方台子村村民郭某福投案自首,并供述该案被害人孙某春系郭某福、魏某光、王某良偷鸡时追赶郭某福等人被魏某光用木棒打死,李秀武于1994年10月25日被撤销抢劫杀人罪指控,宣告无罪(见张焕文:《把住人命的关口》,载《时代潮》1995年第9期)。

是否达到规定要求。关于辨认陪衬样本的数量，《办案规定》和《刑诉规则》均作了明确的规定，但是这两个规定在陪衬数量上存在不一致的情形。二是被辨认对象的数量虽达到规定要求，但其他混杂的人或物与被辨认的人或物是否具有类似特征，即通常所说的陪衬相似规则。我国《刑诉规则》和《办案规定》均没有对于陪衬相似性的相关规定。不过在司法实践中，对明显违反客观性的辨认，其结果仍然不能采信，如有的侦查人员在辨认时用其他侦查人员充当犯罪嫌疑人的陪衬人员，双方特征区别过于明显，犯罪嫌疑人在其中显得格格不入，一眼即知是"坏人"，这样的辨认显然不具客观性，对于此种辨认结果依法应予排除适用。

（11）是否诱导辨认。在辨认过程中，辨认程序的主持者不能给予辨认者不必要的或充分的暗示，否则将极易造成辨认结果的失真，此即属于诱导辨认。实践中诱导辨认一般存在以下两种情形：一是辨认前让辨认人见到辨认对象。部分侦查人员为避免辨认出现"差错"，往往有意在辨认前让辨认人见到辨认对象，以确保辨认结果符合"办案要求"；有的则确属工作失误，在辨认前让辨认人见到了辨认对象。二是"反复辨认"。与其他各种证据的收集方法不同，刑事辨认不具有反复性，不能无限制地组织辨认人对同一辨认对象进行辨认，直至辨认出来为止，重复辨认所获得的证据应当属于暗示性辨认证据的一种，所以禁止重复进行辨认。① 在我国的辨认规则中，没有关于重复辨认的规定，在司法过程中重复辨认大量存在，对重复辨认所取得的证据能否采信亦存在较大争议。但对明显具有诱导性的重复辨认，应该坚决不予采信，如辨认人开始时并没有指认出辨认对象，经被反复提示"再看一遍"，直到指认出方才罢休的情形。

【案例】湖北张某某强奸案中，办案人员先用一张报纸将张某某膝盖以下遮住，让四个小学生辨认，当辨认人未指认张某某时，办案人员

---

① 孙命：《论刑事辨认》，载中国知网，http://www.cnki.net，最后访问日期：2013年6月8日。

又将张某某脚前的报纸拿开，提醒辨认人"你们要看清楚，要上下都看，特别是看穿的鞋子"。此时，只有张某某穿着沾有污泥的布棉鞋，其他三人都穿着皮鞋，最终辨认人错误地指认了张某某，以致造成了严重的刑事错案。

（12）辨认是否存在刑讯逼供和威胁引诱。该种情形主要存在于对犯罪现场的指认中。有一些案件的犯罪嫌疑人在遭到办案人员的刑讯逼供或威胁、引诱后，已经知道了现场的基本情况和细节，因此在指认现场时，多是按照办案人员事先交代的路线或细节进行，从而为错案埋下祸根。

【案例】如佘祥林在指认现场前已经在办案人员的讲解下仿画了"行走路线图"，① 王树红在指认现场时按照侦查人员的事先交代供述了"作案细节"。②

2. 对搜查进行监督的重点与方法

搜查是侦查人员在侦查过程中，为搜集犯罪证据和查获犯罪嫌疑人，对犯罪嫌疑人以及可能隐藏罪犯或者犯罪证据的人的身体、物品、住所和其他有关的地方进行搜索、检查的一种侦查活动。③ 搜查包括对人的身体的搜查、对物品的搜查和对住所和其他有关场所的搜查。

搜查的主体是否合法。根据《刑事诉讼法》第136条的规定，搜

---

① 佘祥林，又名杨玉欧，湖北省京山县雁门口镇人，1994年1月2日，佘妻张某玉因患精神病走失失踪，张的家人怀疑张某玉被丈夫杀害，后佘被判处有期徒刑十五年，2005年3月28日，张在玉突然从山东回到京山，4月23日，京山县人民法院重审判决佘祥林无罪（载百度百科，http://baike.baidu.com，最后访问日期：2013年6月8日）。

② 王某红，云南省丘北县锦屏镇人，2002年9月4日在丘北县城办事时因"强奸、杀人"被抓，因刑讯逼供被打断胸椎和腰椎，致七级伤残，2003年6月24日真凶王某林落网，王某红于7月1日在被无辜羁押299天后被送回家（载东方法制网《错案，在审查起诉环节被堵住》，http://law.eastday.com，最后访问日期：2013年6月8日）。

③ 毛建平主编：《侦查监督实务与技巧》，中国检察出版社2008年版，第113页。

查的目的只能是收集犯罪证据或查获犯罪嫌疑人。搜查只能由侦查人员进行,且执行搜查的侦查人员不得少于2人。

【案例】某县刘振某非法搜查一案,被告人刘振某于2002年4月30日晚23时左右,伙同刘某乙、高某某、李某某、刘某丙、刘某丁等人,以刘某丁、刘振某乘坐该县王店街佘某某的三轮车时,将装有4000元现金和26400元存折的提包遗忘在三轮车内为由,来到佘某某家向佘某某追要丢失的提包,并强行在佘某某屋内及院子里寻找、搜查,时间长达4小时左右,刘振某等人既不属于侦查人员,也不是为了搜集犯罪证据或查获犯罪嫌疑人,显属非法搜查。后法院以非法搜查罪判处刘振某有期徒刑6个月,缓刑1年,刘某乙等人亦以非法搜查罪被判刑。①

(1) 搜查审批程序是否合法。根据《刑事诉讼法》第138条规定:"进行搜查,必须向被搜查人出示搜查证。在执行逮捕、拘留的时候,遇有紧急情况,不另用搜查证也可以进行搜查。"需要注意的是,搜查证不仅需要侦查机关负责人签发,在搜查时还要向被搜查人出示,如未向被搜查人出示搜查证,也属于程序违法。遇有紧急情况时,没有搜查证也可以进行搜查。曾经轰动一时的辽宁省兴城市民警和"线人"半夜搭梯入室"抓嫖"案,即属典型的非法搜查。②

---

① 载110法律咨询网裁判案例《被告人刘振宗非法搜查罪一案》http://www.110.com/zhuanti/feifasouchazui/panli/,最后访问日期:2013年6月8日。

② 2004年5月17日23时许,曹某为获取"线人费",给在公安机关做协警的张某打电话,称在辽宁兴城某住宅楼内有卖淫嫖娼案件,张某与兴城公安局民警王某商量后,由王某电话通知该局民警刘某、魏某和协警赵某,6人聚齐后来到该楼2单元201号常某家门外后,没有敲开门,在无任何确认有违法事实证据、未办理任何法律手续的情况下,王某等4人先后爬梯子通过窗户进入常某家中,打开屋门让魏某、张某进入室内,在未查到室内有人卖淫嫖娼人员后,6人离去。常某因受到惊吓而患急性应激性障碍(精神病的一种)。经协议,王某等6人及兴城市公安局共赔偿常某经济损失18万元。后王某等6人均被法院判决犯非法搜查罪,免于刑事处罚(载大众网:《民警构成非法搜查罪》,http://www.dzwww.com,最后访问日期:2013年6月8日)。

(2)搜查时是否有见证人在场。根据《刑事诉讼法》第139条第1款规定,见证人在场是搜查的必要条件,但是同案件有直接利害关系的被害人不得在场,如被害人在场,亲眼目睹了搜查的整个情况很可能会影响作证的真实性,甚至造成错案。如果侦查机关没有履行依法通知见证人到场程序或见证人尚未到场即开始搜查,均属程序违法。另外还要特别注意对见证人身份的审查,防止有利害关系的人或者侦查人员作为见证人出现。

(3)搜查妇女的身体是否由女工作人员进行。根据《刑事诉讼法》第139条第2款规定:"搜查妇女的身体,应当由女工作人员进行。"可见在搜查活动中,只能由女侦查人员对妇女实施人身搜查,其他任何人员不得实施。如果侦查机关指派男性侦查人员搜查妇女身体,应当依法纠正。但还有一种特殊情况值得探讨:如果女性犯罪嫌疑人携带有凶器、爆炸装置等,具有现行危险,现场又没有女性工作人员,男性侦查人员可否进行搜身?错认为,此种情形下犯罪嫌疑人具有很强的现实危险性,如不及时制止,将产生严重后果,此时对嫌疑人的搜身应视为对现行犯罪的制止,而非严格意义上的搜查,因此在没有女性工作人员的情况下由男性侦查人员排除危险并无不妥。

(4)搜查情况是否依法制作笔录。根据《刑事诉讼法》第140条规定,侦查机关应将搜查情况制作形成《搜查笔录》,详细载明搜查的过程。笔录内容一般包括:①搜查的时间、执行搜查的人员、搜查证编号、见证人、搜查的对象(何人何地何场所);②搜查的部位和过程;③搜查人、见证人、被搜查人或者其家属均应在笔录上签字或盖章,如果被搜查人或者他的家属在逃或者拒绝签名、盖章,应当在笔录上注明,否则属于无效笔录。必要时,可以进行拍照或录像。如湖南省绥宁县公安局在对李某良涉嫌盗窃案、蒋某蓉等涉嫌非法经营案进行搜查时,搜查笔录均仅有侦查人员签名,被搜查人和见证人均未签名,经检察机关依法提出纠正意见并进行补正后,才作为证据采用。

3. 对查封、扣押、冻结进行监督的重点与方法

查封是指对涉案人员的财物或场所就地封存的强制性措施。扣押是

指公安机关、人民检察院、人民法院等有权机关在刑事诉讼过程中，对与案件有关的或可能与案件有关的可以证明犯罪嫌疑人有罪或无罪的物品、文件以及违禁品等依法强行提取、留置和封存的一种诉讼活动。冻结，是为防止违法行为人转移资金、抽逃资金而对涉案财产采取的限制其流动的一种强制措施。查询、冻结存款、汇款，是指侦查机关根据侦查犯罪的需要而依法向银行或者其他金融机构、邮电机关查询犯罪嫌疑人的存款、汇款，在必要时予以冻结的一种侦查活动。

《刑事诉讼法》第141条第1款规定："在侦查活动中发现的可用以证明犯罪嫌疑人有罪或者无罪的各种财物、文件，应当查封、扣押。"第144条第1款规定："人民检察院、公安机关根据侦查犯罪的需要，可以依照规定查询、冻结犯罪嫌疑人的存款、汇款、债券、股票、基金份额等财产。有关单位和个人应当配合。"

（1）目的是否正确。查封、扣押、冻结的强制措施有三个主要目的，一是保全证据。二是确保没收的顺利进行。三是及时挽回被害人的损失。如果侦查机关不是出于上述目的而违法插手经济纠纷而查封、扣押、冻结他人合法款物，如公安、检察机关插手经济纠纷，强制查封、扣押、冻结、追缴经济纠纷中当事人的财产以清偿债务，则属于滥用权力，属于检察监督的重点。

（2）程序是否合法。首先，必须是已经立案的案件，根据《刑事诉讼法》第115条的规定，采取侦查措施的前提即"公安机关对已经立案的刑事案件"，显然未立案则不能采取查封、扣押、冻结等侦查措施。其次，都要有侦查机关的负责人批准。执行查封、扣押、冻结的侦查人员不得少于2人。需要注意的是，在非紧急情况下没有搜查证而进行搜查，或者搜查、勘查未达到法定侦查人数，以及在没有当事人或见证人情况下进行搜查、勘查，在上述情况下进行的扣押、查封，因先决条件不合法，扣押、查封亦应视为程序违法。另外，特别需要注意冻结的审批权限和范围问题，根据《公安机关办理刑事案件适用查封、冻结措施有关规定》，冻结股权应当经设区的市一级以上公安机关负责人批准，冻结上市公司股权应当经省级以上公安机关负责人批准；冻结保单权益应当经设区的市一级以上公安机关负责人批准；人寿险、养老险、交强险、机动车第三者责任险等提供基本保障的保单原则上不得冻结，确需冻结的，应当经省级以上公安机关负责人批准；同时，根据《公安机关办理刑事案件适用查封、冻结措施有关规定》第30条的规定，对金融机构存款准备金和备付金、特定非金融机构备付金、封闭贷款专用账户（在封闭贷款未结清期间）、商业汇票保证金、证券投资者保障基金、保险保障基金、存款保险基金、党、团费账户和工会经费集中户、社会保险基金、国有企业下岗职工基本生活保障资金、住房公积金和职工集资建房账户资金、人民法院开立的执行账户等，不得冻结。

（3）文书是否齐备。对一般的扣押物品和文件，侦查人员应会同在场见证人和被扣押物品文件的持有人查点清楚，当场开列清单一式三份，一份交给持有人，一份交给侦查机关保管人员，一份附卷备查。实践中大量存在扣押物品清单不规范的违法现象，

【案例】湖南省某县公安局在办理于某、林某、莫某抢劫案中，扣押作案工具的扣押清单即没有物品持有人签名，湖南省某县公安局在办理周某故意伤害案中，扣押作案工具的扣押清单既没有物品持有人签名，也没有见证人签名。

（4）依据是否充足。《刑事诉讼法》第141条第1款规定包含两层意思，一是与案件有关的物品应当查封、扣押，及时查封、扣押与案件有关的财物、文件，对尽快查清案件事实有重大作用。如果不及时查封、扣押这些财物、文件，就有可能散失或被转移、毁弃，以致影响查清案件。二是与案件无关的物品不得查封、扣押，亦即查封、扣押必须有充分的事实依据。这样的规定旨在保护公民合法财产不受侵犯。在实践中，办案人员有时存在对与案件没有关联的物品进行扣押的情况，主要体现在对犯罪嫌疑人随身物品不经甄别一律进行扣押，事后发现与案件无关的物品有的没有返还给犯罪嫌疑人；有的对违法所得的追缴数额扩大，依据不足；扣押作案工具时，对什么是作案工具没有统一界定，有的对在犯罪过程中偶尔使用，与犯罪后果不存在必然关联的代步工具

等均予以扣押等。

【案例】某县公安局在办理彭某贩卖毒品案时,将与案件无关的价值1万余元的金项链予以扣押,且经多次反映不予退还,引起嫌疑人家属强烈不满,后经检察机关依法监督,引起该县公安局主要领导重视,方才责令办案民警将非法扣押的金项链返还给在押人员彭某的亲属。

(5)保管是否规范。根据刑事诉讼法的相关规定,对查封、扣押的财物、文件,要妥善保管或者封存,不得使用、调换或者损毁。对于查封、扣押的财物、文件和邮件、电报,应当指派专人妥善保管,不得使用、调换、损毁或者自行处理。对应当扣押而不便提取的大件物品,应当当场加封,妥为保管;不能加封的,应当责成有关专人负责保管,并拍成照片存入卷宗;对容易损坏、变质的物证、书证,应当用笔录、绘图、拍照、录像、制作成模型等方法进行保全。实践中要特别注意对扣押车辆的审查,部分侦查人员往往以办案交通工具紧张为由,将扣押的车辆长期占用,此类行为严重侵犯当事人合法权益和司法公正,应坚决予以纠正。

(6)处理是否依法。对查封、扣押的财物、文件、邮件、电报或者冻结的存款、汇款、债券、股票、基金份额等财产,应分别情况做出处理:对于侦查中犯罪嫌疑人死亡而对其被冻结的存款、汇款应当依法予以没收或者返还被害人的,侦查机关可以申请人民法院裁定并通知冻结的银行、其他金融机构或者邮电机关上缴国库或者返还被害人。对不需要继续冻结存款、汇款时,侦查机关应当制作解除冻结存款、汇款通知书,通知银行、其他金融机构或者邮电机关执行。对于冻结在银行、其他金融机构或者邮电机关的赃款,应当向人民法院随案移送该银行、其他金融机构或者邮电机关出具的证明文件,待人民法院做出生效判决后,由人民法院通知该银行、其他金融机构或者邮电机关上缴国库。对查封、扣押的财物、文件、邮件、电报或者冻结的存款、汇款、债券、股票、基金份额等财产,经查明确实与案件无关的,应当在3日以内解除查封、扣押、冻结,予以退还。实践中比较常见的违法行为主要包括以下情形：一是一冻了之，长时间不给回音。二是有时扣押的物品特别是扣押的车辆经查与案件无关，但不按规定及时退还。如湖南省某县公安机关在办理王某等人掩饰隐瞒犯罪所得案中，对扣押的杨苏某、周志某、覃某等人被盗的小车不依法及时返还，经检察机关纠正后方才返还。三是不依法办理扣押手续和出具扣押清单。

【案例】湖北省某市公安局在办理犯罪嫌疑人邹某涉嫌盗窃案中，侦查员黄某从广东省深圳市公安局龙岗分局接收的邹某及其随身携带的手机、手表、银行卡和260元现金等物品后，不办理扣押物品手续和出具扣押物品清单，在邹某案侦查终结移送审查起诉时，不将扣押物品随案移送。后检察机关认为黄某的行为属于办案程序违法，遂依法发出《纠正违法通知书》，该市公安局在接到《纠正违法通知书》的当天，就由刑警大队教导员负责，将滞留在黄某手中的物品依法退还给邹某，并针对扣押物品管理中暴露的问题，进行了专项整改，同时追究了黄某的违法责任。

（四）对技术侦查进行监督的重点与方法

技术侦查，也称技术侦察、技侦手段或行动技术手段，简称为"技侦"，是指具有技术侦查权的侦查机关为侦查犯罪而采取的一种特殊侦查措施，包括电子侦听、电话监听、电子监控、秘密录像、秘密拍照、秘密获取某些物证、邮件检查等秘密的专门技术手段。[①]

1. 未经审批或超期使用技术侦查措施

技术侦查极易对个人通讯自由和隐私权造成侵害，同时也极易成为部分不法人员达成非法目的的手段，因此在适用时应该特别慎重，必须经过严格审批。但在实践中，部分侦查人员出于各种原因，有的不按规定进行审批即擅自决定使用技术侦查措施，有的不经有权决定机关主要负责人审批，而是由办案部门领导审批即使用技术侦查措施，还有的虽经审批，但在使用的3个月期限届满后不经审批即继续使用。特别是不

[①] 郎胜、王尚新主编：《中华人民共和国国家安全法释义》，法律出版社1993年版，第72页。

经延期审批而超期使用技术侦查措施的情形，实践中最为常见。因此要特别注意审查技术侦查措施的审批手续、延期手续及相关时间点，防止未批先用或超期使用。

2. 超过案件和批准范围使用技术侦查措施

技术侦查措施有许多不同的种类，实践中需根据侦查犯罪的需要决定使用何种技术侦查措施，而并非每件案件都需要使用所有种类的技术侦查措施，如有的案件需要使用电子侦听，而有的案件则需要秘密录像、秘密拍照。但有些侦查人员在申报使用技术侦查措施时，不结合案件实际，为图方便省事，使用"模糊"招术，将所有技术侦查措施都包含在内；还有的本只申报审批了甲种技术侦查措施，但在使用时却随意使用乙种、丙种技术侦查措施。此类行为均属不符合刑事诉讼法规定的违法行为。根据《刑事诉讼法》第151条的规定，公安机关有权采取技术侦查手段的案件范围包括五类：危害国家安全犯罪、恐怖活动犯罪、黑社会性质的组织犯罪、重大毒品犯罪或者其他严重危害社会的犯罪案件。检察机关直接立案侦查的案件范围是利用职权实施的严重侵犯公民人身权利的重大犯罪案件。国家安全机关可以采用技术侦查的案件范围为危害国家安全行为的案件。但在实践中，侦查机关往往将其他本不属于上述五类案件的犯罪案件纳入上述五类案件，从而使用技术侦查。对此类情况首先应从罪名上进行区分，其次应认真审查案卷材料，确定案件在实质上是否属于上述五类案件，必要时可以要求公安机关说明情况。

但需要注意的是，根据《刑事诉讼法》第150条第3款的规定，追捕被通缉或者批准、决定逮捕的在逃的犯罪嫌疑人、被告人，经过批准，可以采取追捕所必需的技术侦查措施。这类案件不同于前述依据罪名进行划分的案件分类标准，而是以追捕对象作为案件范围划定的依据。适用于两类人，一是已经发布通缉令，正在被通缉的人；二是虽然尚未被通缉，但已经批准或者决定逮捕而在逃的犯罪嫌疑人、被告人。上述两类人的涉嫌犯罪行为不属于轻微犯罪，而且可能妨碍侦查甚至继续危害社会，需要缉拿并进行羁押，为了便于追捕，对于这两类人员采取技术侦查措施,有利于及时掌握其行踪和发现其藏身处所。因此对这两类人员不论涉嫌何种犯罪,均可使用技术侦查措施,而不属于超范围适用。

3. 不符合必要性和合理性要求的案件启动技术侦查

技术侦查措施的选用应有两个标准:措施必要和合理怀疑。并非性质严重案件的侦查活动就一定需要使用技术侦查措施,是否使用技术侦查措施,还应当考虑具体案件的实际情况。倘若经由常规的法定侦查措施便可以实现侦查目的,那么技术侦查措施就应当不予动用,这是必要原则在技术侦查措施选用问题上的落实和要求。《刑事诉讼法》第153条第1款规定:"为了查明案情,在必要的时候,经公安机关负责人决定,可以由有关人员隐匿身份实施侦查……"技术侦查措施必要标准的基本含义是指:只有在使用常规法定侦查措施无法达到查明犯罪事实、收集犯罪证据、有效控制犯罪的目的的情况下方可选用技术侦查措施。合理怀疑标准的含义是指:必须有一定的证据能够证明相对确定的侦查相对人已经有犯罪行为。也就是说,技术侦查措施指向的对象只能是高度嫌疑人、被指控人以及有证据证明与被指控人存在密切关联的其他人员,严禁对无关联的人员采用技术侦查措施。另外还应注意的是技术侦查措施所采用的具体手段和实施的侦查范围应严格限制在与侦查目的有关的内容上,收集的证据材料范围应仅限于与指控内容有关联的相关材料。

4. 随意使用技术侦查获取的材料及保管材料不善

技术侦查获取的材料只能用于对犯罪的侦查、起诉和审判,不得用于其他用途。因此,在对采用技术侦查手段获取的材料进行审查时,应当特别注意其用途,如发现相关机关将通过技术侦查获取的材料用作除侦查、起诉、审判之外的其他用途,应坚决予以纠正。同时,基于侦查人员对采取技术侦查措施过程中知悉的国家秘密、商业秘密和个人隐私,应当保密,对采取技术侦查措施无关的材料,必须及时销毁的规定,还应当审查侦查人员对于采取技术侦查措施获得的材料是否充分履行了保密义务,是否及时销毁了与案件无关的材料进行审查,防止泄露国家秘密或者侵害商业秘密和个人隐私。

5. 执行主体不符合要求

技术侦查的执行主体应当是侦查机关。并且公安机关执行的必须是设区的市一级以上公安机关才具备执行主体资格。《刑事诉讼法》第150条规定了公安机关和人民检察院经过批准可以采取技术侦查措施。我国《人民警察法》和《国家安全法》已经对公安机关和国家安全机关行使技术侦查措施作了规定。同时《办案规定》第265条规定"需要采取技术侦查措施的，应当制作呈请采取技术侦查措施报告书，报设区的市一级以上公安机关负责人批准，制作采取技术侦查措施决定书。人民检察院等部门决定采取技术侦查措施，交公安机关执行的，由设区的市一级以上公安机关按照规定办理相关手续后，交负责技术侦查的部门执行，并将执行情况通知人民检察院等部门"。检察机关承担着职务犯罪的侦查职能，立法授权成为技术侦查权的行使主体，这是检察机关打击贪污贿赂等高智商、隐秘性犯罪的客观要求，也符合《联合国反腐败公约》的精神，同时也与国外立法通例相一致。但基于技术侦查的特殊性，我国法律虽授予检察机关技术侦查的决定权，但并未授予检察机关技术侦查的执行权。由检察机关来执行技术侦查是不符合现行法律规定的。

（五）对鉴定进行监督的重点与方法

《刑事诉讼法》在第146条规定："为了查明案情，需要解决案件中某些专门性问题的时候，应当指派、聘请有专门知识的人进行鉴定。"由此可见，刑事司法鉴定就是在刑事诉讼过程中，对于案件中的某些专门性问题，按刑事诉讼法的规定，经当事人申请，侦查机关决定，或由侦查机关主动决定，指派、聘请具有专门知识的鉴定人，运用科学技术手段，对专门性问题做出判断意见的活动。司法部制定的《司法鉴定执业分类规定（试行）》规定司法鉴定的分类为法医病理鉴定、法医临床鉴定、法医精神病鉴定、法医物证鉴定、法医毒物鉴定、司法会计鉴定、文书司法鉴定、痕迹司法鉴定、微量物证鉴定、计算机司法鉴定、建筑工程司法鉴定、声像资料司法鉴定、知识产权司法鉴定等 13 类，因为刑事诉讼涉及的专门性问题多种多样，刑事司法鉴定的对象及范围越来越广泛，对刑事司法鉴定的种类无法予以全部界定，所以，该规定第 17 条规定了本规定尚未确定具体类别称谓的司法鉴定由省级司法行政机关确定，报司法部备案。

1. 形式审查

鉴定意见应该注明提起鉴定的事由、鉴定委托人、鉴定机构、鉴定要求、鉴定过程、检验方法、鉴定文书的日期等相关内容，并由鉴定机构加盖鉴定专用章并由鉴定人签名盖章。鉴定意见应当明确，不能含糊其辞。多名鉴定人鉴定时有不同意见的，还应当注明分歧意见并分别签名或盖章。

2. 鉴定机构和鉴定人资质

一是注意审查鉴定机构和鉴定人是否具有合法的资质。二是审查鉴定人是否存在应当回避而未回避的情形。对鉴定机构不具备法定的资格和条件，或者鉴定事项超出本鉴定机构项目范围或者鉴定能力的，鉴定人不具备法定的资格和条件、鉴定人不具有相关专业技术或者职称的、鉴定人违反回避规定的，根据《关于办理死刑案件审查判断证据若干问题的规定》，鉴定意见均不能作为证据使用。

【案例】刘某某涉嫌诬告陷害罪一案，法院原判认定被告人刘某某构成诬告陷害罪。法院认定犯罪所采纳的证据之一，是某医学院人类生殖工程研究室不孕与遗传专科门诊部所做的亲子鉴定意见。但是，该门诊部并没有依法到司法管理部门核准登记，不能从事司法鉴定业务。最终案件通过再审，再审法院认为该鉴定意见属无效证据，原判决对其采纳是错误的，从而导致认定的相关事实不清，证据不足，故判决被告人无罪。本案原审存在对关键证据审查不严的问题。对该门诊部亲子鉴定机构的鉴定资格未能审查清楚，导致鉴定意见属无效证据，未被法院采纳。在审查资质时还要特别注意，有的鉴定机构和鉴定人虽有鉴定资质，但是与被鉴定问题的专业不符，此类情形与没有资质进行鉴定所产生的后果其实并无二致，因此一样属于鉴定机构和鉴定人资质不符。

3. 检材是否真实可靠

鉴定意见直接来源于对检材的分析和检验，检材的真实与否直接决定鉴定意见的真实可靠性，因此要注意审查检材的来源、取得、保管、送检是否符合法律及有关规定，与相关提取笔录、扣押物品清单等记载的内容是否相符，检材是否充足、可靠。

4. 鉴定意见与案件的关联性

一些鉴定意见，检材是真实的，分析是专业的，结论是明确的，在审查的时候往往容易被忽视。其实我们不仅要审查鉴定意见本身，还要注意鉴定意见与案件的关系，与案件没有关联的鉴定意见也可以是真实的，但显然不能用于本案的证明，故鉴定意见与案件的关联性也必须进行审查。

5. 鉴定的程序、方法、分析过程

鉴定的程序、方法、分析过程是否符合本专业的检验鉴定规程和技术方法要求。错误的程序、方法或者分析过程，必然导致得出错误的结论，检察人员虽非专业鉴定人员，但必须掌握基本的鉴定常识，在审查鉴定意见的时候才能对鉴定的程序、方法和分析过程是否正确进行审查，才能知晓鉴定是否符合本专业的检验鉴定规程和技术方法要求。

6. 鉴定意见与其他证据的关系

鉴定意见本身并不能直接证明案件事实，因此要注意审查鉴定意见与其他证据之间是否有矛盾，鉴定意见与检验笔录及相关照片是否有矛盾，如有矛盾，必须查明原因，排除矛盾，方可采用。

7. 鉴定意见是否告知

要注意审查办案人员是否将鉴定意见及时告知犯罪嫌疑人、被害人等相关人员，对相关人员的意见是否记录在案，相关人员有无提出异议。工作实践中存在侦查机关未将作为证据使用的鉴定意见告知犯罪嫌疑人、被害人的情况，这是我们监督的重点。

第三节 纠正漏捕

一、纠正漏捕的概述

（一）纠正漏捕的概念及法律规定

纠正漏捕是指人民检察院在审查逮捕案件过程中，发现符合逮捕条件、公安机关应当提请逮捕而未提请的同案犯罪嫌疑人，应当建议公安机关提请逮捕；经审查认为公安机关不提请逮捕的理由不成立的，可以直接作出逮捕决定。司法实践中也称"追捕"。

《刑诉规则》第288条规定，人民检察院办理公安机关提请批准逮捕的案件，发现遗漏应当逮捕的犯罪嫌疑人的，应当经检察长批准，要求公安机关提请批准逮捕。公安机关不提请批准逮捕或者说明的不提请批准逮捕的理由不成立的，人民检察院可以直接作出逮捕决定，送达公安机关执行。

（二）纠正漏捕的适用条件

1. 纠正漏捕的实质条件

（1）案件处于审查逮捕阶段中，如果是提前介入阶段发现的，不能发应当逮捕犯罪嫌疑人建议书。

（2）漏捕的同案犯罪嫌疑人。一般理解为共同犯罪中的同案犯罪嫌疑人。

（3）根据案件事实、证据能证明该同案犯罪嫌疑人符合逮捕条件。逮捕的条件包括三个方面：一是逮捕的证据条件——证明有犯罪事实，即有证据证明有犯罪事实、有证据证明该犯罪事实是犯罪嫌疑人所实施的、证明犯罪嫌疑人实施犯罪行为的证据已查证属实的。二是逮捕的刑罚条件——犯罪嫌疑人可能判处徒刑以上刑罚。三是逮捕的社会危险性条件——对犯罪嫌疑人采取取保候审尚不足以防止发生社会危险性。具体来说要符合《刑事诉讼法》第81条规定的社会危险性条件。如果根据案件事实和证据只能证明该同案人可能涉嫌犯罪，应当将线索移送公安机关，并向负责捕诉的部门通报情况。如果根据案件事实，犯罪嫌疑人不可能判处徒刑以上刑罚，如法定刑都只有拘役的，就可以建议公安机关直接移送起诉，对于逮捕的社会危险性条件，则需要一定的证明材料予以证明。

2. 司法实践中常见的属于纠正漏捕的情形

（1）公安机关在罪与非罪的界限上把握不准导致的漏捕。犯罪嫌疑人已经涉嫌犯罪，符合逮捕条件，公安机关却没有将其移送检察机关处理。

（2）对个别案件以罚代刑导致遗漏报捕，在办案过程中，由于基层公安干警的业务素质参差不齐，有的干警将刑事案件降格作治安案件处理，以罚代刑，使得犯罪嫌疑人没有依法受到刑法追究。

（3）对犯罪嫌疑人另案处理不当而造成的漏捕，对共同犯罪案件中的部分犯罪嫌疑人由于工作量大又不易查办等原因，而作另案处理，没有将案件移送检察机关，导致漏捕。

（4）公安机关办理的一些重大案件，侦查时多人参与，各自取证，破案后没有对案件涉及的事实和证据进行仔细的汇总审查，仅把主要犯罪嫌疑人移送检察机关处理，造成其他犯罪嫌疑人漏捕。

3. 不属于纠正漏捕的情形

（1）公安机关分批报捕案件。公安机关分批报捕是指遇到重大复杂案件涉及多人犯罪时，根据侦查的需要，先期对一部分犯罪嫌疑人提请检察机关批准逮捕，对其他的犯罪嫌疑人准备在下一阶段报捕。公安机关分批报捕的案件一般是涉及多人犯罪，而对符合逮捕条件的人分批报检察机关批捕。公安机关分批报捕案件不能适用纠正漏捕。

（2）对犯罪嫌疑人已采取刑事拘留强制措施的，不适用纠正漏捕。

（3）属于立案监督的案件。人民检察院依法对公安机关的刑事立案活动进行监督。在司法实践中，与纠正漏捕案件容易混淆的是应当立案监督而不立案监督案件。对于共同犯罪案件公安机关没有对同案犯提请逮捕的，应当适用纠正漏捕，而如果是案件事实相互牵连，但并非是共同犯罪，例如毒品犯罪的上下线犯罪嫌疑人，则应当适用立案监督。

但是对于共同犯罪案件中,部分犯罪嫌疑人已被判决有罪且判决生效的,如果认为还应当追究其他共同犯罪人的刑事责任,公安机关应当立案侦查而不立案侦查的,应当适用立案监督程序。

二、纠正漏捕的工作流程

(一) 线索来源

1. 细致审查

熟悉案件基本情况,加强对所有涉案人员的监督审核,实行全面拉网式审查,使每一名遗漏犯罪嫌疑人都进入监督视野。注意对共同犯罪对象的梳理和审查,特别是要对未报捕的"在逃人员""另案处理"人员等重点涉案人员进行审查。着重判断是否存在共同犯罪、是否全案报捕,是否存在另案处理、以罚代刑等情形,是否有证据证明未报捕的犯罪嫌疑人涉嫌犯罪,是否有逮捕必要。

2. 建立台账

负责捕诉的部门应当建立追捕工作分类台账,分类记载追捕人员的基本情况、案件性质、强制措施、处理理由,方便及时与侦查机关、负责捕诉的部门沟通掌握案件后续处理情况。

3. 加强衔接

要加强与侦查机关的协作配合,建立共同参与追捕的联动机制,对追捕案件线索移送和处理结果实行动态监控,督促公安机关加大追捕力度并且待被追捕案犯到案后,进一步引导公安机关取证,及时了解追捕案件后续处理情况,确保追捕案件诉得出、判得了,有关数据要如实反映到检察机关统一业务应用系统和统计系统中。

(二) 纠正漏捕的程序

1. 检察官在审查逮捕案件过程中发现应当逮捕而公安机关未提请批准逮捕的犯罪嫌疑人,认为应当要纠正漏捕的,应当在《审查逮捕意见书》中需要说明的问题部分进行论述。

2. 报业务机构负责人审核。根据《刑诉规则》第 6 条规定,需要报请检察长决定的事项和需要向检察长报告的案件，应当先由业务机构负责人审核。业务机构负责人可以主持召开检察官联席会议进行讨论，也可以直接报请检察长决定或向检察长报告。

3. 报检察长决定是否纠正漏捕。

4. 决定纠正漏捕的，向公安机关发出《应当逮捕犯罪嫌疑人建议书》，建议公安机关提请批准逮捕。《应当逮捕犯罪嫌疑人建议书》应当与原案批准逮捕决定书同时送达公安机关，未能同时送达的，应当于批准逮捕决定后及时送达公安机关。

5. 公安机关接到《应当逮捕犯罪嫌疑人建议书》后，可以直接提请批准逮捕纠正漏捕的犯罪嫌疑人，如认为检察机关应当逮捕犯罪嫌疑人建议不正确或者有其他原因不提请逮捕的，可以说明不提请逮捕理由。检察官经审查认为侦查机关不提请逮捕理由不能成立的，经业务机构负责人审核后，报请检察长决定，可以直接作出逮捕决定，送达侦查机关执行。（上述内容见以下纠正漏补工作流程图）

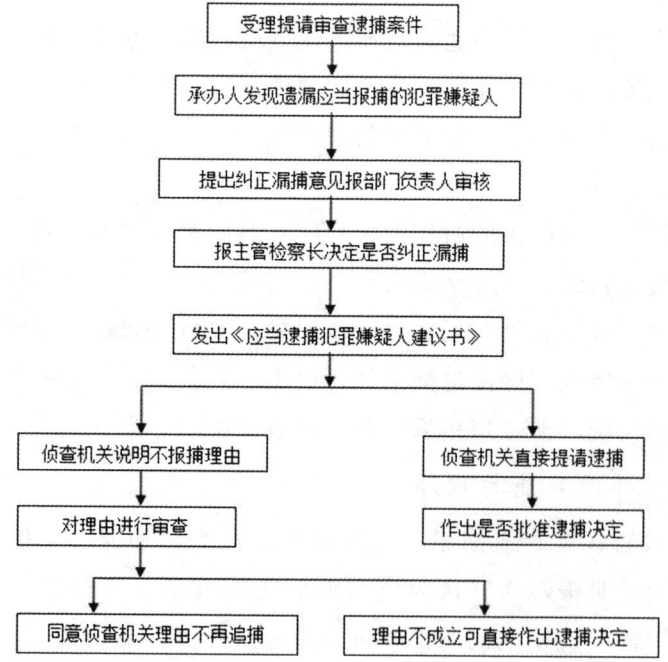

(三) 法律文书的制作方法

1.《应当逮捕犯罪嫌疑人建议书》

【文书格式】

×××× 人民检察院

应当逮捕犯罪嫌疑人建议书

××检××应捕建〔20××〕×号

_____（侦查机关/部门名称）：

你_____（简称）_____号××文书移送的犯罪嫌疑人_____涉嫌_____一案，本院经审查认为：

你_____书未列明的犯罪嫌疑人_____（写明需要追捕的人的姓名、性别及出生日期）涉嫌下列犯罪事实：_____（围绕犯罪构成及情节写明需要追捕的人实施的犯罪事实及主要证据，并说明其社会危险性）。

上述犯罪嫌疑人_____的行为已触犯《中华人民共和国刑法》第____条的规定，涉嫌____犯罪。（根据案件情况，选择填写"可能判处徒刑以上刑罚，采取取保候审尚不足以防止发生社会危险性"、"可能判处十年有期徒刑以上刑罚"或者"可能判处徒刑以上刑罚，曾经故意犯罪或者身份不明"），根据《中华人民共和国刑事诉讼法》第八十一条的规定，应当依法逮捕。根据《人民检察院刑事诉讼规则》第____条的规定，请你____依法提请/移送逮捕，并连同案卷材料、证据等一并移送本院审查。

20××年×月×日

（院印）

【制作说明】

一、本文书依据《人民检察院刑事诉讼规则》第二百八十八条、第三百条的规定制作。经人民检察院在办理审查逮捕案件过程中，发现应当逮捕而侦查机关（部门）未提请/移送审查逮捕的犯罪嫌疑人，建议侦查机关（部门）提请/移送逮捕时使用。

二、本文书一式二份，一份负责捕诉的部门附卷；一份送达提请/移送逮捕的侦查机关（部门）。

2. 《逮捕决定书》（追捕）

【文书格式】

（追捕）

××××人民检察院
逮捕决定书
（存　根）

××检××追捕〔20××〕×号

案　　由＿＿＿＿＿＿＿＿＿＿＿＿＿＿＿＿＿＿＿＿＿＿＿
犯罪嫌疑人基本情况（姓名、性别、出生日期、公民身份号码、工作单位、住址、是否为人大代表或政协委员）＿＿＿＿＿＿＿＿＿＿＿
＿＿＿＿＿＿＿＿＿＿＿＿＿＿＿＿＿＿＿＿＿＿＿＿＿＿＿＿
送达机关＿＿＿＿＿＿＿＿＿＿＿＿＿＿＿＿＿＿＿＿＿＿＿
批　准　人＿＿＿＿＿＿＿＿＿＿＿＿＿＿＿＿＿＿＿＿＿＿＿
承　办　人＿＿＿＿＿＿＿＿＿＿＿＿＿＿＿＿＿＿＿＿＿＿＿
填　发　人＿＿＿＿＿＿＿＿＿＿＿＿＿＿＿＿＿＿＿＿＿＿＿
填发时间＿＿＿＿＿＿＿＿＿＿＿＿＿＿＿＿＿＿＿＿＿＿＿

第一联　统一保存

| ××××人民检察院 |
| 逮捕决定书 |
| （副　本） |

　　　　　　　　　　　　　××检××追捕〔20××〕×号

_____：

　　犯罪嫌疑人_____涉嫌_____犯罪，根据《中华人民共和国刑事诉讼法》第八十一条和《人民检察院刑事诉讼规则》第_____条的规定，决定予以逮捕。请依法立即执行，并将执行情况在三日以内通知本院。

　　　　　　　　　　　　　　　　　　　　20××年×月×日

　　　　　　　　　　　　　　　　　　　　　（院印）

第二联　负责捕诉的部门附卷

×××× 人民检察院
逮捕决定书

××检××追捕〔20××〕×号

_____：

犯罪嫌疑人_____涉嫌_____犯罪，根据《中华人民共和国刑事诉讼法》第八十一条和《人民检察院刑事诉讼规则》第_____条的规定，决定予以逮捕。请依法立即执行，并将执行情况在三日以内通知本院。

20××年×月×日

（院印）

附：犯罪嫌疑人基本情况

第三联　送达公安机关

××××人民检察院
逮捕决定书
（回　执）

××检××追捕〔20××〕×号

_____人民检察院：

根据《中华人民共和国刑事诉讼法》第九十条的规定，现将你院____年____月____日_____号逮捕决定书的执行情况通知如下：犯罪嫌疑人_____已于____年____月____日由_____执行逮捕（或者因_____未执行逮捕）。

特此通知

年　月　日

（公章）

第四联　执行机关退回后附卷

【制作说明】

一、本文书依据《中华人民共和国刑事诉讼法》第八十一条、第九十条和《人民检察院刑事诉讼规则》第二百八十八条、第三百三十七条的规定制作。为人民检察院在办理审查逮捕案件时，发现应当逮捕犯罪嫌疑人而侦查机关未提请逮捕，要求其提请逮捕，仍然不提请逮捕，或者在审查起诉阶段认为需要逮捕犯罪嫌疑人的案件，人民检察院直接作出逮捕决定时使用。

二、逮捕决定书名称与人民检察院直接立案侦查案件适用的"逮捕决定书"同名，为加以区别，本文书文号增加"追"字。

三、本文书共四联，第一联为存根，统一保存备查；第二联由负责捕诉的部门附卷；第三联送达侦查机关执行；第四联为执行回执，由执行机关退回后附卷。

（四）全国检察机关统一业务应用系统的录入与办理

1. 负责捕诉的部门在办理审查逮捕案件过程中，发现应当逮捕而侦查机关未提请逮捕犯罪嫌疑人的，应当建议在原审查逮捕案件流程中生成《应当逮捕犯罪嫌疑人建议书》，建议侦查机关提请逮捕。

2. 侦查机关在收到《应当逮捕犯罪嫌疑人建议书》后提请批准逮捕的，直接适用系统内的审查逮捕业务流程。

3. 如果侦查机关在收到《应当逮捕犯罪嫌疑人建议书》后不提请批准逮捕的，负责捕诉的部门在直接做出逮捕决定之前，应将相关材料移送本院案件管理部门，由前台人员录入犯罪嫌疑人相关信息后，承办人仍在原案件流程里办理。

三、对人民检察院立案侦查案件的纠正漏捕

《刑诉规则》第300条规定，对应当逮捕而本院负责侦查的部门未移送审查逮捕的犯罪嫌疑人，负责捕诉的部门应当向负责侦查的部门提出移送审查逮捕犯罪嫌疑人的建议。建议不被采纳的，应当报检察长决定。因此，对于人民检察院立案侦查的案件，负责捕诉的部门同样可以纠正漏捕，其纠正程序与对公安机关纠正漏捕基本相同，监督文书是应

当逮捕犯罪嫌疑人建议书，只是如果建议不被采纳的，应当报检察长决定。

四、纠正漏捕的监督重点和方法

（一）对共同犯罪案件进行重点监督

对公安机关提请逮捕的共同犯罪案件的材料和证据进行全面、细致的审查，抓住案件细节，扩大审查面。注重审查公安机关未提请批准逮捕的同案犯，采取取保候审等非羁押强制措施，是否存在适用强制措施不当，应当提捕而未提捕的情况，是否符合逮捕条件，准确挖掘漏捕的共同犯罪嫌疑人。实践中可以针对各类不同性质种类案件的作案方式和特点，分析总结出追捕漏犯的大致规律。如比较常见的"两抢一盗"、毒品犯罪案件和严重暴力犯罪案件等团伙犯罪案件，应注意审查发现是否存在幕后指挥或提供作案工具、使用化名参与作案的情况，同时利用同案犯之间互相推责、立功心切等心理特点各个击破，发现疑点和破绽，深挖漏犯。

【案例】湖南省某市检察院在办理聂某等人贩卖毒品案时，发现有一名重要的同案犯罪嫌疑人李某因使用化名，身份信息不明而未对采取强制措施，也未提请批准逮捕。承办人通过细致审查及提审同案嫌疑人等方法确认了李某的身份，并向公安机关发出《应当逮捕犯罪嫌疑人建议书》，督促公安机关将其抓捕到案，最终李某因贩卖毒品罪一审被法院判处死刑。

（二）对另案处理人员、在逃人员、降格处理人员进行重点监督

"另案处理"原本的意思是"另行立案依法处理"，是指为保障案件及时分转处理，提高诉讼效率，杜绝超期羁押，保障人权，增强打击犯罪的时效性等各种特殊原因，公安机关在案件提请批准逮捕时未将相关涉案人员一并提请批准逮捕，而是在提请批准逮捕书中注明"另案处理"或者"在逃"的案件。"另案处理"在司法实践中被广

泛运用，起到了积极作用，但仍然存在适用不规范的问题。一些地方的公安机关在侦查过程中，存在着将嫌疑人刑事案件降格作治安案件处理，以罚代刑的现象；还有将案件中的嫌疑人列为在逃人员却未采取任何追逃措施；以及将案件中的嫌疑人列为另案处理人员，实际却未作任何处理的情况。对于这几类人员，我们要加大审查力度，根据最高人民检察院、公安部《关于规范刑事案件"另案处理"适用的指导意见》准确把握"另案处理"的适用范围，定期集中审查清理、核实另案不处理和另案轻处理的情况，对相关人员和情况进行持续跟踪，通过深挖降格处理、另案处理和假在逃人员，确保犯罪分子得到准确打击，依法处理。

【案例】某市检察院在审查李某涉嫌盗窃罪一案中，发现公安机关在《提请审查逮捕书》中将同案犯罪嫌疑人易某等两人列为"在逃"，这两人均已符合逮捕条件，但经向侦查人员了解发现实际未对这两人采取任何追逃措施，检察机关向公安机关发出了《应当逮捕犯罪嫌疑人建议书》，并督促公安机关加大追捕力度，成功将3名人员追捕到案。

（三）对案件中是否构罪的关键证据或情节加强审查

在侦查过程中，公安机关存在因对一些关系罪与非罪的关键证据或情节上，没有进行认真核实研究，造成的漏捕。主要有几种情形：一是对犯罪嫌疑人是否属于不负刑事责任的年龄或精神病人的关键证据未进行认真核实。二是对某些构罪条件较为复杂的案件的关键情节审查不全面不细致导致对案件定性错误造成的漏捕。比如寻衅滋事罪的构罪标准就特别复杂，实践中容易出错，认为随意殴打他人致一人轻微伤未达到2人以上轻微伤的标准就认为不构罪，从而忽视了嫌疑人具有持凶器殴打的情节已达构罪标准。三是对司法解释中的出罪条款把握不准造成的漏捕。在司法解释中往往会根据宽严相济的刑事政策规定对虽参与犯罪但属于受雇佣从事劳务的人员一般不以犯罪论处，对于这种条款适用，往往具有一定的限制条件，如是否参与利润分成或领取高额工资等，需要根据犯罪嫌疑人的情节和作用全面把握。

【案例】某市检察院在办理李某杀人案件时，发现该案另一犯罪嫌疑人何某系本案主犯，但为逃避刑罚，其父母提出户籍上的出生年月是农历时间，因而何某未达到刑事责任年龄。公安机关便没有将何某提请批准逮捕。后检察机关去医院核实后，证实了该犯罪嫌疑人的出生日期就是户籍上的出生日期，作案时已满14周岁，检察机关遂依法纠正漏捕，公安机关将何某提请检察机关批准逮捕。

（四）强化跟踪监督，注重监督实效

办理纠正漏捕案件，要牢固树立起"一追到底"的实效意识，防止"文书一发了之"的做法，注重追捕案件的实效。一是对已经发出追捕文书的嫌疑人进行跟踪监督，督促公安机关将嫌疑人尽快抓捕到案。对已做出追捕决定的犯罪嫌疑人应建立诉讼监督台账，实行跟踪督办，重点对公安机关是否制订抓捕方案、是否指定专人负责追逃、是否办理网上追逃手续、是否及时跟进抓捕等情况进行跟踪监督，定期召开联席会议，定期督促侦查机关及时反馈抓捕情况，形成工作合力。二是对纠正漏捕的犯罪嫌疑人被抓捕到案进行跟踪监督。保持与公安承办人的联系，定期了解掌握案件的取证进展情况，对于重大疑难案件可以介入引导侦查，提出取证意见，及时掌握追捕后起诉、退查、追捕后法院判决等情况，确保追捕到案的犯罪嫌疑人顺利起诉判决。

（五）对追捕到案人员坚持谨慎审查决定是否批准逮捕

因为发出追捕建议是根据犯罪嫌疑人到案前的证据而作出的判断，对于公安机关依照检察机关建议追捕到案后提请审查逮捕的犯罪嫌疑人，同样应当进行全面细致的审查，依照法律规定的逮捕条件作出是否批准逮捕的决定，决不能因为是追捕对象而先入为主，放松逮捕标准。在办理追捕到案人员的审查逮捕案件过程中，应当认真审查追捕到案人员的供述，其是否认罪，其供述与其他证据能否相互印证，是否提出辩解，其辩解理由是否成立，还应密切关注后续侦查活动的进展，是否有不同于之前的新事实新理由新证据出现等，对这些情况进行全面审查后谨慎作出决定，防止错误逮捕。

【案例】某市检察院在办理犯罪嫌疑人谈某涉嫌诈骗一案时，谈某供述用于诈骗的食品购自王某处，根据王某的供述及其他证据综合分析判断，王某很可能系共犯，遂决定进行追捕。但王某到案后提出了辩解，并提供了相关证据，经审查发现在案证据无法排除其辩解的理由，尚不能认定王某构成共犯，因证据不足依法对王某决定不批准逮捕。

第四节　纠正漏罪漏犯

一、纠正漏罪、漏犯概述

（一）纠正漏罪、漏犯的概念

漏罪是指侦查机关移送审查起诉的犯罪嫌疑人，除移送审查起诉的罪行外，还涉嫌有其他罪行或罪名侦查机关未移送审查起诉。

漏犯是指案件中，除侦查机关移送审查起诉犯罪嫌疑人外，还有其他需要追究刑事责任的未移送审查起诉的其他同案犯罪嫌疑人。

纠正漏罪、漏犯是指人民检察院公诉环节承办检察人员在审查起诉过程中，发现案件存在漏罪、漏犯的情况，依照法律规定要求侦查机关补充移送审查起诉，对于事实清楚，证据确实充分的，可以直接提起公诉的法定程序。

（二）纠正漏罪、漏犯的分类

纠正漏罪分两大类，一类是追诉与移送审查起诉的犯罪事实是同一罪名的其他犯罪事实。另一类是追诉与移送审查起诉的犯罪事实不同罪名的犯罪事实。

纠正漏犯分三大类：一是追诉与移送审查起诉的犯罪嫌疑人共同犯罪的其他犯罪嫌疑人。二是追诉与移送审查起诉的犯罪嫌疑人不构成共同犯罪，但与其他犯罪行为有紧密联系的其他犯罪嫌疑人，如毒品犯罪的上下线、盗窃犯罪的掩饰隐瞒犯罪所得人、洗钱犯罪的上下线等。三是追诉与移送审查起诉的犯罪嫌疑人不构成共同犯罪，但与其人身、活动有紧密联系的其他犯罪嫌疑人，如明知是犯罪的人仍予以窝藏的人，帮助犯罪嫌疑人毁灭、伪造、隐匿证据的人。

（三）纠正漏罪、漏犯的法律依据

《刑事诉讼法》第171条第2项规定：人民检察院审查案件的时候，必须查明"有无遗漏罪行和其他应当追究刑事责任的人"。《刑诉规则》第345条规定：人民检察院负责捕诉的部门对本院负责侦查的部门移送起诉的案件进行审查后，认为犯罪事实不清、证据不足或者存在遗漏罪行、遗漏同案犯罪嫌疑人等情形需要补充侦查的，应当制作补充侦查提纲，连同案卷材料一并退回负责侦查的部门补充侦查。必要时，也可以自行侦查，可以要求负责侦查的部门予以协助。第356条规定：人民检察院在办理公安机关移送起诉的案件中，发现遗漏罪行或者有依法应当移送起诉的同案犯罪嫌疑人未移送起诉的，应当要求公安机关补充侦查或者补充移送起诉。对于犯罪事实清楚，证据确实、充分的，也可以直接提起公诉。第423条规定：人民法院宣告判决前，人民检察院发现被告人的真实身份或者犯罪事实与起诉书中叙述的身份或者指控犯罪事实不符的，或者事实、证据没有变化，但罪名、适用法律与起诉书不一致的，可以变更起诉。发现遗漏同案犯罪嫌疑人或者罪行的，应当要求公安机关补充移送起诉或者补充侦查；对于犯罪事实清楚，证据确实、充分的，可以直接追加、补充起诉。我国《宪法》第134条规定，中华人民共和国人民检察院是国家的法律监督机关。由此观之，侦查监督活动中纠正漏罪、漏犯是法律赋予公诉部门的法定职责，是审查起诉之题中应有之义。即公诉部门在案件审查起诉过程中，对发现遗漏犯罪事实或者犯罪嫌疑人，通过通知侦查部门补充移送审查起诉或者在查清事实的基础上直接将漏罪、漏犯一并提起公诉的一种诉讼监督制度。

（四）纠正漏罪、漏犯的意义

1. 审查起诉阶段侦查监督中的纠正漏罪、漏犯是检察机关诉讼监督的重要内容,是法律监督职能在刑事诉讼中的直接体现。有效地纠正漏罪、漏犯,更有利于惩治犯罪,维护法律的统一实施。

2. 纠正漏罪、漏犯是实现法律监督职能、维护社会公平正义的一个重要手段,是侦查权、检察权分工合作、相互制约的重要机制。同时,也表明纠正漏罪、漏犯,是检察机关审查起诉工作的一项重要内容和法定义务。

3. 纠正漏罪、漏犯有利于提高检察机关侦查监督效率。在侦查阶段收集证据由公安机关进行,公安机关往往追求破案率,而对证据收集的全面性及合法性关注不够,导致该收集的证据没有收集或者收集的证据有瑕疵,必然造成公诉人在法庭上举证困难或陷入被动局面。如果在审查起诉阶段对漏罪、漏犯进行纠正,推动侦查监督积极开展,依法有效地对侦查机关的侦查活动进行正确的指导和监督,保证侦查人员及时、全面、客观收集证据,将会大大提高检察机关的侦查监督效率。

二、纠正漏罪、漏犯的工作机制和流程

(一) 纠正漏罪、漏犯的职能部门

《刑事诉讼法》第171条第2项规定:人民检察院审查案件的时候,必须查明"有无遗漏罪行和其他应当追究刑事责任的人"。因此对侦查机关移送审查起诉案件中的漏罪、漏犯,由检察院的公诉部门行使已经十分明确。

对于侦查机关已立案侦查终结但有罪不究、以罚代刑或作行政处理案件的监督,由于没有明确规定由哪个部门履行这一职责,实践中存在不同认识。一种意见认为,应由公诉部门行使,因为刑事诉讼法明确规定,侦查机关有义务将事实清楚,证据确实充分的案件移送检察机关审查起诉,若不移送,当然由公诉部门监督。另一种意见认为应当应由批捕部门行使。《刑事诉讼法》第113条规定:"人民检察院认为公安机关对应当立案侦查的案件而不立案侦查的……,公安机关接到通知后应当立案。"立案监督归口于批捕部门,显然,立案与否以及侦查机关最

终的处理结果都应当报批捕部门，批捕部门根据侦查机关的处理结果认为有该移送审查起诉而未移送的有权要求侦查机关立案侦查之后移送。实际上，两个部门都有权代表检察机关行使监督权力，一般由公诉部门行使纠正漏罪、漏犯。理由有以下几点：一是《刑事诉讼法》第162条和第163条已明确规定，侦查机关对其侦查的案件处理的情形是起诉，或者是撤销案件。对于犯罪事实清楚，证据确实充分的案件，侦查机关应当连同案卷材料一并移送审查起诉。《刑事诉讼法》第169条规定，凡需要提起公诉的案件，一律由人民检察院审查决定，由于提起公诉这一权力由检察机关的公诉部门行使，因此由公诉部门行使这类案件的追诉理所当然。二是有利于检察引导侦查取证。在当前以审判为中心的刑事诉讼制度改革过程中，国家公诉人面对着法官和辩护人对证据的客观性、关联性、合法性提出的要求越来越高，压力越来越大，侦查人员毕竟不是公诉人，对庭审中越来越高的证据要求没有切身感受。因此将这类案追诉案件由公诉部门行使，既有利于检察引导侦查取证，又有利于案件的快速公正处理。三是有利于防止因反复侦查造成司法资源的浪费。同理，批捕部门工作人员和侦查人员同样不能感受到庭审中对证据的要求，其引导下所取得的证据并不一定能被庭审所采纳，如果将这类追诉案件归口于批捕部门，那么在审查起诉中证据存在问题，只能通过退回公安机关补充侦查来解决，这样往往会丧失最佳取证时间，侦查机关也有可能因产生补证的抵触情绪而懈怠办案。反之，如果将这类案件的追诉交由公诉部门行使，则可以减少不必要的司法资源浪费。四是有利于侦查监督的实效。侦查监督的最终目的是防止司法不公，寻求法律的公平公正。但如何取得实效，则需要侦查监督规范有序、措施得力。实践中，案件最终是否提起公诉，还得公诉部门进行准确把握。因此由公诉部门行使这类案件的追诉权，会使监督效果更佳。在捕诉一体办案机制下，毫无疑问纠正漏罪、漏犯的职责由负责捕诉的部门承担。

（二）如何发现纠正漏罪、漏犯的线索来源

审查起诉工作是在侦查机关侦查活动终结后的进一步审查追究活

动，公诉人对案件事实及证据有着全局性的了解和把握，但相对于侦查人员，则缺乏对案件事实的直观感受，因此，利用审查起诉工作的优势，可以从以下几个方面着手发现漏罪和漏犯的线索来源：

1. 严把审查关，以审查案卷为突破口，深挖细查，从证据审查中发现漏罪漏犯。

公诉人通过审查案卷材料，细致推敲犯罪嫌疑人的供述，仔细核实每项证据，严格审核鉴定意见，不仅对侦查机关认定的犯罪事实进行逐一逐项复核，而且对未认定的事实也要进行审查了解，注意发现各种证据之间存在的冲突和矛盾，不放过任何蛛丝马迹，从中挖掘追诉线索。

2. 从审查赃款赃物的去向中寻找追诉线索。根据盗窃、抢劫等侵财型案件在赃款去向和赃物处理上容易引发新的犯罪特点，要特别注意对此类案件中赃款赃物去向的审查，从中发现追诉案件线索。

3. 注意对分案移诉的共同犯罪嫌疑人的审查，在案卷的异同中发现追诉线索。因各犯罪嫌疑人到案时间不相同、到案之后供述避重就轻、隐瞒相关重要事实等各种原因，侦查机关时常将参与同一犯罪的多名犯罪嫌疑人分案移送审查起诉，分案处理后，容易因相关证据材料复印遗漏、侦办人员更换等原因产生漏罪、漏犯。

4. 在审查"另案处理"或者"在逃人员"的处理上，发现漏犯线索。侦查机关移送审查起诉的案件材料中经常存在"另案处理"和"在逃人员"的情形，对于这两类人员，可以建立台账，每月对侦查机关的办案情况进行对比分析，注意审查侦查机关对"另案处理""在逃人员"是否依法处理，是否存在久拖不管、挂案处理等情况，从中发现漏犯线索。

5. 在侦查机关已立案侦查终结但有罪不究、以罚代刑或作行政处理的案件中发现追诉线索。

6. 通过提前介入公安机关对重大案件的侦查活动，提早发现漏罪、漏犯。审查起诉阶段的案件材料是一种事后的、书面的、静态的，可能存在一定的证据线索或证据材料未能及时收集或归卷。而公诉人可以采用提前介入公安机关重大案件的侦查活动，这样既可以提前了解案情，又可以及时发现和纠正侦查违法活动，避免公安机关出现漏罪、漏犯现象，促使侦查活动依法进行。

7. 从群众举报、当事人申诉中发现追诉线索。

（三）纠正漏罪、漏犯的适用范围

实践中，追诉漏罪的范围即侦查机关移送审查起诉的犯罪嫌疑人，除移送审查起诉的罪行外，还有侦查机关未移送审查起诉的涉嫌的其他罪行或罪名。追诉漏犯的范围即侦查机关移送审查起诉的犯罪嫌疑人外，还有侦查机关未移送审需要追究刑事责任的其他犯罪嫌疑人。

（四）纠正漏罪、漏犯的办理程序

根据湖南省人民检察院统一组织编写的公诉岗位专用操作规程，纠正漏罪、漏犯的办理程序分以下六个步骤。

1. 承办检察人员审查案件后，发现存在漏罪、漏犯需要追诉的，在审查报告中作为专门事项提出，阐明存在漏罪、漏犯的具体情形，犯罪事实或行为，应当追诉的理由和法律依据，报部门负责人提交部门集体讨论研究。

2. 部门负责人组织部门集体研究，着重讨论遗漏的犯罪事实是否存在，遗漏的犯罪嫌疑人是否存在，是否属于应当追究刑事责任的情形，认定的证据是否确实、充分，是否需要补充完善证据，是否需要追诉，形成意见后，报检察长或分管检察长决定。

3. 检察长或分管检察长决定追诉的，承办检察人员制作《补充移送起诉通知书》，交检察长或分管检察长审批后，送达承办案件的侦查机关，要求原承办案件的侦查机关在规定的期限内补充移送漏罪、漏犯。决定不予追诉的，承办检察人员在讨论记录中记明，应当执行。

4. 侦查机关在规定的期限内不补充移送起诉漏罪、漏犯，或者认为漏罪漏犯的犯罪事实清楚、证据确实充分的，公诉部门承办检察人员层报检察长或分管副检察长决定后，可以直接提起公诉。

5. 在纠正漏犯过程中，如需对漏犯采取逮捕强制措施的，承办检察人员应当遵照移送审查逮捕操作规程进行。

6. 侦查机关补充移送起诉漏罪或漏犯后，公诉部门承办检察人员应当对认定漏罪漏犯证据进行审查。经审查事实清楚，证据确实充分的，依照法定程序提起公诉，经审查认定事实不清、证据达不到起诉标准的，依照规定可以退回侦查机关补充侦查，也可以自行补充侦查。审查发现追诉错误的，报检察长或分管检察长决定，立即撤销追诉，对漏罪不予起诉，对漏犯作出不起诉处理。

（五）统一业务系统操作规程及相关法律文书的制作说明

在办理纠正漏罪、漏犯案件中，则在全国检察机关统一业务应用系统中案件办理及审结情况案卡关于是否纠正移诉遗漏罪行或是否为追诉对象中填写是或否。另外在新建文书中生成《补充移送起诉通知书》文书。

【文书格式】

××××人民检察院
补充移送起诉通知书

××检××补诉〔20××〕×号

_____（侦查机关）：

你_____于_____（受理日期）以_____号起诉意见书移送本院审查起诉的犯罪嫌疑人_____一案，经审查，本院认为该案还有……（其他犯罪嫌疑人或犯罪事实）需移送本院审查起诉。

……（需要补充移送起诉的犯罪嫌疑人姓名或犯罪事实，触犯的刑法条款，需要审查起诉的理由。）

根据《中华人民共和国刑事诉讼法》第一百七十一条第二项之规定，要求你_____（及时或者在一定期限内）补充移送起诉，并提供必需的证据材料。

20××年×月×日
（院印）

【制作说明】

一、本文书依据《中华人民共和国刑事诉讼法》第171条第（二）项的规定制作。为人民检察院在要求补充移送起诉遗漏罪行或者其他应当追究刑事责任的犯罪嫌疑人时使用。

二、本文书一式二份，一份给送达单位，一份附卷。

三、制作要求：

1. 送达单位。

2. 写明原起诉意见书文号及犯罪嫌疑人姓名、涉嫌罪名、移送起诉时间。

3. 写明需要补充移送起诉的犯罪嫌疑人姓名，犯罪事实，触犯的刑法条款，需要审查起诉的理由（如果需要补充移送起诉多名犯罪嫌疑人的，应分别叙写）。

4. 写明要求补充移送起诉的法律依据和要求。

三、纠正漏罪、漏犯的重点和方法

纠正漏罪、漏犯的法律依据及相关原则基本都是相同的，但对于不同类型的案件，审查的重点和方法会有所不同。下面我们结合实践中几类常见的犯罪类型案件的特点，分析侦查机关在侦查中存在的常见问题，明确在审查起诉阶段需要审查的重点和方法。

（一）共同犯罪类案件审查的重点和方法

1. 是否存在非实行犯构成犯罪但未移送审查起诉

共同犯罪案件因人数多，各自所起的作用不同易发生遗漏同案犯的现象。如没有参与犯罪的实施行为，但是在事前已达成共同的犯罪故意，事后参与了销赃、转移赃款等行为，而公安机关在办理案件的时候容易忽略这些非实行犯而造成漏犯。因此检察官应严审细查，做到"眼勤""脑勤""手勤"，通过全面细致地审查和灵活巧妙地讯问已到案犯罪嫌疑人，发现疑点和破绽，深挖非实行漏犯。

【案例】任某、戴某、胡某共同犯罪中追诉徐某组织卖淫案

2015年10月底，徐某、任某、戴某、胡某共同商议从事组织卖淫

活动,由徐某出资 32000 元,占 50%的股份,其他人员出资 26000 元。徐某租赁"吉楚大酒店"八楼作为组织卖淫的场所,并负责全面管理,处理并协调对外关系。另外的人员分工协作,具体负责招募卖淫女对其进行培训、统一编号、安排食宿等、制作印有色情的图片字样进行宣传、安排人员进行记账等。该场所于 2015 年 11 月 4 日正式营业,经营至同年 11 月 29 日,被公安机关查获,非法获利 26.84 万元。公安机关于 2016 年 4 月将本案移送审查起诉,公诉人在审查该案时,发现指挥策划管理者徐某未移送审查起诉,于是,向公安机关发出《补充移送起诉通知书》,要求公安机关将其抓获归案后,移送审查起诉。后公安机关将徐某移送审查起诉,检察院提起公诉,被法院以组织卖淫罪判处有期徒刑 4 年,并处罚金人民币 2 万元。

2. 是否存在有过错的被害人构成犯罪未移送审查起诉

在聚众斗殴、故意伤害等类型的共同犯罪案件中,在审查犯罪嫌疑人犯罪主观动机的起因时,可以注重审查存在一定过错的被害方,分析其被害方的过错行为是否属于一般的民事纠纷,或是一般的违法行为还是已经涉嫌犯罪。如在聚众斗殴案件中,虽然被害人被对方殴打成重伤,在打架过程中其没有参与斗殴,但是导致双方斗殴的原因却是由被害方挑衅引起,被害方的其他积极参与人在与对方斗殴的过程中,对方将被害人打成重伤,在公安机关未移送被害人审查起诉的情况下,则可以对被害人予以追诉。

【案例】王某、黄某、段某、李某、胡某、甘某、陈某等共同犯罪中追诉刘某聚众斗殴案

2015 年 8 月 1 日下午,王某和刘某因以前存在过节,便通过 QQ 约定于次日在插旗镇注滋口大桥下打架,次日下午 2 时许,王某等 7 人携带砍刀和钢管,刘某带领甘某、陈某等 8 人一起来到约定地点,首先双方各出一人进行单挑,甘某与何某在单挑过程中,甘某左眼部被刀划伤,于是双方互殴,刘某在现场捡起一块石头准备打对方的人,但被对方群殴在地,被打成轻伤。

公安机关移送该案时,没有将刘某移送审查起诉,公诉人在审查该

案件时，发现刘某为邀集者，且为首要分子，应当予以追诉，后向公安机关发出补充移送起诉通知书之后，该案中被害人刘某起诉到法院被判处有期徒刑2年。

3. 是否存在"另案处理"和"在逃"的人员构成犯罪未移送审查起诉

在共同犯罪类案件中，常常可以见到同案人被注明"另案处理"或"在逃"的情况。在审查这类案件时，检察官首先应当主动与侦查机关沟通，向侦查机关询问原因，核实相关情况。对"另案处理"的人员，主要审查侦查机关是如何处理的，处理得是否恰当，是否符合法律规定。如果出现了"以罚代刑"的情况，如果有充分的证据证明其已构成犯罪，那么就应该果断地向侦查机关发出补充移送起诉通知书，要求其撤销行政处罚，对"另案处理"的人员进行移送审查起诉。对"在逃"人员，可以在讯问已到案的同案犯罪嫌疑人时，对其进行说服教育，或者给予其立功的机会，要求其提供在逃人员的具体去向，或者协助侦查机关予以抓获。还可以向知情的被害人、证人了解情况，核实在逃事实的真实性，有无到案的可能等。最后还可以向其亲属宣讲相关法律政策，劝其投案自首，争取法律的宽大处理。对有可能到案的在逃人员，检察官应当督促侦查机关将其抓获归案后移送审查起诉。

另外，对"另案处理"和"在逃人员"可以建立台账，每月对侦查机关的办案情况进行对比分析，避免因办案人员的变动而出现遗忘对这两类人员的侦查监督活动，以便更有效地、准确地追诉漏犯。

【案例】黎某、陈某等人共同犯罪中追诉刘某故意伤害案

被害人胡某欠黎某债务，2016年1月20日下午1时许，黎某指使刘某邀集人员教训胡某，于是刘某邀集了陈某等人和黎某一起来到华容县田家湖生态新区中央广场建筑工地旁，在黎某的指使下，用铁棍将被害人胡某打成轻伤二级。

公安机关将该案移送起诉时，对刘某注明为未到案，即"在逃人员"。公诉人在审查该案件时，发现刘某应当予以追诉。于是向公安机

关发出补充移送起诉通知书,因刘某在作案时年仅23岁,一并建议公安机关向刘某家属做思想工作,劝其投案自首,争取法律的宽大处理。在公安机关对刘某的亲属充分释法说理和进一步侦查之后,刘某于2018年春节投案自首。刘某以故意伤害罪起诉到法院之后被判处有期徒刑9个月。

4. 是否存在分案侦查的共同犯罪案件中已构成犯罪的人员未移送审查起诉或其他罪行未移送审查起诉

在办案实践中,共同犯罪案件,通常存在共同犯罪嫌疑人分案审查的情况,在分案审查的共同犯罪案件中,可以分别在案卷的异同中发现追诉线索,因犯罪嫌疑人到案时间不同、犯罪嫌疑人普遍存在避重就轻的特点,侦查机关时常将参与同一犯罪的人员分案移送审查起诉。分案处理后,容易因证据材料的复印等原因产生漏罪、漏犯。如一宗黑社会性质案件,由于一名参与黑社会性质组织,并多次进行敲诈勒索犯罪的嫌疑人在逃,未能同案移送,一年多之后,侦查机关将在逃的犯罪嫌疑人抓获,仅仅就其涉嫌的一件敲诈勒索案件进行了侦查。承办人立即调阅了相关的其他同案人员的案卷,从其他人的案卷证据及判决书上取得线索,直接予以追诉参加黑社会性质组织罪。

(二) 常习犯、惯犯类案件审查的重点和方法

在基层院,对于办过几年公诉案件的检察官来说,会惊讶地发现有20%左右的犯罪嫌疑人是常习犯、惯犯。对于这类犯罪嫌疑人,具备了一定的犯罪习性或者依靠某类犯罪作为自己的生活来源,其犯罪常常显现出长时间跨度、大地域范围多次作案的特点,证据散布于各个地方和时间段。对于这类犯罪嫌疑人,可以着重从以下几个方面审查,发现漏罪予以追诉。一是通过分析犯罪嫌疑人惯常的犯罪手段并提取其具备的同类案件所不具备的特点,积极串并案件,从而发现漏罪;二是注重对此类犯罪嫌疑人初期口供的审查,由于犯罪嫌疑人在被抓获初期,未能明确侦查机关的侦查方向,因此,此时的口供表现为"面广、点散"的特点,注重从初期口供的涉及面上来审查,作为补充侦查的线索,从而追诉漏罪;三是对一定区域内未侦破的发生过的同类作案手段和方法

的案件加以梳理,然后突审犯罪嫌疑人,追诉漏罪;四是注重审查犯罪嫌疑人的生活场所,活动轨迹,查明其曾经是否有长时间逃跑、流窜、更换姓名、住址等反常行为,以此确定是否可以追诉漏罪。

(三)伴生犯类案件审查的重点和方法

从刑事案件的发案规律上分析,很多类型的案件都多伴生其他类型的犯罪。在诈骗犯罪中,一些犯罪嫌疑人为了制造假象,往往通过办理假证件、使用假公章等方式取得他人信任,此时,可能伴生伪造印章、伪造公文等犯罪活动;在盗窃、抢劫等侵财案件中,一些犯罪嫌疑人会将非法占有的财物进行处理,一般都伴生着掩饰、隐瞒犯罪所得案件;在敲诈勒索犯罪中,一些犯罪嫌疑人往往称霸一方,多伴生寻衅滋事等犯罪。审查这类案件,一是要对伴生类的行为进行认真分析和研究,准确适用法律,究竟该数罪并罚,还是适用吸收犯的相关规定。如果数罪并罚,则可以果断追诉漏罪。如果为其他犯罪嫌疑人所为,那么可以果断追诉漏犯。二是在审查中认为伴生行为证据不足,则可以通过提前介入,指导侦查机关从提起公诉的角度查清伴生行为的证据,为准确追诉漏罪、漏犯打下坚实的基础。审查移送审查起诉的案件材料是一种事后书面的静态的监督,其监督效力是有限的,可能存在一定的证据线索或者证据材料未能及时收集或者归卷。因此检察官可以采用提前介入的方式,将静态的侦查监督活动与动态监督活动同步进行。这样,既可以提前了解案情,又可以及时发现和纠正侦查违法活动,为准确有效地追诉漏罪、漏犯打下坚实的基础。三是注重从赃款赃物的去向中发现漏犯。如根据盗窃、抢劫等侵财型犯罪容易伴生掩饰、隐瞒犯罪所得等犯罪的特点,加强对该类案件赃款赃物去向的审查,从中可以成功追诉漏犯。

实务中,除了上述几种常见的类型犯罪案件中注重审查追诉漏罪、漏犯之外,在实际操作中还需注重以下几点,以达到追诉的最佳效果。

1. 加强内部职能部门的协调配合。在捕诉一体的情况下,建立与控申、监所部门的联系通报制度,加强部门之间的追诉线索管理和沟通协调,实现资源共享,形成追诉合力。另外加强与监察委联系,建立沟通协作机制,在审查起诉过程中发现存在追诉漏罪、漏犯情况时,需监察委积极配合,及时移送审查起诉。

2. 加强与公安机关的联系。可以会同公安机关建立起关于在审查起诉工作中规范追诉漏罪、漏犯工作的意见。明确追诉范围、追诉要求、追诉文书、追诉程序等,使追诉工作能落到实处。

3. 加强与人民法院的沟通协调。在加大证据审查力度、做好庭审准备工作的同时,加强与法院的沟通协调,围绕追诉情况、犯罪嫌疑人归案情况、证据审查和量刑建议等发表公诉意见,尽力消除分歧,确保追诉案件追得准、诉得出、判得下,使追诉工作达到法律的最佳效果。

4. 建立工作责任机制,确保追诉案件的质量和效率。可以确定专人建立简单台账,另外制作办案流程表,全程反映每个诉讼环节追诉漏罪、漏犯的线索管理、监督衔接和处理结果,并限期督办落实。通过适时依法介入、引导案件侦查、依法监督侦查机关及时移送审查起诉,提高追诉案件的质量和效率。

四、捕诉一体制度下追诉与追捕之间需注意的问题

(一) 可能减少追诉考核数据

在捕诉一体机制下,侦查监督活动中的追诉和追捕工作由同一名检察官承担,在公安机关提请逮捕的时候,检察官如果发现存在追捕的情况,那么会向公安机关发出逮捕决定书,在审查起诉阶段就不可能出现追诉的情况。除非在批准逮捕之后,案件有了新的进展或取得了新的证据,才存在追诉的可能。

(二) 追捕追诉有可能同时存在

追捕是侦查监督活动中的一种强制措施的运用,在公安机关提请批准逮捕没有证据显示有追捕可能的情况下,如果在审查起诉阶段发现,需要追诉漏犯,且必须采取强制措施,那么则同时可以追捕和追诉。

(三) 审查起诉阶段直接追诉

在提请逮捕阶段发现有需要追诉漏犯的情况下,可能不追捕,而直

接到审查起诉阶段追诉漏犯一并提起公诉。在提请逮捕阶段发现有其他犯罪嫌疑人需要追究刑事责任，但犯罪情节较轻，没有犯罪前科，可能判处无需监禁刑的刑罚，那么就不需要追捕，则可在审查起诉阶段直接追诉一并提起公诉。

第五节 对羁押期限的监督

一、对延长侦查羁押期限的监督

（一）延长侦查羁押期限的概念

侦查羁押是在侦查阶段对犯罪嫌疑人人身自由较长时间剥夺和限制的持续性法律状态，它作为刑事强制措施，与作为刑罚执行方法的羁押具有本质区别，后者属于法律确定的实体法上的强制方法，具有刑事惩罚的性质，而前者只是在犯罪嫌疑人刑事责任确定之前，由侦查、起诉或审判机关采取的对公民人身自由的一种暂时性限制，是一种旨在保障刑事诉讼活动顺利进行，具有临时性和预防性的程序保障手段。侦查羁押一方面有利于查明案件事实，防止犯罪嫌疑人串供、毁灭或者伪造证据，保证犯罪嫌疑人能够被移送审查起诉和接受审判，从而保障刑事诉讼的顺利进行，但另一方面也将暂时剥夺犯罪嫌疑人、被告人的人身自由。因此，羁押这种措施始终处于控制犯罪与保障人权的两难境地，为了调和两者之间的冲突，现代法治国家的刑事诉讼立法对侦查羁押期限制度特别是延长侦查羁押期限制度给予了高度的重视。

（二）延长侦查羁押期限的办理流程

1. 根据六部委《关于刑事诉讼法实施中若干问题的规定》《刑诉规则》《办案规定》，延长侦查羁押期限的启动权由各级侦查机关提起。

2. 侦查机关需要延长侦查羁押期限的，应当在侦查羁押期限届满7日前，向同级人民检察院移送延长侦查羁押期限意见书，写明案件的主要案情和延长侦查羁押期限的具体理由。

3. 侦查机关提请延长侦查羁押期限所需的材料一般包括：（1）侦查机关的《提请批准延长羁押期限意见书》，以人为单位编号；（2）《审查逮捕案件意见书》（复印件），以人为单位编号；（3）《批准逮捕决定书》（复印件）、《逮捕证》；（4）历次延长羁押期限、重新计算侦查羁押期限、依据刑事诉讼法规定计算羁押期限的法律文书（复印件）；（5）侦查机关《报送延长侦查羁押期限案件意见书》，内容包括：①犯罪嫌疑人姓名，逮捕决定日期和逮捕执行日期；②主要案情；③提请理由，应分别依据《刑事诉讼法》第156、158、159条规定，重点从案件事实和证据两个方面说明需要延长期限的理由，第二次、第三次提请批准延长侦查羁押期限案件，应写明前一次提请批准延押后所作侦查工作，本次延长羁押期限内的具体侦查计划与内容；④提请延押的法律依据；⑤提请延押的期限。（6）层报上级院审批的，应附报层报院的《报送延长侦查羁押期限案件意见书》。

同级人民检察院审查后提出意见，如认为对此无决定权时，则报请上级人民检察院，由上级人民检察院再行审查后决定或再报上级人民检察院，直至有权做出决定的检察机关做出决定，有权做出决定的检察机关做出决定后，层层通知至提请的侦查机关。

（三）延长侦查羁押期限的审查重点和方法

1. 审查的内容

检察机关对延长侦查羁押案件期限的监督，应当树立正确的监督理念，始终坚持程序审查与实体审查并重，既要认真审查程序的合法性，又要特别注重审查提请延长羁押的理由、事实、证据，同时还要注意审查延长羁押的必要性，对于不符合延押条件、没有延押必要性的案件，坚决不予批准，严防变相超期羁押，严防变相侵犯人权。

（1）程序审查的重点

侦查机关提请批准延长侦查羁押期限案件程序上存在的问题主要表现在提请报延不及时、甚至超过规定的羁押期限才报请延长侦查羁押期限，案件报请延长侦查羁押期限理由不具体、不充分、报送案件审批材料不齐全等问题。应当重点审查以下内容：

一是报延材料是否齐全、标准。要审查提请批准延长侦查羁押期限案件所需的文书材料是否齐备、是否符合法律和相关规定的要求。主要材料不全的或者材料制作不规范的，应当要求侦查机关及时补充。侦查羁押期限届满时仍不能补充主要材料的，应当将案件退回或者做出不批准延长羁押期限的决定。

二是是否有管辖权。改变管辖的案件，不论是级别管辖还是地域管辖，都应当由改变管辖后的侦查机关向同级人民检察院提请批准延长侦查羁押期限。

三是是否在规定期限内提请批准延长。要严格要求侦查机关在侦查羁押期限届满 7 日前向同级人民检察院提请批准延长侦查羁押期限，坚决杜绝超期提请批准延长侦查羁押期限的现象，对不在规定的期限内提请的，负责捕诉的部门一般不予受理，负责捕诉的部门可以口头或者书面提出纠正意见，对确需延押的，应当要求侦查机关或写出书面检查说明原因，对已经超过侦查羁押期限的原则上不予批准延押。

四是侦查羁押期限计算是否正确。要注意严格掌握延长侦查羁押期限时间的起止。《刑事诉讼法》第 105 条规定"期间以时、日、月计算。期间开始的时和日不算在期间以内"。刑事诉讼法对侦查羁押期限是以月来表述的，但仍需要以"日"为基本计算单位，侦查羁押期限实际上是从执行羁押之日的次日起至决定到期之日止。对于侦查机关计算侦查羁押期限违反法律规定确有错误的，应当立即纠正。

（2）实体审查的重点

一是延押理由是否充分。侦查机关《提请批准延长侦查羁押期限意见书》应当写明犯罪嫌疑人的基本情况、案由、主要案情、采取强制措施的时间以及需要延长侦查羁押期限的具体理由和法律依据，但部分案件提请延押理由不具体、不充分，没有明确说明侦查中存在符合法定延押条件的具体情况，有的案件在提请"一延"和"二延"时的报告除时间外其他内容完全一致，没有写明在延长的侦查期限内案件进展情况和需要继续侦查的具体理由。导致检察机关只能根据案由和涉嫌罪名对提请延押的材料进行形式审查，而无法审查判断是否有延长犯罪嫌疑人羁押期限的实际必要。因此通过审查延押理由确定延长羁押期限是否合理及其必要，对延押案件的审查要严格把关。如徐某涉嫌敲诈勒索不批准延长侦查羁押期限案。徐某等十余人长期在某市水果大市场采取暴力手段或强行拘禁的方式，威胁市场水果经营户只能通过其指定的物流公司将货物从水果产地运至该水果市场销售，并强行收取水果经营户及货运站的保护费。因该案系重大犯罪团伙案，案情复杂，涉及全国各省等多地，取证困难，同案犯在逃，公安机关先后以《刑事诉讼法》第156条、第158条两次向检察机关提请批准延长侦查羁押期限，检察机关经审查依法予以批准延长，在此期间公安机关追捕抓获了部分在逃同案犯，对徐某的犯罪行为也进一步查证，期限届满后公安机关又以徐某所涉案件系重大的犯罪团伙案，案情复杂，犯罪嫌疑人可能判处10年以上有期徒刑为由，呈请检察机关第三次批准延长侦查羁押期限，检察机关经审查发现，根据公安查证的事实和证据，徐某向被害人收取保护费计人民币10000元，涉嫌敲诈勒索罪，属于数额较大情形，不可能判处10年以上有期徒刑，同时，其因保护费分配不均，与他人发生冲突持刀砍伤一人，经法医鉴定系轻微伤，该行为不构成故意伤害罪，不符合《刑事诉讼法》第159条的延押条件，遂依法做出不批准延长侦查羁押期限的决定。

　　二是是否具有继续羁押必要性。提请延长侦查羁押期限案件的犯罪嫌疑人经过了逮捕程序，一般来说是因为其具有羁押的必要性才对其进行羁押，但是侦查机关对该类案件在提请延长侦查羁押期限时，是否仍有必要继续羁押则有必要予以重新审查，因为有的犯罪嫌疑人在提请逮捕时可能是因为会伪造、毁灭证据、缺乏取保候审、监视居住的条件可能会影响诉讼的顺利进行而被逮捕，但是在提请延长羁押时，上述情形可能已经发生变化，虽然案情比较复杂，侦查未能终结，但是此时已经没有继续羁押的必要，可以变更为监视居住或取保候审等刑事强制措施，对此类案件应不予批准延长。

　　三是第一次延押后的后续补充侦查情况。对于侦查机关第二次、第三次提请批准延长侦查羁押期限的案件，要认真审查侦查机关在前一次批准延长后，是否进行了补充侦查活动，具体补充了哪些证据材料，是否符合法律规定。对侦查机关在前一次批准延长后，没有进行侦查工作或者消极侦查的，仍将前一次上报审批的材料重新上报提请第二次、第三次延长侦查羁押期限的，要严格把关，不予批准延长。

四是审查可能判处刑期与羁押期限，杜绝"刑期倒挂"现象的发生。按照羁押期限"比例性原则"的要求应当确定最高羁押期限，但我国现行的法律规定除了在侦查阶段第三次延押条件明确规定应当是可能判处10年有期徒刑以上刑罚的，尚没有根据被羁押人可能被判处的刑罚的不同分别确定不同的最长羁押期限，该原则的实质是罪刑相适应的法治原则在有罪判决生效前的延伸，其精髓是将羁押的幅度、期限控制在与涉嫌犯罪的严重程度以及嫌疑人、被告人可能被科处的刑罚相适应的幅度内，并与指控罪行的严重性和可能判处的刑罚的幅度相适应[①]，对于充分保障被羁押人的人权具有非常重要的意义。根据这一精神，检察机关审查办理延长侦查羁押期限案件中，应当要注重对可能判处刑期与羁押期限进行审查，某些案件虽然期限届满不能终结，但是如果对其犯罪嫌疑人进行延押审批，将来对其可能判刑较轻，甚至最终历经整个诉讼程序后，其已被关押的期限将可能超出最终判处的刑罚，导致实质的罪刑不均衡现象发生，因此检察机关应结合可能判处刑罚的情况，对如果继续羁押可能导致"刑期倒挂"现象发生的案件，应不予批准延长侦查羁押期限。

2. 审查技巧

（1）审查文书材料

文书材料的审查是办理延长侦查羁押期限案件的主要方式。人民检察院受理侦查机关提请批准、决定延长侦查羁押期限案件时，要求侦查机关或层报部门提供《提请批准延长犯罪嫌疑人羁押期限意见书》《案情报告》《审查逮捕意见书》《批准逮捕决定书》《逮捕证》层报案件

[①] 石惠、刘秋平：《对羁押期限延长制度的思考》，载《甘肃政法成人教育学院学报》2006年第4期。

的人民检察院的《提请批准延长犯罪嫌疑人侦查羁押期限报告》《延长犯罪嫌疑人侦查羁押期限审批表》、历次延长犯罪嫌疑人侦查羁押期限、重新计算犯罪嫌疑人侦查羁押期限等法律文书和材料。检察机关应当通过认真审查这些文书材料,全面了解案件的基本情况、报请延押的理由、法律依据等重要内容,从而初步判定案件是否符合延押条件、是否有羁押必要性等。

(2) 要求说明理由

在文书审查的基础上,为了全面了解案件情况,尤其是对一些文书材料记录简单、事关是否符合延押条件、是否有羁押必要性等重大事项有疑问的,检察机关检察官应当与呈报的侦查机关进行沟通,要求其说明理由。

(3) 要求侦查机关提供积极侦查的证据

实践中部分案件虽然属于案情复杂,但是侦查人员完全可以在逮捕后2个月侦查羁押期限内侦查完毕,由于侦查人员往往对延长侦查羁押期限具有依赖性等个人原因,未能及时有效的开展侦查,导致不必要的提请延长侦查羁押期限现象时有发生。检察机关应当要求侦查机关提供逮捕后是否积极有效地开展侦查的证明材料并附下一步的侦查计划,并对上述材料进行审查。经审查发现侦查人员在逮捕犯罪嫌疑人后未能有效开展侦查的行为进行监督,对消极侦查的要及时进行纠正。

(4) 讯问犯罪嫌疑人

根据《刑诉规则》第319条的规定,负责捕诉的部门审查延长侦查羁押期限、审查重新计算侦查羁押期限,可以讯问犯罪嫌疑人,听取辩护律师和侦查人员的意见,调取案卷及相关材料等。要注重研究和把握办理批延案件中讯问犯罪嫌疑人案件的范围,对于经过初步审查发现是否有继续羁押必要性有疑问、犯罪嫌疑人提出申请或者监所部门有情况反映的案件等情形,负责捕诉的部门可以通过讯问犯罪嫌疑人进行审查核实。

(5) 听取律师意见

在办理延押案件中,对于犯罪嫌疑人聘请的律师向检察机关提出意见的,检察机关要认真听取,同时,在审查中认为有必要主动听取律师意见的,也可以听取。

(6) 审查案卷

审查卷宗是检察机关进行侦查活动监督所采用的一种最基本,也是最重要的监督手段。一般情况下,不要求侦查机关在提请批准延长侦查羁押期限提供案卷,对某些难以判断争议较大的案件,侦查机关提供的材料无法认定是否符合延押条件或继续羁押必要性的,检察机关可以要求侦查机关提供案卷进行审查。

(7) 共同犯罪案件延押的审批

根据我国刑法的规定,共同犯罪是指二人以上共同故意犯罪。对共同犯罪的嫌疑人,针对不同的情况采取不同的措施,有的共同犯罪、团伙犯罪案件,其主犯虽然符合审批条件,但是侦查机关将部分犯罪行为较轻的从犯也一并提请延长侦查羁押期限,而这类从犯可能将来判刑较轻,甚至最终历经整个诉讼程序后,其已被关押的期限将远远超出最终判处的刑罚,导致这种实质的罪刑不均衡现象发生,因此负责捕诉的部门要始终坚持全面审查的原则,不就报延而批延,对虽然是共同犯罪,但其个人犯罪事实已经查清又不影响全案处理的犯罪嫌疑人,建议侦查机关分案起诉,不予批延。如杨某、何某、蒋某、雷某组织、领导传销案。何某任某科技有限公司法人代表,杨某任该公司华中大区总监,在湖北、湖南等地发展下线4000余人,蒋某任该公司湖南省代理,发展各级代理600余人,雷某任该公司衡阳市代理,发展下线30余人,分别非法获利数十万元至数百万元不等。公安机关以案情复杂、涉及人员多,同案犯在逃,尚有大量调查取证工作为共同理由,对杨某、何某、蒋某、雷某提请批准延长侦查羁押期限。检察机关经审查认为,在该团伙案中雷某发展服务商仅30余人,刚过定罪标准,犯罪情节比较轻,不符合延押条件,遂对其做出不批准延长侦查羁押期限的决定。

(8) 正确处理好侦查羁押期限监督与配合侦查之间的关系

检察机关办理延押案件的实质是对侦查机关为了侦查需要提出的延长侦查羁押期限的申请依法进行审查,系对侦查羁押期限的监督,既要从维护犯罪嫌疑人人权的角度出发,严格依法审查是否符合延押条件,也要深入分析案件的具体情况，充分考虑侦查机关所提出的侦查需要情形，也就是说，要在严格依法条件下充分考虑协助侦查。如某些特殊类型案件，侦查机关已查清犯罪嫌疑人少量犯罪事实，但又掌握了线索表明其可能涉嫌其他重大犯罪事实，或者犯罪嫌疑人系突破其他重大犯罪案件的关键环节，在侦查机关提供相关证据证明的情况下，检察机关应当依法审查予以批准。

（四）对延长侦查羁押期限案件的处理

1. 批准延长侦查羁押期限

各级人民检察院收到提请批准延长羁押期限材料后，要确定检察官审查。经过审查，认为符合延押条件的，填写《提请批准延长羁押期限报告书》，连同提请机关报送的有关材料一并报送上一级检察院审批。收到下级院呈报的提请批准延押案件后，应由检察官进行审查，经审查后决定批准延长羁押期限的，填写《批准延长侦查羁押期限决定书》发送下级人民检察院。下级院收到上级院批准延长羁押期限决定书后，承办检察官应当立即将决定送交提请批准延长羁押期限的侦查机关执行，并负责对执行情况进行监督，将决定书副本存档备查。

2. 不批准延长侦查羁押期限

检察机关经过审查，发现不属于重大复杂案件，或犯罪嫌疑人已经无羁押的必要性，犯罪嫌疑人不符合延押条件的，填写《不批准延长侦查羁押期限决定书》发送下级人民检察院。下级院收到上级院不批准延长羁押期限决定书后，应当立即将决定送交提请批准延长羁押期限的侦查机关执行，并负责对执行情况进行监督，将决定书副本存档备查。

3. 提请单位主动撤回或检察机关建议后撤回

在司法实践中，办理延长侦查羁押期限案件时，也存在提请单位主动撤回或检察机关建议后撤回的情形：一是经审查发现报送材料不齐全、不规范的，一般不予受理，检察机关建议撤回补充；二是超期报送的，原则上不予受理，经审查发现对犯罪嫌疑人的羁押期限已经超期，不属于重大复杂案件等，通知提请机关撤回延押；三是无直接决定权的人民检察院在向上一级人民检察院呈报前，经审查认为报延案件不符合批延条件的，可以建议侦查机关或部门撤回。

(五) 统一业务应用系统操作规程

1. 流程图

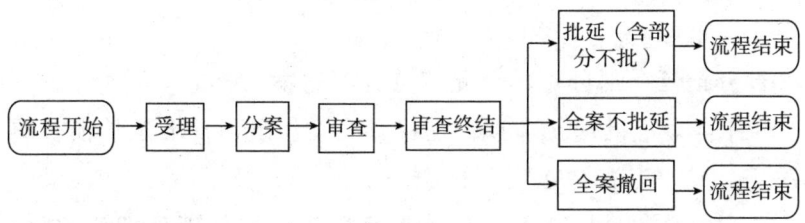

2. 适用范围

此流程为批准流程，是指有决定权的人民检察院对延长侦查羁押期限案件审查后，作出是否批准的决定。

该流程主要适用于下列案件：

(1) 最高人民检察院负责捕诉的部门审查本院负责侦查的部门移送的"一延""二延""三延"案件。

(2) 最高人民检察院、省级检察院、分州市检察院负责捕诉的部门审查下级人民检察院报送的"一延"案件。

(3) 省级检察院负责捕诉的部门审查下级检察院报送的"二延""三延"案件。

(4) 省级检察院负责捕诉的部门审查同级侦查机关以及本院负责侦查的部门移送的"二延""三延"案件。

3. 流程节点说明

(1)【受理】节点，是指对报请延长侦查羁押期限的案件进行受理审查的环节。此类案件在系统里默认为由案件管理部门受理。

(2)【分案】节点，是指将已受理的案件分配至具体承办人。

(3)【审查】节点，是指承办人审查延长侦查羁押期限案件的具体过程。此节点的一系列行为由负责捕诉的部门的承办人操作完成。

(4)【审查终结】节点，是指承办人对案件审查后，作出了处理决定。

（5）【批延（含部分不批）】节点，是指对案件审查后作出的最终处理情形。如是一案一人的，对犯罪嫌疑人的侦查羁押期限作出批延决定，则适用此节点。如是一案多人的，只要对其中的任何一人或多人作出批延决定的，也适用此节点，主要包括以下两种审结情形：

①全案批延。

②部分批延＋部分不批。此节点有"送案"标志。

（6）【全案不批延】节点，是指对全案作出不批准延长侦查羁押期限的决定。此节点有"送案"标志。

（7）【全案撤回】节点，是指人民检察院在办理延押案件过程中，提请单位或者部门提出撤回全案延长侦查羁押期限的申请，经审查，作出准许其撤回案件的决定。此节点有"送案"标志。

4. 节点文书配置

节点名称	文书名称	最低审批权限（参考）	用印各类
审查	《延长侦查羁押期限审查表》	副检察长	无
批延（含部分不批）	《批准延长侦查羁押期限决定书》（一延用）	副检察长	院印
	《批准延长侦查羁押期限决定书》（二延用）	副检察长	院印
	《批准延长侦查羁押期限决定书》（三延用）	副检察长	院印
	《延长侦查羁押期限决定书、通知书》（一延用）	副检察长	院印
	《延长侦查羁押期限决定书、通知书》（二延用）	副检察长	院印
	《延长侦查羁押期限决定书、通知书》（三延用）	副检察长	院印
	《不批准延长侦查羁押期限决定书》	副检察长	院印
	《不予延长侦查羁押期限通知书》	副检察长	院印
	《准予撤回决定书》（延押用）	副检察长	院印

续表

节点名称	文书名称	最低审批权限（参考）	用印各类
全案不批延	《不批准延长侦查羁押期限决定书》	副检察长	院印
	《不予延长侦查羁押期限通知书》	副检察长	院印
	《准予撤回决定书》（延押用）	副检察长	院印
全案撤回	《准予撤回决定书》（延压用）	副检察长	院印

5. 案卡填录

（1）案卡列表

案卡名称	填录主体
受理情况	案管部门
嫌疑人基本情况	案管部门
原审查逮捕情况	案管部门
提请延押情况	案管部门
审查情况	承办人

（2）填录说明

【受理情况】案卡

数据项名称	是否必填	指标解释	填录说明
受理日期	必填	是指受理提请批准延长侦查羁押期限案件相关材料的日期。	系统默认为当天日期。
案件名称	必填	同审查逮捕流程。	无
案件类别	必填	系统默认为"批准延长侦查羁押期限案件"。	无
移送单位	必填	指提请批准延长侦查羁押期限的侦查机关（部门）或下级人民检察院。	根据移送单位选择。

续表

数据项名称	是否必填	指标解释	填录说明
侦查机关提请文书文号	必填	指侦查机关提请的相关文书号。	以侦查机关移送的《延长侦查羁押期限意见书》的文号或者侦查部门移送的《提请延长侦查羁押期限报告书》的文号填录来源。
提请延期类型	必填	指根据《刑事诉讼法》第155、156、157条规定的提请批准延长侦查羁押期限的情形。包括一延、二延、三延、特别延期审理。	根据《提请批准延长侦查羁押期限意见书》标明的提请延期类型选择。
侦查机关	必填	指提请批准延长侦查羁押期限的侦查机关（部门）。	根据提请批准延长侦查羁押期限案件的侦查机关选择。
提请延期理由	必填	指根据《刑事诉讼法》第155、156、157条规定的提请批准延长侦查羁押期限的情形。	根据《提请批准延长侦查羁押期限意见书》载明的主案由选择。
是否关注案件	必填	同审查逮捕流程。	无
案情摘要	必填	同审查逮捕流程。	无
附注	必填	同审查逮捕流程。	无

【嫌疑人基本信息】案卡

同审查逮捕流程的【犯罪嫌疑人基本信息】案卡，受理案件提案时从前置流程中自动共享过来。

【原审查逮捕情况】案卡

同审查逮捕流程的【犯罪嫌疑人审结情况】案卡，受理案件提案时从前置流程中自动共享过来。

【提请延押情况】案卡

同提请延长侦查羁押期限流程的【提请延押情况】案卡，受理案件提案时从前置流程中自动共享过来。

【审查情况】案卡

数据项名称	是否必填	指标解释	填录说明
延押审批日期	必填	指根据《刑事诉讼法》第155、156、157条规定的提请批准延长侦查羁押作出审查结论的日期。	以《批准延长侦查羁押期限决定书》载明的日期作为填录来源。
延押审批情况	必填	指根据《刑事诉讼法》第155、156、157条规定的提请批准延长侦查羁押条件作为的审查结论。	无
决定文书文号	必填	指结论性文书的文号。	无
批延开始日期	必填	指批准延长犯罪嫌疑人侦查羁押期限的起始日期。	以审查表上批准（同意）的延长侦查羁押期限日期为填录来源。
延期截止日期	必填	指批准延长犯罪嫌疑人侦查羁押期限的结束日期。	以审查表上批准（同意）的延长侦查羁押期限日期为填录来源。
不批准延期理由	必填	指不符合《刑事诉讼法》第155、156、157条规定的提请批准延长侦查羁押条件的情形。	以结论性文书上载明的理由为填录来源。

（六）法律文书的制作方法

1.《提请批准延长侦查羁押期限报告书》

【文书格式】

×××× 人民检察院
提请批准延长侦查羁押期限报告书
（存　根）

　　　　　　　　　　　　　　　××检××请延〔20××〕×号

案　　由_____
犯罪嫌疑人基本情况_____
提请批准延长理由_____
提请批准延长期限_____
批　准　人_____
承　办　人_____
填　发　人_____
填发时间_____

第一联　统一保存

××××人民检察院
提请批准延长侦查羁押期限报告书
（副　本）

××检××请延〔20××〕×号

_____人民检察院：

_____人民检察院____年____月____日以_____号逮捕决定书批准/决定逮捕并于____年____月____日予以执行的涉嫌_____犯罪的犯罪嫌疑人_____，因_____，期限届满不能侦查终结，经本院审查认为该犯罪嫌疑人_____（说明继续羁押必要性的理由和依据），仍有继续羁押的必要，根据《中华人民共和国刑事诉讼法》第____条的规定，特提请批准对该犯罪嫌疑人延长侦查羁押期限____个月，自____年____月____日至____年____月____日。

20××年×月×日

（院印）

第二联　附卷

××××人民检察院
提请批准延长侦查羁押期限报告书

××检××请延〔20××〕×号

_____人民检察院：

_____人民检察院____年____月____日以_____号逮捕决定书批准/决定逮捕并于____年____月____日予以执行的涉嫌_____犯罪的犯罪嫌疑人_____，因_____，期限届满不能侦查终结，经本院审查认为该犯罪嫌疑人_____（说明继续羁押必要性的理由和依据），仍有继续羁押的必要，根据《中华人民共和国刑事诉讼法》第____条的规定，特提请批准对该犯罪嫌疑人延长侦查羁押期限____个月，自____年____月____日至____年____月____日。

20××年×月×日

（院印）

第三联　报送有权批准的人民检察院

【制作说明】

一、本文书依据《中华人民共和国刑事诉讼法》第一百五十六条、第一百五十八条、第一百五十九条的规定制作。为人民检察院在报请上级人民检察院批准延长侦查羁押期限时使用。

二、本文书共三联，第一联统一保存备查，第二联附卷，第三联报送有权批准的人民检察院。

2.《批准延长羁侦查押期限决定书》
【文书格式】

××××人民检察院
批准延长侦查羁押期限决定书
（存　根）

××检×××准延〔20××〕×号

案　　由＿＿＿＿＿＿＿＿＿＿＿＿＿＿＿＿＿＿＿＿＿＿＿
犯罪嫌疑人基本情况＿＿＿＿＿＿＿＿＿＿＿＿＿＿＿＿＿
送达机关＿＿＿＿＿＿＿＿＿＿＿＿＿＿＿＿＿＿＿＿＿＿
批准延长理由＿＿＿＿＿＿＿＿＿＿＿＿＿＿＿＿＿＿＿＿
延长期限自＿＿年＿＿月＿＿日起至＿＿年＿＿月＿＿日止，共＿＿个月。
批　准　人＿＿＿＿＿＿＿＿＿＿＿＿＿＿＿＿＿＿＿＿
承　办　人＿＿＿＿＿＿＿＿＿＿＿＿＿＿＿＿＿＿＿＿
填　发　人＿＿＿＿＿＿＿＿＿＿＿＿＿＿＿＿＿＿＿＿
填发时间＿＿＿＿＿＿＿＿＿＿＿＿＿＿＿＿＿＿＿＿＿

第一联　统一保存

××××人民检察院
批准延长侦查羁押期限决定书
（副　本）

××检××准延〔20××〕×号

_____：

你____于____年____月____日以_____号文书提请批准延长犯罪嫌疑人_____的侦查羁押期限，经审查认为_____（延长侦查羁押期限的理由），且_____（说明继续羁押必要性的理由、依据），确有羁押的必要，根据《中华人民共和国刑事诉讼法》第_____条的规定，批准对犯罪嫌疑人_____延长羁押期限____个月，自____年____月____日至____年____月____日。

20××年×月×日

（院印）

第二联　附卷

××××人民检察院 批准延长侦查羁押期限决定书
××检××准延〔20××〕×号 ＿＿＿＿＿＿＿： 　　你＿＿于＿＿年＿＿月＿＿日以＿＿＿＿＿＿＿＿号文书提请批准延长犯罪嫌疑人＿＿＿＿＿＿＿＿＿＿的侦查羁押期限，经审查认为＿＿＿＿＿＿＿＿＿＿（延长侦查羁押期限的理由），且＿＿＿＿＿＿＿＿（说明继续羁押必要性的理由、依据），确有羁押的必要，根据《中华人民共和国刑事诉讼法》第＿＿＿＿＿＿条的规定，批准对犯罪嫌疑人＿＿＿＿＿＿＿＿延长羁押期限＿＿＿个月，自＿＿＿年＿＿＿月＿＿＿日至＿＿＿年＿＿＿月＿＿＿日。 　　　　　　　　　　　　　　　　　　20××年×月×日 　　　　　　　　　　　　　　　　　　　　（院印）

第三联　送达提请机关

【制作说明】

一、本文书依据《中华人民共和国刑事诉讼法》第一百五十六条、第一百五十八条、第一百五十九条的规定制作。为上级人民检察院批准下级人民检察院或侦查机关提请批准延长侦查羁押期限时使用。

二、本文书共三联，第一联统一保存备查，第二联附卷，第三联送达提请机关。

3.《不批准延长侦查羁押期限决定书》

【文书格式】

××××人民检察院
不批准延长侦查羁押期限决定书
（存　根）

××检××不准延〔20××〕×号

案　　由_____

犯罪嫌疑人基本情况_____

送达机关_____

不批准理由_____

审　批　人_____

承　办　人_____

填　发　人_____

填发时间_____

第一联　统一保存

××××人民检察院
不批准延长侦查羁押期限决定书
（副　本）

　　　　　　　　　　××检××不准延〔20××〕×号

_____：

　　你____于____年____月____日以_____号文书提请批准延长犯罪嫌疑人_____的侦查羁押期限，经审查认为：该犯罪嫌疑人不符合《中华人民共和国刑事诉讼法》规定的延长侦查羁押期限情形，决定不批准延长该犯罪嫌疑人侦查羁押期限。

　　　　　　　　　　　　　　　　　　20××年×月×日
　　　　　　　　　　　　　　　　　　　　（院印）

第二联　附卷

××××人民检察院
不批准延长侦查羁押期限决定书

××检××不准延〔20××〕×号

_____：

你____于____年____月____日以_____号文书提请批准延长犯罪嫌疑人_____的侦查羁押期限，经审查认为：该犯罪嫌疑人不符合《中华人民共和国刑事诉讼法》规定的延长侦查羁押期限情形，决定不批准延长该犯罪嫌疑人侦查羁押期限。

20××年×月×日
（院印）

第三联　送达提请机关

【制作说明】

一、本文书依据《中华人民共和国刑事诉讼法》第一百五十六条、第一百五十八条、第一百五十九条的规定制作。为上级人民检察院不批准下级人民检察院或者侦查机关提请批准延长侦查羁押期限时使用。

二、本文书共三联，第一联统一保存备查，第二联附卷，第三联送达提请机关。

二、对重新计算侦查羁押期限的监督

（一）重新计算侦查羁押期限概念

重新计算侦查羁押期限是指侦查机关在侦查期间发现被逮捕的犯罪嫌疑人另有重要罪行，自发现之日起依法重新计算侦查羁押期限的一种强制性侦查措施。我国法律及有关规定对重新计算侦查羁押期限做出如下规定：1984年7月7日全国人大常委会《关于刑事案件办案期限的补充规定》第3条规定，在侦查期间，发现被告人另有重要罪行，可以经人民检察院批准或者决定补充侦查，重新计算侦查羁押期限。1996年《刑事诉讼法》第128条第1款规定，在侦查期间，发现犯罪嫌疑人另有重要罪行的，自发现之日起依照本法第124条的规定重新计算侦查羁押期限。新修订的《刑事诉讼法》第160条第1款规定，在侦查期间，发现犯罪嫌疑人另有重要罪行的，自发现之日起依照本法第156条的规定重新计算侦查羁押期限。

（二）审查重新计算侦查羁押期限的重点和方法

1. 审查的内容

（1）是否在侦查期间

侦查期间是重新计算侦查羁押期限的时间界限，因此，对侦查期间的理解是否正确关系到侦查机关能否正确地启动重新计算侦查羁押期限的程序。对此，应把握好两个问题：首先，《刑事诉讼法》第160条第1款规定的"侦查期间"是指"侦查羁押期限"，而不应包括犯罪嫌疑人未被羁押的侦查期间。其次侦查期间不应当包括案件退回补充侦查期间。理由如下：一是补充侦查的目的是对已经侦查过的犯罪事实和证据加以补充，而不是全面地进行侦查；二是从补充侦查发生的阶段来说，不管补充侦查是发生在审查起诉还是审判阶段，都是以侦查终结为前提的。

（2）是否发现犯罪嫌疑人另有重要罪行

发现犯罪嫌疑人另有重要罪行是重新计算侦查羁押期限的前提和基础。根据《刑诉规则》第315条第2款之规定："另有重要罪行是指与逮捕时的罪行不同种的重大犯罪和同种的影响罪名认定、量刑档次的重大犯罪。"这里有几点问题值得探讨：

一是关于重大犯罪标准的把握。因为重新计算羁押期限是在逮捕的基础上发生的，具有类似重新逮捕的性质，对照逮捕的三个条件，即有证据证明有犯罪事实、有可能判处有期徒刑以上刑罚和有社会危险性，可能看出，只有有可能判处有期徒刑以上刑罚的罪行才是"重大犯罪"。基于此，笔者认为，"有可能判处有期徒刑以上刑罚"是区分"重大犯罪"和非"重大犯罪"的标准，凡是达到刑事立案标准却不可能判处有期徒刑以上刑罚的罪行均不是重大犯罪，不能认定为另有重要罪行，不能重新计算侦查羁押期限。

二是关于对"与逮捕时的罪行不同种的重大犯罪"的理解。这是指犯罪嫌疑人以涉嫌甲罪被逮捕后，侦查机关在侦查中又发现了其涉嫌可能被判处有期徒刑以上刑罚的乙罪，则侦查机关可以重新计算侦查羁押期限。

三是关于对"同种的将影响罪名认定、量刑档次的重大犯罪"的理解。首先，一般情况下，如另有重要罪行与已经侦查的罪行是同种犯罪，不会影响罪名认定，但存在吸收犯、牵连犯的情况，则后发现的重大犯罪可能影响前面罪行的定罪量刑。其次，对于同种的将影响量刑档次的重大犯罪的理解，这是指新发现的罪与逮捕时的罪名是相同的，但是新发现的罪足以影响前罪的量刑档次，这种情况最为常见的是涉及财产犯罪的案件。由于犯罪所涉及的金额不同，则量刑轻重也是不同的，进而会导致不同的量刑档次，即不同的法定刑档次，例如，一犯罪嫌疑人因诈骗罪被逮捕，在侦查期间又发现其涉嫌的另一个诈骗罪，两次诈骗的数额总和会使其法定刑档次上升，如从 3 年以下有期徒刑的档次上升为 3 年以上 10 年以下有期徒刑的档次，则对此新发现的罪行可以重新计算侦查羁押期限。如诈骗罪就有三个量刑档次：数额较大的，处 3 年以下有期徒刑、拘役或者管制，并处或者单处罚金；数额巨大或者有其他严重情节的，处 3 年以上 10 年以下有期徒刑，并处罚金；数额特别巨大或者有其他特别严重情节的，处 10 年以上有期徒刑或者无期徒刑，并处罚金或者没收财产。例如，一犯罪嫌疑人因诈骗罪被逮捕，在侦查期间又发现其涉嫌的另一个诈骗罪，两次诈骗的数额总和会使其法定刑档次上升，如从 3 年以下有期徒刑的档次上升为 3 年以上 10 年以下有期徒刑的档次，则对此新发现的罪行可以重新计算侦查羁押期限。

（3）是否系自发现之日起重新计算

对另有重要罪行的"发现之日"的正确理解关系到能否重新计算侦查羁押期限，涉及到犯罪嫌疑人的合法权益能否得到保护的问题。仅有单个证据证明犯罪嫌疑人另有重要罪行，不能视为"发现"，因为"孤证"不能定案；获取的单个证据必须有其他证据加以印证，达到"有证据证明有重要犯罪事实"的程度，才能视为"发现"，达到该证明程度之日就是"发现之日"，只有达到"有证据证明有重要犯罪事实"，才能重新计算羁押期限。关于把握"有证据证明有重要犯罪事实"，可参照关于逮捕条件中"有证据证明有犯罪事实"的解释，即"有证据证明有犯罪事实"是指同时具备：有证据证明发生了犯罪事实；有证据证明犯罪事实是犯罪嫌疑人实施的；证明犯罪嫌疑人实施犯罪行为的证据已有查证属实的。

此外，对"发现之日"的理解，还有以下三个问题需要明确：第一，一经发现犯罪嫌疑人另有重要罪行，是否"一律重新计算侦查羁押期限"？《刑事诉讼法》第 160 条仅规定，在侦查期间，发现犯罪嫌疑人另有重要罪行的，自发现之日起依照本法第 156 条的规定重新计算侦查羁押期限。该条文并没有明确是"一律重新计算"

还是"可以重新计算"。笔者认为,重新计算侦查羁押期限的目的是保障侦查机关有充分的时间、有利的条件达到侦查目的,如果不重新计算羁押期限也能达到侦查目的,也不违背重新计算羁押期限的立法精神。因此,是否重新计算羁押期限,可以采取"侦查必需原则"视案件的具体情况而定,这样既缩短办案时间,提高办案效率,又可避免以羁代侦、长时间羁押犯罪嫌疑人,保障人权。第二,在侦查期间,若同时"发现"犯罪嫌疑人另有数个重要罪行,此时该如何计算羁押期限?由于此时"发现"数个罪的时间接近,分别重新计算实际上相当于一次重新计算,根据重新计算侦查羁押期限的立法精神,对同时"发现"的数个重要罪行只应进行一次重新计算侦查羁押期限。① 第三,在重新计算侦查羁押期限内,"发现"犯罪嫌疑人另有重要罪行,能否再次重新计算羁押期限,即重新计算羁押期限有无次数限制?笔者认为,由于刑事诉讼法没有限制重新计算羁押期限的次数,因而,在重新计算的侦查羁押期限内"发现"犯罪嫌疑人另有重要罪行,可以再次重新计算侦查羁押期限,即重新计算侦查羁押期限无次数限制。

(4) 对侦查违法行为的监督

检察机关在对重新计算侦查羁押期限案件进行监督时,要坚持程序审查和实体审查并重的原则,既要审查侦查机关重计的理由、依据和事实,还要注重审查重新计算羁押期限的程序合法性。对有关人员违法重新计算羁押期限等行为,建议有关部门予以党纪、政纪处分,涉嫌犯罪的,依法移送立案查处②。值得注意的是,在对证明另有重要罪行的证据进行审查时,要加强对非法取证行为的监督,坚决排除以刑讯逼供等非法手段获取的口供。因为证据是刑事诉讼的核心和灵魂,检察机关办

---

① 李忠诚:《侦查中重新计算羁押期限问题研究》,载《诉讼理论》2011年第1期。

② 焦燕燕、张磊:《我国刑事侦查羁押期限制度的完善》,载《法治与社会》2008年第9期。

理案件最重要的任务就是审查证据,判断案件性质,运用证据指控、证实犯罪。建立非法证据排除规则的目的,是通过排除非法证据,来惩戒、禁止侦查人员侵犯公民权利的行为,从而为侦查人员的强制性侦查行为建立一个明确的外部法律界限。对于侦查人员在侦查活动中进行刑讯逼供等违法侦查活动的,应通过依法排除非法证据进行程序制裁。

(5) 对是否保障被羁押人合法权益的监督

在国家追诉犯罪时,强大的国家与弱小的个人之间处于一种天然不平等的状态,被羁押人明显处于弱势地位。① 所以,在重新计算羁押期限时,保障犯罪嫌疑人的知情权显得尤为重要。即被羁押人有权知道重新计算羁押期限的理由和根据,而且这些理由必须是合法的、充足的,包括做出决定的法律依据和事实依据,这有助于嫌疑人、被告人随时了解被羁押的根据,可以进行充分的司法救济活动。因而,检察机关在监督时,应对侦查机关是否充分保障了犯罪嫌疑人及其律师、家属和其他辩护人的知情权的情况进行监督。② 如依法决定重新计算羁押期限的案件,在做出决定后3日内,要通知在押的犯罪嫌疑人及其律师、家属和其他辩护人,应当向犯罪嫌疑人发《延长羁押期限告知书》书面告知其羁押情况,其次是可以口头告知或电话通知犯罪嫌疑人的律师和家属。

2. 审查方式

对公安机关侦查案件监督主要实行的是"备案审查制度",根据《程序规定》第147条、《刑诉规则》第317条、《检察机关执法工作基本规范》(2013年版)第5.94条、5.96条规定,主要程序如下:在侦查期间,发现犯罪嫌疑人另有重要罪行的,应当自发现之日起5日内报县级以上公安机关负责人批准后,重新计算侦查羁押期限,制作重新计

---

① 陈瑞华:《刑事审判原理论》,北京大学出版社1997年版,第8期。
② 倪诚:《从一起案例看侦查羁押期限的相关问题》,载《中国检察官》2012年第2期。

算羁押期限通知书，送达看守所，并报原作出逮捕决定的检察机关备案。检察机关审查后认为公安机关重新计算侦查羁押期限不当的，应当提出纠正意见，通知公安机关纠正。

对于公安机关重新计算侦查羁押期限的备案，检察机关一般应要求公安机关移送以下材料，并在3日内完成审查：（1）《重新计算侦查羁押期限决定书》；（2）提请批准逮捕书（复印件）、《批准逮捕决定书》（复印件）、《逮捕证》（复印件）；（3）历次延长羁押期限、依据《刑事诉讼法》第160条第2款规定计算羁押期限的法律文书（复印件）；（4）犯罪嫌疑人另有重要罪行的案情说明或证据材料。检察机关在对上述材料进行审查后，一般应制作《重新计算侦查羁押期限备案案件审查表》，经审查认为不应当重新计算侦查羁押期限的，应通知公安机关纠正。意见不被接受的，按《刑诉规则》第554条的规定办理，并不再受理对该犯罪嫌疑人的延长侦查羁押期限。

（三）对重新计算侦查羁押期限违法的监督处理

1. 发出纠正违法通知书

对侦查机关重新计算侦查羁押期限的案件，检察机关应对公安机关报送的备案材料进行审查。并根据审查的情况向公安机关提出纠正意见：一是针对犯罪嫌疑人另有重要罪行，但公安机关在重新计算羁押期限的程序上存在瑕疵的，如重新计算侦查羁押期限的"决定之日"理解错误，导致重新计算羁押期限的起点计算错误的；缺少告知犯罪嫌疑人重新计算羁押期限通知书等，向公安机关提出要求限期补正的纠正意见。二是针对犯罪嫌疑人未发现另有重大罪行或者证据不足，如侦查机关对本应一次多罪名报捕，而故意以一罪报捕的；新发现的罪没有达到"重要罪行"的标准的；现有证据不足以证明犯罪嫌疑人另有重要罪行的；侦查机关重新计算羁押期限是在刑事拘留侦查期间和补充侦查期间等情况，提出不应当重新计算侦查羁押期限的纠正意见。

2. 对违法侦查行为的监督处理

为了重新计算侦查羁押期限，争取更多的办案时间，侦查机关的工作人员极易铤而走险，触犯法律，如采取刑讯逼供手段非法取证。因此，检察机关在监督过程中，获取到了违法侦查行为线索，应当进行调查核实。① 其在调查过程中，可以讯问犯罪嫌疑人，听取律师意见，询问被害人、证人、在场见证人，调阅同步录音录像，查阅案卷材料等调查措施，依法全面、客观地收集证据，但不得使用限制人身、财产权利的强制性措施。在调查核实证据后，检察机关对于违法侦查人员可以采取以下法律措施：一是对于一般违法行为，检察机关有权向公安机关提出另行指派侦查人员，对于情节较为严重的违法侦查人员，建议其所在单位给予纪律处分；二是对涉嫌收受贿赂犯罪或滥用职权、玩忽职守或者徇私舞弊构成犯罪的，应当移送监察机关处理。对于上述侦查人员的违法侦查活动，检察机关通过严格审查判断证据，对非法收集的证据予以排除的方式，从程序上予以否定。

（四）统一业务应用系统操作规程

1. 流程图

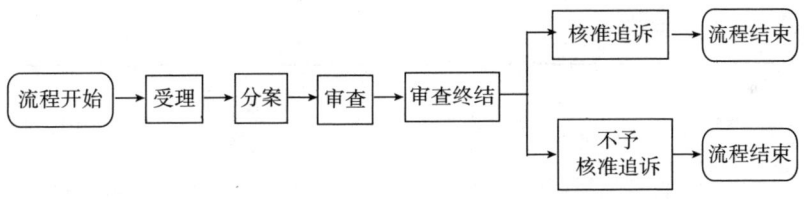

2. 适用范围

（1）各级检察院负责捕诉的部门办理本院负责侦查的部门移送的重新计算侦查羁押期限的案件。

（2）各级检察院对同级侦查机关报送备案的重新计算侦查羁押期限的案件进行审查，也适用此流程办理。

3. 流程节点说明

（1）【受理】节点，是指对移送或者报备的重新计算侦查羁押期限

---

① 李忠诚：《侦查中重新计算羁押期限问题研究》，载《中国刑事法杂志》2001年第1期。

的案件进行受理审查的环节。此类案件在系统里由案件管理部门受理。

（2）【分案】节点，是指将案件分流分配至具体承办人。

（3）【审查】节点，是指承办人审查的具体过程。此节点的一系列行为由负责捕诉的部门的承办人操作完成。

（4）【审查终结】节点，是指承办人对案件审查后，作出了处理决定。

（5）【同意重新计算（自侦）】节点，是指对本院负责侦查的部门的重新计算侦查羁押的意见审查后，作出同意重新计算的决定。此节点有"送案"标志。

（6）【不同意重新计算（自侦）】节点，是指对本院负责侦查的部门的重新计算侦查羁押的意见审查后，作出不同意重新计算的决定。此节点有"送案"标志。

（7）【提出纠正意见（公安）】节点，是指人民检察院对侦查机关报备的案件审查后，认为侦查机关重新计算侦查羁押期限不当，提出书面纠正意见，通知侦查机关予以纠正。此节点有"送案"标志。

4. 节点文书配置

节点名称	文书名称	最低审批权限（参考）	用印种类
审查	《重新计算侦查羁押期限审查意见书》	副检察长	无
同意重新计算（自侦）	《重新计算侦查羁押期限决定、通知书》	副检察长	院印
不同意重新计算（自侦）	《不予重新计算侦查羁押期限决定书》	副检察长	院印
提出纠正意见（公安）	《纠正违法通知书》（重新计算侦查羁押期限用）	副检察长	院印

5. 案卡填录

（1）案卡列表

案卡名称	填录主体
受理情况	案管部门
嫌疑人基本情况	案管部门
原审查逮捕情况	案管部门
审查情况	承办人

（2）填录说明

【受理情况】案卡

数据项名称	是否必填	指标解释	填录说明
受理日期		指人民检察院收到侦查部门移送重新计算犯罪嫌疑人侦查羁押期限意见书的日期。	系统默认当天日期。
案件名称	必填	同审查逮捕流程。	
案件类别	必填	系统默认为"重新计算羁押期限案件"。	
移送单位	必然	指报送人民检察院备案的公安机关或者提出重新计算侦查羁押期限意见的负责侦查的部门。	

【嫌疑人基本信息】案卡

同审查逮捕流程的【犯罪嫌疑人基本信息】案卡，受理案件提案时从本院的负责侦查的部门侦查的案件或者原审查逮捕案件中自动共享过来。

【原审查逮捕情况】案卡

同审查逮捕流程的【犯罪嫌疑人审结情况】案卡，受理案件提案时从本院的审查逮捕案件中自动共享过来。

【审查情况】案卡

数据项名称	是否必填	指标解释	填录说明
提出重新计算理由	必填	指在侦查期间返现犯罪嫌疑人另有重要罪行的情形。	根据重新计算侦查羁押期限意见内容选择。
另犯案由	必填	指与逮捕时的罪行不同种的重大犯罪和同种的将影响罪名认定、量刑档次的重大犯罪。	无
审查处理日期	必填	指人民检察院对重新计算侦查羁押意见审查后作出处理结论的日期。	无
审查处理结果	必填	指人民检察院对重新计算侦查羁押意见审查后作出的处理结论。	无
重新计算开始日期	必填	指侦查期限发现犯罪嫌疑人另有重要罪行的日期。	无
文书文号	必填	指《重新计算侦查羁押期限决定书》或《决定不予重新计算侦查羁押期限通知书》文号填录。	根据结论性文书中载明的重新机关日期为填录来源。
送达日期	必填	指侦查部门将结论性文书送达侦查部门的日期。	无
发出纠正违法通知书日期	必填	负责捕诉的部门审查后认为公安机关重新计算侦查羁押期限不当，提出纠正意见并通知公安机关的日期。	根据公安机关收到《纠正违法通知书》的日期填录。
侦查机关纠正日期	必填	指公安机关接收人民检察院纠正意见并纠正的日期。	根据人民检察院收到公安机关回复文书的日期填录。

(五) 法律文书的制作方法

【文书格式】

×××人民检察院
重新计算侦查羁押期限决定书
(存　根)

×× 检 ×× 重计〔20××〕×号

案　　由_____
犯罪嫌疑人基本情况_____
逮捕时间_____
涉嫌罪名_____
侦查中发现另有的重要罪行_____
重新计算羁押期限开始时间_____
批　准　人_____
承　办　人_____
填　发　人_____
填　发　时　间_____

第一联　统一保存

××××人民检察院
重新计算侦查羁押期限决定书
（副　本）

××检××重计〔20××〕×号

_____院____年____月____日_____号逮捕决定书以涉嫌_____犯罪批准/决定逮捕的犯罪嫌疑人_____，侦查中发现其另犯有_____罪行，根据《中华人民共和国刑事诉讼法》第一百六十条的规定，决定自____年____月____日起重新计算侦查羁押期限。

20××年×月×日

（院印）

第二联　附卷

××××人民检察院
重新计算侦查羁押期限决定书

××检××重计〔20××〕×号

_____院___年___月___日_____号逮捕决定书以涉嫌_____犯罪批准/决定逮捕的犯罪嫌疑人_____，侦查中发现其另犯有_____罪行，根据《中华人民共和国刑事诉讼法》第一百六十条的规定，决定自____年____月____日起重新计算侦查羁押期限。

20××年×月×日
（院印）

本决定已于____年____月____日向我宣告。

  犯罪嫌疑人：_____

  宣　告　人：_____

第三联　送达提请机关

【制作说明】

一、本文书依据《中华人民共和国刑事诉讼法》第一百六十条的规定制作。为人民检察院在侦查期间，发现已被逮捕的犯罪嫌疑人另有重要罪行，决定自发现之日起重新计算侦查羁押期限，并告知犯罪嫌疑人时使用。

二、根据最高人民法院、最高人民检察院、公安部《关于羁押犯罪嫌疑人、被告人实行换押和羁押期限变更通知制度的通知》规定，通知看守所使用变更羁押期限通知书。

三、本文书共三联，第一联统一保存备查；第二联由负责捕诉的部门附卷；第三联向犯罪嫌疑人宣告后由负责侦查的部门附卷。

三、对羁押必要性的监督[①]

（一）羁押必要性审查的概念和意义

为了改变目前羁押率过高的状况，充分保障犯罪嫌疑人、被告人的人权，增加对被羁押人的救济途径，《刑事诉讼法》第95条规定："犯罪嫌疑人、被告人被逮捕后，人民检察院仍应当对羁押的必要性进行审查。对不需要继续羁押的，应当建议予以释放或者变更强制措施。有关机关应当在十日以内将处理情况通知人民检察院。"由此可知，羁押必要性审查是指人民检察院根据《刑诉规则》第573条之规定，对被逮捕的犯罪嫌疑人、被告人有无继续羁押的必要性进行审查，对不需要继续羁押的，建议办案机关予以释放或者变更强制措施的监督活动。

羁押必要性审查制度的确立具有十分重要的意义，主要表现在：

1. 有利于充分保障犯罪嫌疑人、被告人的合法权益，主要保护其不被不合法及不正当羁押的权利。

2. 有利于改变我国羁押率居高不下的局面，节约国家的司法成本和资源。

---

① 袁其国等：《刑事执行检察业务系列教材》，中国检察出版社2015年版，第145页。

3. 有利于更好地贯彻落实宽严相济刑事司法政策，也是检察机关参与加强和创新社会管理工作的重要举措。

宽严相济刑事司法政策要求对犯罪嫌疑人、被告人可羁押可不羁押的尽量不予羁押、通过羁押必要性审查制度减少羁押量，对于被释放或者变更强制措施的犯罪嫌疑人、被告人来说，他们及亲属会感激国家和司法机关，减少公民和国家之间的对抗，促进社会和谐，体现检察机关执法的理性、平和、文明；同时，也可减少犯罪嫌疑人、被告人在看守所的交叉感染，减少他们将来重新违法犯罪的概率。

（二）羁押必要性审查的重点和方法

1. 羁押必要性审查的方式

考虑到有无继续羁押必要性相关的案件因素有很多，人民检察院在审查犯罪嫌疑人、被告人有无继续羁押必要性时应当广开渠道，充分了解案情和听取各方诉讼参与人的意见。因此，根据《刑诉规则》第577条之规定，人民检察院可以采取以下方式进行羁押必要性审查：

（1）对犯罪嫌疑人、被告人进行羁押必要性评估；

（2）向侦查机关了解侦查取证的进展情况；

（3）听取有关办案机关、办案人员的意见；

（4）听取犯罪嫌疑人、被告人及其法定代理人、近亲属、辩护人，被害人及其诉讼代理人或者其他有关人员的意见；

（5）调查核实犯罪嫌疑人、被告人的身体健康状况；

（6）查阅有关案件材料，审查有关人员提供的证明不需要继续羁押犯罪嫌疑人、被告人的有关证明材料；

（7）其他方式。

按照《刑事诉讼法》第95条规定精神，检察机关应当对所有被逮捕的犯罪嫌疑人、被告人进行继续羁押必要性审查，但是由于被逮捕的犯罪嫌疑人、被告人数量较大，而且羁押必要性审查是一个动态的过程，需要分阶段多次甚至随时进行，不是一次审查就能够结束的，一旦出现不需要继续羁押的情形，检察机关就应当进行羁押必要性审查，建议办案机关释放或者变更强制措施，因此羁押必要性审查工作量是比较大的。在检察人员力量有限的情况下，采取一个相对科学、合理的方式开展羁押必要性审查工作，有利于减少工作量，提高审查效率。

2. 羁押必要性审查的启动方式

负责捕诉的部门可以依职权主动启动羁押必要性审查，也可以根据犯罪嫌疑人、被告人及其法定代理人、近亲属或者辩护人的申请等启动羁押必要性审查。

3. 羁押必要性审查的审查对象

对于实施暴力犯罪、危害国家安全犯罪、有组织犯罪、涉黑、涉恶犯罪的主犯，涉嫌犯罪罪行较重、可能判处10年有期徒刑以上刑罚以及其他社会危险性较大的犯罪嫌疑人、被告人，一般不审查其继续羁押的必要性，但是发生犯罪嫌疑人、被告人患有严重疾病，怀孕或者其他特殊情形的除外。

羁押必要性审查的重点对象包括：涉嫌犯罪情节较轻的在校学生、未成年人、妇女、老年人、残疾人，具有悔罪、坦白、自首、立功、防卫过当、避险过当、患有严重疾病、生活不能自理等情节的犯罪嫌疑人、被告人，初犯、偶犯、过失犯、预备犯、中止犯、未遂犯、从犯、胁从犯等。对重点审查对象应当进行动态、分诉讼阶段地审查。当发现有不需要继续羁押的情形时，应当随时启动羁押必要性审查。

4. 羁押必要性审查的内容

（1）犯罪嫌疑人、被告人的基本情况，原案涉嫌的罪名、犯罪的性质、情节，可能判处的刑罚；

（2）原案所处的诉讼阶段，侦查取证的进展情况，犯罪事实是否基本查清，证据是否收集固定，犯罪嫌疑人、被告人是否认罪，供述是否稳定；

（3）犯罪嫌疑人、被告人的羁押期限是否符合法律的规定，是否有相应的审批手续，羁押期限是否即将届满，是否属于羁押超过5年的久押不决案件或者羁押期限已满4年的久押不决预警案件；

（4）犯罪嫌疑人、被告人是否存在可能做不起诉处理、被判处管制、拘役、独立适用附加刑、免予刑事处罚、判决无罪或者宣告缓刑的情形；

（5）犯罪嫌疑人、被告人是否有认罪、悔罪、坦白、自首、立功、积极退赃、与被害人达成和解协议并履行赔偿义务等从宽处理情节；

（6）犯罪嫌疑人、被告人是否有前科、累犯等从严处理情节；

（7）共同犯罪的，是否有不在案的共犯，是否存在串供可能；

（8）犯罪嫌疑人、被告人的身体健康状况；

（9）犯罪嫌疑人、被告人在本地有无固定住所、工作单位，是否具备取保候审、监视居住的条件；

（10）犯罪嫌疑人、被告人的到案方式，是否被通缉到案，或者是否因违反取保候审、监视居住规定而被逮捕；

（11）其他内容。

5. 羁押必要性评估方式

根据最高人民检察院《人民检察院办理羁押必要性审查案件规定（试行）》第15条之规定，人民检察院应当根据犯罪嫌疑人、被告人涉嫌犯罪事实、主观恶性、悔罪表现、身体状况、案件进展情况、可能判处的刑罚和有无再危害社会的危险等因素，综合评估有无必要继续羁押犯罪嫌疑人、被告人。

评估犯罪嫌疑人、被告人有无继续羁押必要性可以采取量化方式，如设置加分项目、减分项目、否决项目等具体标准。犯罪嫌疑人、被告人的得分情况可以作为综合评估的参考。加分项目可以包括积极退赃、被害人有过错、能够提供适格保证人或者缴纳足额保证金的等。减分项目可以包括犯罪嫌疑人、被告人供述不认罪或者供述不稳定，反复翻供的、矛盾尚未化解的等。否决项目可以包括涉嫌严重暴力犯罪的、可能判处10年有期徒刑以上刑罚的等。

6. 继续羁押必要性审查案件的处理结果

（1）立案后提出释放或者变更强制措施建议

根据最高人民检察院《人民检察院办理羁押必要性审查案件规定（试行）》第17条规定："经羁押必要性审查，发现犯罪嫌疑人、被告人具有下列情况之一的，应当向办案机关提出释放或者变更强制措施的建议：（一）案件证据发生重大变化，没有证据证明有犯罪事实或者犯罪行为系犯罪嫌疑人、被告人所为的；（二）案件事实或者情节发生变化，犯罪嫌疑人、被告人可能被判处拘役、管制、独立适用附加刑、免予刑事处罚或者判决无罪的；（三）继续羁押犯罪嫌疑人、被告人，羁押期限将超过依法可能判处的刑期；（四）案件事实基本查清，证据已经收集固定，符合取保候审或者监视居住条件的。"第18条规定："经羁押必要性审查，发现犯罪嫌疑人、被告人具有下列情形之一，且具有悔罪表现，不予羁押不致发生社会危险性的，可以向办案机关提出释放或者变更强制措施的建议：（一）预备犯或者中止犯；（二）共同犯罪中的从犯或者胁从犯；（三）过失犯罪的；（四）防卫过当或者避险过当的；（五）主观恶性较小的初犯；（六）系未成年人或者年满七十五周岁的人；（七）与被害方依法自愿达成和解协议，且已经履行或者提供担保的；（八）患有严重疾病、生活不能自理的；（九）系怀孕或者正在哺乳自己婴儿的妇女；（十）系生活不能自理的人的唯一扶养人；（十一）可能被判处一年以下有期徒刑或者宣告缓刑的；（十二）其他不需要继续羁押犯罪嫌疑人、被告人的情形。"

经初审，对于犯罪嫌疑人可能具有以上情形之一的，检察官应当制作立案报告书，经检察长或者分管副检察长批准后予以立案。对于无理由或者明显理由不能成立的申请，或者经人民检察院审查决定不予立案后未提供新的证明材料或者没有新的理由而再次申请的，由检察官决定不予立案，并书面告知申请人。

（2）不立案

根据最高人民检察院刑事执行检察厅《关于贯彻执行〈人民检察院办理羁押必要性审查案件规定（试行）〉的指导意见》第15条规定："犯罪嫌疑人、被告人具有下列情形之一的，经初审后一般不予立案，但是犯罪嫌疑人、被告人患有严重疾病或者具有其他特殊法定情形不适宜继续羁押的除外：①涉嫌危害国家安全犯罪、恐怖活动犯罪、黑社会性质组织犯罪、重大毒品犯罪或者其他严重危害社会的犯罪的；②涉嫌故意杀人、故意伤害致人重伤或死亡、强奸、抢劫、绑架、贩卖毒品、防火、爆炸、投放危险物质等严重破坏社会秩序犯罪或者有组织的暴力型犯罪的；③涉嫌重大贪污、贿赂犯罪，或者利用职权实施的严重侵犯公民人身权利的犯罪的；④系累犯或曾因危害国家安全犯罪、恐怖活动犯罪、黑社会性质组织犯罪、重大毒品犯罪或者其他严重危害社会的犯罪被判处刑罚的；⑤可能判处十年有期徒刑以上刑罚的；⑥案件事实尚未查清，证据尚未固定或者犯罪嫌疑人、被告人有其他犯罪事实尚未查清，需要进一步查证属实的；⑦同案犯罪嫌疑人、被告人不在案，有串供可能的；⑧比较复杂的共同犯罪案件，有串供可能的；⑨系被通缉到案或者因违反取保候审、监视居住规定而被逮捕的；⑩侦查监督部门作出批准逮捕或者批准延长侦查羁押期限决定不满一个月的；⑪其他不宜立案进行羁押必要性审查的情形。"

（三）统一业务应用系统操作规程

1. 流程图

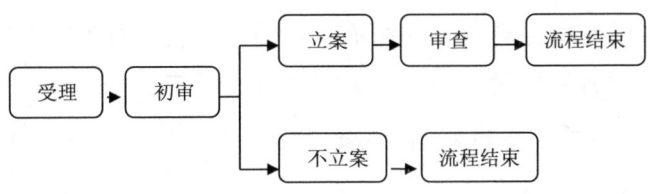

2. 适用范围

（1）各级检察院负责捕诉的部门在侦查和审判阶段办理依职权主动进行或依犯罪嫌疑人、被告人及其法定代理人、近亲属或者辩护人申请的案件。

（2）负责刑事执行检察的部门收到有关材料或者发现不需要继续羁押的，应当及时将有关材料和意见移送负责捕诉的部门，也适用此流程办理。

3. 案卡填录

【初审评估】该项属于选填内容，不影响办案流程和报表数据，按照最高人民检察院文件规定每个案件都需做初审评估。注意初审评估和初审的区别，初审评估可以由内勤完成，初审是检察官在立案前对该案件是否符合立案作出审查，两者不能混淆。

【羁押必要性审查案件初审情况】如果进行了初审，初审案卡必须填录完整。如初审日期、初审结果，答复日期等，否则报表不能准确抓取到数据。同时需注意，诉讼阶段和案件承办单位类型不能矛盾，否则会造成报表不平。如诉讼阶段为一审的，案件承办单位只能填人民法院而不能填公安机关或检察机关。

【羁押必要性审查案件办理情况】要填写审查日期、审查结果等。如果提出建议，则提出日期、反馈日期、反馈结果（是否采纳）等为必填项。

4. 注意事项

（1）羁押必要性审查以人为单位立案审查。对原案一案多人需要羁押必要性审查的，每人分别立案审查。

（2）人大代表、政协委员、人民监督员、看守所、负责刑事执行检察的部门建议羁押必要性审查的案件，转来有书面申请书的按依申请启动审查，没有书面申请书的按依职权进行审查。对于依申请的需将审查的结果书面告知申请人。

（四）法律文书的制作方法

【文书格式】

××××人民检察院

羁押必要性审查建议书

××检××羁审建〔20××〕×号

_____：

本院根据《中华人民共和国刑事诉讼法》第九十五条的规定，依法对逮捕后羁押于_____看守所的犯罪嫌疑人/被告人_____的羁押必要性进行了审查。经审查，本院认为不需要继续羁押犯罪嫌疑人/被告人_____，理由是：……上述事实有以下证据予以证明：……

根据《中华人民共和国刑事诉讼法》第九十五条的规定，建议你_____对犯罪嫌疑人/被告人_____予以释放/变更强制措施。请你

_____将处理情况十日以内通知本院。未采纳本院建议的,请说明理由和依据。

20××年×月×日
(院印)

【制作说明】

一、本文书依据《中华人民共和国刑事诉讼法》第九十五条、《人民检察院刑事诉讼规则》第五百七十五条的规定制作。为人民检察院负责捕诉的部门在羁押必要性审查结束后,认为不需要对犯罪嫌疑人、被告人继续羁押的,向侦查机关或者人民法院提出释放或者变更强制措施的建议时使用。

二、负责刑事执行检察的部门在工作中收到有关材料或者发现不需要继续羁押的情况,将有关材料和意见移送负责捕诉的部门时,适用部门间流转的工作文书。

三、本文书一式二份,一份审查部门附卷,一份送达被建议单位(部门)。

第六节 核准追诉

一、核准追诉制度概述

我国1979年《刑法》第76条和现行《刑法》第87条均规定了核准追诉制度,即法定最高刑为无期徒刑、死刑的犯罪,超出20年追诉期限后,认为必须追诉的,须报请最高人民检察院核准。

1979年刑法生效至今已过30余年,近年来各地陆续有一些案件报请最高人民检察院核准。由于刑法的相关规定比较原则,刑事诉讼法又没有规定相应程序,各地在办理这类案件的过程中,遇到了一些问题和分歧,因此最高人民检察院经过充分调研,于2012年8月21日公布《关于办理核准追诉案件若干问题的规定》,对相关问题予以明确,又于 2012 年 10 月 16 日修订、2012 年 11 月 22 日公布《人民检察院刑事诉讼规则（试行）》单列核准追诉一节，再于 2019 年 12 月 30 日修订公布《人民检察院刑事诉讼规则》保留核准追诉一节，并予细化，规范了办理核准追诉工作，完善了刑事诉讼程序。

二、核准追诉的办理流程

（一）核准追诉案件的受理

1. 主体

（1）报请主体

公安机关。

（2）受理主体

公安机关报请核准追诉的案件，均由同级人民检察院负责案件管理的部门受理，并进行受案审查。

2. 受理程序

（1）受理范围

核准追诉案件的受案范围为法定最高刑为无期徒刑、死刑，经过 20 年追诉时效仍然必须追诉的案件。

（2）受案审查

同级人民检察院负责案件管理的部门受理公安机关报请核准追诉的案件时，应当审查以下内容：

①请核准追诉的案件是否属于本院管辖。

②公安机关报请核准追诉时是否移送以下四类证据材料：公安机关报请核准追诉意见书；证明犯罪事实的证据材料；关于发案、破案以及公安机关是否立案、采取强制措施，犯罪嫌疑人是否有重新犯罪等有关情况；被害方、案发地群众、基层组织等的意见和反映。

材料齐备的，负责案件管理的部门应当受理案件；材料不齐备的负责案件管理的部门应当立即要求报请机关补充移送。

负责案件管理的部门受理报请核准追诉的案件后，应当将案件通过系统分流给相应的业务部门办理，并移送案件相关材料。

3. 操作禁忌

严禁越级受理报请核准追诉的案件。不得受理材料不齐备的报请核准追诉案件。

(二) 核准追诉案件的审查及层报

1. 核准追诉案件的审查

(1) 审查主体

地方各级人民检察院负责捕诉的部门。

(2) 审查内容

①检查系统中案件管理部门已经填录的案件基本信息，依据接收的法律文书及案卷材料检查信息是否齐全、准确；如果发现有错漏的信息，应当及时修正。

②审查报请核准追诉的案件是否已经过了20年正常追诉时效的事实和证据。20年的追诉时效从犯罪之日起计算。犯罪行为有连续或者继续状态的，从犯罪行为终了之日起计算。在追诉期限内又犯罪的，前罪追诉的期限从犯后罪之日起计算。在人民检察院、公安机关、国家安全机关立案侦查或者在人民法院受理以后，逃避侦查或者审判的，不受追诉期限的限制。被害人在追诉期限内提出控告的，不受追诉期限的限制。

③审查该犯罪是否符合报请核准追诉的条件：

事实证据条件是"有证据证明存在犯罪事实，且犯罪事实是犯罪嫌疑人实施的"。这一条件要求查明基本事实，且有明确的犯罪嫌疑人，证据条件要高于立案和审查逮捕的证明标准，但并不要求达到犯罪事实清楚，证据确实、充分的起诉、判刑标准。

量刑条件是"犯罪行为应当适用的法定量刑幅度的最高刑为无期徒刑或者死刑"。只有法定最高刑为死刑或者无期徒刑的犯罪，才存在是否核准追诉问题。需要注意的是，报请核准追诉案件的法定最高刑不是指法条规定该罪名的最高刑，也不是法官对案件审理后作出的宣告刑，而是指犯罪嫌疑人实施的具体犯罪行为所应适用的具体量刑幅度中的最高刑。确定犯罪嫌疑人适用量刑幅度中的法定最高刑是否为死刑、无期徒刑，除了以犯罪性质、犯罪情节为依据外，还要审查其是否具备刑法总则规定的应当减轻、免除处罚的量刑情节。

追诉必要性条件是"必须追诉",这是核准追诉的核心条件。那些经过20年以上的时间后已经被社会淡忘,被破坏的社会关系已经恢复的案件,没有再予追诉的必要。只有涉嫌犯罪的性质、情节和后果特别严重,虽然已过20年追诉期限,但社会危害性和影响依然存在,不追诉会严重影响社会稳定或者产生其他严重后果的,才应当认为必须追诉。尤其是对犯罪嫌疑人人身危险性和自我改造程度、被害人、社会的态度,应当立足于案件本身以及社会的整体评价和认识。

客观条件是"犯罪嫌疑人能够及时到案接受追诉"。核准追诉的对象应当是犯罪嫌疑人和犯罪事实的结合,对于经过20年后仅发现犯罪事实,但没有明确犯罪嫌疑人的,不应核准追诉;对于有明确的犯罪嫌疑人,但犯罪嫌疑人有可能已经死亡,或者因严重疾病、精神失常等其他原因导致刑事诉讼行为能力丧失,或者长期在逃下落不明等原因无法追诉的,即使核准追诉也无法追究其刑事责任,缺少实际的意义,所以也不应核准追诉。对共同犯罪嫌疑人也不一定全部核准追诉,即对主犯核准追诉的同时,对从犯、胁从犯如果根据其在共同犯罪中所起的作用等因素认为没有追诉必要的,可以不予报请核准追诉;对于部分犯罪嫌疑人未能及时归案接受追诉的,可以先报请核准追诉能够到案的犯罪嫌疑人,对其余犯罪嫌疑人待具备追诉条件后,再行审查决定是否报请核准追诉。

(3) 审查方式

①讯问犯罪嫌疑人,了解犯罪行为是否有连续或继续状态、犯罪嫌疑人在追诉期限内是否又犯罪、犯罪后是否有认罪、悔罪表现或者态度、侦查取证活动是否合法等。

②询问被害人及家属、证人,了解犯罪的性质、情节和后果,以及被害人及家属现在的态度等。

③听取辩护律师意见,了解犯罪嫌疑人的人身危险性和自我改造程度、侦查取证活动是否合法、法律适用的意见和建议等。

④复核案件相关证据材料,包括:言词证据、物证、书证、鉴定意

见、视听资料和电子数据等，核实取证主体是否合法、证据形式是否合法、取证的程序和方法是否合法、证据内容是否全面、与案件事实有无关联性。

⑤审查公安机关和下级人民检察院的追诉意见及理由。

⑥必要时可以到实地进行调查取证，主要包括到犯罪发生地、犯罪嫌疑人居住地、被害人居住地等地方，了解当时犯罪发生的过程及产生的影响，当地群众、社会现在对犯罪嫌疑人及其犯罪行为的态度等。

结合案件情况和了解程度，承办人可以选择采取以上一种或几种方式对报请核准追诉案件的事实和证据进行审查及调查，或者采取其他依法可以采取的审查及调查方式。

（4）分管副检察长审批

承办人对核准追诉的条件进行审查、对案件事实和证据进行调查和复核以后，应当制作《报请核准追诉案件审查意见书》（样式附后），并提请分管副检察长同意后召开检察官联席会议讨论，承办人应当将《报请核准追诉案件审查意见书》和检察官联席会议记录，一并报送分管副检察长审批。

（5）检委会审议

分管副检察长审批《报请核准追诉案件审查意见书》和检察官联席会议记录后，向检察长报告并提请检察委员会审议。检委会审议后，承办人根据检察委员会的审议情况制作《报请核准追诉案件报告书》（样式附后），写明是否同意核准追诉的意见，并报送分管副检察长审批后入卷。

2. 报请核准追诉案件的层报

（1）层报的主体

地方各级人民检察院负责捕诉的部门。

（2）层报对象

上级人民检察院负责案件管理的部门。

（3）层报内容

地方各级人民检察院向上级人民检察院报送核准追诉的案件时，应当移送以下材料：

①侦查机关报请核准追诉时移送的四类证据材料；
②下级人民检察院审查制作的《报请核准追诉案件报告书》；
③本院审查制作的《报请核准追诉案件报告书》；
④其他需要移送的案件材料及法律文书。

（4）层报程序

对于侦查机关报请核准追诉的案件，地方各级人民检察院经审查，不论是否认为符合核准追诉条件，都应当继续向上级人民检察院报请核准追诉，同时将审查意见写入《报请核准追诉案件报告书》中，逐级层报至最高人民检察院做出决定。

3. 报请核准追诉案件的审查禁忌

（1）严禁采用刑讯逼供、暴力、威胁等非法方法调查取证。
（2）严禁不经检察官联席会议提交检察委员会讨论。
（3）严禁不经本院检察委员会讨论直接做出决议。
（4）严禁越级报请核准追诉案件。
（5）严禁向承办人、参与检察官联席会议讨论和检委会决议以外的其他人员泄露案件相关信息。

4. 相关文书制作

（1）《报请核准追诉案件审查意见书》

【文书格式】

××××人民检察院
报请核准追诉案件审查意见书

我院于____年____月____日收到_____报请核准追诉涉嫌×××的犯罪嫌疑人_____的相关材料，现已审查完毕。

一、犯罪嫌疑人基本情况

犯罪嫌疑人_____，（曾用名_____，绰号_____），（性别）____，____年____月____日出生，身份证号码_____，（民族）_____，文化程度_____，户籍所在地_____，住_____。工作单位_____。

于____年____月____日被_____（办案机关）采取_____（强制措施），现羁押于_____。

二、案件诉讼经过

……

三、案件事实和证据

（一）公安机关认定的案件事实

……

（二）审查认定的案件事实和证据

……

认定上述事实的证据材料如下：

……

四、公安机关（和下级人民检察院）追诉意见及理由

……

五、需要说明的问题

1. 本案是否超出追诉时效期限。
2. 被害方、案发地群众、基层组织的意见和反映。
3. 其他需要说明的情况。
4. 关于本案追诉必要性的分析。

六、审查意见

承办人认为：……建议将此案呈报最高人民检察院决定。

20××年×月×日

（院印）

【制作说明】

一、本文书中的"犯罪嫌疑人基本情况"，系根据统一业务应用系统自动生成，承办人应当按照法律文书及案卷材料仔细填录。

二、"案件诉讼经过"应当写明发案、立案、侦查、查获犯罪嫌疑人以及报请核准追诉的有关情况，主要是对案件的诉讼时效是否合法、诉讼程序是否正确、法律手续是否齐备等情况的反映。

三、"案件事实和证据"的内容包括公安机关认定的案件事实和审查认定的案件事实及证据。

公安机关认定的案件事实，摘录公安机关的报请核准追诉意见书所认定的案件事实，要求内容精简，条理清晰，不失原意，按时间地点次数结果等要素来写。

审查认定的案件事实和证据应当围绕犯罪事实和犯罪嫌疑人是否构成犯罪、是否超出追诉时效期限和是否有追诉必要，写明犯罪的时间、地点、经过、手段、动机、危害后果以及犯罪嫌疑人实施犯罪后至被查获前的活动、是否重新犯罪等。要求每一个事实、情节均要有证据证实。

各级检察机关认定的案件事实与公安机关一致的，不再另外排列认定的事实和证据，可写明："＿＿＿院、＿＿＿院和本院经审查认定的案件事实与公安机关一致。"

各级检察院认定事实不一致的，应当分别写明。各级检察院认定事实一致的，不再另外排列认定的事实和证据，可写明："＿＿＿院、＿＿＿院和本院经审查认定的案件事实一致。"

针对审查认定的案件事实简要列明相关证据材料，可以按照犯罪嫌疑人的供述及辩解，被害人的陈述，证人证言，鉴定意见，勘验、检查、辨认、侦查实验等笔录，物证、书证，视听资料、电子数据的顺序进行排列。每一项列明的证据之后，都应当写明该证据的证据能力、证明力、证明的案件事实。

四、"公安机关（和下级人民检察院）追诉意见和理由"应当根据公安机关的报请核准追诉意见书和下级人民检察院的报请核准追诉案件报告书进行摘录，要求客观真实，内容精简，不失原意。

五、"需要说明的问题"包括：本案是否超出追诉时效期限；被害方、案发地群众、基层组织的意见和反映；其他需要说明的情况，如有关部门对案件组织协调情况、案件的背景情况等；关于本案追诉必要性的分析，应当结合案件情况对本案是否属于"必须追诉"进行分析，即对是否符合报请核准追诉的条件进行分析和阐述。

六、"审查意见"应当简要写明对犯罪嫌疑人涉嫌的犯罪事实、证据、罪名，法定最高刑是否为无期徒刑或者死刑，是否超出追诉时效期限，是否有追诉必要等的认定情况，提出是否同意核准追诉的意见及法律依据。应写明"承办人认为：……建议将此案呈报最高人民检察院决定"。

在 1997 年 10 月 1 日之前发生的犯罪报请核准追诉的，根据 1979 年《刑法》第 76 条第（四）项的规定报请最高人民检察院；在 1997 年 10 月 1 日之后发生的犯罪报请核准追诉的，根据《刑法》第 87 条第（四）项的规定报请最高人民检察院。

七、本文书应当浓缩案件的全貌，对案情的叙述要突出重点，详略得当；对证据的分析要客观真实，重在证据的证明力；对案件事实的判断认定要有逻辑性，得出结论应当是唯一的，具有排他性。

八、本文书为承办人对报请核准追诉的案件进行审查及调查后，制作的案件审查意见书，属于工作文书，文书的最低审批权限为分管副检察长，并在检察官联席会议讨论和院检委会审议时作为案件汇报材料。

九、本文书一式两份，一份入卷存档，一份连同《报请核准追诉案件报告书》及其他案件材料一同报送上级人民检察院。

（2）《报请核准追诉案件报告书》

【文书格式】

××××人民检察院
报请核准追诉案件报告书
××检××报核字〔20××〕×号

_____人民检察院：

我院于____年____月____日收到_____单位报请核准追诉涉嫌_____的犯罪嫌疑人_____的相关材料，现已审查完毕，报告如下：

一、犯罪嫌疑人基本情况

犯罪嫌疑人_____，（曾用名_____，绰号

_____），（性别）____，____年____月____日出生，身份证号码_____，（民族）_____，文化程度_____，户籍所在地_____，住_____。工作单位_____。于____年____月____日被_____单位采取_____（强制措施），现羁押于_____。

二、案件诉讼经过

……

三、案件事实和证据

（一）公安机关认定的案件事实

……

（二）审查认定的案件事实和证据

……

认定上述事实的证据材料如下：

……

四、公安机关（和下级人民检察院）追诉意见及理由

……

五、需要说明的问题

（一）本案是否超出追诉时效期限。

（二）被害方、案发地群众、基层组织的意见和反映。

（三）其他需要说明的情况。

（四）本院检察委员会审议的情况。

（五）关于本案追诉必要性的分析。

六、审查意见

本院认为：……特将此案报请你院审查。

20××年×月×日

（院印）

【制作说明】

一、文书需要进行文书编号，由统一业务应用系统自动生成文

书号。

二、本文书的正文与《报请核准追诉案件审查意见书》的样式基本一致，也分为犯罪嫌疑人基本情况、案件诉讼经过、案件事实和证据、公安机关（和下级人民检察院）追诉意见及理由、需要说明的问题、审查意见共六个部分，各部分的制作内容和要求基本一致，可以参照《报请核准追诉案件审查意见书》的制作说明。不同的是，在"需要说明的问题"部分需要增加"本院检察委员会审议的情况"的内容。

"审查意见"应当写明"本院认为：……特将此案报请你院审查"。

三、本文书为地方人民检察院报请上级人民检察院审查核准追诉案件时使用，是在检察委员会进行案件审议后，承办人制作的法律文书，应当写明是否同意报请核准追诉的意见，文书的最低审批权限为分管副检察长。

四、本文书除一份存档外，还应当根据层报最高人民检察院审查核准所经层级制作若干份报送上级人民检察院。

（三）最高人民检察院核准追诉的流程

1. 办理主体

最高人民检察院负责捕诉的部门。

2. 办理程序

（1）审查及调查

最高人民检察院负责捕诉的部门的承办人收到省级院报请核准追诉的案件后，应当及时审查，必要时派人到案发地了解案件有关情况。承办人对核准追诉的条件进行审查、对案件事实和证据进行调查和复核以后，应当制作《核准追诉案件审查意见书》，提出是否核准追诉的意见，报送检察长审批。

（2）作出决定

经检察长批准，作出是否核准追诉的决定。

承办人根据检察长的审批，制作《核准追诉决定书》或者《不予核准追诉决定书》（文书样式附后）。

3. 决定的效力

核准追诉决定的效力溯及既往。在核准追诉的情况下，已经进行的追诉活动具有效力，也属依法追诉所必需；在不予核准追诉的情况下，已进行的追诉活动虽属合法，但非必需，也不具有效力。

未经最高人民检察院核准，不得对案件提起公诉。

4. 下达和送达决定

最高人民检察院作出的《核准追诉决定书》或者《不予核准追诉决定书》应当逐级下达最初受理案件的人民检察院，送达报请核准追诉的公安机关。

5. 执行决定

（1）核准追诉决定的执行

报请核准追诉的公安机关收到《核准追诉决定书》后，尚未立案的，应当立即立案侦查；已经立案的，应当积极开展追诉侦查工作，并将侦查进展情况及时向同级人民检察院负责捕诉的部门反馈。

（2）不予核准追诉决定的执行

报请核准追诉的公安机关收到《不予核准追诉决定书》后，已经立案的，应当立即撤销案件；犯罪嫌疑人在押的，应当立即释放，并将撤销案件决定书及其他执行情况及时送达、通知同级人民检察院负责捕诉的部门。

6. 监督执行

（1）监督执行的受理

最初受理案件的人民检察院应当监督公安机关对最高人民检察院决定的执行情况，发现有不执行或不正确执行的情况，应当立即进行监督和纠正，由本院负责捕诉的部门直接受案办理。

犯罪嫌疑人及其法定代理人、近亲属或辩护人、被害人及其诉讼代理人、近亲属可以口头或者书面向最初受理案件的人民检察院控告申诉，应当由该院负责控告申诉的部门受理。负责控告申诉的部门应当根据事实和法律进行审查，并可以要求控告人、申诉人提供有关材料，认为存在监督情况的，应当移送本院负责捕诉的部门办理。

（2）监督执行的审查

承办人对监督线索的审查应当主要围绕法律文书的送达情况、公安机关的立案侦查情况、犯罪嫌疑人的羁押情况等展开，审查是否存在应当立案而不立案或者未及时立案、不应当立案而立案或者未及时撤案、应当立即释放犯罪嫌疑人而不释放或未立即释放等情形。

（3）监督执行的审查方式

承办人可以采取以下方式对监督线索进行审查核实：①询问控告申诉人；②调取和审查有关的书面材料；③要求公安机关说明理由；④其他依法可以采取的方式。

（4）处理方式

经审查，公安机关确实在收到《核准追诉决定书》后不立案或者不积极开展追诉侦查的，承办人应当提出监督立案的意见，报请分管副检察长批准后，发出《通知立案书》，要求其及时立案侦查，并将侦查进展情况及时向人民检察院反馈。超过15日不予立案的，同级人民检察院刑事检察部门应当发出《纠正违法通知书》，通知公安机关予以纠正。

经审查，公安机关确实在收到《不予核准追诉决定书》后又立案，或者未及时撤销案件，或者不立即释放在押的犯罪嫌疑人的，承办人应当提出监督撤案及纠正违法的意见，报请分管副检察长批准后，发出《通知撤销案件书》和《纠正违法通知书》，通知公安机关予以纠正，并要求立即撤销案件，释放在押的犯罪嫌疑人。

对于控告申诉的审查处理结果，应当及时回复本院负责控告申诉的部门，并由该部门告知控告申诉人。

7. 文书制作

（1）《核准追诉案件审查意见书》

最高人民检察院《核准追诉案件审查意见书》的制作与地方各级检察机关制作的《报请核准追诉案件审查意见书》的文书样式和制作要求基本一致。需要注意的是，本文书最后的"审查意见"应当直接写明对犯罪嫌疑人涉嫌的犯罪事实、证据、罪名，法定最高刑是否为无期徒刑或者死刑，是否超出追诉时效期限，是否有追诉必要等的认定情况，提出是否同意核准追诉的意见及法律依据。不需要再写"建议将此案呈报最高人民检察院决定"。

(2)《核准追诉决定书》

【文书格式】

最高人民检察院
核准追诉决定书

高检××核追〔20××〕×号

_____人民检察院（报请核准追诉的省级人民检察院）：

你院以____号文书报请核准追诉的犯罪嫌疑人_____涉嫌_____一案，本院经审查认为，……（概括论述犯罪嫌疑人涉嫌犯罪的行为），其行为触犯了《中华人民共和国刑法》第____条的规定，涉嫌_____罪，法定最高刑为无期徒刑（死刑），虽然已超过追诉期限，但……（围绕追诉必要性，概括论述社会危害、法定酌定情节、社会影响等），必须追诉。根据《中华人民共和国刑法》第八十七条第四项的规定（对发生在1997年10月1日之前的犯罪决定核准追诉的，根据1979年《中华人民共和国刑法》第七十六条第四项的规定），决定对犯罪嫌疑人_____予以核准追诉。

20××年×月×日

（院印）

【制作说明】

一、文书依据《中华人民共和国刑法》第八十七条第四项（或者1979年《刑法》第七十六条第四项的规定）和《人民检察院刑事诉讼规则》第三百二十条、第三百二十五条的规定制作，为最高人民检察院对报请核准追诉的案件决定予以核准追诉时使用。

二、本文书一式四份，一份最高人民检察院附卷，一份报请核准追诉的省级人民检察院，一份送达移送案件的侦查机关，一份送达侦查机关对应的同级人民检察院。

（3）《不予核准追诉决定书》

【文书格式】

最高人民检察院
不予核准追诉决定书

高检××不核追〔20××〕×号

_____人民检察院（报请核准追诉的省级人民检察院）：

你院以_____号文书报请核准追诉的犯罪嫌疑人涉嫌一案，本院经审查认为，……（根据案件情况和《人民检察院刑事诉讼规则》第三百二十二条规定的核准追诉条件，概括写明不予核准追诉的理由）。根据《中华人民共和国刑法》第八十七条第四项的规定（对发生在1997年10月1日之前的犯罪决定不予核准追诉的，根据1979年《中华人民共和国刑法》第七十六条第四项的规定），决定对犯罪嫌疑人不予核准追诉。

20××年×月×日
（院印）

【制作说明】

一、文书依据《中华人民共和国刑法》第八十七条第四项（或者1979年刑法第七十六条第四项）和《人民检察院刑事诉讼规则》第三百二十五条的规定制作，为最高人民检察院对报请核准追诉的案件决定不予核准追诉时使用。

二、本文书一式四份，一份最高人民检察院附卷，一份报请核准追诉的省级人民检察院，一份送达移送案件的公安机关，一份送达公安机关对应的同级人民检察院。

8. 统一业务应用系统操作规程

（1）流程图

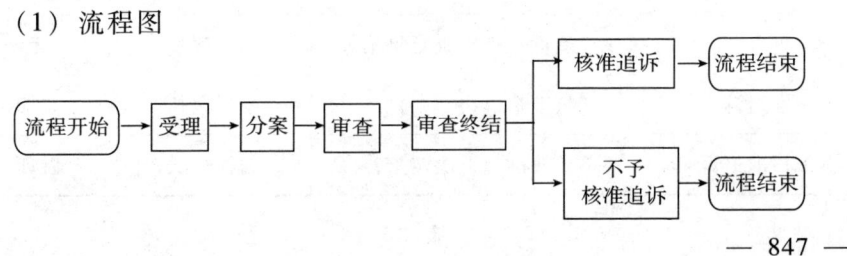

（2）适用范围

《刑诉规则》第 325 条规定："最高人民检察院收到省级人民检察院报送的报请核准追诉案件报告书及案卷材料后，应当及时审查，必要时指派检察人员到案发地了解案件有关情况。经检察长批准，作出是否核准追诉的决定，并制作核准追诉决定书或者不予核准追诉决定书，逐级下达至最初受理案件的人民检察院，由其送达报请核准追诉的公安机关。"

最高人民检察院办理此类案件时，则适用该流程。在系统内，仅最高人民检察院配置了该流程。

（3）流程节点说明

①【受理】节点，是指对省级检察院报送的报请核准追诉案件进行受理的环节。此类案件在系统里默认由最高人民检察院负责案件管理的部门受理。

②【分案】节点，是指将已受理的案件分配至具体承办人。

③【审查】节点，是指承办人审查的具体过程。此节点的一系列行为由负责捕诉的部门的承办人操作完成。

④【审查终结】节点，是指承办人对案件审查后，提出是否同意追诉的意见。

⑤【核准追诉】节点，是指最高人民检察院审查后，做出核准追诉的决定，此节点有"送案"标志。

⑥【不予核准追诉】节点，是指最高人民检察院审查后，作出不予核准追诉的决定，此节点有"送案"标志。

（4）文书配置及适用

节点名称	文书名称	最低审批权限	用印种类
审查	《核准追诉案件审查意见书》	副检察长	无
核准追诉	《核准追诉决定书》	副检察长	院印
不予核准追诉	《不予核准追诉决定书》	副检察长	院印

(5) 案卡填录
①案卡列表

案卡名称	填录主体
受理情况	负责案件管理的部门
嫌疑人基本信息	负责案件管理的部门
嫌疑人涉案信息	负责案件管理的部门
嫌疑人强制措施	负责案件管理的部门
省级院审查情况	负责案件管理的部门
核准情况	承办人

②填录说明
【受理情况】案卡

数据项名称	是否必填	指标解释	填录说明
受理日期	必填	指最高人民检察院收到省级检察院报请核准追诉案件的日期。	系统默认为当天日期。
案件名称	必填	案件名称组成：犯罪嫌疑人姓名＋涉嫌案由＋案。	无
案件类别	必填	系统默认为"核准追诉案件"。	无
公安机关	必填	指报请核准追诉的公安机关。	无
移送单位	必填	指当期移送案件的省级人民检察院。	无
案情摘要	必填	同审查逮捕流程。	无
附注		同审查逮捕流程。	无

【嫌疑人基本信息】案卡

同审查逮捕流程的【犯罪嫌疑人基本信息】案卡，最高人民检察院负责案件管理的部门在受理核准追诉案件时，以提案的方式从省级检察院的提请核准追诉案件中自动共享过来。

【嫌疑人涉案信息】案卡

同审查逮捕流程的【犯罪嫌疑人涉案信息】案卡，最高人民检察院负责案件管理的部门在受理核准追诉案件时,以提案的方式从省级检察院的提请核准追诉案件中自动共享过来。

【嫌疑人强制措施】案卡

同审查逮捕流程的【犯罪嫌疑人强制措施】案卡,最高人民检察院负责案件管理的部门在受理核准追诉案件时,以提案的方式从省级检察院的提请核准追诉案件中自动共享过来。

【省级院审查情况】案卡

同提请核准追诉的【审查情况】案卡,最高人民检察院负责案件管理的部门在受理校准追诉案件时,以提案的方式从省级检察院的提请核准追诉案件中自动共享过来。

【核准情况】案卡

数据项名称	是否必填	指标解释	填录说明
审结日期	必填	指对核准追诉案件审查后,作出处理结果的日期。	结论性文书的落款日期为填录来源。
审结结果	必填	指作出核准或者不予核准的结果。	无
送达日期	必填	指将(不予)核准追诉决定书送达报请的省级人民检察院的日期。	无

三、报请核准追诉期间审查逮捕的办理流程

(一)提请逮捕主体

核准追诉的案件在报请最高人民检察院作出核准追诉决定之前,公安机关可以依法对犯罪嫌疑人采取强制措施,包括拘传、拘留、监视居住、取保候审和逮捕。公安机关在向同级人民检察院报请核准追诉时,认为犯罪嫌疑人有逮捕必要,可以一并提请批准逮捕犯罪嫌疑人。

(二)案件受理

公安机关提请审查逮捕的案件由人民检察院负责案件管理的部门受

理，并进行受案审查。负责案件管理的部门受理审查逮捕的案件时应当审查以下内容：

1. 案件是否属于本院管辖；

2. 提逮捕案件的法律文书是否符合法律规定；

3. 案卷材料的数量和名称与送达回证上记载的数量和名称是否相符，是否完整、准确；

4. 立案、采取强制措施的法律手续和相关诉讼文书是否齐备；

5. 被刑事拘留的犯罪嫌疑人的羁押处所、被取保候审的犯罪嫌疑人居住地是否清楚；

6. 证据材料是否随案移送；

7. 是否有律师会见函或者委托之类的书面材料。

经审查，负责案件管理的部门发现案件不属于本院管辖的，应当不予受理，退回审查机关；发现移送的案卷材料和证据不齐全，或者法律手续不完备，应当要求公安机关及时补齐有关材料；材料齐全、手续完备、属于本院管辖的，应当及时通知律师案件已进入审查逮捕环节，并告知律师有提出律师意见的权利。

案件管理部门受理案件后，在统一业务应用系统里建立审查逮捕案件，录入案件基本信息，分流案件至本院负责捕诉的部门办理。

（三）审查逮捕

1. 审查内容

（1）公安机关提请逮捕的时间和程序是否合法。

（2）案件相关法律文书、各种证据材料是否随案移送。

（3）证据的合法性。

（4）涉案犯罪嫌疑人是否符合逮捕条件：

①是否有证据证明有犯罪事实，重点是犯罪嫌疑人的行为是否构成犯罪，公安机关认定的犯罪嫌疑人所犯罪行的性质、适用法律是否正确，认定案件事实的证据是否确实、充分。

②犯罪嫌疑人实施的具体犯罪行为所应适用的量刑幅度的最高刑是否为死刑或者无期徒刑。

③犯罪嫌疑人是否仍然有社会危险性，即是否属于虽然已过20年追诉期限，但是涉嫌犯罪的性质、情节和后果特别严重，社会危害性和影响依然存在，尤其是犯罪嫌疑人可能实施新的犯罪；可能毁灭、伪造证据，干扰证人作证或者串供；可能对被害人、举报人、控告人实施打击报复；可能自杀或者逃跑等情形。

④犯罪嫌疑人是否有影响羁押的严重疾病。

2. 审查方式

（1）审查和复核公安机关报送的案卷材料和证据材料；

（2）讯问犯罪嫌疑人，了解犯罪嫌疑人在追诉期限内是否又犯罪，犯罪后是否有认罪、悔罪表现或者态度等；

（3）询问被害人、证人等诉讼参与人，了解犯罪的性质、情节和后果，以及被害人及家属现在的态度等；

（4）听取辩护律师意见，了解犯罪嫌疑人的人身危险性和自我改造程度；

（5）调取并审查讯问犯罪嫌疑人的录音录像。

3. 审查程序

承办人对案件审查完毕后，应当制作《审查逮捕案件意见书》，报请分管副检察长批准是否逮捕犯罪嫌疑人，然后制作相关法律文书。

4. 审查期限

对公安机关在报请核准追诉期间提请批准逮捕的犯罪嫌疑人，已被刑事拘留的，地方各级人民检察院应当在接到提请批准逮捕书的7日以内做出是否批准逮捕的决定；未被刑事拘留的，应当在接到提请批准逮捕书后的15日以内做出是否批准逮捕的决定，重大、复杂案件，不得超过20日。

5. 执行决定

对于公安机关提请批准逮捕的案件，地方各级人民检察院做出批准逮捕决定的，由同级人民检察院将《批准逮捕决定书》送达提请批准逮捕的公安机关执行，同时要求公安机关在报请核准追诉期间不停止对案件的侦查。根据案件的情况，可以向公安机关发出《逮捕案件继续侦查取证意见书》，对收集证据、适用法律提出意见。

对于公安机关提请批准逮捕的案件，地方各级人民检察院做出不批准逮捕决定的，应当说明理由，制作《不批准逮捕理由说明书》，由同级人民检察院连同《不批准逮捕决定书》送达提请批准逮捕的公安机关执行。需要补充侦查的，应当同时通知公安机关，并制作和送达《不批准逮捕案件补充侦查提纲》，列明需要查清的事实和需要收集、核实的证据。犯罪嫌疑人在押的，公安机关应当立即释放在押的犯罪嫌疑人或者变更强制措施。

（四）审查逮捕期限与核准追诉期限交错时的处理

地方各级人民检察院审查逮捕的期限超过审查报请核准追诉期限的，应当继续对案件中的犯罪嫌疑人审查逮捕，但要先将《报请核准追诉案件报告书》连同案件材料一并报送上级人民检察院核准追诉，做出逮捕决定后再将案件其他相关材料补报上级人民检察院。

（五）对适用逮捕措施的监督

上级人民检察院对下级人民检察院做出的逮捕决定不同意的，应当经检察长批准或者检委会审议后，撤销逮捕决定或者变更强制措施，并通过原作出逮捕决定的人民检察院通知公安机关执行。

四、报请核准追诉期间延长侦查羁押期限的办理流程

（一）提请延长侦查羁押期限

1. 提请主体及时间

在报请核准追诉期间，犯罪嫌疑人已经被批准逮捕，提请逮捕的省级以下（不含省级）公安机关认为需要延长侦查羁押期限的，应当在侦查羁押期限届满 7 日前，向同级人民检察院移送延长侦查羁押期限的意见。

2. 案件受理

公安机关提请延长侦查羁押期限的案件，由同级人民检察院负责案件管理的部门受理，后分流给本院负责捕诉的部门办理。

3. 案件审查

①审查内容

人民检察院负责捕诉的部门承办人应当对延长侦查羁押期限的相关材料和意见进行审查，主要审查案件是否符合延长侦查羁押期限的条件。报请核准追诉案件延长侦查羁押期限的条件是案情复杂，犯罪嫌疑人被逮捕后的两个月侦查羁押期限内不能做出是否核准追诉决定或者不能侦查终结。

②审查方式

可以采取以下方式进行审查：讯问犯罪嫌疑人；听取犯罪嫌疑人的法定代理人、近亲属、辩护人，被害人及其法定代理人意见；了解侦查取证的进展情况、核准追诉的情况；听取有关办案机关、办案人员等人员的意见；调取并审查案卷及相关材料等。

③审查意见

对公安机关提请批准延长侦查羁押期限的案件审查完毕之后，承办人应当制作《提请批准延长侦查羁押期限报告书》，提出是否同意延长侦查羁押期限的意见，报请分管副检察长决定。

《提请批准延长侦查羁押期限报告书》应当写明犯罪嫌疑人的基本情况，案由及主要案情，采取强制措施情况，提请延长侦查羁押期限的原因和法律依据，承办人的审查意见，分管副检察长的审查意见等。

4. 上报决定

分管副检察长审批决定后，承办人应当将公安机关提请延长侦查羁押期限的意见和本院的审查意见报送上级人民检察院审查决定是否延长侦查羁押期限。

(二) 批准延长侦查羁押期限

1. 案件受理

上级人民检察院负责案件管理的部门受理下级人民检察院报送的提请延长侦查羁押期限案件，并分流给本院负责捕诉的部门办理。

2. 案件审查

负责捕诉的部门的承办人对公安机关延长侦查羁押期限的意见和下

级人民检察院的审查意见，着重从以下几个方面予以审查：法律文书是否齐全；是否按照法定期限提请延长侦查羁押期限；提请延长侦查羁押期限的理由是否充分、是否符合延长侦查羁押期限的条件；在侦查羁押期间是否调查取证；侦查羁押期限时间的计算是否符合法律规定。

3. 决定并执行

承办人审查后，应当制作《延长侦查羁押期限审查表》，提出是否同意延长侦查羁押期限的意见，报请分管副检察长决定是否同意延长侦查羁押期限，承办人应当根据分管副检察长的决定，分别制作相应的法律文书，送达公安机关执行：同意延长侦查羁押期限的，承办人应当制作《批准延长侦查羁押期限决定书》，并交由受理案件的人民检察院负责捕诉的部门送达公安机关执行。不同意延长侦查羁押期限的，承办人应当制作《不批准延长侦查羁押期限决定书》，并交由受理案件的人民检察院负责捕诉的部门送达公安机关执行。

公安机关接到人民检察院做出的不同意延长侦查羁押期限决定后，应当在侦查羁押期限届满时立即释放在押的犯罪嫌疑人或者变更强制措施。

4. 告知

对公安机关提请批准延长侦查羁押期限的案件，人民检察院做出批准延长侦查羁押期限的决定后，公安机关的同级人民检察院负责捕诉的部门应当在收到法律文书后10日内书面告知负有监督职责的人民检察院负责捕诉的部门。

5. 办理期限

上级人民检察院负责捕诉的部门应当在侦查羁押期限届满前作出是否批准延长侦查羁押期限的决定。

（三）操作禁忌

1. 不得越级提请延长侦查羁押期限。
2. 不得越级批准延长侦查羁押期限。

第三章　刑事审判监督

第一节　刑事审判监督概论

一、刑事审判监督的基本内涵

（一）概念

刑事审判监督是指人民检察院依照法律授予的监督权限及法定程序，对人民法院刑事审判活动是否合法进行的专门法律监督，包括对人民法院的刑事判决、裁定是否正确的监督及对其他刑事审判活动是否合法进行的监督。

（二）范围

人民检察院对刑事审判监督的范围，从诉讼程序上看，包括对一审、二审、再审及死刑复核等程序的审判监督；从案件的性质看，包括刑事公诉案件、刑事自诉案件及刑事附带民事诉讼（含刑事附带公益诉讼）等案件的审判监督；从监督的内容上看，包括对人民法院审判活动合法性的监督及对人民法院作出的刑事判决、裁定的合法性监督。

（三）内容

刑事审判监督，包括对人民法院刑事案件审理活动合法性的监督及对人民法院作出的刑事判决、裁定的合法性监督。根据我国刑事诉讼法规定，刑事审判活动监督的主要内容包括人民法院的审判活动是否符合法定程序，审判人员是否有妨害司法公正的违法犯罪行为及刑事判决、裁定认定事实、适用法律是否准确，量刑是否恰当。根据刑事诉讼法和

《刑诉规则》规定，主要是对刑事审判活动中存在的以下违法犯罪行为进行监督：（1）人民法院对刑事案件的受理违反管辖规定的；（2）人民法院审理案件违反法定审理和送达期限的；（3）法庭组成人员不符合法律规定，或者依照规定应当回避而不回避的；（4）法庭审理案件违反法定程序的；（5）侵犯当事人、其他诉讼参与人的诉讼权利和其他合法权利的；（6）法庭审理时对有关程序问题所作的决定违反法律规定的；（7）违反法律规定裁定发回重审的；（8）故意毁弃、篡改、隐匿、伪造、偷换证据或者其他诉讼材料，或者依据未经法定程序调查、质证的证据定案的；（9）依法应当调查收集相关证据而不收集的；（10）徇私枉法，故意违背事实和法律作枉法裁判的；（11）收受、索取当事人及近亲属或者其委托的律师等人财物或者其他利益的；（12）违反法律规定采取强制措施或者采取强制措施法定期限届满，不予释放、解除或变更的；（13）应当退还保证金不退还的；（14）对与案件无关的财物采取查封、扣押、冻结措施或者应当解除查封、扣押、冻结而不解除的；（15）贪污、挪用、私分、调换、违反规定使用查封、扣押、冻结的财物及其孳息的；（16）其他违反法律规定的行为。对刑事判决、裁定的监督主要是对判决、裁定存在认定事实不清，适用法律错误，量刑不当及审理过程中严重违反法律规定的诉讼程序等情形的依法提出抗诉。

二、刑事审判监督的必要性

（一）刑事审判监督是宪法和法律赋予检察机关的基本职责

《宪法》第134条规定"中华人民共和国人民检察院是国家的法律监督机关"，以根本法的形式赋予了检察机关法律监督的职权，确立了人民检察院作为专门的国家法律监督机关的地位。《人民检察院组织法》第20条规定，"人民检察院行使下列职权：……（五）对诉讼活动实行法律监督"；《刑事诉讼法》第8条规定："人民检察院依法对刑事诉讼实行法律监督。"以上法律规定进一步确立了检察机关的刑事审判监督权，为检察机关行使刑事审判监督提供了合法性和正当性保障。

宪法和法律赋予检察机关法律监督职权，既是一种权力，也是一种义务，检察机关正确行使刑事审判监督职能是检察机关履行宪法和法律职责的必然要求。

（二）刑事审判监督是确保审判权正确行使的有力保障

检察机关履行刑事审判监督职能是为了保障审判机关的审判权统一、正确、有效行使，保障国家法律得到正确适用，以达到有效维护司法公正，树立司法权威，维护法律统一正确实施，保护国家利益和社会公共利益，维护个人和组织合法权益的效果。任何权力如果不加以限制，都有可能被滥用，刑事审判权也是如此。由于刑事审判权具有强制性和终局性，如果不能得到有效监督和制衡，必将影响审判公正，甚至造成冤假错案，宪法和法律赋予检察机关刑事审判监督权，其目的就在于通过检察机关在刑事审判过程中的刑事审判监督职能，纠正刑事审判过程中的违法行为及不当裁判，防止审判机关以及审判人员滥用审判职权，防止审判独立走向绝对化后的权力滥用，确保刑事审判权正当行使，保证法律正确实施。

（三）刑事审判监督是维护司法公正的重要途径

刑事审判是刑事诉讼的关键环节，刑事审判监督是否到位，直接关系到对刑事诉讼各方当事人利益的保护和社会公平正义的实现。司法公正包括实体公正和程序公正，实体公正要求人民法院在审理刑事案件过程中，准确认定案件事实，正确适用法律，作出公正合理的裁判。然而，司法实践中，审判人员受各种因素影响，可能会作出违背事实和法律的裁判，要实现实体公正，防止自由裁量权滥用，就必须对法院的刑事审判活动实施监督。程序公正要求人民法院在刑事审判各个环节都要严格遵循法定程序和法定审理期限，程序公正是实现实体公正的重要保障，是维护刑事诉讼各方参与人合法权利的集中要求，要实现程序公正，保证刑事诉讼程序依法进行，确保审判结果的合法性和权威性，也要求对刑事审判活动进行监督。

三、刑事审判监督的原则

（一）依法监督原则

依法监督原则，是指检察机关在开展刑事审判活动监督时，必须按照法律授权开展监督。《刑事诉讼法》第8条规定"人民检察院依法对刑事诉讼实行法律监督"，此外，刑事诉讼法及《刑诉规则》第十三章中第4、6、7节则专门对审判活动监督、刑事判决、裁定监督和死刑复核法律监督进行了规定。一方面，检察机关对刑事审判活动监督的权力来源于法律明确授权，应当严格依照法律的授权开展审判监督活动，没有授权则不能开展，不能自我授权，防止滥用监督权；另一方面，凡是法律要求检察机关开展刑事审判活动监督的，检察机关就应当严格依法主动监督，确保法律统一正确实施，维护法律尊严，防止和克服只讲配合，不敢监督的倾向。

（二）依程序监督原则

依程序监督原则，是指检察机关在开展刑事审判活动监督时，必须严格依照法律、司法解释规定的监督程序开展监督活动。如，《刑诉规则》第572条规定："人民检察院对违反程序的庭审活动提出纠正意见，应当由检察院在庭审后提出。出席法庭的检察人员发现法庭审判违反法律规定的诉讼程序，应当在休庭后及时向检察长报告"；第587条规定："人民检察院对同级人民法院第一审判决、裁定的抗诉，应当制作抗诉书，通过原审人民法院向上一级人民法院提出……"诸如此类，《刑事诉讼法》和《刑诉规则》对刑事审判活动监督的主体、方式、程序等各方面予以了详细规定，人民检察院在对刑事审判活动进行法律监督时必须严格依照这些规定执行。

（三）全面监督原则

全面监督原则，是指检察机关开展刑事审判活动监督应当在法律授权的监督范围内实施全方位监督。一方面，人民检察院在开展刑事审判监督时，既要从实体上对人民法院作出的判决、裁定认定事实是否清楚、法律适用是否准确及量刑是否恰当等方面全面监督，还要从程序上对诉讼活动是否符合管辖规定、是否遵守法定审理和送达期限、是否违反法定程序，以及审判人员在刑事审判活动中是否存在贪污贿赂、徇私枉法、滥用职权等违法情形进行全面监督。实体监督要求我们以法律为依据，结合案件事实和证据对法院的判决、裁定反复审查，程序监督要求我们对法院及审判人员的审判活动进行全方位无死角的监督，善于从当事人申诉、控告及主动履职过程中发现违法审判行为，纠正任何可能发生的错误，实现司法公正。另一方面，人民检察院开展刑事审判活动监督要贯穿刑事审判活动始终，包括对一审、二审、再审及死刑复核等各阶段的监督。

（四）及时监督原则

及时监督原则，是指检察机关开展刑事审判活动监督要注重监督效率，对法律有明确规定监督期限的，应当在法定期限内及时监督。一方面，法律及司法解释有明确规定监督期限的，应当在法定期限内监督，否则可能导致监督权丧失或受限，如《刑诉规则》第586条规定，人民检察院对同级人民法院第一审判决的抗诉，应当在接到判决书后第二日起十日内提出，对一审裁定的抗诉，应当在接到裁定后第二日起五日内提出；第592条规定，对于高级人民法院判处死刑缓期二年执行的案件，省级人民检察院认为确有错误提请抗诉的，一般应当在收到生效判决、裁定后三个月内提出，至迟不得超过六个月。另一方面，法律及司法解释未明确规定监督期限的，应当及时监督，否则可能导致监督效果丧失或削弱，造成司法资源浪费。例如，对人民法院在刑事审判活动中违反回避规定、审判组织组成不合法等可能影响公正审判的严重违反法定程序的，人民检察院若未能及时提出纠正意见，待判决后就只能以抗诉的形式予以纠正。

四、刑事审判监督的方法

《刑诉规则》第551条规定：人民检察院对刑事诉讼活动实行法律监督，发现违法情形的，依法提出抗诉、纠正意见或者检察建议；第

552条规定：人民检察院发现刑事诉讼活动中的违法行为，对于情节较轻的，由检察人员以口头方式提出纠正意见；对于情节较重的，经检察长决定，发出纠正违法通知书。对于带有普遍性的违法情形，经检察长决定，向相关机关提出检察建议。构成犯罪的，移送有关机关、部门依法追究刑事责任。在司法实践中，人民检察院根据人民法院刑事审判活动违法行为的不同情况和结果，采取不同的纠正方式，以提出抗诉、纠正违法、发出检察建议书、检察长列席审委会等多种方式对刑事审判活动进行监督，切实履行刑事审判程序监督职能。

（一）抗诉

刑事抗诉是法律赋予检察机关的重要职权，也是人民检察院履行法律监督职能的重要体现。因刑事抗诉具有刚性的监督功能使其在刑事审判监督中居于核心地位，是人民检察院依法履行刑事审判监督职能的最主要的方式之一，是纠正人民法院错误或不当判决、裁定的有效途径。刑事抗诉具有刚性特征，对人民法院有约束力，一经依法提出，必然引起刑事案件二审或再审程序的启动，因此，刑事抗诉是一种最直接、最有效的监督手段。要强而有力的实施好法律监督，就是要着力构建以抗诉为龙头的刑事审判监督格局。根据刑事抗诉针对的刑事判决、裁定的类型不同分为二审程序抗诉和审判监督程序的抗诉。

1. 二审程序抗诉

二审程序抗诉，是指各级地方人民检察院在法定期限内发现尚未生效的一审刑事判决、裁定却有错误，向上一级人民法院提出的抗诉。《刑事诉讼法》第228条规定，地方各级人民检察院认为本级人民法院第一审判决、裁定确有错误的，应当向上一级人民法院提出抗诉。《最高人民检察关于刑事抗诉工作的若干意见》《最高人民检察院关于进一步加强刑事抗诉刑事审判监督的若干意见》及《刑诉规则》对抗诉的范围和不宜抗诉的范围做出了明确规定：刑事抗诉的范围包括：（1）人民法院刑事判决、裁定认定事实错误，导致定性和量刑明显不当的。主要包括刑事判决和裁定认定的事实和证据不一致；认定的事实与裁判结论有重大矛盾；有新证据证明刑事判决和裁定认定事实确有错误。刑事判决或裁定采信证据有错误,导致定性或量刑明显不当的;刑事判决或裁定据以认定案件事实的证据不确实;据以定案的证据不足以认定案件事实,或者所证明的案件事实与裁判结论之间存在矛盾;经审查犯罪事实清楚、证据确实充分,人民法院以证据不足为由判决无罪错误的。(2)人民法院刑事判决或者裁定在适用法律方面确有错误的,主要包括:定性错误,即对案件进行实体评判时发生错误,导致有罪判无罪,无罪判有罪,或者混淆此罪与彼罪、一罪与数罪的界限,造成适用法律错误,量刑不相适应的;量刑错误,即重罪轻判或者轻罪重判,量刑明显不当,即未认定有法定量刑情节而超出法定刑幅度量刑的,认定法定量刑情节错误,导致未在法定量刑幅度内量刑的或者量刑明显不当的,适用主刑或附加刑错误;错误适用缓刑、禁止令、限制减刑或免于刑事处罚。(3)人民法院在审判过程中严重违反法定诉讼程序,影响公正判决或裁定的。主要包括:违反有关回避规定的;审判组织的组成严重不合法的;据以定罪量刑的证据未经法庭质证予以直接采纳为定案依据的;剥夺或者限制当事人法定诉讼权利的;具备应当中止审理情形而作出有罪判决的;未经合议庭评议当庭宣判的及其他严重违反法律规定的诉讼程序,影响公正判决或者裁定的。(4)审判人员在案件审理期间,有贪污贿赂、徇私舞弊、枉法裁判行为,影响公正判决或者裁定的。

2. 审判监督程序抗诉

审判监督程序抗诉,是指最高人民检察院对地方各级人民法院,上级人民检察院对下级人民法院已经发生法律效力的判决和裁定,发现确有错误,按照审判监督程序向同级人民法院提出抗诉。《刑事诉讼法》第254条第3款规定,最高人民检察院对地方各级人民法院已经发生法律效力的判决和裁定,上级人民检察院对下级人民检察院已经发生法律效力的判决和裁定,如果发现确有错误,有权按照审判监督程序向同级人民法院提出抗诉。《刑诉规则》第591条规定,人民检察院认为人民法院已经发生法律效力的判决、裁定确有错误,具有下列情形之一的,应当按照审判监督程序向人民法院提出抗诉:(1)有新的证据证明原判决、裁定认定的事实确有错误,可能影响定罪量刑的;(2)据以定罪量刑的证据不确实、不充分的；（3）据以定罪量刑的证据依法应当予以排除的；（4）据以定罪量刑的主要证据之间存在矛盾的；（5）原判决、裁定的主要事实依据被依法变更或者撤销的；（6）认定罪名错误或者明显影响量刑的；（7）违反法律关于追诉时效期限的规定的；（8）量刑明显不当的；（9）违反法律规定的诉讼程序，可能影响公正审判的；（10）审判人员在审理案件的时候有贪污受贿、徇私舞弊、枉法裁判行为的。对于同级人民法院已经发生法律效力的判决、裁定，人民检察院认为可能有错误的，应当另行指派检察官或者检察官办案组进行审查。经审查，认为有以上规定情形之一的，应当提请上一级人民检察院提出抗诉。

（二）纠正违法

《刑事诉讼法》第 209 条规定，人民检察院发现人民法院审理案件违反法律规定的诉讼程序，有权向人民法院提出纠正意见。《人民检察院组织法》第 21 条规定，人民检察院行使本法第 20 条法律监督职权，可以进行调查核实，并依法提出抗诉、纠正意见、检察建议。有关单位应当予以配合，并及时将采纳纠正意见、检察建议的情况书面回复人民检察院。《刑诉规则》第 572 条规定："人民检察院在审判活动监督中，发现人民法院或者审判人员审理案件违反法律规定的诉讼程序，应当向人民法院提出纠正意见。人民检察院对违反程序的庭审活动提出纠正意见，应当由人民检察院在庭审后提出。出席法庭的检察人员发现法庭审判违反法律规定的诉讼程序，应当在休庭后及时向检察长报告。"在司法实践中，纠正违法也是运用比较广泛的刑事审判监督的方式之一，纠正违法主要有书面（发出纠正违法通知书）和口头纠正两种方式。从《刑事诉讼法》和《刑诉规则》的规定可以看出，纠正违法主要针对的是人民法院在刑事审判活动中违反诉讼程序的行为，通过向违法的人民法院发出纠正违法通知书或提出口头纠正，督促纠正违法行为。根据《最高人民检察院关于进一步刑事抗诉工作、强化审判监督的若干意见》第 3 条规定，对于人民法院采信未经庭审质证的证据、但尚不影响定罪量刑的；违反法定程序，但程度较轻尚未达到抗诉条件的；超过法定审理期限的；裁判文书存在技术性问题但不影响裁判正确性的，以及不影响裁判正确性的其他违法行为，人民检察院可以根据实际情况采取纠正违法通知书或者检察意见函的形式进行监督。"对审判过程中轻微违反程序，采取口头方式足以纠正的，或者审判活动正在进行中，应当及时指出错误的，检察人员可以采取口头方式进行监督，应当将监督情况记录在案。在出庭支持抗诉过程中，如果发现法庭的审理活动违反法定程序，严重侵犯诉讼参与人诉讼权利，可能影响公正审判的，出庭检察人员应当立即建议休庭，庭后经检察长决定，依法提出纠正意见。"《刑诉规则》第570条规定：人民检察院应当对审判活动中是否存在以下违法行为进行监督：（1）人民法院对刑事案件的受理违反管辖规定的；（2）人民法院审理案件违反法定审理和送达期限的；（3）法庭组成人员不符合法律规定，或者依照规定应当回避而不回避的；（4）法庭审理案件违反法定程序的；（5）侵犯当事人、其他诉讼参与人的诉讼权利和其他合法权利的；（6）法庭审理时对有关程序问题所作的决定违反法律规定的；（7）违反法律规定裁定发回重审的；（8）故意毁弃、篡改、隐匿、伪造、偷换证据或者其他诉讼材料，或者依据未经法定程序调查、质证的证据定案的；（9）依法应当调查收集相关证据而不收集的；（10）徇私枉法，故意违背事实和法律作枉法裁判的；（11）收受、索取当事人及其近亲属或者其委托律师等人财物或者其他利益的；（12）违反法律规定采取强制措施或者采取强制措施法定期限届满，不予释放、解除或者变更的；（13）应当退还取保候审保证金不退还的；（14）对与案件无关的财物采取查封、扣押、冻结措施，或者应当解除查封、扣押、冻结不解除的；（15）贪污、挪用、私分、调换、违反规定使用查封、扣押、冻结的财物及其孳息的；（16）其他违反法律规定的审判程序的行为。

（三）检察建议

《人民检察院组织法》第21条规定："人民检察院行使本法第二十条规定的法律监督职权，可以进行调查核实，并依法提出抗诉、纠正意见、检察建议。有关单位应当予以配合，并及时将采纳纠正意见、检察建议的情况书面回复人民检察院。"最高人民检察院《关于刑事抗诉工作的若干意见》第 3 条第 3 项规定"人民法院审判活动违反法定诉讼程序，但是未达到严重程度，不足以影响公正裁判，或者判决书、裁定书中存在某些技术性差错，不影响案件实质性结论的，一般不宜提出抗诉，必要时可以以检察建议书等形式，要求人民法院纠正审判活动中的违法情形，或者建议人民法院更正法律文书中的差错"。由此可见，检察建议主要是针对刑事审判活动中轻微违法行为，对于个案中发现的违法情形较轻，偶尔出现或者急需及时纠正的，通过直接对话、电话联系等口头方式提出检察建议，促进法院及时改正错误；对审判过程中出现的实体性遗漏，程序上的失误或错误，以书面检察建议的形式提出，督促刑事审判严格规范，充分运用刑事检察建议纠偏补正，可以及时监督纠正审判中出现的违法问题，节约司法资源和提高监督效率的效果。此外，在刑事审判监督工作中，检察机关若发现人民法院已经生效的刑事判决、裁定确有错误或不合理，但又不属于抗诉范围或者属于不宜提出抗诉的情形，人民检察院可以以检察建议书的形式建议人民法院自行启动再审程序，从而弥补刑事抗诉对刑事判决、裁定纠正的局限性和不足。

（四）审判人员违法犯罪查处、移送

《刑事诉讼法》第 19 条规定，人民检察院在对诉讼活动实施法律监督中发现的司法人员利用职权实施的非法拘禁、刑讯逼供、非法搜查等侵犯公民权利、损害司法公正的犯罪，可以由人民检察院立案侦查。《关于人民检察院立案侦查司法工作人员相关职务犯罪案件若干问题的规定》进一步明确，人民检察院在对诉讼活动实施法律监督过程中，发现司法工作人员涉嫌利用职权实施的非法拘禁、非法搜查、刑讯逼供、暴力取证、玩忽职守、滥用职权、徇私枉法等 14 种侵犯公民权利、损害司法公正的犯罪案件，可以立案侦查。以上规定明确了检察机关在刑事审判监督过程中，若发现审判人员有检察机关管辖的违法犯罪行为，可以报设区的市级人民检察院决定立案侦查，依法追究刑事责任。此外，人民检察院在刑事审判监督过程中要注意发现审判人员违法犯罪线索，应当通过对判决、裁定错误原因的分析，全面细致调查核实相关人员和单位的控告、举报等工作，发现审判人员在案件审理过程中可能存在的违法犯罪线索，向纪检监察部门移送，依法运用刑法手段追究相关人员违纪和刑事责任。

（五）其他方法

1. 检察长列席审判委员会

《人民检察院组织法》第 26 条规定："人民检察院检察长或者检察长委托的副检察长，可以列席同级人民法院审判委员会会议。"这条规定原则上赋予了检察长列席审判委员会的权利，是检察机关对刑事审判进行监督，特别是对重大刑事案件监督的一种重要方式。最高人民法院、最高人民检察院《关于人民检察院检察长列席人民法院审判委员会会议的实施意见》（以下简称《实施意见》）对检察长列席同级人民法院审判委员会会议的任务、范围等均做了规定，进一步落实和规范了人民检察院检察长列席人民法院审判委员会会议制度。根据《实施意见》规定，人民检察院检察长可以列席同级人民法院审判委员会讨论可能判处被告人无罪的公诉案件；可能判处被告人死刑的案件；人民检察院提出抗诉的案件及与检察工作有关的其他议题；人民检察院认为有必要的可以向人民法院提出列席要求，人民法院认为有必要的可以邀请人民检察院检察长列席。由此可见，人民检察院检察长列席同级人民法院审判委员会的范围几乎涵盖了刑事审判活动及与检察工作有关各类事项。《实施意见》第 2 条规定，人民检察院检察长列席审判委员会会议的任务是对于审判委员会讨论的案件和其他有关议题发表意见，依法履行法律监督职责；第 8 条规定，人民检察院检察长列席审委会会议讨论的案件，人民法院应当将裁判文书及时送达或抄送人民检察院。列席的其他议题，人民法院应当将讨论通过的决定文本及时送给人民检察院。因此，充分发挥好检察长列席审委会的作用，可以对人民法院的刑事审判活动实现全方位监督。通过检察长列席审判委员会，一是通过检察长充分发表意见和理由，可以促使和监督审判委员会委员更加全面地了解案件情况或者其他事项情况，作出最合理的判断和表决意见；二是通过检察长列席审判委员会可促使和监督审判委员会的审议程序合法开展；

三是监督审判委员会决定的高效执行落实;四是检察长列席审判委员会的意见和理由可以作为审查审判委员会决议是否合法、合理及是否提出纠正违法或抗诉的重要依据。

2. 检法联席会议机制

最高人民检察院《关于进一步加强刑事抗诉工作强化审判监督的若干意见》规定,通过与人民法院建立联系机制的方式进行监督,通过召开联席会议的方式加强与人民法院的沟通协调,并使之成为一项经常性的制度。对人民法院刑事审判活动中存在的共性问题,可以通过联席会议提出纠正意见;对法检两家在法律适用上有分歧的问题以及在抗诉程序操作上需要协调一致的问题,也可以通过联席会议进行讨论。

3. 工作通报

最高人民检察院《关于进一步加强刑事抗诉工作强化审判监督的若干意见》规定,人民检察院通过向党委、人大报告和向上级人民法院通报的方式进行监督。要加强人民法院落实监督意见情况的跟踪工作,确保监督效果。对人民法院在审判活动中严重违法行为,经依法监督未及时纠正,或者发现人民法院在审判活动中较严重而又具有普遍性的违法行为,可以向同级党委、人大报告,或者采取通过上级人民检察院向同级人民法院通报的方式进行监督。

4. 案件通报、协商

案件通报、协商是指人民检察院、人民法院对于在处理上可能产生分歧的案件,可以通过人民检察院和人民法院相关部门进行专门协商,充分阐明检察机关的观点和理由,在案件通报、协商过程中,充分履行审判程序监督职能。

"没有调查就没有发言权",检察机关开展刑事审判活动监督,必须查明刑事审判活动中是否存在违法事实,确认违法犯罪事实是否属实,为后续提出抗诉、纠正意见、检察建议及追究法律责任提供充分的事实基础,因此对刑事审判中存在违法犯罪行为开展调查核实是正确、有效行使刑事审判法律监督职权的必要措施。《人民检察院组织法》第21条规定,人民检察院行使法律监督职权,可以进行调查核实,并依法提出抗诉、纠正意见、检察建议,有关单位应当予以配合,并及时将采纳纠正意见、检察建议的情况书面回复人民检察院。《刑诉规则》第551条规定,人民检察院对于涉嫌违法的事实,可以采取以下方式进行调查核实:(1)讯问、询问犯罪嫌疑人;(2)询问证人、被害人或者其他诉讼参与人;(3)询问办案人员;(4)询问在场人员或者其他可能知情的人员;(5)听取申诉人或控告人的意见;(6)听取辩护人、值班律师意见;(7)调取、查询、复制相关登记表册、法律文书、体检记录及案卷材料等;(8)调取讯问笔录、询问笔录及相关录音、录像或者其他视听资料;(9)进行伤情、病情检查或者鉴定;(10)其他调查核实方式。上述规定要求人民检察院在对刑事审判活动进行监督时,必须通过调查核实对刑事审判违法犯罪行为予以确认。

第二节　刑事抗诉

一、刑事抗诉的基本内涵

人民检察院是国家的法律监督机关,刑事抗诉是检察机关对法院确有错误的判决、裁定进行监督的重要手段,是检察机关履行法律监督职能的重要体现。加强刑事抗诉,对于维护司法公正,保护诉讼当事人合法权益,实现社会公平正义,促进社会和谐稳定,树立和维护法治权威具有重要意义。刑事抗诉是指人民检察院依照法定职权通过诉讼程序,对人民法院作出的错误的判决、裁定要求进行改判的监督活动。刑事抗诉分为两种:一是人民检察院对人民法院第一审未生效的判决、裁定按照刑事诉讼法规定的第二审程序提出的抗诉,即二审程序抗诉;二是人民检察院对人民法院已经发生法律效力的判决、裁定按照刑事诉讼法规定的审判监督程序提出的抗诉,即审判监督程序抗诉。[①]

---

① 孙谦主编:《〈人民检察院刑事诉讼规则(试行)〉理解与适用》,中国检察出版社2012年版,第428页。

检察机关提出抗诉的法律依据主要有:

《刑事诉讼法》第 228 条规定:地方各级人民检察院认为本级人民法院第一审的判决、裁定确有错误的时候,应当向上一级人民法院提出抗诉。第 254 条第 3 款规定:最高人民检察院对各级人民法院已经发生法律效力的判决和裁定,上级人民检察院对下级人民法院已经发生法律效力的判决和裁定,如果发现确有错误,有权按照审判监督程序向同级人民法院提出抗诉。上述两条即分别规定了检察机关提出二审程序抗诉和审判监督程序抗诉的依据。

《刑诉规则》第 583 条规定,人民检察院依法对人民法院的判决、裁定是否正确实行监督,对人民法院确有错误的判决、裁定,应当依法提出抗诉。该条规定了检察机关对法院判决、裁定进行监督的法定方式即提出抗诉。

最高人民检察院于 2014 年 11 月 26 日发布的《关于加强和改进刑事抗诉工作的意见》对刑事抗诉工作的基本要求、刑事抗诉的情形以及刑事抗诉案件的审查等进行了规定。在此基础上,最高人民检察院于 2017 年 7 月 4 日发布了《人民检察院刑事抗诉工作指引》,对刑事抗诉案件的启动、发现抗诉线索的途径、应当提出抗诉以及不提出抗诉的情形、刑事抗诉案件的审查重点及步骤、按照二审程序抗诉以及按照审判监督程序抗诉的程序等内容进行了细致、翔实的规定,为检察机关办理刑事抗诉案件提供了明确指引。

二、刑事抗诉的基本要求

刑事抗诉是法律赋予检察机关的重要职权,是人民检察院履行法律监督职能的重要体现。刑事抗诉工作应当严格按照最高人民检察院《关于加强和改进刑事抗诉工作的意见》和《人民检察院刑事抗诉工作指引》,坚持敢抗与抗准相结合,监督个案与监督普遍问题相结合的原则,紧紧围绕"四个标准"强化刑事抗诉,构建以抗诉为龙头的刑事审判监督格局。

《人民检察院刑事抗诉工作指引》第 3 条规定,办理刑事案件,应当坚持依法、准确、及时、有效的基本要求。提出或者支持抗诉的案件，应当充分考虑抗诉的必要性。因此，刑事抗诉工作应当遵循以下基本要求：

（一）树立法治观念，依法抗诉

"依法"着眼于规范权力，强调严格依照法律规定开展刑事抗诉工作。党的十五大提出了"依法治国"的治国方略，这也是我们进行刑事抗诉工作所必须树立的首要观念。法治观念是进行刑事抗诉必须树立的首要观念，这是因为：第一，人民检察院的基本职能就是进行法律监督，它的根本任务就是维护国家法制统一和法律的正确实施。检察机关的刑事抗诉活动只有严格依法办事，才能体现法律监督职能，才能实现维护法制的根本任务。第二，检察机关是国家的专门法律监督机关，它必须成为依法办案的模范。刑事抗诉活动是在刑事诉讼领域内实施法律监督的主要活动之一。只有在抗诉时坚持有法可依，有法必依，执法必严和违法必究，才能树立检察机关在刑事诉讼领域中的权威和尊严。第三，刑事抗诉的直接目的是纠正确有错误的判决和裁定。这一目的要由检察机关和审判机关共同努力才能实现，然而只有抗诉理由在法律上确有根据才能得到审判机关的承认，只有依照法定程序提出抗诉，才能被审判机关所采纳。依法抗诉包括以下几个方面内涵：第一，只有依法对该判决、裁定拥有抗诉权的检察机关才能提出抗诉；第二，只有对确有错误的判决、裁定才能提出抗诉，所谓判决、裁定确有错误，包括认定事实、适用法律和诉讼程序等方面确有错误；第三，刑事抗诉权必须依照法定程序行使；第四，人民检察院提出抗诉时，必须提出充分的理由和确实的证据；第五，凡是提出抗诉的案件，在法院审理时必须派员出庭支持抗诉。

（二）坚持准确、慎重、及时的原则

"准确"着眼于案件质量，强调要全面准确把握刑事抗诉的条件和标准，一方面抗诉意见要准确，抗诉理由也要准确，只有这样才能促使错误的判决、裁定得到纠正。当前检察机关提起抗诉的刑事案件数量不多，与人民群众纠正司法不公的要求相比还有一定差距。另一方面抗诉质量不高的问题也比较突出。在刑事抗诉工作中，要正确处理好抗诉数量与质量的辩证关系，首先应强调质量，只有强调质量才能树立刑事抗诉的权威。在保证抗诉质量的基础上，再通过不断加大工作力度，提高抗诉案件的数量。"慎重"着眼于抗诉态度，强调要严肃、谨慎地开展抗诉工作。刑事抗诉是人民检察院进行审判监督的一项严肃的职能活动，具有必然引起刑事案件重新审理的法律效力，因此必须本着极其负责的态度审查和作出决定，既要敢于抗诉，又不能草率抗诉。同时要严格把握抗诉的基本条件，既要有错必抗，及时抗诉，又要注意规格，把握标准，善于抗诉，准确抗诉，做到既不漏抗，又不滥抗。"及时"着眼于抗诉工作的效率，强调要严格按照法律对刑事抗诉案件的期限规定，对符合抗诉条件和标准的案件，及时提出抗诉。二审程序抗诉的启动受到抗诉期限的限制，因此对时效性的要求比较严格。二审程序抗诉的期限分为两种情况：一是直接提出抗诉的期限为10日（判决）或者5日（裁定），适用对象为除最高人民法院以外各级人民法院所作出的一审判决或者裁定；二是源于请求抗诉权而提出抗诉的时间为5日，只适用于地方各级人民法院的一审判决。再审程序抗诉的启动，除省级人民检察院对高级人民法院判处死刑缓期2年执行的案件认为确有错误，一般应当在收到生效判决、裁定后3个月内提请抗诉外，其他案件启动再审程序抗诉的期限虽然法律没有严格限制，但检察机关仍应及时对生效的判决、裁定进行审查，认为确有错误的应及时提出抗诉或提请上级检察机关抗诉，以让错误的裁判及时得以纠正，维护司法的公正。

（三）充分考虑抗诉的必要性

为保障法院判决、裁定的稳定性，维护法律的尊严，对确有错误的判决、裁定，检察机关并不必然地全部通过抗诉手段予以解决。《人民检察院刑事抗诉工作指引》第三章明确规定了抗诉情形与不抗诉情形，其中第10条详细列举了一般不提出抗诉的情形。从诉讼经济的角度考虑，实践中对下列几种情形，通常认为尚未达到抗诉必需的"确有错误"的程度，一般不宜提出抗诉：（1）主要犯罪事实清楚，案件的细枝末节不清但不影响对被告人定罪量刑的。(2) 量刑有偏轻偏重的现象，但尚未超出法定量刑幅度，与被告人罪行的危害程度基本相当的。(3) 法律规定不明确或检法两家适用法律有分歧或因学术上有争论等而对裁判结论产生分歧意见的。(4) 人民法院的审判违反了诉讼程序，但尚未达到可能影响判决、裁定正确性的。(5) 判决书或裁定书存在某些技术性差错，但未影响到案件的实体结论的。(6) 证据不充分，个别证据之间存在矛盾，又不能排除合理怀疑，内部分歧意见较大的。(7) 判决、裁定认定的事实、证据正确，但认定罪名不当，而量刑幅度基本适当的。对于上述错误，人民检察院可以通过提出纠正意见或口头交换意见的形式促使法院改进工作，纠正错误，而不采用抗诉形式。

(四) 兼顾法律效果和社会效果

坚持法律效果和社会效果的统一是我们办理刑事案件包括刑事抗诉工作要坚持的原则。刑事抗诉工作要坚持法律效果，要严格依法进行，要依法使判决、裁定的错误得到纠正，从而取得良好的法律效果，这是刑事抗诉工作的基本要求，也是法治在抗诉工作中的体现。而社会效果则是对抗诉工作的综合评价，既包括抗诉过程是否公正的评价，也包括公诉结论是否正确的评价，还包括公诉效果是否有利于社会、有利于当事人的评价。通过抗诉实现良好的社会效果，是对刑事抗诉工作的更高要求。刑事抗诉工作既要纠正判决、裁定中的错误，又要赢得党委、人大、政府、社会各界和人民群众的广泛支持，要充分听取社会各界和人民群众，特别是被告人家属、被害人及其家属的意见。要考虑抗诉的结果对社会关系的稳定作用，考虑社会对抗诉结果的认同程度，考虑抗诉结果的是非观念对社会有关方面的各种影响。只有好的法律效果，没有好的社会效果，抗诉效果则是不全面、不圆满的。相反，为片面地迎合所谓的诉讼社会效果，而不顾法律效果，甚至违法处理案件，这是对法律公正、社会公正最大的破坏。因此检察机关在办理抗诉案件的过程中，要全面衡量案件的各种情况，既要克服法律虚无主义，也要反对法律至上，还要避免法律评价和社会评价的冲突。考虑抗诉的社会效果时要在法律允许的范围内进行。

刑事抗诉工作除应遵循以上基本要求外，在实践中还应当注重把握抗诉的重点，凸显抗诉的价值，避免眉毛胡子一把抓。具体而言，应当重点围绕以下四个方面开展抗诉工作：（1）为维护国家法律统一正确实施抗诉。从司法实践的情况来看，法律适用不统一的现象还比较突出，这既给抗诉工作增加了难度，也带来了机会。检察机关在开展抗诉工作时，可以通过将本地区近几年法院已判决的类案作宏观微观对比分析，探索类案抗诉新模式，破解一些长期存在的法律适用误区，以维护法律统一正确实施。（2）为统一证据标准抗诉。以审判为中心的刑事诉讼制度改革，要求公检法三机关的办案活动都要按照法定的统一证据标准和证明标准开展。对于明显违反法定的统一证据标准和证明标准的裁判，要依法提出抗诉。（3）为案件的公正处理抗诉。要全面理解把握宽严相济的刑事政策，克服片面重刑主义倾向，对于量刑畸轻的案件固然要坚决抗诉，对于量刑畸重、不利于被告人的判决，也要从维护司法公正的目的出发提出抗诉。（4）为守护民生抗诉。始终坚持把守护民生作为刑检部门践行以人民为中心司法理念的生动实践，对涉及民生民利案件，定罪不当、量刑严重失衡、法律适用错误、审判程序违法和枉法裁判的，要坚决提出抗诉。

三、刑事抗诉的工作程序

（一）二审程序抗诉的工作程序

《刑事诉讼法》第228条规定，地方各级人民检察院认为本级人民法院第一审的判决、裁定确有错误的时候，应当向上一级人民法院提出抗诉。《刑诉规则》第589条规定，上一级人民检察院对下级人民检察院按照第二审程序提出抗诉的案件，认为抗诉正确的，应当支持抗诉。故二审程序抗诉的工作程序包括同级人民检察院提出抗诉和上一级人民检察院支持抗诉两个阶段。

1. 同级人民检察院提出抗诉

（1）发现抗诉线索

提出二审程序抗诉的前提是人民法院的一审判决、裁定确有错误，根据《人民检察院刑事抗诉工作指引》第 6 条,人民检察院可以通过以下三种途径发现尚未生效判决、裁定的错误:一是承办检察官在收到人民法院第一审判决、裁定后进行审查;二是受理被害人及其法定代理人提出的抗诉请求;三是上下两级检察院对职务犯罪案件第一审判决的同步审查。

(2)承办检察官提出抗诉意见

《刑事诉讼法》第 230 条规定,不服判决的上诉和抗诉的期限为 10 日,不服裁定的上诉和抗诉的期限为 5 日,提出抗诉的法定时间很短。实行捕诉一体后,一个普通刑事案件的批捕、起诉均由同一个员额检察官办理,这也加大了承办人对于案件的熟悉程度,更有利于对一审判决认定的案件事实、证据、情节、适用法律、诉讼程序以及定罪量刑等要素的审查。《人民检察院刑事抗诉工作指引》第 18 条规定,人民检察院应当严格落实对人民法院判决、裁定逐案审查工作机制。对提起公诉的案件,在收到人民法院第一审判决书或者裁定书后,应当及时审查,承办检察官应当填写刑事判决、裁定审查表,提出处理意见。实践中一般通过"三书"(起诉意见书、起诉书、判决书)对照的方法,审查法院裁判在认定事实、证据、法律适用等方面是否存在错误及审判活动是否符合法定程序。承办检察官在审查后应填写《刑事判决、裁定审查表》,如果认为判决、裁定正确,可以在审查表公诉人意见一栏中写明"本案适用法律正确,审理程序合法,定性准确,量刑适当"的处理意见,并签名及注明审定日期,如果认为判决、裁定确有错误需要提出抗诉的,应当在填写该表的同时,写出书面抗诉意见报告,提出明确的抗诉意见。

(3)报请检察长决定抗诉

《刑诉规则》第 585 条规定,人民检察院在收到人民法院第一审判决书或者裁定书后,应当及时审查。对于需要提出抗诉的案件,应当报请检察长决定。《刑诉规则》相较于 2012 年《刑诉规则(试行)》,删除了承办人员的处理意见报公诉部分负责人审核的程序以及对案情重大、疑难、复杂的案件,由检察长提交检察委员会讨论决定是否提出抗诉的程序，表明在捕诉一体后，承办案件的员额检察官在提出抗诉的意见后直接报请检察长决定，简化了程序，加快了审查效率。

对于职务犯罪案件的抗诉，《人民检察院刑事抗诉工作指引》第21条规定，下级人民检察院在收到人民法院第一审判决书后应当在二日以内报送上一级人民检察院。上一级人民检察院认为应当抗诉的，应当及时通知下级人民检察院。下级人民检察院审查后认为不应当抗诉的，应当将不抗诉的意见报上一级人民检察院公诉部门。上一级人民检察院公诉部门不同意下级人民检察院不抗诉意见的，应当根据案件情况决定是否调卷审查。上一级人民检察院公诉部门经调卷审查认为确有抗诉必要的，应当报检察长决定或者检察委员会讨论决定。上一级人民检察院作出的抗诉决定，下级人民检察院应当执行。根据以上规定，对于职务犯罪案件，上一级人民检察院在同步审查下级人民检察院报送的法院第一审判决时认为有抗诉必要的，经检察长或检察委员会讨论决定后，可以直接作出抗诉决定，并交由下级人民检察院执行。

（4）制作刑事抗诉书

决定抗诉的案件应当制作刑事抗诉书。抗诉书是人民检察院对人民法院确有错误的判决、裁定实行法律监督，要求人民法院予以纠正的司法文书，是检察机关实行法律监督的重要法律文书，也是法院审理抗诉案件的重要依据。因此，抗诉书的制作要求很高，它既要求有针对性，明确指出原裁判存在什么错误，并针对错误之处提出具体的抗诉理由和依据，用证据说明事实，用法律说明理由；又要叙事论理简明扼要，文字精练，逻辑性强，结构严谨。刑事抗诉书应当包括下列内容：原判决、裁定情况；审查意见；抗诉理由。刑事抗诉书应当充分阐述抗诉理由。

（5）移送刑事抗诉书

抗诉书应当通过原审人民法院提出，同时还应当及时报送上一级人民检察院，以便上级检察院能及时了解、掌握情况，决定是否支持下级人民检察院提出的抗诉。抗诉书的份数，实践中参照起诉书，以一名被告人提交8份抗诉书，每增加一名被告人增加5份抗诉书为标准掌握。如果有新的证据,应一并送交原审法院,以便原审法院及时转送二审法院。

对于按第一审程序审理的再审案件,提出二审程序抗诉时,按照前述程序办理。

2. 上一级人民检察院支持抗诉

上一级人民检察院在收到下级人民检察院报送的刑事抗诉书后,通过审查抗诉书、审阅起诉书、判决书或裁定书、审阅证据材料、复核证据等活动,分析人民法院第一审判决、裁定是否确有错误,下级检察院的抗诉理由是否充分,最后作出是否支持抗诉的决定。上一级人民检察院支持或部分支持抗诉意见的,可以变更、补充抗诉理由,及时制作支持抗诉意见书,阐明支持或者部分支持抗诉的意见和理由,在同级人民法院开庭前送达人民法院,同时通知提出抗诉的人民检察院。不支持抗诉的,承办部门应当制作撤回抗诉决定书,在同级人民法院开庭之前送达人民法院,同时通知提出抗诉的人民检察院,并书面说明撤回抗诉的理由。

具体而言,上一级人民检察院应当开展以下工作:

(1) 全面审查抗诉书

上一级人民检察院在收到下级人民检察院报送的刑事抗诉书后应当进行全面审查,熟悉案件的基本情况、重点了解不同诉讼阶段认定案件事实的差异,公诉意见、判决或裁定结论有何差异,将判决或裁定的理由与抗诉理由进行对比,初步分析案件分歧的焦点所在。

(2) 全面审查案卷、制作阅卷笔录

人民检察院二审检察部门受理刑事抗诉案件均来源于同级人民法院的移送。《刑事诉讼法》第235条规定:"第二审人民法院应当在决定开庭审理后及时通知人民检察院查阅案卷",案卷材料包括公安机关的预审卷,下级检察院的检察卷,原审法院的审判卷及抗诉书。如果有新的补充材料,应与原审案卷材料一并审查。在审查原审案卷材料时,应注意起诉书、判决书、抗诉书和案卷材料之间的联系,查明原判认定的事实、证据和定罪处刑是否符合法律的规定,抗诉与原判的分歧点以及抗诉的理由与根据是否正确。全面审查案卷就是要进一步吃透案情,因此审查案卷材料不能受抗诉范围的限制,只有这样才能在支持抗诉中全面掌握情况。由于出席二审程序抗诉法庭的人员往往不是原审承办人员,案件的分歧点往往又较大,因此,制作阅卷笔录是出席二审程序抗诉法庭检察人员庭前准备工作中不可缺少的内容。阅卷笔录应写得简明扼要,重点突出,一般应包括下列内容:被告人历次口供的主要内容及前后供述是否一致;有无翻供现象;证据是否一致,一审法院审理中辩护人的辩护意见要点等、公诉人的反驳意见要点。对于二审中需要举证、质证的证据,要详细排列出先后顺序,并备好相应的法律、法规等。

(3) 提讯被告人

经过一审程序后,被告人已经知道了有关定罪量刑的证言、物证、鉴定意见等案内证据,并懂得"上诉不加刑"这样的法律规定,这时他们的心理会发生变化,想方设法寻找于己有利的辩解根据,包括寻找第一审法庭出示的各种证据之间的不足。因此,提讯被告人十分有必要。讯问时应重点针对阅卷中发现的矛盾、疑点等关键问题进行。对提出的新证据以及新交待的犯罪事实和检举他人的犯罪事实等,应予以特别重视并详细记录。同时还应注意通过讯问被告人了解人民法院的审判活动是否有违法情形。

(4) 复核主要证据

根据案件具体情况,必要时可以到案发地复核相关证据。由于二审办案人员时间紧迫,不可能对所有定案证据都进行复核,通常只要复核主要证据即可。实践中常见的是言词证据发生变化。对与原判所认定的犯罪事实存在较大矛盾的证据,一定要进行复核以确保抗诉法庭上的主动性。

(5) 出席二审程序抗诉案件法庭

《刑事诉讼法》第235条规定,人民检察院提出抗诉的案件或者第二审人民法院开庭审理的公诉案件,同级人民检察院都应当派员出席法庭。检察人员支持二审程序抗诉的任务主要有三个:一是支持下级人民检察院提出的抗诉主张,论证一审判决或者裁定中的错误。二是维护诉讼参与人的合法权利。三是对二审审判活动进行监督。关于出席二审抗诉案件法庭的基本要求、工作程序等内容，本书第三篇第十四节"出席二审法庭"中已作详细阐述，此处不再赘述。

（二）审判监督程序抗诉的工作程序

1. 发现抗诉线索

与二审程序抗诉相同，提出审判监督程序抗诉的前提也是人民法院的判决、裁定确有错误。根据《人民检察院刑事抗诉工作指引》第 8 条，检察机关可以通过以下几种途径发现生效判决、裁定的错误：

（1）指定专人审查。检察机关在收到人民法院生效的判决书、裁定书后，通过指定专人审查发现错误。

（2）受理当事人及其他相关人员的申诉。《刑事诉讼法》第 252 条规定，当事人及其法定代理人、近亲属，对已经发生法律效力的判决、裁定，可以向人民法院或者人民检察院提出申诉。《刑诉规则》第 593 条规定，当事人及其法定代理人、近亲属认为人民法院已经发生法律效力的判决、裁定确有错误，向人民检察院申诉的，由作出生效判决、裁定的人民法院的同级人民检察院依法办理。据此，检察机关可通过对当事人及相关人员的申诉进行复查发现错误。

（3）接受社会各界及有关部门转送的材料和意见。检察机关通过接受社会各界及有关部门对人民法院生效判决、裁定反映的意见及转送的相关材料，对生效判决、裁定进行审查后发现错误。

（4）通过办案质量检查和案件复查等工作发现。办案质量检查是检察机关每年都开展的常规工作，同时对群众反映强烈、法院判无罪、当事人多次申诉的特殊案件，检察机关会定期开展专项案件复查工作，通过以上两项工作对生效判决、裁定进行审查，发现错误。

（5）出现新的证据，或者在办理案件过程中发现。在法院判决、裁定生效后，检察机关根据出现的影响定罪量刑的新证据，或者在办理同案犯等相关案件中发现原生效判决、裁定存在的错误。

2. 同级人民检察院提请抗诉

《刑事诉讼法》第 254 条规定有权提起审判监督程序的主体是最高

人民检察院和作出生效判决、裁定的人民法院的上级人民检察院,因此认为同级人民法院作出的生效判决、裁定存在错误,需要提出抗诉的,同级人民检察院只能提请上级人民检察院抗诉。当然,提请抗诉并不是审判监督程序抗诉案件的必经程序,凡是本院有权按照审判监督程序提出抗诉的,可以直接作出抗诉决定,只有本院无权按照审判监督程序提出抗诉的,则应当审查决定是否提请上级人民检察院抗诉。

同级人民检察院审查是否决定提请抗诉时,承办检察人员在完成审查判决书(裁定书)、审阅案卷材料、复核主要证据等工作后,应制作《刑事抗诉案件审查报告》,提出是否提请上一级人民检察院抗诉的意见,经刑事检察部门负责人审核后,报请检察长提交检察委员会决定。经检察委员会决定提请抗诉的案件,应当制作《提请抗诉报告书》,并及时将《提请抗诉报告书》一式十份和侦查卷、检察卷、人民法院审判卷宗报送上一级人民检察院审查决定。经本院检察委员会讨论决定的,应当一并报送本院检察委员会讨论情况。

关于提请上级人民检察院按照审判监督程序抗诉的期限,根据《人民检察院刑事抗诉工作指引》第30条,原则上应当自人民法院作出裁判之日起2个月以内作出决定;需要复核主要证据的,可以延长1个月。属于冤错可能等事实证据有重大变化的案件,可以不受上述期限限制。对于高级人民法院判处死刑缓期二年执行的案件,省级人民检察院认为确有错误提请抗诉的,一般应当在收到生效判决、裁定后3个月内提出,至迟不得超过6个月。对于人民法院第一审宣判后人民检察院在法定期限内未提出抗诉,或者判决、裁定发生法律效力后6个月内未提出抗诉的案件,没有发现新的事实或者证据的,一般不得为加重被告人刑罚而依照审判监督程序提出抗诉,但被害人提出申诉或上级人民检察院指令抗诉的除外。

3. 上级人民检察院决定抗诉

上级人民检察院提出抗诉的情形有两种,一是通过自行审查发现下级人民法院生效判决、裁定确有错误,决定提出抗诉;二是收到下级人民检察院的《提请抗诉报告书》,经审查后,认为法院生效判决、裁定确有错误,下级人民检察院提请抗诉理由充分,决定提出抗诉。

上级人民检察院收到下级人民检察院的《提请抗诉报告书》后应当及时指定检察人员进行审查,承办检察人员需制作《提请刑事抗诉审查报告》。一般地,承办检察人员应按照下列步骤审查案件:(1)认真细致地阅读《提请抗诉报告书》,熟悉基本案情,重点了解不同诉讼阶段对案件事实的认定有什么不同,公诉意见、历次判决结论有何差异,并将判决理由和提请抗诉的理由进行对比,初步分析案件分歧的焦点所在。(2)审阅卷中起诉书、判决书,核对《提请抗诉报告书》所列举的公诉意见、判决结论、判决理由等内容是否存在错误。(3)审查卷中证据材料。在全面审阅的基础上,要重点审查生效判决所认定的案件事实有哪些证据证明,下一级人民检察院提请抗诉的理由有哪些证据作为依据,特别是对认定事实有分歧的,要仔细审查各个分歧意见分别有哪些证据。(4)根据卷中证据情况,提出对案件事实的初步认定意见,注意与生效判决的认定意见有没有不同。(5)列出案件分歧的焦点问题,包括事实认定、证据认定以及法律适用上的分歧等。(6)分析生效判决是否存在错误,提请抗诉的理由中哪些成立、哪些不成立以及是否存在疏漏,确定抗诉或不抗诉的意见。(7)根据案件具体情况,应当提讯被告人、复核主要证据或者提取新证据。(8)根据复核证据的情况,进一步提出认定事实、证据和法律适用的意见,分析判决是否确有错误,抗诉理由是否充分,最后得出抗诉或不抗诉的意见,经刑事检察部门负责人审核后,报请检察长提交检察委员会决定。[①]

关于上级人民检察院审查审判监督程序抗诉案件的期限,根据《人民检察院刑事抗诉工作指引》第33条的规定,原则上应当自收案之日起一个半月以内作出决定;需要复核主要证据或者侦查卷宗在15册以上的,可以延长1个月;需要征求其他单位意见或者召开专家论证会的,可以再延长半个月。上级人民检察院审查下一级人民检察院提请

[①] 孙谦主编:《〈人民检察院刑事诉讼规则(试行)〉理解与适用》,中国检察出版社2012年版,第440页。

抗诉的刑事申诉案件，应当自收案之日起3个月以内作出决定。属于冤错可能等事实证据有重大变化的案件，可以不受上述期限限制。有条件的地方，应当再自行缩短办案期限；对原判死缓而抗诉要求改判死刑立即执行的案件，原则上不得延长期限。

4. 提出抗诉

上一级人民检察院决定抗诉后，应当制作《刑事抗诉书》，向同级人民法院提出抗诉。如果是以有新的证据证明原判决、裁定认定的事实确有错误为由提出抗诉的，在提出抗诉时应附随新的证据目录、证人名单和主要证据复印件或照片。此外，还应当将抗诉书副本报送上一级人民检察院。

5. 出席再审法庭

根据《刑事诉讼法》第256条第2款的规定，人民法院开庭审理的再审案件，同级人民检察院应当派员出席法庭。再审案件的审理程序，一种是按照第一审程序审理，另一种是按照第二审程序审理，因此检察人员出席再审法庭与出席一审、二审法庭的程序是基本一致的，都是需要经过法庭调查、法庭辩论两个环节，具体流程和技巧在前面章节已论述，此处不再赘述。但再审抗诉案件法庭审理与一审法庭审理的任务不同，再审抗诉案件法庭审理的任务是通过开庭，针对原审人民法院作出的判决、裁定认定的事实是否清楚、证据是否确实、充分、适用法律是否准确、量刑是否适当、诉讼程序是否合法以及抗诉意见是否有理等进行全面审理，并依法重新作出判决、裁定，而一审法庭审理的任务则是围绕起诉指控的内容，查清案件事实，并依照刑法对被告人是否有罪、应否受到刑罚处罚以及如何处罚作出裁决。由于法庭审理所承担的任务不同，因此出席再审法庭的检察人员在法庭调查阶段的讯问被告人、询问被害人、证人、举证质证，法庭辩论阶段发表出庭检察员意见均应围绕抗诉意见展开，以支持抗诉的理由为出庭目标，对原审判决、裁定没有错误的部分则不再详细调查及发表意见。

6. 对再审判决、裁定的继续监督

《刑事诉讼法》第256条规定，人民法院按照审判监督程序重新审判的案件，如果原来是第一审案件，应当依照第一审程序进行审判，所作的判决、裁定可以上诉、抗诉；如果原来是第二审案件，或者上级人民法院提审的案件，应当按照第二审程序进行审判，所作的判决、裁定是终审的判决、裁定。据此，如果检察机关再审抗诉的案件是原一审案件，那么法院根据审判监督程序重新审判后作出的判决、裁定，检察机关应当继续对新作出的判决、裁定进行监督，认为确有错误的，应当在法定期限内按照第二审程序提出抗诉；如果检察机关再审抗诉的案件是原二审案件或者是上级人民法院提审的，那么法院根据审判监督程序重新审判后作出的判决、裁定则是终审的判决、裁定，检察机关认为仍然有错误需要提出抗诉的，则应当按照审判监督程序提出。

四、相关文书的制作

（一）《刑事抗诉书》（二审程序抗诉适用）

【文书格式】

××××人民检察院

刑事抗诉书

（二审程序适用）

××检××诉刑抗〔20××〕×号

×××人民法院以××号刑事判决（裁定）书对被告人×××（姓名）××（案由）一案判决（裁定）……（判决、裁定结果）。本院依法审查后认为（如果是被害人及其法定代理人不服地方各级人民法院第一审的判决而请求人民检察院提出抗诉的，应当写明这一程序，然后再写"本院依法审查后认为"），该判决（裁定）确有错误（包括认定事实有误、适用法律不当、审判程序严重违法），理由如下：

……（根据不同情况，理由从认定事实错误、适用法律不当和审判程序严重违法等几个方面阐述。）

综上所述……（概括上述理由），为维护司法公正，准确惩治犯罪，依照《中华人民共和国刑事诉讼法》第二百二十八条的规定，特提出抗诉，请依法判处。

此致

_____人民法院

×××× 人民检察院
20×× 年 × 月 × 日
（院印）

附件：1. 被告人 ××× 现羁押于 ×××（或者现住 ×××）

2. 其他有关材料

【制作说明】

二审程序适用的刑事抗诉书由首部、原审判决（裁定）情况、检察院审查意见和抗诉理由、结论意见和要求、尾部、附注组成：

一、首部

注明所在省（自治区、直辖市）的名称，不能只写地区级市、县、区院名；如果是涉外案件，要冠以"中华人民共和国"字样。

二、原审判决、裁定情况

1. 不写被告人的基本情况。

2. 案由，如果检法两家认定罪名不一致时，应该分别表述。

3. 如果调查/侦查、起诉、审判阶段没有超时限等程序违法现象时，不必写明公安、检察与法院的办案经过，只简要写明法院判决、裁定的结果。

三、审查意见

这一部分的内容是检察机关对原审判决（裁定）的审查意见，目的是明确指出原审判决（裁定）的错误所在，告知二审法院，检察院抗诉的重点是什么。这部分要观点鲜明，简明扼要。

四、抗诉理由

针对事实确有错误、适用法律不当或审判程序严重违法等不同情况，述写抗诉理由。

1. 如果法院认定的事实有误，则要针对原审裁判的错误之处，提出纠正意见，强调抗诉的针对性。对于有多起"犯罪事实"的抗诉案件,只叙写原判决(裁定)认定事实不当的部分,认定事实没有错误的,可以只肯定一句"对……事实的认定无异议"即可。突出检、法两家的争议重点,体现抗诉的针对性。对于共同犯罪案件,也可以作类似处理,即只对原判决(裁定)漏定或错定的部分被告人犯罪事实作重点叙述,对其他被告人的犯罪事实可简写或者不写。

关于"证据部分",应该在论述事实时有针对性地列举证据,说明证据的内容要点及其与犯罪事实的联系。

刑事抗诉书中不能追诉起诉书中没有指控的犯罪事实。

如有自首、立功等情节,应在抗诉书中予以论述。

2. 如果法院适用法律不当,主要针对犯罪行为的本质特征,论述应该如何认定行为性质,从而正确适用法律。要从引用罪状、量刑情节等方面分别论述。

3. 如果法院审判程序严重违法,抗诉书就应该主要根据刑事诉讼法及有关司法解释,逐个论述原审法院违反法定程序的事实表现,再写明影响公正判决的现实或可能性,最后阐述法律规定的正确诉讼程序。

五、结论性意见、法律根据、决定和要求事项

刑事抗诉书中结论性意见应当简洁、明确。在要求事项部分,应写明"特提出抗诉,请依法判处"。

六、尾部

署名方式,署检察院名称并盖院印。

七、附注

对于未被羁押的原审被告人,应将住所或居所明确写明。证据目录和证人名单如果与起诉书相同可不另附。

【文书示例】

××××市人民检察院

刑事抗诉书

××检××诉刑抗〔20××〕×号

××市中级人民法院以(××××)××中刑一初字第××号刑事判

决书对被告人胡某某故意杀人案作出判决，认为被告人胡某某构成故意杀人罪的事实不清，全案证据达不到确实、充分的证明标准，不能排除凶手另有他人的合理怀疑，判处被告人胡某某无罪。本院依法审查后认为，本案认定被告人胡某某犯有故意杀人罪，事实清楚，证据确实充分，一审判决判处被告人胡某某无罪属于定性错误。

一、本案认定被告人胡某某犯有故意杀人罪的犯罪事实都有证据证明，且所有证据均经法定程序查证属实。

本案经过3次庭审，公诉机关共向法庭提交了物证、书证、证人证言、被告人胡某某在侦查阶段的有罪供述及其同步录音录像、现场勘查笔录、鉴定意见等近百份证据，所有的证据均经法定程序查证属实。

（一）有多个客观证据证实被告人胡某某实施了故意杀死王某某的犯罪行为。

1. 案发当日公安机关在胡某某家提取沾有血迹的套鞋和手电筒程序合法，可以作为定案证据。

2. 从胡某某家中提取的套鞋以及手电筒上的血迹，经DNA鉴定，是死者王某某的血迹，可以证明被告人胡某某与王某某的死亡有关系。

3. 在现场尸体旁提取的鞋印，经技术人员与胡某某家搜出套鞋比对，现场鞋印与样本鞋印的鞋底掌区花纹为同种类型鞋，可以证明存在被告人胡某某穿套鞋到现场作案的可能。

4. 从胡某某家提取套鞋和手电筒系胡某某本人所持有，根据证人蔡某某、胡某甲的证言，可以排除他人接触、使用这2个物品的可能。

（二）被告人胡某某在侦查阶段的有罪供述应当作为本案的定案证据。一审判决以胡某某发育迟滞，其供述证明力低，其有罪供述无法与本案其他证据相互应证，认为胡某某的有罪供述不能作为本案的定案依据与事实不符，且不符合法律规定。

1. 根据《中华人民共和国刑事诉讼法》第五十四条规定，只有采取刑讯逼供等非法方法收集的被告人供述才属于排除对象，目前没有任何证据证实胡某某的有罪供述系公安机关采取刑讯逼供等非法方法取得，不属于非法证据，不应当予以排除。

2. 胡某某的第一次有罪供述的同步录音录像真实记录了胡某某从拒不

供述到自愿交待自己杀害王某某的全过程。同时通过走访群众，三次开庭审理，可知胡某某思维清晰，表述清楚，有较强的自我保护能力，一审判决以胡某某精神发育迟滞为由认定其供述的证明力较常人低与事实不符。

3. 被告人胡某某的有罪供述与现场勘查笔录、尸检报告、证人证言等证据是相互吻合的，且存在先供后证的情况。

（1）被告人胡某某的有罪供述与现场勘查笔录、尸检报告、证人证言等证据是相互吻合的。胡某某供述自己因为一只狗的归属与王某某发生口角，进而杀害了王某某，其犯罪的动机与证人侯某某等证人证言相吻合，且有多名证人证实这只狗案发后仍在王某某的房屋内；胡某某供述其使用木棍、砧板杀害被害人，并使用锄头掩盖被害人血迹，这与现场勘查提取的物证一致，同时胡某某描述的砧板等的大小、锄头的长短与现场提取的物证基本一致；胡某某供述其用砧板反复击打被害人头面部，与王某某尸体检验报告相吻合；胡某某供述被害人被其用砧板击打倒在堂屋后，其将尸体从堂屋里面拖到屋外地坪，后又拖至路旁的小路上，该拖行路线与现场勘查发现的地面拖痕和野草倒伏的方向相吻合。

（2）被告人胡某某的供述存在先供后证的情况。胡某某第一次有罪供述是2012年10月8日，他供述了木棍打断与水壶变形的情况，2012年10月9日公安机关对案发现场重新勘查，发现了胡某某供述中涉及木棍和烧水壶，该木棍被打断成二截，接口处可以相互吻合；烧水壶上面有变形的痕迹。胡某某2012年10月8日供述其是用木棍打击王的头部后又用砧板打击王头面部，用锄头挖泥土，2012年10月15日作出的尸检报告体现死者王某某因被他人以钝器多次打击头面部，致严重的颅脑损伤而死亡，此后调取的物证及鉴定意见，证实砧板和锄头的血迹均是王某某的血迹，这些符合《最高人民法院关于适用〈中华人民共和国刑事诉讼法〉的解释》第一百零六条的规定"根据被告人的供述、指认提取到了隐蔽性很强的物证、书证，且被告人的供述与其他证明犯罪事实发生的证据相互印证，并排除串供、逼供、诱供等可能性的，可以认定被告人有罪"。

故一审判决认为被告人胡某某的有罪供述无法与本案其他证据相互印证，不仅与事实不符而且违反了法律规定。

（三）全案证据已形成完整的证明体系。

全案证据已经形成锁链，证明被告人胡某某有作案动机，作案时间和作案能力，同时结合案发后，胡某某实施的掩盖犯罪、逃避处罚的行为等情况，全案证据已经形成了完整的证明体系。

二、综合全案证据，本案已排除凶手另有他人的合理怀疑

一审判决认为，根据法医推测，死者有可能在10月7日零时前后死亡，而证人王某甲、易某某证明在案发当晚23点多，王某某家门前路上有一辆摩托车在缓慢起步，旁边菜地里有一人拿着手电筒照射，因此本案不能排除他人作案的合理怀疑，与事实不符。

（一）一审判决根据法医推测，认定死者有可能在10月7日零时前后死亡与事实不符。法医推测死者王某某死亡时间有两个，一是距尸检时间12小时，即死亡时间约为10月6日23时至10月7日凌晨；二是餐后2小时左右，即死亡时间为10月6日20时到21时。因此根据法医推测不能认定王某某死亡时间就在10月7日零时前后。

（二）一审判决根据证人王某甲、易某某的证言，认定不能排除他人作案的可能与事实不符。

1. 证人证明摩托车停留的位置，虽然位于胡某某用锄头掩埋草丛中残留的血迹的附近，但该位置既可能是王某某屋前的地坪，即胡某某掩盖血迹的地方，也有可能是王某某屋正前方的小路上，而这个地方恰好是平常行人经过的地方，证人亦证实附近有上晚班的工人。

2. 易某某证实当晚他与王某甲一起经过王某某家附近时，看见了摩托车灯光，但没有听见狗叫。王某某屋的狗没叫，意味着该摩托车没有进入狗的领地——王某某屋前的地坪，只是经过王某某屋正前方的小路。

3. 根据证人证言，可得知摩托车停留的位置与发现王某某尸体处，分别位于王某某屋前和屋侧面的两条小路，骑摩托车的人不可能发现王某某尸体。

4. 根据尸检报告及现场勘查笔录可知被害人尸体被抛弃至路旁，其头部、面部血肉模糊，系多次反复的钝器打击所至。如果是正常的劫财，作案人不会将尸体打成这样并将尸体从家中拖出并抛至路旁，如果是仇杀，作案人也不会将尸体抛掷路旁。根据调查，死者王某某平时与人为善，系

五保户，不存在仇家，此案只有可能是头脑简单，智力低下的人作案，胡某某符合此条件，本案虽然有与摩托车有关的人经过王某某屋前小路，但可以排除凶手另有他人的合理怀疑。

综上所述：一审判决认为认定被告人胡某某犯有故意杀人罪主要事实不清，证据不足，判处被告人胡某某无罪，属于过分纠缠无关细节，理由牵强，定性错误，为维护司法公正，准确惩治犯罪，依照《中华人民共和国刑事诉讼法》第二百一十七条之规定，特提出抗诉，请依法判处。

此致

＿＿＿＿＿＿＿省高级人民法院

××××人民检察院

20××年×月×日

（二）《支持刑事抗诉意见书》

关于该文书的制作说明、格式样本等在本书第三篇第十四节"出席二审法庭"中已有详细说明，此处不再赘述。

（三）《提请抗诉报告书》

【文书格式】

××××人民检察院

提请抗诉报告书

××检××提抗〔20××〕×号

＿＿＿＿＿＿＿人民检察院：

本院于＿＿＿年＿＿＿月＿＿＿日收到＿＿＿＿＿＿人民法院＿＿＿年＿＿＿月＿＿＿日对被告人＿＿＿＿＿＿涉嫌＿＿＿＿＿＿一案的＿＿＿＿＿＿号刑事判决（裁定）书。经本院审查认为：该判决（裁定）确有错误。现将审查情况报告如下：

一、原审被告人基本情况

原审被告人（写明姓名、性别、出生年月日、户籍地、住址、公民身份号码、民族、文化程度、职业或者工作单位及职务、住址、曾受到行政处罚、刑事处罚的情况、采取临时保护性约束措施的情况等）。

……（一人有多个强制措施的，按强制措施序号以上述格式添加）。

多个原审被告人的，按上述要求分别列明。

二、诉讼经过

……

三、审查认定后的犯罪事实

……

四、一审法院、二审法院的审判情况

……

五、判决、裁定错误之处，提请抗诉的理由和法律根据

……

六、本院检察委员会讨论情况

……

为保证法律的统一正确实施，特提请你院通过审判监督程序对此案提出抗诉。现将本案案卷随文上报，请予审查。

附件：

1. 卷宗一册
2. 原审被告人现在处所

20××年×月×日

（院印）

【制作说明】

一、本文书依据《中华人民共和国刑事诉讼法》第二百五十四条第三款的规定制作。为人民检察院审查发现同级人民法院已经生效的判决、裁定确有错误而提请上级人民检察院依法抗诉时使用。

二、本文书一份附卷，提请最高人民检察院抗诉时报二十二份；提请其他上一级人民检察院抗诉时根据各地要求份数上报。

（四）《刑事抗诉书》（审判监督程序适用）

【文书格式】

×××× 人民检察院
刑事抗诉书
（审判监督程序适用）

××检××审刑抗〔20××〕×号

原审被告人……（依次写明姓名、性别、出生年月日、民族、职业、单位及职务、住址、服刑情况。有数名被告人的，依犯罪事实情节由重至轻的顺序分别列出）。

×××人民法院以×××号刑事判决书（裁定书）对被告人×××（姓名）×××（案由）一案判决（裁定）……（写明生效的一审判决、裁定或者一审及二审判决、裁定情况）。经依法审查（如果是被告人及其法定代理人不服地方各级人民法院的生效判决、裁定而请求人民检察院提出抗诉的，或者有关人民检察院提请抗诉的，应当写明这一程序，然后再写"经依法审查"），本案的事实如下：

……（概括叙述检察机关认定的事实、情节。应当根据具体案件事实、证据情况，围绕刑法规定该罪构成要件特别是争议问题，简明扼要地叙述案件事实、情节。一般应当具备时间、地点、动机、目的、关键行为情节、数额、危害结果、作案后表现等有关定罪量刑的事实、情节要素。一案有数罪、各罪有数次作案的，应当依由重至轻或者时间顺序叙述。）

本院认为，该判决（裁定）确有错误（包括认定事实有误、适用法律不当、审判程序严重违法），理由如下：

……（根据情况，理由可以从认定事实错误、适用法律不当和审判程序严重违法等几方面分别论述。）

综上所述……（概括上述理由），为维护司法公正，准确惩治犯罪，依照《中华人民共和国刑事诉讼法》第二百五十四条第三款的规定，对×××

法院×××号刑事判决（裁定）书，提出抗诉，请依法判处。

此致
_____人民法院

×××× 人民检察院
20××年×月×日
（院印）

附件：1. 被告人×××现服刑于×××（或者现住××××）
2. 其他有关材料

【制作说明】

审判监督程序适用的刑事抗诉书由首部、原审被告人基本情况、生效判决或裁定概况、对生效判决或裁定的审查意见（含事实认定）、抗诉理由、抗诉决定、尾部、附注组成。

一、首部

写明所在省（自治区、直辖市）的名称，不能只写地市院名；如果是涉外案件，要注明"中华人民共和国"的字样。

二、原审被告人基本情况

被告人出生日期、住址等；被告人的公民身份号码、户籍地；刑满释放或者假释的具体日期等。

三、诉讼过程、生效判决或裁定概况

如果是一审生效判决或裁定，不仅要写明一审判决或裁定的主要内容，还要写明一审判决或裁定的生效时间。如果是二审终审的判决或裁定，应该分别写明一审和二审判决或裁定的主要内容，此外，还应该写明提起审判监督程序抗诉的原因。

四、对生效判决或裁定的审查意见（含事实认定）

1. 事实认定与证据

对于原审判决、裁定中认定的事实或新发现的事实、证据，应该作比较详细的介绍。

2. 审查意见

这一部分的内容是检察机关对原判决（裁定）的审查意见，目的是明确指出原判决（裁定）的错误所在，告知再审法院，检察院抗诉的重点是什么。这部分要观点鲜明，简明扼要。

五、抗诉理由

针对事实确有错误、适用法律不当或审判程序严重违法等不同情况，述写抗诉理由。

1. 如果法院认定的事实有误，则要针对原审裁判的错误之处，提出纠正意见，强调抗诉的针对性。对于有多节"犯罪事实"的抗诉案件，只叙述原判决（裁定）认定事实不当的部分，认定没有错误的，可以只肯定一句"对……事实的认定无异议"即可。突出检、法两家的争议重点，体现抗诉的针对性。对于共同犯罪案件，也可以类似地处理，即只对原判决（裁定）漏定或错定的部分被告人犯罪事实作重点叙述，对其他被告人的犯罪事实可简写或不写。

关于"证据部分"，应该在论述事实时有针对性地列举证据，说明证据的内容要点及其与犯罪事实的联系。

刑事抗诉书中不能追诉起诉书中没有指控的犯罪事实。如有自首、立功等情节，应在抗诉书中予以论述。

2. 如果法院适用法律不当，主要针对犯罪行为的本质特征，论述应该如何认定行为性质，从而正确适用法律。要从引用罪状、量刑情节等方面分别论述。

3. 如果法院审判程序严重违法，抗诉书就应该主要根据刑事诉讼法及有关司法解释，逐个论述原审法院违反法定诉讼程序的事实表现，再写明影响公正判决的现实或可能性，最后阐述法律规定的正确诉讼程序。

六、结论性意见、法律根据、决定和要求事项

结论性意见应当简洁、明确。在要求事项部分，应写明"特提出抗诉，请依法判处。"

七、尾部

署名方式，署检察院名称并盖院印。

【文书示例】

××××人民检察院
刑事抗诉书
××检××审刑抗〔20××〕×号

原审被告人周某某，男，1970年6月29日出生于湖南省××县，居民身份证号码430624××××××××1837，汉族，大学文化，住岳阳市岳阳楼区××小区××号。因涉嫌受贿罪，2013年4月1日经××市××区人民检察院决定指定居所监视居住，2013年5月30日经××市××区人民检察院决定解除监视居住，同日由××市××区人民检察院决定取保候审。2014年5月28日，由××市××区人民检察院决定解除取保候审。

××市××区人民法院以（2016）湘0603刑初××号刑事判决书对被告人周某某犯洗钱罪，判处有期徒刑2年，缓刑3年，并处罚金人民币40万元。经依法审查，本案的事实如下：

原审被告人周某某与丁某某（另案处理）系大学同学，周某某在明知丁某某系国家工作人员，交给其保管的巨额钱财明显与丁某某的职业收入及财产状况不相符的情况下，仍听从丁某某的安排先后提供了以其名义开户的建设银行卡账号及工商银行卡账号。在2009年7月至2011年4月间，其提供的名下账户先后接受了丁某某受贿所得的赃款1315.99948万元。同时在丁某某的指示下，周某某通过转账、提现等方式协助丁某某转移受贿所得的赃款。并将其中剩余的215万元，在丁某某的同意下自行放贷收息。为了隐瞒上述资金款项的真实来源和去向，在丁某某案发前，周某某先后八次接受丁某某指示，与何某某等相关人员统一口径，以确保在有人调查时撇清这些款项与丁某某的关系。至案发时止，周某某从丁某某安排打入其账户的钱中赚取了放贷利息及银行利息共计102.443206万元。丁某某案发后，××市人民检察院对丁某某及何某某收受的赃款及赃款孳息进行了追缴，其中，依法扣押了周某某用于自行放贷的赃款及违法所得。

本院认为，该判决适用法律错误、量刑畸轻，理由如下：

一、原审判决认定原审被告人周某某系洗钱罪的从犯属于适用法律错误。

原审判决认定原审被告人周某某在洗钱犯罪中是受丁某某指示，起辅助作用，系从犯，欠缺法律依据，属适用法律错误。如果将周某某听从丁某某指示实施的洗钱犯罪行为评价为洗钱罪的从犯，势必应当认定丁某某构成洗钱罪的主犯。本案中的涉案款项为丁某某受贿所得，系洗钱罪的上游犯罪，其为了掩饰、隐瞒受贿赃款的真实来源及性质而实施的转移资金的行为属不可罚的事后行为，不能评价为洗钱罪。××市中级人民法院也没有认定丁某某犯有洗钱罪。因此，原审判决认定原审被告人周某某系洗钱罪的从犯属于适用法律错误，据此对周某某从轻、减轻处罚不符合法律规定。

二、原审判决对原审被告人周某某判处40万元罚金的附加刑，属量刑畸轻。

根据《中华人民共和国刑法》第一百九十一条的规定，犯洗钱罪的"处五年以下有期徒刑或者拘役，并处或者单处洗钱数额百分之五以上百分之二十以下罚金；情节严重的，处五年以上十年以下有期徒刑，并处洗钱数额百分之五以上百分之二十以下罚金"。原审判决认定周某某洗钱数额为1315.99948万元，根据刑法规定，本案罚金的下限为人民币65.79997万元，对周某某应当处65.79997万元以上罚金的附加刑。因此，原审判决对原审被告人周某某"并处罚金40万元"不符合刑法规定，量刑畸轻。

综上所述，为维护司法公正，准确惩治犯罪，依照《中华人民共和国刑事诉讼法》第二百四十三条第三款的规定，对××市××区人民法院（2016）湘0603刑初××号刑事判决书，提出抗诉，请依法判处。

此致
××××市中级人民法院

××××市人民检察院
20××年×月×日
（院印）

附：被告人周某某现住××市××区××小区

五、刑事抗诉的审查要点

《刑诉规则》对应当提出二审程序抗诉的情形和应当提出审判监督程序抗诉的情形分别作出了规定。其中第584条列举了人民检察院对同级人民法院第一审判决、裁定应当提出抗诉的6种情形：（1）认定的事实确有错误或者据以定罪量刑的证据不确实、不充分的；（2）有确实、充分证据证明有罪判无罪，或者无罪判有罪的；（3）重罪轻判，轻罪重判，适用刑罚明显不当的；（4）认定罪名不正确，一罪判数罪、数罪判一罪，影响量刑或者造成严重社会影响的；（5）免除刑事处罚或者适用缓刑、禁止令、限制减刑错误的；（6）人民法院在审理过程中严重违反法律规定的诉讼程序的。第591条第1款列举了人民检察院对人民法院已经发生法律效力的判决、裁定应当按照审判监督程序提出抗诉的10种情形：（1）有新的证据证明原判决、裁定认定的事实确有错误，可能影响定罪量刑的；（2）据以定罪量刑的证据不确实、不充分的；（3）据以定罪量刑的证据依法应当予以排除的；（4）据以定罪量刑的主要证据之间存在矛盾的；（5）原判决、裁定的主要事实依据被依法变更或者撤销的；（6）认定罪名错误且明显影响量刑的；（7）违反法律关于追诉时效期限的规定的；（8）量刑明显不当的；（9）违反法律规定的诉讼程序，可能影响公正审判的；（10）审判人员在审理案件的时候有贪污受贿，徇私舞弊，枉法裁判行为的。

从以上规定来看，提起二审程序抗诉的情形与提起审判监督程序抗诉的情形既有共同之处，又有各自的侧重。两者的共同之处在于都是针对确有错误的判决、裁定而提出，而判决、裁定存在错误的情形主要是认定事实有错误、定罪量刑的证据未达到证明标准、适用法律错误、量刑不当及审理违反法定程序。两者的不同之处在于提起审判监督程序抗诉比提起二审程序抗诉的标准更高，要求更严格。如法院判决认定罪名错误，影响量刑的就可以提起二审程序抗诉，而审判监督程序抗诉则要求明显影响到量刑时才能提起。这是由两者抗诉对象的不同所决定的。审判监督程序抗诉的对象是已经生效的判决、裁定，有的甚至已经执行完毕，启动审判监督程序抗诉意味着要将已生效甚至已执行完毕的判决、裁定推翻，势必会对司法公信力产生影响，因此要更加慎重，同时也要更多地考虑抗诉的必要性及抗诉的法律效果与社会效果的平衡。

根据《刑诉规则》对提出抗诉情形的规定以及司法实践经验，在对法院判决、裁定进行审查时应主要从以下几个方面着手：

（一）是否存在事实认定、证据采信错误

事实是案件成立的客观依据，是适用法律的客观基础。对判决书认定事实的审查，主要是看判决书与起诉书认定的事实是否一致、列举的证据是否被采信，只有在认真审查事实和证据的基础之上，才能判断法院判决认定的罪名是否准确，是否罪罚相当。

【案例】敖某某贩卖毒品、非法持有毒品案

某市某区人民法院对被告人敖某某涉嫌贩卖毒品罪、非法持有毒品罪一案判决被告人敖某某犯非法持有毒品罪，判处有期徒刑1年4个月，并处罚金5000元。经该区人民检察院依法审查后认为，一审判决以证据不足为由否定被告人敖某某贩卖毒品的事实，属于认定事实错误。对于被告人敖某某贩卖毒品的事实，一审判决认为该事实的毒品来源存在矛盾，证人庞某某的证言前后矛盾，被告人敖某某供述前后反复，因此对于起诉书指控被告人敖某某贩卖毒品40克给庞某某的事实不予认定。但检察机关认为一审判决忽视了认定犯罪事实的主要证据，仅因部分证据模糊而否认被告人敖某某贩卖毒品的全部事实，属于审查判断证据错误导致认定事实错误。被告人敖某某贩卖毒品的客观证据取证程序合法，被告人的供述和证人证言相互印证，应当予以采信。一审法庭审理中，公诉机关向法庭出示了庞某某与被告人敖某某的通话记录、微信转账截图、扣押物证照片。这些客观证据显示敖某某与庞某某有过多次通话记录，电话联系后庞某某用微信转账2250元给了敖某某。结合敖某某在侦查机关的有罪供述与庞某某的多次证言可知，二人之前并不相识，仅因网吧人员介绍为购买毒品而联系，微信转账的2250元是毒资。对于这些客观证据敖某某和庞某某在一审法庭上均予以认可，检察院认为这些客观证据应当充分评价后予以采信。且本案无

非法证据需要排除,证人庞某某的多次证言虽有部分模糊,但能作出合理说明,不属于前后不一,应当予以采信。证人庞某某在侦查、审查起诉阶段以及庭审过程中,均证实其与敖某某联系是为了购买毒品,购买毒品后通过微信转账 2250 元。虽然其在审查起诉和庭审中不能详细证实冰毒的具体数量,但证实了至少有几十克,无明显矛盾之处。庞某某作为一名吸毒人员因吸食毒品、时间久远,而导致记忆模糊,符合常理和事实,所以对于庞某某证实其从敖某某处购买冰毒 40 克的事实应当予以采信。市中级人民法院最终采纳了检察机关的抗诉意见,认定敖某某贩卖毒品的事实成立,改判敖某某有期徒刑 13 年,剥夺政治权利 1 年,并处罚金 3 万元。

（二）是否存在定罪量刑的证据不确实、不充分

证据确实、充分是对被告人定罪量刑的前提和基础。证据"确实"强调的是证据的客观真实性。在司法实践中,有很多的错误裁判就出现在证据的客观真实性上,比如经常出现的假立功、假自首现象。立功、自首情节的认定主要是依据侦查机关出具的立功情况说明、到案经过及相关材料,但由于部分侦查人员对自首、立功相关规定的理解把握不到位或者受当事人及其家属、辩护人的请托而随意、违法出具自首、立功材料,因此经常出现自首、立功存在造假的情形,故在审查法院判决时应当将自首、立功等量刑方面的证据纳入审查的重点。

【案例】李某某强奸案

2008 年 6 月 25 日晚,被告人李某某伙同吕某某商议找个小妮子"聊聊"。26 日凌晨,被告人李某某伙同吕某某将被害人冯某挟持至吕某某姑姑家的西屋,李某某强行对冯某进行了奸淫,后李某某离开,吕某某进入屋内又对冯某实施了奸淫。被告人李某某在看守所羁押期间,检举揭发他人涉嫌犯罪,某县公安局民警李某春开具了李某某检举揭发他人犯罪查证属实的情况说明。

2009 年 4 月 24 日,该县人民法院以李某某犯强奸罪,具有立功情节,减轻处罚,判处其有期徒刑 8 年。

该市人民检察院在进行自首立功案件专项检查中发现,一审法院系

根据李某某在看守所提交的检举揭发材料以及某县公安局民警李春某开具的李某某检举揭发他人犯罪查证属实的情况说明来认定立功。经审查，李某某向看守所出具检举揭发他人犯罪材料的次日，公安机关即出具了立功证明材料，一般而言，公安机关查证检举揭发是否属实需要经过一段时间的调查，而本案仅在次日就出具了检举揭发属实的证明材料，不符合办案规律。该市人民检察院展开深入调查，发现民警李某春系收受了李某某的辩护律师李希某3000元后出具的虚假证明材料，将一个没有犯罪嫌疑人的强奸案安在诈骗犯罪嫌疑人秦某头上，又通过李希某让李某某主动揭发，李某某的立功材料系造假，该市人民检察遂于2014年9月11日按照审判监督程序向该市中级人民法院提出抗诉，最终市中级人民法院改判李某某不构成立功，判处有期徒刑10年。①

（三）是否存在法律适用错误

任何刑事判决都离不开事实根据和法律根据，刑事判决的成立不仅在认定事实上必须真实、清楚，证据上必须确实、充分，而且在适用法律条款及刑罚的具体裁量上也必须正确、无误。对适用法律条款的审查涉及范围很广，具体可分为两类：一是对适用实体法条款的审查。主要审查判决、裁定引用的法律条款是否有效、齐全、准确，具体的判决内容是否都有相应的法律依据，对法规竞合、法律冲突的选择原则是否正确等。二是对适用程序法条款的审查。主要审查判决、裁定在确认人民法院在审判活动中作出的每一个有关程序性裁决时有无法律依据，这一法律依据是否有效等。对适用程序法条款的审查主要集中在对裁定的审查上。

司法实践中，法院判决、裁定出现法律适用错误的情形主要有以下几种：一是法律条文引用错误；二是适用了失效的法律规定；三是违反了法律溯及力的规定；四是应该适用特别法却适用了普通法；五是犯罪形态认定错误；六是缓免刑适用错误等。

---

① 陈国庆主编：《刑事抗诉典型案例评析》，中国检察出版社2017年版，第86页。

【案例】罗某某单位行贿案

被告人罗某某自2013年上半年至2014年底在某砂石公司担任总经理助理。在2013年6月下旬至2014年7月间，该公司通过不开具"河道砂石采运凭单"的方式，大量盗采砂石。为逃避水务局砂石稽查大队检查，被告人罗某某在公司总经理廖某某的授意下，找到水务局砂石稽查大队工作人员黄某某，请黄某某从中斡旋，让稽查队的负责人员对该公司未开具"砂票"的运砂船予以放行，并按所放无"砂票"的船只数给予相关工作人员好处费。该公司盗采砂石期间，被告人罗某某多次向黄某某行贿共200多万元，并由黄某某将贿赂款分给砂石稽查队的相关负责人。

一审法院认为，某砂石公司为谋取不正当利益而向国家机关工作人员行贿，情节严重，被告人罗某某作为该单位经理助理，系行贿行为的联系人及具体实施者，应当认定为直接责任人员，以单位行贿罪追究其刑事责任。一审法院以单位行贿罪判处罗某某有期徒刑2年，并处罚金20万元。检察机关经过对一审判决的审查发现，被告人罗某某参与实施单位行贿的行为发生在2013年6月至2014年7月间，而对单位行贿直接责任人员并处罚金的规定为2015年11月1日实施的《刑法修正案（九）》新增，根据"从旧兼从轻"的原则，对被告人罗某某应当适用修改之前的刑法，不应并处罚金。故此，检察机关以一审判决适用法律错误为由，提出抗诉。市中院采纳了抗诉意见，依法予以改判被告人罗某某有期徒刑2年，删除了罚金刑部分的判决。

【案例】邓某某、黄某某抢劫案

2012年9月16日15时许，被告人邓某某伙同黄某某驾驶一辆红色两轮摩托车在某市红易大道某大市场农业银行对面，趁正在驾驶摩托车的被害人李某某不备，抢走其脖子上的金项链一条，并迅速驾车逃离现场。在逃跑过程中，两人骑摩托车摔倒在地，被告人黄某某被李某某及周围群众当场抓获。被告人邓某某在逃跑过程中为阻止被抓，用随身携带的瓶装辣椒水喷雾剂朝抓捕群众喷射，其后为毁灭罪证又将抢得的金项链抛入水塘中，后被赶到的公安干警抓获。经组织打捞，金项链仍无法找到。经鉴定,被抢金项链重约 70 克,价值人民币 14000 元。

区检察院以邓某某犯抢劫罪、黄某某犯抢夺罪向区法院提起公诉。区法院认定被告人邓某某犯抢劫罪(未遂),判处有期徒刑 5 年,并处罚金 15000 元;被告人黄某某犯抢夺罪(未遂),判处有期徒刑 2 年 6 个月,并处罚金 15000 元。区检察院对一审判决审查后认为:(一)判决认定被告人邓某某抢劫未遂、黄某某抢夺未遂,系犯罪形态认定错误,两人均系犯罪既遂。(二)判决对被告人邓某某、黄某某量刑畸轻。一审判决确有错误,应依法改判,故决定提出抗诉。市检察院审查后认为一审判决确有错误,依法支持区检察院的抗诉。一审判决以被告人并未最终实际得到财物为由而判定本案的犯罪形态为未遂。检察机关认为,被告人抢夺财物后已取得对财物的物理占有,后抛弃财物的行为导致财物灭失,最终排除被害人的事实占有,应认定为犯罪既遂。市中级人民法院采纳了检察机关的抗诉意见,撤销一审判决对两被告人的量刑部分,并依法改判被告人邓某某犯抢劫罪(既遂),判处有期徒刑 6 年 6 个月;被告人黄某某犯抢夺罪(既遂),判处有期徒刑 3 年。

抢劫罪既侵犯被害人的财产权利,又侵犯了被害人的人身权利。基于抢劫罪的双重客体特征,最高人民法院 2005 年公布的《关于审理抢劫、抢夺刑事案件适用法律若干问题的意见》对抢劫罪的既遂标准作了如下规定:只要具有"劫取财物"或者"造成轻伤以上后果"情形之一,就可认定为既遂。实践中,对是否"造成轻伤以上后果",可以通过人体损伤程度鉴定予以认定,然而对是否"劫取财物",则难以在具体案件中准确把握。该案承办人员认为,在抢劫、抢夺案件中判断是否"取得财物",关键在于判断行为人是否当场成功改变了财物的事实支配状态。如果能够肯定被害人对财物的事实支配已被排除,且此时财物正处于行为人支配之下或者已被其自由处分,则可以认定行为人已经对财物实际占有,排除了被害人对财物的实际支配。在转化型抢劫中,行为人先行实施抢夺行为时,被害人暂时丧失了对财物的支配,并通过当场实施追捕,以试图控制行为人和继续监视财物的方式间接支配财物。只有排除被害人对财物的所有支配,才能视为已完全排除被害人对财物的实际支配，达到犯罪既遂。本案中，两被告人抢夺被害人金项链后驾车逃跑，被害人与群众当场实施追捕，此时，金项链尽管在被告人手中，但被害人并未完全丧失对金项链的支配，犯罪并未既遂。被告人黄某某被当场抓获，被告人邓某某携金项链逃跑，对前来抓捕的群众喷射辣椒水进行暴力抗拒，又将金项链丢弃至水塘内以致金项链灭失。被告人邓某某毁损财物的行为是对犯罪所得财物的处分，完全排除了被害人对财物的支配，故应认定为抢劫犯罪既遂。

该案一审判决对被告人的量刑虽在法定量刑幅度内，但考虑到此种情形的判决对今后类似情况的法律适用可能产生的影响，故区检察院提出抗诉，以确保法律的统一正确实施。

【案例】蔡某某交通肇事案

2013年7月11日20时41分许，被告人蔡某某驾驶假牌照的白色丰田吉普车沿某某公路由东向西行至某某省某县一副食店门前时，与同方向行驶的才某某驾驶的东方红拖拉机相撞，造成拖拉机乘车人李某某受伤，经抢救无效于2013年7月12日0时39分死亡。经法医鉴定，李某某符合胸背部受到钝性物体暴力作用致肺脏出血，血液进入气管，发生窒息死亡。发生事故后，蔡某某拨打120急救中心和110报警电话后逃离现场。蔡某某亲戚安某某提议顶罪并到交警大队投案。经讯问，犯罪嫌疑人蔡某某、安某某分别供述了上述事实。道路交通事故认定书认定，蔡某某负此次事故的主要责任，才某某负此次事故的次要责任，李某某无责任。检察机关以被告人蔡某某构成交通肇事罪，被告人安某某构成包庇罪提起公诉。一审法院以被告人蔡某某犯交通肇事罪，判处有期徒刑3年，缓刑4年。

检察机关审查后认为法院一审判决对被告人蔡某某适用缓刑，属于法律适用不当，确有错误。《最高人民法院量刑指导意见》规定，"交通肇事后逃离或者有其他特别严重情节的，可以在3年至5年确定量刑起点"。该省人民法院量刑指导意见规定"交通肇事后逃逸未主动投案的，一般不适用缓刑"。虽然案发后蔡某某积极赔偿，但有减轻安某某刑事责任，进而不暴露自己的因素在里面，一审法院对被告人蔡某某交通肇事的行为判处有期徒刑3年，缓刑4年，属量刑畸轻。由此检察机关提出抗诉。市中级人民法院将该案发回重审。原审人民法院作出重审判决，改判被告人蔡某某有期徒刑3年。被告人蔡某某提出上诉，中院二审终审裁定维持原判。

缓刑适用于犯罪情节较轻、有悔罪表现，判处拘役或者3年以下有期徒刑的被告人。本案中被告人蔡某某在交通肇事后为逃避法律追究而逃离现场，后由其亲戚安某某顶包，属于交通肇事逃逸，情节较恶劣，不符合缓刑的适用条件。检察机关故此提出抗诉，纠正了法院判决适用缓刑的错误。

（四）是否存在量刑错误

对一个犯罪分子从立案侦查、审查起诉，到作出一审判决的整个刑事诉讼的最终结果实际上体现在对其刑罚的具体裁量上。因此，对刑罚具体裁量当与不当的审查，是确保刑事诉讼结果是否正确的重要监督手段。《刑法》第61条规定："对于犯罪分子决定刑罚的时候，应当根据犯罪的事实、犯罪的性质、情节和对于社会的危害程度，依照本法的有关规定判处。"一般而言，对刑罚具体裁量的审查应当结合上述情况以及法律的有关规定一起进行审查。实践中，一般从法定量刑情节、酌定量刑情节两方面来审查。所谓法定量刑情节，就是刑法明文规定的对犯罪分子裁量刑罚时所根据的各种情况，如自首、坦白、立功、从犯、未成年罪犯，等等。酌定量刑情节，是指刑法规定之外，根据立法精神和司法实践经验，对犯罪分子裁量时常见的各种情况。既包括那些看得见、摸得着的有形情节，如犯罪手段的残暴与否，犯罪后果的轻重等，同时也包括那些无形的存在于犯罪人主观方面的情节，如犯罪动机、目的和犯罪后的态度等。这些主观方面的情节虽然无形，但是仍然客观存在，可以通过对案件的考察、分析来认识或评价。在量刑时恰如其分地把握好情节对量刑的影响并非易事，这主要是由共同犯罪情节的复杂性、多样性决定的。量刑情节的适用不可能有一个整齐划一的标准，而要根据具体法律规定和各种情节进行把握。

【案例】周某某盗窃案

2002年某月某日，尹某（已判刑）、陈某（已判刑）负责A煤矿门岗执勤，当天下午赵某（已判刑）找到尹某和陈某，提出从A矿搞些煤炭，尹陈二人表示配合。当晚，赵某找来被告人周某某开铲车将两辆汽车装满煤炭，随后周赵等人将汽车开出矿外并卖给某啤酒厂。事发后，周某某被公安机关取保候审，随后周某某违反取保候审相关规定，潜逃在外长达6年多，而同案犯赵某、尹某、陈某已入监服刑。2009年5月，被告人周某某到公安机关投案自首。

一审法院认定被告人周某某伙同他人秘密窃取A煤矿煤炭，数额巨大，其行为构成盗窃罪，系主犯，鉴于被告人周某某犯罪以后自动投案，并如实供述自己的罪行，系自首，依法可以从轻处罚。根据被告人周某某的犯罪情节和悔罪表现，对其适用缓刑不致危害社会，故判处被告人周某某有期徒刑3年，缓刑5年。

检察机关经审查，认为本案的自首情节不能作为被告人周某某适用缓刑的充分理由和条件，其自首情节的获得来源于其先前违反取保候审规定潜逃后人为制造出的便利条件，周某某虽有自首情节，但结合同案犯赵某、尹某、陈某的判决情况（赵某犯盗窃罪，判处有期徒刑4年；尹某犯盗窃罪，判处有期徒刑3年；陈某犯盗窃罪，判处有期徒刑3年）综合评定，如果当时被告人周某某与三同案犯一起审判，其绝对不可能被适用缓刑，理由：一是周某某与赵某同是主犯，赵某被判处实刑，其也应被判为实刑；二是尹某、陈某作为从犯均被判处实刑，同一判决中的主犯周某某若判处缓刑，明显量刑不均。故一审法院适用法律不当，量刑畸轻。检察机关依法提起抗诉后，市中级法院经过开庭审理采纳了抗诉意见，裁定撤销原判，发回重审。

(五) 是否存在审判程序严重违法

刑法与刑事诉讼法分别为实体法与程序法，从实体法与程序法的关系看，两者联系紧密。实体法的实现依赖于程序法，程序法是以程序制度来保障实体法实现的，实体法依赖于程序法获得实现，但程序法除保障实体法实现之外，还具有自身的独立价值，具体包括程序公正和程序效益等价值。但是"重实体、轻程序"却是抗诉工作中普遍存在的现象,公诉人往往只注重对裁判认定事实和适用法律的审查,忽视或者轻视程序问题,缺乏程序正义意识。因此公诉人应当强化对审判程序的监督,将程序审查与实体审查并重,对严重违反法定诉讼程序的情形应坚决依法提出抗诉,这是检察机关的一个新抗点。在刑事裁判审查中,应当对案件从受理到判决的各个时间节点是否符合法律规定、是否超出起诉书指控的事实进行判决、是否超期羁押、法院采取或者变更强制措施情况、辩护和提供法律援助情况、延期审理情况、法庭证据的质证和采信情况、判决书的送达情况、判决书的文字等进行审查。

【案例】田某某抢劫案

一审判决认定田某某1992年5月8日出生,经审查,田某某实为1992年6月8日(即农历的1992年5月8日)出生,一审开庭审理时间为2010年5月27日,田某某尚未满18周岁,且没有委托辩护人,根据《刑事诉讼法》第267条、第274条的规定,一审法院未通知法律援助机构为被告人指派律师进行辩护,且将该案公开审理系程序违法,经提出抗诉后,二审法院采纳抗诉意见,撤销原判,发回重审。

【案例】王某某受贿案

被告人王某某,原系某省投资服务总公司总经理,某区人民检察院以被告人王某某犯受贿罪向区人民法院提起公诉。起诉书指控被告人王某某利用担任省投资服务总公司总经理的职务之便,在与金某商谈办理豪运运输公司注册资金验资的业务活动中,收受金某送的好处费3万元,并为金某谋取利益,其行为构成受贿罪。上述事实,有被告人王某某的供述、证人金某某的证言证实。王某某从金某处收受了3万元好处费;省投资服务公司营业执照及王某某的身份证明材料证实王某某符合国家工作人员身份,证据间相互印证,足以认定。

区人民法院公开开庭审理了本案。法庭审理过程中,被告人王某某对指控收受了金某人民币3万元无异议,但辩解:受贿的款中有2万元以公司名义已借给公司聘用的职员曹某。其辩护人辩称:3万元受贿款中有2万元以公司名义预支借给曹某,作为公司支付给曹某的部分年薪，应将其从受贿犯罪数额中扣除；被告人王某某认罪态度较好，已退出赃款，建议对其从宽处罚并判处缓刑。公诉人认为，被告人王某某当庭提出"受贿款中有2万元以公司名义借给曹某，应从受贿犯罪数额中扣除"的辩解与其以前的供述相矛盾，又没有相应的证据证明，因此，上述辩解及辩护人的辩护意见不能成立。庭后，法庭对被告人王某某及其辩护人的辩护意见进行了调查，认为被告人王某某以省投资服务总公司名义借支给聘用人员曹某2万元人民币，作为曹的年薪预支款，尽管当时该款并未从公司会计处作过财务支出，但有曹某、邵某等人证言以及借条等证据证实，故被告人及其辩护人的辩护意见可予采纳。区人民法院作出判决，认定被告人王某某在担任省投资服务总公司总经理期间，与金某商谈办理豪运运输公司注册资金验资的业务活动中收受金某好处费计人民币3万元，后被告人王某某以省投资服务总公司名义借支给聘用人员曹某2万元人民币，作为曹某的年薪预支款，此款应从其受贿犯罪数额中扣除，被告人王某某个人实得1万元人民币，判处有期徒刑1年6个月，缓刑2年。

一审判决后，区人民检察院依法审查后认为：一审判决采纳了未经法庭质证的证人证言作为判决依据，影响了对案件事实的正确认定。为严肃国法，严厉打击犯罪，维护合法的诉讼程序，区人民检察院向市中级人民法院提出抗诉。市中院经开庭审理，作出裁定：撤销原判，发回重审。

上述两案的抗诉与审理，标志着"实体与程序并重"的司法观念正深入人心，这对维护国家法律尊严、准确打击犯罪有着积极作用，也对检察院就程序违法提出抗诉作出了很好的示范。

（六）审判人员是否存在违法行为

审判人员在审理案件时存在违法行为是提起审判监督程序抗诉的情形之一。对审判人员违法行为的审查要注意三个方面：（1）有违法犯罪行为的必须是审判人员，包括了人民陪审员。（2）有贪污受贿、徇私舞弊、枉法裁判的违法犯罪行为之一，且经查证属实影响公正裁判的。（3）系在审理该案期间违法犯罪的。在审判实践中，有的法官因自身能力不足，业务不熟，可能也会出现一些错判、漏判，检察人员在审查时，要把握一般的审判错误与故意徇私舞弊、枉法裁判区别开来。

六、刑事抗诉的完善

（一）量刑畸轻与偏轻把握不准的问题

量刑"畸轻"与"偏轻"这两个词语在我们检察实践中经常会用到，但是对其确切的概念与含义并没有权威的教科书或权威人士作出界定。从而导致在检察工作中对于某些案件中法院量刑属于畸轻还是偏轻无法准确区分。笔者认为，量刑畸轻为对没有法定减轻情节的被告人在法定刑幅度范围以下判处刑罚的。量刑偏轻则是指虽在法定刑幅度范围内量刑，但是判处的刑罚与被告人的罪责刑不相适应，导致量刑失衡。因此，在检察实践中可以做如下把握：一是对于没有法定减轻情节却在法定刑幅度范围以下判处刑罚的，明显属于量刑畸轻，应当抗诉；二是在法定刑幅度范围内判处刑罚，但与被告人罪行的危害程度不相当，导致量刑失衡的，建议区分情况作不同对待，以下情形，应当抗诉：（1）对于要求依法从重打击的案件类型如涉黑涉恶案件等；（2）对于按照人民法院量刑指导意见中的规定并综合全案犯罪事实及量刑情节对被告人的刑期进行核算后，法院判处的刑罚仍低于该核算的最低刑期的；（3）对于同案不同判（包括个案的量刑明显低于类案的和共同犯罪中被告人的量刑明显低于其他同案犯的两种情况）导致量刑不公的；（4）法院判处的刑种不恰当的，如该判处无期徒刑却判处有期徒刑的、该判处有期徒刑却判处拘役的。

【案例】蔡某某故意伤害案

2017年10月27日0时30分许，被害人吴某、王某和陈某等人在定安县定城镇仙沟圩一加工店吃牛肉、喝酒。当日凌晨3时许，被告人蔡某某打吴某的电话，吴某便叫蔡某某来仙沟圩的牛肉加工店。不久，蔡某某来到该加工店与王某等人一起喝酒聊天，王某说蔡某某在上学时曾追打过他，要与蔡某某比腕力。接着王某在与蔡某某比腕力时将蔡某某掰倒在地，陈某见状将双方拦开。蔡某某起来后走去加工店外面，王某亦跟着蔡某某走出去，蔡某某便走到牛肉摊处拿一把刀，吴某见状上前劝阻蔡某某。当王某走近蔡某某时，蔡某某挣脱吴某然后持刀捅刺王某的腹部，吴某劝阻时被蔡某某持刀划伤腿部。王某被捅刺后倒在地上，吴某见状大声喊快报警及打120，陈某便打110报警，蔡某某拨打120急救电话后上前按住王某的伤口。不久，公安民警及120救护车来到现场。后公安民警将蔡某某带回公安机关。王某被送至定安县人民医院，因伤势过重抢救无效死亡。经法医鉴定，王某系生前腹部被单刃锐器多次刺切，致肝脏破裂引起急性大出血而死亡；吴某左大腿后内侧检见一瘢痕，长度为11.2cm，余未检见异常。吴某的损伤属于轻伤二级。

某省人民检察院第一分院向某省第一中级人民法院提起公诉后，某省第一中级人民法院认定：被告人蔡某某持刀故意伤害他人身体，致一人死亡、一人轻伤，被告人蔡某某犯故意伤害罪，判处有期徒刑15年，剥夺政治权利5年。某省人民检察院第一分院认为：该判决认定事实清楚，定性准确，但对蔡某某的量刑不当，提出抗诉。省人民检察院支持抗诉。某省高级人民法院认为原判量刑偏轻，最终撤销原判决，判处蔡某某无期徒刑，剥夺政治权利终身。

(二) 重实体轻程序抗诉的问题

"重实体、轻程序"是抗诉工作中普遍存在的现象，检察人员大多是针对实体问题进行抗诉，以程序违法为由而提出抗诉的少之又少。但是，被告人以程序不当提出上诉，并被法院发回重审的案件并不少，足以说明：并不是程序公正到了无需抗诉的地步，主要还是检察人员对程序问题未引起足够的重视，缺乏程序正义意识。因此检察人员应当强化对审判程序的监督，做到程序审查与实体审查并重，对严重违反法定诉讼程序的情形应坚决依法提出抗诉。所谓违反法律规定的诉讼程序的情形包括：违反刑事诉讼法有关公开审判的规定的，如不应当公开审判而公开审判的、据以定案的证据没有当庭质证等；违反回避制度的，如合议庭组成人员及有关人员依法应当回避而没有回避的等；剥夺或者限制了当事人的法定诉讼权利，可能影响公正审判的，如未允许被告人作最后陈述的、依法应当为被告人指定辩护律师而未指定的等；审判组织的组成不合法的,如不具备法定资格的人参加合议庭的等;其他违反法律规定的诉讼程序,可能影响公开审判的。

【案例】王某某运输毒品案

某省某市中级人民法院审理某市人民检察院指控被告人王某某犯运输毒品罪一案,于2018年8月30日作出刑事判决,认定王某某犯运输毒品罪,判处有期徒刑12年,并处罚金人民币10000元;缴获的毒品海洛因404.68克依法予以没收。宣判后,王某某服判,未上诉。某市人民检察院以一审庭审未通知辩护人到场,违反法定程序,可能影响公正判决为由向某省高级人民法院提出抗诉。某省人民检察院支持抗诉,认为一审违反法定程序,建议将该案发回重审。该省高级人民法院经审理后认为,原审法院未按法定程序通知原审被告人王某某的辩护人参加诉讼,未保障王某某辩护权的充分行使,限制了当事人的法定诉讼权利,属于程序违法,可能影响公正审判。某省人民检察院建议发回重审的意见符合法律规定,该院予以支持,后将该案发回重审。

(三)因起诉质量问题导致不能抗诉的问题

司法实践当中,由于检察人员自身业务素质不高、能力不足、审查不严、疏忽大意,会出现提起公诉时遗漏重要法定从重或者加重处罚的情节,导致量刑过轻的情形,这种情况属于起诉有误导致的判决错误。例如:某检察院以开设赌场罪起诉犯罪嫌疑人王某某,当地人民法院根据检察院的起诉以开设赌场罪判处王某某有期徒刑1年,并处罚金5000元。一审判决后,王某某没有上诉,检察院也没有抗诉,判决发生了法律效力。后检察机关在进行案件评查时发现,王某某有招揽未成年人参与网络赌博的行为,当属开设赌场"情节严重"。此时,能否提请上级检察院提出再审抗诉?

笔者认为,此种情况下检察机关不宜提起再审抗诉:其一,由公诉权的性质与效力所决定。从诉讼法理的角度审视,检察机关的公诉权是一种司法请求权,其目的在于请求审判机关根据公诉事实判处被告人承担相应的刑事责任。这种请求权与民事诉讼中当事人享有的诉权存在本质区别,其一旦启动,就产生相应的法律拘束力。这种拘束力既指向法院，要求法院只能在公诉事实涉及的范围内追究被告人的刑事责任，也指向被告人，要求被告人出庭参加法院的审判活动并接受法院的裁判结果，还指向检察机关自身，要求检察机关在公诉事实的范围内承担证明犯罪嫌疑人有罪的责任，且没有法定的理由，不得撤回、变更或终止公诉。因此，检察机关一旦提起公诉，就应当受起诉书的约束，不得离开公诉事实发表公诉意见，公诉过程中如果要变更公诉事实必须履行严格的法律手续，同时还要保证被告人有充分的机会行使辩护权；法院依据公诉事实作出判决后表明公诉请求已经得到支持，检察机关没有理由因自身的公诉错误要求已被判刑的犯罪人承担再次接受审判的"双重危险"。其二，由既判力原理所决定。法院的生效裁判一旦作出，就具有既判力。根据既判力原理，生效裁判被视为是对事实真相的表达，既排除了法院对同一被告人的同一犯罪行为作出另外判决的可能，也使被告人的上诉权、公诉机关的公诉权归于消灭。① 但是，在特定的情况下，如证据是伪造的、证人故意作虚假陈述；新的证据出现；审判人员在审理案件过程中有贪污受贿、徇私舞弊枉法裁判的违法犯罪行为且经查证属实影响公正判决时，检察院是可以通过提出再审抗诉来纠正自身起诉错误和法院判决错误的。

（四）抗诉案件中对新证据把握不准的问题

根据《刑诉规则》第591条第1款，对有新的证据证明原判决、裁定认定的事实确有错误，可能影响定罪量刑的，人民检察院应当按照审判监督程序提出抗诉。《刑事诉讼法》及《刑诉规则》没有对新证据作出界定，2012年1月1日施行的最高人民法院《关于审理人民检察院按照审判监督程序提出的刑事抗诉案件若干问题的规定》（简称《审理规定》）第3条将新证据界定为"本规定所指的新证据，是指具有下列情形之一，指向原起诉事实并可能改变原判决、裁定据以定罪量刑的事实的证据：（一）原判决、裁定生效后新发现的证据；（二）原判决、

---

① 任永芳、吴卫军：《判决生效后发现起诉有误能否启动再审抗诉》，载《检察日报》2004年4月16日。

裁定生效前已经发现，但由于客观原因未予收集的证据；（三）原判决、裁定生效前已经收集，但庭审中未予质证、认证的证据；（四）原生效判决、裁定所依据的鉴定结论，勘验、检查笔录或其他证据被改变或者被否定的"。同时，最高人民法院《关于适用〈中华人民共和国刑事诉讼法〉的解释》（以下简称《适用解释》）第376条也将新证据界定为以上四种情形。从以上来看，《审理规定》和《适用解释》关于新证据的界定比较宽泛，不论是生效前还是生效后发现的证据，只要没有收集和质证的并且可能改变原判决、裁定据以定罪量刑的事实的证据都属于新证据，但至于该新证据需以什么形式存在，证明效力需要达到什么程度才能启动审判监督程序并没有作出细致规定，这也导致司法实践中对于新证据存在把握不准的问题。

关于新证据，学者一般认为需要满足两个要求：一是形式要求，即证据的"崭新性"；二是证明要求，即证据的"显著性"。新证据的"崭新性"，从时间标准上看，需要明确何时发现、何时提交的证据是新证据。有的学者将"新证据"分为发现意义上的新证据（是指判决生效前没有被发现，生效后才被发现的证据）和存在意义上的新证据（是指判决生效前不存在，生效后才存在的证据，如鉴定意见等证据）。有的学者从保障原审被告人的人权和法律的安定性出发，认为有必要从是否有利于原审被告人的角度来区分认定新证据的"崭新性"。如果控方抗诉时提交的新证据是有利于原审被告人的，那么不管该证据形成的时间，只要该证据没有经过法庭举证、质证且可能影响原审被告人的定罪量刑时，那么法院就应该认定该证据属于新证据；如果控方抗诉时提交的新证据是不利于原审被告人的，那么只有当控方能够证明不提交和没有发现该新证据不是因为自己的故意或者过失时，法院才能酌情启动再审。我国现行法律并没有区分有利于被告人的再审和不利于被告人的再审，所以在界定新证据时并不会考虑该证据是否有利于被告人。如前所述，《审理规定》和《诉讼解释》规定只要未在原审庭审中举证、质证的证据都属于新证据，对该证据何时发现，何时收集及是否有利于被告人并不加以限定，因此对新证据"崭新性"的认定并无时间标准的限制。新证据的"崭新性",从对象标准上看,需要明确新证据是相对于哪个主体而言的。认识主体的不同,对于新证据的范围也会不同。如果新证据是相对于控辩双方而言的话,那么只有在某一程序阶段过完后,出现且被控方或辩方所了解知悉的事实材料才属于新证据;如果是相对于法官而言的话,那么只要是在原庭审中没有提出过,没有经过举证、质证的证据都属于新证据。从《审理规定》和《适用解释》的规定看,虽然没有明确新证据是相对于哪个主体而言的,但从其列举的新证据的种类看新证据的"崭新性"是相对于法官而言的。综上所述,在审判监督程序之前没有在法官面前出现过的,之后在审判监督程序中出现的证据就具备"崭新性"。

新证据的"显著性"是指新证据是否能够证明原判决、裁定确有错误并可能影响到定罪量刑。如果新出现的证据无法证明原审认定事实错误,或者虽可证明相关事项错误但不致影响定罪量刑的,则都不属于可以提起抗诉的新证据。关于"显著性"的判断,学界有两种评价标准,即孤立评价说(仅依靠该新证据就可以推翻原判决)和综合评价说(需要将新证据与原有证据结合起来形成证据链来推翻原判决)。孤立评价说对新证据的界定标准有些过高,不利于充分实现再审程序救济的目的及维护司法公正,因为仅凭单一的新证据就能证明原判决错误的,除了"亡者归来"的情形,其他情况出现的几率相对较少。我国现行法律没有明确规定新证据是需达到单独推翻原判决的证明标准还是只要达到结合其他证据能够证明原判决错误并可能影响定罪量刑即可,但从司法实践来看,对新证据"显著性"的认定采用的应是综合评价说,即结合原有证据能够证明原判决、裁定认定的事实确有错误,可能影响定罪量刑即可。

除了从"崭新性"和"显著性"两个方面去把握新证据外,还需要把握据以提出抗诉的新证据是否指向原审起诉事实。根据《审理规定》,认定为新证据的前提是要与原审起诉事实具有不可分性,如果新证据不是指向原审起诉事实则应另行起诉,而不能提起再审抗诉。比如,原审检察机关起诉认定被告人在一住宅内盗窃了1万元现金,法院就此判决并生效后,被害人反映同时经调取监控录像证实被告人还盗窃了一个金手镯。由于原审起诉并没有指控被告人盗窃金手镯一事,此时发现被告人盗窃金手镯的证据就不属于可以提起再审抗诉的新证据,只能另行向法院起诉。此外,还需注意的是,如果原审作出的是"事实不清、指控的犯罪不能成立"的无罪判决,经审查,依据当时的材料确属事实不清,证据不足的,在判决生效后发现了新的证据证明事实清楚,证据确实充分的,则应当依照新获取的证据重新起诉,而非依据该"新的证据"提出抗诉。

【案例】张某某故意伤害案

2013年5月,被告人张某某追求姚某甲,但姚某甲的父亲姚某乙、母亲姚某丙不同意。同年5月17日,张某某到惠州江城市场姚某甲父母经营的店里找姚某甲,与姚某甲的父母发生争吵,张某某遂跑到住处拿了一把砍刀冲进姚某甲家,将其父母姚某乙、姚某丙砍伤,经鉴定均为轻伤。该案经某市某区人民法院一审审理后判决被告人张某某犯故意伤害罪,判处有期徒刑1年8个月,被告人不服上诉,某市中级人民法院经审理后裁定维持原判。裁定生效后,某省人民检察院以该案出现新证据为由按照审判监督程序向某省高级人民法院提出抗诉。

某省人民检察院抗诉提出:根据某市公安司法鉴定中心2013年8月10日分别对姚某乙、姚某丙作出的轻伤鉴定意见,一审和二审法院均认定被告人张某某故意伤害致二人轻伤,判处张某某有期徒刑1年8个月。本案中,在姚某丙的第一份伤情鉴定结论中载明:属轻伤,待治疗终结后如有需要可做补充鉴定。该份伤情鉴定作出后,姚某丙伤情不稳定而多次住院治疗,于2014年3月6日进行最后一次手术。2014年5月30日,某市司法鉴定中心受理姚某丙的伤情补充鉴定申请,并于6月16日作出补充鉴定结论:重伤二级,七级伤残,该份补充鉴定合法有效,属二审生效刑事裁定之后出现的新证据,变更了原判决、裁定认定姚某丙的损伤程度属轻伤的依据。根据该份鉴定可证实被告人张某某故意伤害致一人重伤,一人轻伤的事实,应在3年以上10年以下有期徒刑幅度内量刑。某省高级人民法院审理后采纳抗诉意见,认定本案因出现新的证据导致原判认定事实发生变化，改判被告人张某某故意伤害致一人重伤，一人轻伤，判处其有期徒刑5年。

以上案例即是在原审裁定生效后，原伤情鉴定意见被改变而出现了新证据，并且该新证据能够证明原判决、裁定认定两被害人属于轻伤的事实错误，并影响到对被告人的量刑档次，检察机关遂据此新证据提出再审抗诉。

（五）对刑事判决、裁定审查走过场的问题

员额检察官在对刑事判决进行审查时，往往流于形式，虽然填写了刑事案件判决、裁定审查表，但仅仅是履行手续和程序，并未真正对刑事判决、裁定进行实质审查，刑事判决、裁定审查表中审查意见通常是千篇一律的"定性准确、量刑恰当、程序合法、无需抗诉。"因此，导致该项制度流于形式，错过了最佳抗诉时机。员额检察官在收到刑事判决、裁定时，应当第一时间进行细致、全面审查，甚至可以考虑设置交换审查制度，除承办人自己审查外，还安排其他员额检察官进行审查。首先，应当仔细审查法院认定的犯罪事实，看对起诉书指控的犯罪事实是否全部认定；其次，应当仔细审查法院对于被告人及其辩护人提出的辩护意见的采纳情况，看是否与公诉人在法庭答辩阶段的答辩意见一致；再次，应当仔细审查法院是否存在违反诉讼程序的情况；最后，应当仔细审查法院认定的罪名、量刑情节及量刑，看是否与起诉书及庭审阶段公诉人发表的公诉意见中认定的罪名、量刑情节是否一致，刑种和刑期是否准确、是否采纳量刑建议。经审查发现，刑事判决、裁定中法院认定的犯罪事实、采纳的辩护意见、认定的罪名、量刑情节及最终量刑与起诉书及庭审过程中公诉人发表的公诉意见、答辩意见存在出入的，应当向刑检部门的负责人、主管检察长汇报，甚至召开检察官联席会议对于该问题进行研究讨论，决定是否需要抗诉。例如：某区法院判处某被告人有期徒刑6个月，缓刑8个月。某区检察院在审查该刑事判决时，审查不仔细、走过场，导致未及时审查出该判决书存在的问题：按照法律规定，判处有期徒刑的，缓刑期限应当在原判刑期以上，5年以下，但不能少于1年，因此本案中缓刑8个月违反了法律规定，最终错过了抗诉时机。

(六) 抗诉文书质量不高、说理不充分的问题

刑事抗诉书不仅为刑事抗诉的启动提供了依据,也表达了检察机关对审判机关的评价,应当做到内容真实清楚,理由正确充分。"抗诉理由"的论述是刑事抗诉书的正文部分,也是抗诉书的核心和关键,目的是反驳原裁判的错误观点,集中剖析错误的成因,充分阐述和论证检察机关的正确观点和主张。从办案角度讲,它着重解决原裁判错在哪里、为什么说是错误的、什么是正确的、为什么说是正确的等问题;从文种角度讲,它是先驳论再立论,根据不同案情和不同抗点,运用反驳和立论相结合的方法,反驳原裁判的错误观点,提出符合事实、法律的正确意见,从而达到抗诉的目的。总的要求是做到论点准确,论据充分,论证合理,观点鲜明,用语规范。这是说理部分,要因案而异,一般应包含两方面的内容,一是具体运用事实、法律及法理,分析原判决(裁定)错误之处;二是充分论证检察机关的正确意见。

1. 论述要求

(1) 论点准确。这是刑事抗诉应有针对性这一特点对"抗诉理由"叙写提出的要求。一要选准驳论点。是在抗诉书"审查意见"部分中指出原审裁判错误的基础上,归纳并提炼出原审裁判之所以错误的关键论点,以便之后进行反驳。因此,应当强调一个"准"字,提炼出来的必须是反映原审裁判错误的核心问题,是直接关系到案件定罪量刑或正确处理的实质问题,而不是那些对案件定罪量刑没有直接影响或无关紧要的问题。在写作时应当抓住关键,切中要害,不可眉毛胡子一把抓。但强调针对性,也不是"针锋相对,寸土必争",要做到原则问题不放过,枝节问题不纠缠。二是立论要准确。指在反驳对方错误论点时,还必须从正面提出检察机关的正确论点,也就是"先破后立"。如果仅指出原审裁判的错误,而没有检察机关的正确主张,就无法达到抗诉的真正目的。强调立论准确,首先要求立论的论点必须与驳论的论点具有对立性。三是立论的论点必须符合事实和法律,而且应当是合理的。四是立论的论点必须与之后的论据材料之间有必然的、直接的因果

关系。五是立论必须观点鲜明，不能似是而非，模棱两可。

（2）论据有理。这是检察机关提出的抗诉意见要有说服力的实质体现。论据是用来证明论点的，就抗诉书而言，就是要根据不同的案件情况和不同的抗诉事由，善于运用事实、法律和理论武器，全面、准确、充分地阐述检察机关的抗诉理由。一要体现个案差异性。由于每起抗诉案件的情况各不相同，个案差异性要求我们在论证时，应根据实际需要，因案而异，综合判断，灵活运用，不能只强调"格式化"或"规范化"，阐述理由千篇一律，更不能生搬硬套法律法规，机械教条。二要保证论据"质"与"量"的统一。在运用事实、法律、理论论证时，一方面要强调论据的"质"，即引用的论据必须要准确，否则就根本没有说服力，达不到证明论点的作用；另一方面要强调论据的"量"，即论据应当丰富、充分，否则就会导致论证不透彻，说服力不强。三是引用论据时应当注意论据的证明力。首先，以事实作为论据运用，这在抗诉实践中被广泛采用，既客观又形象，说明力较强，体现了"以事实为根据"的基本原则，但作为论据的事实和证据，必须客观真实、来源和法，并经查证属实。其次，以法律作为论据运用，在抗诉实践中也被广泛采用，体现了"以法律为准绳"的原则。最后，运用法学理论作为论据时应注意：不能引用学理界有争议的学术观点，而应引用学理界普遍一致的理论作为论据；不能引用国外未被我国刑法学理论所吸收的法学理论和学术观点；在运用法学理论论证时，应注意结合案情运用法律规定，以体现理论的指导性和现实性，使之更有说服力。

（3）论证合理。论证过程要有科学性、条理性、逻辑性和严密性。一是论据与论点之间要有必然的因果关系，这就要求论据论证得出的结论必须是唯一的，而且必须与论点相一致，体现出两者之间内在的逻辑关系；二是论证要富有条理、层次分明，要循序渐进、环环紧扣，形成论证锁链；三是论证后得出的结论，既不能自相矛盾，也不能违背常理。

（4）用语规范。抗诉书的语体是要求按照政论性的公文语体写作。一是要求遣词造句要精炼、恰当，切忌滥用虚词、形容词，要实事求是,恰如其分;二是要求行文用语规范,既要法言法语,又要通俗易懂;三是既要掌握语言文字的基本规律,又要注意法律术语的运用,做到用语精确,语法正确,防止产生歧义。

2. 论述方法

对法院判决结果认定事实错误的阐述必须要体现针对性和全面性;对适用法律错误的论证必须要体现层次性与逻辑性;对违反法定程序的纠正必须要体现正确性与公正性。

(1)抗认定事实错误的说理方法。事实是适用法律、定性和量刑的基础。认定事实错误,将会导致定性和量刑的错误。因此,可先简要引述原裁判认定的哪些事实有错误,或者哪些事实没有认定,再论证检察机关认为应当认定的事实,然后得出检察机关的正确结论,最后指出原审裁判定性或量刑等错误,阐明应当如何正确适用法律。

制作时,要用查证属实的证据来证实检察机关认为正确的事实,可采取"夹叙夹议"等方法,在叙述事实时对证据进行有针对性的分析,以达到证实犯罪事实的目的。在对定性和量刑进行论证时,可采取"类比"的方法,将错误的与正确的以对照的方式进行论证。

抗诉书中,对不存争议的事实一般无需大段列明,只需根据论证的需要突出展示部分关键事实。尤其是二审程序的定性抗诉书中,由于诉判对事实、证据一般没有争议,仅对法律适用和定性存有分歧意见,因此无需在抗诉书中重复起诉书中的犯罪事实。

(2)抗定性错误的说理方法。抗定性错误的,应先论述原裁判定性错误之所在,再着重围绕犯罪行为的本质特征,论述应当如何认定的行为性质,最后得出检察机关的正确结论;量刑错误的,也应先论证原裁判量刑的错误,再从引用罪状、量刑情节等方面予以论述,最后得出检察机关的正确结论。

写法一般有"对比法""夹叙夹议法"或"三段论"等,可以单独运用,也可综合运用。如涉及此罪与彼罪的抗诉,先用"对比法"区别两罪的本质特征;再用"夹叙夹议法"边叙述行为事实,边议论行为的本质特征;最后用"三段论"的方法,就是以刑法规定的罪状或罪名的概念为大前提,以被告人的行为特征为小前提,加以对照后,得出被告人行为应当构成何罪的结论,最后阐明应当如何正确使用法律、定罪量刑。这样才能使抗诉理由既有事实依据、法律依据,又有理论深度,扎实充分,令人信服。对于原裁判认定罪与非罪、量刑不当等方面的错误,抗诉理由也可参照这样的写法。

虽然原则上定性抗诉理由的论证应当围绕犯罪的构成要件展开,但不必面面俱到,对没有争议的、不是案件焦点的构成要件问题应当避免赘述。

(3) 抗程序违法的说理方法。首先应根据刑事诉讼法及有关司法解释,阐述法律规定的正确诉讼程序,再论述原审法院违反法定诉讼程序的事实表现,并写明影响公正判决的现实或可能性,最后得出检察机关的正确结论。可采用"对比法"等方法进行论证。

3. 写作结构参考

(1) 分段列举。适用于抗诉论点较多、抗诉理由较为复杂的案件。可将数个抗点按照错误性质的严重程度或按照认定事实、适用法律和审判程序等顺序进行分段表述,标明序号,并在段首以概括性语言指出原裁判的错误所在,表明抗点。然后再对理由和依据进行阐述。这种写法的特点是论点明确、论证清楚、条理性强。

对于裁判文书存在多处或多种性质的错误时,应在抗诉书中针对原审裁判错误的性质和类型进行一定的分类,保持审查意见、抗诉理由以及结论性意见等抗诉书不同部分表述顺序的统一性,以保持法律文书逻辑结构的完整和连贯。同一类型的错误可以集中阐述;有多处错误的,可以按一定顺序排列组合,如首先阐述认定事实错误,其次阐述适用法律错误,其三阐述量刑不当,最后阐述原审程序严重违法等。且抗诉理由应与审查意见在逻辑上保持一致性,这样抗诉书所要表达的内容更明确,层次更清晰,理由更有逻辑性,使人一目了然,也便于法院在再次审查案件时心中有数,有助于重新作出判决或裁定。

(2) 综合分析。适用于抗点较为单一、抗诉理由集中的案件。将抗诉理由分层次地在一个自然段内叙述。这种写法的特点是结构紧凑、观点概括集中。

（3）分节叙述。适用于多节事实或多个罪名的案件。针对每个罪名或每节事实不同的抗诉事由，分节叙述抗诉理由。这种写法的特点是抗诉事由清楚明了，针对性强。

（4）分人叙述。适用于抗诉理由各不相同的两名以上被告人的抗诉案件。针对每个被告人的具体情况，分别叙述对各个被告人判决的抗诉理由。这种写法的特点是各被告人情况与抗诉理由联系紧密、针对性强。

【文书示例】

×××市人民检察院

刑事抗诉书

××检××审刑抗〔20××〕×号

原审被告人陈某某，男，××××年××月××日出生于湖南省××县，汉族，高中文化，住××市××区××居委会三组。2006年9月11日因盗窃罪被××市××区人民法院判处拘役三个月。2008年9月10日因涉嫌盗窃罪于被××市公安局直属分局刑事拘留，2008年10月15日经××区人民检察院批准逮捕，同日由××分局执行。

原审被告人杜某某，男，1972年9月8日出生于湖南省××县，汉族，高中文化，无业，住××市××区××居委会雷锋山组。2009年1月6日因涉嫌盗窃罪被××市公安局直属分局刑事拘留，2009年1月13日经××区人民检察院批准逮捕，同日由××分局执行。

原审被告人李某某，男，1974年11月7日出生于湖南省××市，汉族，大学本科文化，住××市××区××居委会××区45栋301室。2008年9月12日因涉嫌传授犯罪方法罪于被××市公安局直属分局刑事拘留，2008年10月15日经××区人民检察院批准逮捕，同日由××市公安局直属分局执行。

××市××区人民法院以（2009）楼刑二字第37号刑事判决书对被告人陈某某、杜某某、李某某盗窃一案判决被告人陈某某犯有盗窃罪，判处有期徒刑3年，缓刑5年，并处罚金人民币5万元；被告人杜某某犯盗窃罪，判处有期徒刑3年，缓刑4年，并处罚金人民币3万元；被告人李某某犯传授犯罪方法罪，判处有期徒刑1年，缓刑2年。被害单位××市电业局不服该生效判决，请求本院提起抗诉。经依法审查，本案的事实如下：

2005年3月，被告人陈某某在××市阳山新村管理用电期间，因亏损较大，遂起盗窃电能之念。陈某某首先向长沙××有限公司定购了一块阳山新村安装的DTSD341-1TF型电子计量表。数日后，被告人李某某（时为长沙××有限公司××片区技术顾问）将此型号计量表带给被告人陈某某。陈某某当场请教李某某，是否有办法让此型号的计量表速度变慢，李以不知道为由予以拒绝。此后，被告人陈某某多次打电话给被告人李某某说："李哥，帮个忙，把让表转慢点的方法告诉我，我给你1万元钱作为报酬。"李某某经不起金钱诱惑，告知陈说："让表转慢不行，必须要用电脑程序修改表的数据才可以，你准备好电脑后再和我联系。"被告人陈某某购买笔记本电脑一台后，被告人李某某在陈某某家将修改数据程序拷入电脑，把该程序的具体操作方法告知陈某某，并让陈某某按其所传授的方法多次演练，在确认陈某某已学会该程序的操作方法后才离开。离开时，被告人陈某某按照事先的承诺给被告人李某某10000元钱作为报酬。此后，陈某某多次以电话联系的方式向李某某询问该程序的使用问题，李某某均予以解答。2006年10月，被告人陈某某购买另一部笔记本电脑后，被告人李某某再次给陈安装了该程序。

2006年1月1日，杨某某（在逃）与××房地产物业管理有限公司签订了物业管理水电项目承包管理合同后，取得了对该公司下属的望湖公寓、恒信家园、卫生小区等物业小区的配电房和用电经营的管理权。2008年4月，为获取非法利益，杨纠集吴某某（在逃），吴某某邀集刘某某（在逃），刘某某邀集被告人杜某某，杜邀集被告人陈某某，通过电脑程序修改数据盗窃电能，商定犯罪所得杨某某得75%，其余人平分25%。作案方式是：每月月底，由××房地产物业管理有限公司物业费收费员将各小区内住户当月用电电量抄表并收费，至下月上旬，在电业局工作人员对各小区用电计量表进行抄表登记的前2—5日内，由陈某某等人在物业小区对小区总用电计量表的计量数据进行修改，窃取电能。电业局抄表登记后，小区物业费收费员根据电业局下发的用电通知单将各小区电费缴纳给电业局，并将缴费发票（上缴电业局的小区当月总电费）、收费收据本（各小区住户当月用电电量及电费）、交费后剩余的现金一并交给岳阳房地产物业管理有限公司的财务部门核算。而后，杨某某将该月窃取的电费及收费收据本、缴费发票全部拿走。上述人员在中房××公司作案2次，望湖公寓作案4次，恒信家园作案3次，卫生小区作案1次，总计窃电195123.8kwh，折合电费111806元。被告人陈某某共分得赃款5500元，被告人杜某某共分得赃款1500元。其具体犯罪事实如下：

1.2008年6月上旬的一天晚上23时许，被告人陈某某伙同杜某某、吴某某先后窜至望湖公寓、恒信家园、卫生小区窃电。首先由吴某某用钥匙打开配电房房门，再用随带的起子、钳子等工具将计量表柜门封、计量表的表盖封打开。随后被告人陈某某使用笔记本电脑，利用数据修改程序，按吴某某提供的数据对计量表的计量数据进行修改，被告人杜某某负责给陈某某照明，然后吴某某将表盖封和门封复原。事后，被告人陈某某分得赃款1500元，被告人杜某某分得赃款500元。

2.2008年7月上旬的一天晚上23时许，被告人陈某某伙同杜某某、吴某某先后窜至望湖公寓、恒信家园窃电。首先由吴某某用钥匙打开配电房房门，再用随带的起子、钳子等工具将计量表柜门封、计量表的表盖封打开。随后被告人陈某某使用笔记本电脑，利用数据修改程序，按吴某某提供的数据对计量表的计量数据进行修改，被告人杜某某负责给陈照明，然后吴将表盖封和门封复原。事后，被告人陈某某分得赃款1000元，被告人杜某某分得赃款500元。

3.2008年8月上旬的一天晚上23时许，被告人陈某某伙同杜某某、吴某某先后窜至望湖公寓、恒信家园、中房小区窃电。首先由吴某某用钥匙打开配电房房门，再用随带的起子、钳子等工具将计量表柜门封、计量表的表盖封打开。随后被告人陈某某使用笔记本电脑，利用数据修改程序，按吴某某提供的数据对计量表的计量数据进行修改，被告人杜某某负责给陈照明，然后吴将表盖封和门封复原。事后，被告人陈某某分得赃款3000元，被告人杜某某分得赃款500元。

4. 2008年9月9日晚21时许，被告人陈某某伙同杜某某、吴某某、刘某某先后窜至中房小区、望湖公寓窃电。由吴某某用钥匙打开配电房房门，再由吴某某、刘某某用随身携带的起子、钳子等工具将计量表柜门封、计量表的表盖封打开；随后被告人陈某某使用笔记本电脑，利用数据修改程序，按吴某某提供的数据对计量表的计量数据进行修改，被告人杜某某负责给陈照明，然后吴将表盖封和门封复原。在望湖公寓作案之后，被告人陈某某被当场抓获。

本院认为，该判决确有错误，理由如下：

1. 原审判决认定被告人陈某某在共同犯罪中起次要作用，系从犯，属于适用法律不当。

原审判决认定"被告人陈某某、杜某某以非法占有为目的，结伙采取利用电脑程序修改电子电能表数据的方法，盗窃电能，数额特别巨大，其行为均已构成盗窃罪"。同时，原审判决亦已认定在共同犯罪过程中"被告人陈某某负责使用笔记本电脑，利用数据修改程序。……被告人杜某某负责照明、夹线"。可见，被告人陈某某在整个犯罪过程中起了主要作用。《中华人民共和国刑法》第二十六条规定：组织、领导犯罪集团进行犯罪活动的或者在共同犯罪中起主要作用的，系主犯。本案被告人陈某某的行为符合以上条件，因此，原审判决认定被告人陈某某在共同犯罪中起次要作用，系本案从犯是错误的。

2. 原审判决对被告人陈某某量刑畸轻，适用缓刑不当。

原审判决认定"以上被告人及犯罪嫌疑人在中房××公司作案2次，望湖公寓作案4次，岳房物业恒信家园作案3次，卫生小区作案1次，总计窃电195123.8Kwh，折合电费111806元"。可见被告人陈某某盗窃数额属于特别巨大。根据《中华人民共和国刑法》第二百六十四条之规定，数额特别巨大和有其他特别严重情节的，处十年以上有期徒刑。据此，对被告人陈某某应当在十年以上量刑。被告人陈某某为了实施盗窃电能的犯罪行为，多次向被告人李某某提出并支付1万元给李某某向其学习用电脑程序修改电表的技能，为此，被告人陈某某购买了笔记本电脑，要求李某某将修改电表程序考入电脑，第一部笔记本电脑毁坏后，被告人陈某某又购买了第二部电脑，再次要求李某某修改电表程序考入电脑。同时，被告人陈某某 2006 年 9 月 11 日曾因盗窃罪被××市××区人民法院判处拘役三个月，刑满释放后，不思悔改，继续多次实施盗窃犯罪。根据《中华人民共和国刑法》第七十二条之规定，对于判处拘役、三年以下有期徒刑的犯罪分子，根据犯罪分子的犯罪情节和悔罪表现，适用缓刑确实不致再危害社会的，可以宣告缓刑，被告人陈某某显然不属于适用缓刑的范畴。综合以上，被告人陈某某系本案主犯，且犯罪主观恶性大，社会危害严重。原审判决仅以被告人陈某某系从犯，认罪态度较好为由，对其判处有期徒刑 3 年，缓刑 5 年，并处罚金人民币 5 万元，属于量刑畸轻，适用缓刑不当。

3. 原审判决对被告人杜某某、李某某量刑偏轻，适用缓刑不当。

《中华人民共和国刑法》第二十七条规定"对于从犯，应当从轻、减轻或者免除处罚"。但是，对于从犯的量刑应当按照其所实施的犯罪的社会危害性及在共同犯罪中所起的作用综合考虑。本案被告人杜某某虽然在共同犯罪中属于从犯，但是他参与了 10 次盗窃犯罪，参与盗窃数额达到 10 万元以上，属于盗窃数额特别巨大，应当在 10 年以上量刑。被告人杜某某是邀集被告人陈某某参加共同犯罪的提议者和实施者，同时，被告人杜某某在共同盗窃犯罪过程中"负责照明、夹线"，直接实施了盗窃犯罪。案发后，被告人杜某某也没有积极退赃。原审判决无视被告人杜某某的主观恶性以及在共同犯罪中所起的作用，仅以被告人杜某某系从犯为由判处其有期徒刑 3 年，缓刑 4 年，并处罚金人民币 3 万元，属于量刑偏轻，适用缓刑不当。

《中华人民共和国刑法》第二百九十五条规定，传授犯罪方法的，处 5 年以下有期徒刑、拘役或者管制。本案被告人李某某传授被告人陈某某利用电脑程序修改用电数据的方法，导致被告人陈某某用此方法盗窃电能 195123.8Kwh，折合电费 111806 元，并获利 1 万元。原审判决仅凭被告人李某某归案后认罪态度较好，可酌情从轻处罚而判处其有期徒刑 1 年，缓刑 2 年，属于量刑偏轻，适用缓刑不当。

综上所述，原审判决对被告人陈某某适用法律不当，量刑畸轻，适用缓刑不当，对被告人杜某某、李某某量刑偏轻，适用缓刑不当。为维护司法公正，准确惩治犯罪，依照《中华人民共和国刑事诉讼法》第二百零五条第三款的规定,对××市××区人民法院(2009)×刑二字第37号刑事判决书,提起抗诉,请依法判处。

此致
×××市中级人民法院

××××市人民检察院
20××年×月×日
(院印)

(七)被告人认罪认罚从宽案件的抗诉问题

1. 法院不采纳检察院提出的确定刑量刑建议的情形

2018年修改的刑事诉讼法,将"认罪认罚从宽"确立为刑事诉讼法的一项基本原则和制度。张军检察长在政法领导干部专题研讨班上指出,要"全面落实认罪认罚从宽制度,切实发挥检察机关的主导作用"。这种主导作用首先体现在认罪认罚协商过程中。认罪认罚协商过程是在检察机关的主导下进行,对是否与犯罪嫌疑人进行认罪认罚协商,决定权在检察机关。其次体现在量刑建议上。《刑事诉讼法》第201条规定,"对于认罪认罚案件,人民法院依法作出判决时,一般应当采纳人民检察院指控的罪名和量刑建议",并规定了若干除外情形。"一般应当"意味着以采纳为原则,不采纳为例外,这就使检察机关对案件的处理意见对审判机关产生了实质的影响,在很大程度上决定了判决的内容。因此,对于被告人认罪认罚从宽案件的一审判决,应当将审查重点放在罪名和量刑上。也就是说,在没有出现法定的"除外"情形下,人民法院应当支持检察机关指控的罪名,采纳量刑建议,如若不然,就是违反刑事诉讼法的规定,检察院可以提出抗诉。

【案例】蔡某某危险驾驶案

2019年4月,蔡某某酒后驾车与另外一辆车发生碰撞,造成两车损坏的交通事故,后经鉴定,蔡某某血液中乙醇含量为294mg/100ml。经事故责任认定,蔡某某负事故的全部责任。蔡某某到案后自愿认罪认罚，在值班律师在场见证下，蔡某某同意某县检察院提出的"拘役二个月零十五日，并处罚金六千元"的量刑建议，并在具结书上自愿签字。但提起公诉后，县法院作出一审判决，认定蔡某某构成危险驾驶罪，没有采纳检察机关量刑建议，判处其拘役3个月零10日，并处罚金8000元。检察院认为，一审法院无故未采纳量刑建议，违反了刑事诉讼法有关规定，适用法律错误，依法提出抗诉。某市检察院审查认为抗诉理由成立并出庭支持抗诉。市中级法院经审理后认为，检察机关对被告人蔡某某适用认罪认罚从宽制度时，不存在刑事诉讼法规定的例外情形，且根据该案情节及认罪认罚情况，检察机关量刑建议不属于明显不当，根据刑事诉讼法对认罪认罚从宽制度的相关规定，法院在作出判决时应当采纳检察机关的量刑建议。据此，市中级法院作出判决，认为原判决定罪正确，审判程序合法，惟在无法定情形以及量刑建议并无明显不当的情况下，未采纳检察院的量刑建议，依法予以纠正，遂对该案进行改判。

人民法院没有正当理由，随意改变检方提出的量刑建议作出判决的，会导致当事人乃至社会对司法公正的不信任，冲击认罪认罚从宽制度的社会基础。在现阶段，检方除了对法院违反诉讼程序无故不采纳量刑建议提出抗诉外，还应注重加强与法院在量刑建议类案上的沟通，积极向法官取经，利用现代科技与法院共同研发、共同使用量刑统一检索系统，减少与法院产生不必要的量刑分歧。

2. 被告人认罪认罚判刑后又上诉的情形

适用被告人认罪认罚从宽制度，在实践中还可能带来新的问题，即被告人认罪认罚判刑后又提出上诉，检察机关该怎么应对。认罪认罚从宽制度旨在惩罚犯罪的同时合理配置司法资源，有效实现司法公正与效率的平衡。在认罪认罚从宽制度下作出的一审判决，是诉辩双方通过法定形式认可了的罪名和量刑，而被告人在获得量刑优惠后提起上诉，不仅违反了契约精神，更存在投机之嫌，因此，被告人不应当继续享有量刑优惠，然而"上诉不加刑"原则却限制了量刑优惠的取消。对此，检察机关可以对该类型的认罪认罚从宽上诉案件提出抗诉，以彰显法律权威，维护司法公正。

【案例】姜某某贩卖毒品案

2018年9月，某区人民检察院审查起诉姜某某贩卖毒品案。据查，2014年姜某某开始沾染毒品，曾因贩卖毒品被判刑，刑满释放后又因吸毒被行政处罚。2018年6月，姜某某在社区戒毒期间贩毒时，被当场抓获归案。到案后，姜某某承认了贩卖毒品的犯罪事实。鉴于姜某某在侦查、审查起诉阶段都能如实供述自己的犯罪事实，人民检察院依法决定对其适用认罪认罚从宽制度，并告知姜某某认罪认罚从宽制度相关内容及权利义务，姜某某表示没有异议，并在值班律师的见证下签署了具结书。据此，该院向法院提出了对姜某某从宽处罚的量刑建议，并获得一审法院的支持。一审法院以贩卖毒品罪判处姜某某有期徒刑9个月，并处罚金2000元。姜某某收到一审判决后以量刑过重为由向市中级人民法院提起上诉。区人民检察院认为，在证据没有发生任何变化的情况下，姜某某以量刑过重为由提起上诉，属于以认罪认罚形式换取较轻刑罚、再利用"上诉不加刑"原则提起上诉，认罪动机不纯，一审时适用的认罪认罚从宽制度不应再适用，应对其处以更重的刑罚，遂依法提出抗诉。市人民检察院经审查后，依法支持区检察院提出的抗诉理由。市中级人民法院经过审理认为，上诉人姜某某仅以量刑过重为由提起上诉，又没有提供新的证据，属于认罪但不认罚，已不符合适用认罪认罚从宽制度的条件，检察机关的抗诉意见有理，应予以采纳，遂对本案公开宣判，以贩卖毒品罪依法判处姜某某有期徒刑1年3个月，并处罚金1万元。

第三节 审判活动监督

一、审判活动监督的基本内涵

（一）基本概念

刑事审判活动监督是指人民检察院依法对人民法院的刑事审判活动

是否违反法律规定的诉讼程序所进行的专门法律监督。

（二）法律依据

我国宪法明确规定人民检察院是国家的法律监督机关，这是宪法赋予检察机关的法律监督地位。

《刑事诉讼法》第8条规定：人民检察院依法对刑事诉讼实行法律监督。这是检察机关在刑事诉讼各项活动落实宪法规定的法律监督职权的法律依据。

《刑事诉讼法》第209条对刑事审判监督作了明确规定：人民检察院发现人民法院审理案件违反法律规定的诉讼程序，有权向人民法院提出纠正意见。该规定强化了人民检察院的审判活动监督职能。《刑诉规则》第570条规定了人民检察院应当对审判活动中是否存在违法行为进行监督，并进一步细化了监督的范围。

（三）诉讼价值

1. 有利于完善司法体制

人民检察院作为宪法规定的法律监督机关，承担着对刑事诉讼各个阶段进行法律监督的重要职能，其中主要包括对侦查机关侦查活动的监督和对法院审判活动的监督。在国家推进"以审判为中心"的诉讼制度改革的背景下，法庭审判活动应成为刑事诉讼最重要的活动和中心环节，如何对法庭审判活动在实体和程序上的公正性和合法性等问题进行有效的法律监督显得尤为重要，是检察机关积极有效履行法律监督职能的重要体现，对进一步完善司法体制具有重要意义。

2. 有利于树立司法权威

人民检察院加强对刑事审判活动监督，是刑事诉讼全过程监督的一个主要环节，人民检察院对刑事审判活动监督是否到位，直接关系到案件的质量，关系到当事人的切身利益，关系到司法权威，关系到政法机关在人民群众中的形象，新形势下检察机关认真研究刑事审判活动监督中存在的问题，积极探索监督的途径和方法，既是人民检察院正确行使检察权的需要，也是人民群众的强烈要求，同时也是深化检察改革、树立司法权威的需要。

3. 有利于维护司法公正

刑事审判活动监督是法律赋予人民检察院的一项重要职责，在刑事诉讼全程监督中处于重要的地位，它与侦查活动监督一样具有重要意义，肩负着维护司法公正的重要使命。一起刑事案件的处理是否公正，离不开检察机关对刑事审判活动的监督，刑事审判活动一旦失去有效的监督，必然会导致司法不公，执法不严，甚至出现错案、冤案。

（四）存在的问题及解决途径

1. 存在的问题

从目前检察机关对刑事审判活动监督的现状来看，主要存在以下问题：

（1）监督存在盲区。依照我国《刑事诉讼法》以及《刑诉规则》的相关规定，对刑事审判活动的监督一般限于庭审活动，对于开庭前及开庭后直至判决后的一些后续活动则很难监督，庭前、庭后的一些程序性的违法行为一般无法掌握。

（2）监督可操作性不强。2013年1月六部委《关于实施刑事诉讼法若干问题的规定》第32条以及《刑诉规则》第572条第2款均规定："人民检察院对于违反程序的庭审活动提出纠正意见，应当由人民检察院在庭审后提出。"按照这一规定，检察机关对法院违反法定诉讼程序的行为提出纠正意见只能在庭审后，这就意味着即使检察机关发现法院违反法定诉讼程序审判，也不能当庭纠正，这不但违背了审判的"程序正当"原则，而且庭审后提出的纠正很难保证其落实，从而在很大程度上丧失了审判监督的法治意义，而且，法律没有规定检察机关发出纠正违法通知书后，人民法院必须将纠正情况通知人民检察院，也没有规定人民法院拒不纠正所应承担的法律责任，从而使得监督成为一种形式上的监督，使刑事审判监督缺乏应有的力度。

（3）监督主体的监督意识不强。监督者自身存在的问题导致刑事审判监督不力，主要表现为监督意识不强，思想上重配合、轻监督，认为监督审判会给起诉工作带来不必要的麻烦，会影响检法两家的合作，因此发现问题时如不涉及大局，往往口头通知，不再予以书面纠正，致使审判监督失去规范化。也有的检察人员认为监督只是搞形式"走过场"，当个"配角"，客观上起不了大作用，甚至认为起诉工作是硬任务、监督是软指标，把刑事审判监督置于可有可无的次要位置。实践中在监督时重实体法，轻程序法，注重事后监督，忽视同步监督，从而使刑事审判监督流于形式。

2. 解决的途径

改善刑事审判活动监督现状的若干建议：

（1）扩大刑事审判活动监督范围。包括增加检察机关对公诉案件庭前审查程序、自诉案件、死刑复核程序、宣判程序等诉讼活动的监督，使检察机关对刑事审判活动真正实现全方位的监督，发挥其应有的监督效力。

（2）加大刑事审判活动监督力度。刑事审判活动监督必须足以对审判权的行使产生影响，并使审判活动中的违法行为能够得到纠正，才具有实际的意义。为此建议：第一，明确规定人民法院对人民检察院的纠正违法意见应认真答复，必须将执行纠正的情况及时反馈给人民检察院，并规定拒不执行纠正意见的法律后果。第二，赋予检察机关对同级人民法院的审判人员向同级国家权力机关进行告诉的权力。即当检察机关纠正违法的正确意见得不到答复或执行，以及发现其有其他严重违法行为时，有权向同级人大行使告诉权，把这作为对审判机关最终和最高的司法监督方式。第三，赋予出庭检察人员在庭审中一定的处置权，变事后监督为事中监督。规定在庭审活动中，发现审判程序有违法时，可由公诉人灵活地进行监督，先提出口头纠正意见，如果法庭能当庭接受并予以改正，则无须在休庭后再提出。在庭审中发现审判可能造成国家或公民个人合法利益损害的，有权责令中止审判，要求重新进行审判活动。对一些比较严重的违法行为，如果法庭对公诉人的意见不接受，公诉人可以建议休庭，并立即向检察长报告，由检察长决定是否提出书面的纠正意见。对一些不影响公正判决的庭审违法活动，公诉人可以不当庭提出来，待庭审结束后再向审判人员口头提出来，这样既能保证庭审活动的正常进行，又不使庭审监督流于形式。

（3）强化刑事审判活动监督意识。检察人员要牢固树立敢于监督、善于监督的意识。要敢于监督，一是要摒弃感情观念，认为监督会影响检、法两家之间的关系，因而对审判活动中的违法行为不敢、不愿去纠正；二是要摒弃面子观念，因怕搞错了而影响检察机关的形象，该纠的不纠，该监督的不监督；三是要克服那种认为公诉部门案子多，工作量大，认为多一事不如少一事，少一事不如没有事的思想；四是克服认为检察机关的监督权威不够，对被监督的人民法院不接受监督或者不认真纠正无可奈何的思想。要善于监督，一是要充分运用现有的各种监督手段，依法监督。如积极开展量刑建议制度和检察长列席审判委员会制度，不能将刑事审判活动监督局限在对庭审程序的监督上。二是要监督质量和监督效果并重，对提出纠正的问题既要有事实依据，还要有法律依据，既要有的放矢，又要程序合法。

二、审判活动监督的工作制度与流程

（一）发现监督线索

人民检察院可以通过调查、审阅案卷、受理申诉、控告等活动，监督审判活动是否合法。《刑诉规则》第571条规定：人民检察院检察长或者检察长委托的副检察长，可以列席同级人民法院审判委员会会议，依法履行法律监督职责。

检察机关主要是通过参加法庭审判、庭外调查、检察长列席审判委员会、审阅案卷、受理申诉、控告等方式发现刑事审判活动监督线索，履行刑事审判活动监督职能。

（二）明确监督内容

审判活动监督的内容是检察机关进行审判活动监督的授权范围，这种授权也是检察人员进行审判活动监督的依据。《刑诉规则》第570条对此有明确规定，审判活动监督主要发现和纠正以下违法行为：人民法院对刑事案件的受理违反管辖规定的；人民法院审理案件违反法定审理和送达期限的；法庭组成人员不符合法律规定，或者依照规定应当回避而不回避的；法庭审理案件违反法定程序的；侵犯当事人、其他诉讼参与人的诉讼权利和其他合法权利的；法庭审理时对有关程序问题所作的决定违反法律规定的；违反法律规定裁定发回重审的；故意毁弃、篡改、隐匿、伪造、偷换证据或者其他诉讼材料，或者依据未经法定程序调查、质证的证据定案的；依法应当调查收集相关证据而不收集的；徇私枉法，故意违背事实和法律作枉法裁判的；收受、索取当事人及其近亲属或者其委托的律师等人财物或者其他利益的；违反法律规定采取强制措施或者采取强制措施法定期限届满，不予释放、解除或者变更的；应当退还取保候审保证金不退还的；对与案件无关的财物采取查封、扣押、冻结措施，或者应当解除查封、扣押、冻结不解除的；贪污、挪用、私分、调换、违反规定使用查封、扣押、冻结的财物及其孳息的；其他违反法律规定的行为。

该 16 项审判活动监督的内容，前十五项规定的是具体的违法行为，在司法实践中各种情况都可能发生，通过列举的方式不能穷尽所有的违法情况，所以该条第 16 项作为一个兜底条款，将其他内容包括在内。据调查发现，在法庭审判活动之中，检察机关也确实发现了"其他违反法律规定的审理程序的行为"，例如，某市检察院在其出庭支持公诉的一起普通程序案件审理过程中，发现一名人民陪审员不遵守庭审纪律，当庭多次接打电话，对此审判长并未予以制止。在庭审结束之后，该检察院就此向该市人民法院发出《纠正违法通知书》，并得到该法院的采纳和及时回复，法院表示今后对此种情形会及时予以纠正，并对该名人民陪审员提出意见，要求其在今后参与庭审过程中规范行为，此外还将通过培训等方式提高审判员的庭审控制能力和素质。再如，某县检察院针对在庭审过程中发现的被告人手铐未解除的问题，向县人民法院发出纠正违法通知书，希望该院在今后的工作中予以改正。

（三）履行监督职责

1. 当庭提出监督意见

检察人员当庭提出法庭审判监督意见的方式可以分为两种：一种是

公诉人在其位置即公诉席上当众提出；另一种是公诉人要求到法官席或法官办公室交换意见。

（1）对于一些程序问题，出席法庭审理的公诉人可以在公诉席上当场公开提出法律监督意见。例如，对于回避问题，检察人员如果有不同意见，应当当庭提出，因为回避问题是关系到审判是否合法的重大事项，对于诉讼双方和审判的合法性有重大影响，应当在审判活动开始之前当庭提出监督意见。在司法实践中，检察人员在庭审进行中当即提出纠正意见的情况也有发生。例如，某县法院审理吴某强奸、猥亵儿童罪一案时，公诉人发现该法院采取了公开审理方式后，当庭向合议庭提出该案涉及被害人的隐私不宜公开审理，建议将旁听群众请出法庭，县法院合议庭立即采纳了该建议。这种做法值得肯定，对不应当公开审理而公开审理等违法情形，公诉人应当在庭审开始时或发现时及时提出意见，以便得到审判人员的重视和采纳，这不仅维护了被告人的合法权益，避免了法院审判时出现违法行为，还保证了审判依法进行，防止无效审判情形的发生。

（2）针对有些行为，检察人员可以在法庭上要求与审判人员"私下"交换意见，分为三种情况：第一种是，如果检察人员发现审判员或陪审员行为举止有异，包括审判人员打瞌睡、衣冠不整等，从维护法庭的权威的角度考虑，检察人员可以要求到法官席提醒审判人员注意改正；第二种是，对于有些不宜由旁听人员知悉的事项，例如，可能涉及诉讼参与人的隐私问题，检察人员可以要求到法官席前交换意见，或者要求暂时休庭到法官办公室交换意见；第三种是，检察人员认为法庭审理程序存在违法现象，但考虑到法官和被告方可能意见不一，如果当众提出可能影响对案件事实问题的审理，而需要及时与法官和被告方进行沟通，这时候可以要求到法官办公室进行讨论和交流意见。应当指出的是，这时的"私下"并非指检察官和法官单独交流意见，只是指所交流的意见不宜使旁听人员知悉，但可以与辩护方一起到法官办公室交流意见。

2. 开展庭外调查

有些事项，检察人员不能或不宜当庭提出监督意见，例如审判人员涉嫌徇私枉法的；收取、索取当事人及其近亲属或者其委托的律师等人财物或者其他利益的；贪污、挪用、私分、调换、违反规定使用查封、扣押、冻结的财物及其孳息等行为，这些行为不仅是违法行为，也是涉嫌犯罪的行为，需要经过缜密的调查或侦查工作才能确定是否存在这些行为。在法庭审理的过程中，检察人员一般不可能确认这些违法事项，但可能会发现一些线索。鉴于这类事项的特殊性，检察人员应当在庭外采取合适的方式进行监督，以更好地纠正违法活动，维护司法权威。出庭的检察人员如果发现了上述违法行为，不能或不宜当庭提出的，应当及时地报告给本院的相关领导，移送相关负责部门处理。

3. 发出《纠正违法通知书》

对不及时纠正可能影响公正审判的庭审程序违法行为，对其中违法情节严重的，向人民法院发出《纠正违法通知书》，并要求法院就纠正后的情况予以书面答复。山东省枣庄市市中区人民检察院为及时监督纠正审判中发现的违法问题，节约司法资源，提高监督效率，针对在个案中发现的较轻的、偶然出现的以及急需立即纠正的违法情形，采取直接与审判人员对话或者电话联系等口头方式提出纠正建议，促使法院及时纠正违法行为。

4. 提出检察建议

对审判过程中出现的诉讼程序上的失误或错误行为，以书面检察建议的形式提出纠正意见，提醒法院及时解决，并采取措施协助法院解决，确保审判过程严格依照法律规定进行。

(四) 统一业务系统流程操作规程

1. 发出《纠正违法通知书》操作规程

在统一业务系统公用文书部分，点击诉讼监督部分的纠正违法通知书，制作人民检察院向人民法院发出的《纠正违法通知书》，该文书或其子文书最低审批角色为副检察长，检察官制作好该文书后，还需发送副检察长审批，待副检察长审批后方可入卷，打印后送达给人民法院。

2. 提出检察建议操作规程

在统一业务系统公用文书部分，点击检察建议书，制作人民检察院向人民法院发出的《检察建议书》，该文书或其子文书最低审批角色为副检察长，检察官制作好该文书后，还需发送副检察长审批，待副检察长审批后方可入卷，用印打印后送达给人民法院。

（五）文书制作与应用

本节涉及的主要文书包括《纠正违法通知书》和《检察建议书》。

1.《纠正违法通知书》的制作与应用（前文已叙述，此处略）

2.《检察建议书》的制作与应用

（1）【文书格式】

（纠正普遍性倾向性违法问题和社会治理检察建议用）

××××人民检察院
检察建议书

×检建〔20××〕×号

一、写明主送单位的全称

二、案件或者问题的来源

写明本院在办理案件或者履行法律监督职责中发现该单位存在的问题以及需要提出检察建议的有关情况。

三、依法认定的案件事实或者经调查核实的事实及其证据

写明依法认定的案件事实或者经过调查核实后查清的事实及证据。对事实的叙述要求客观、准确、概括性强，要归纳成几条反映问题实质的事实要件，然后加以叙述。

四、存在的违法情形或者应当消除的隐患

阐明该单位存在的违法情形或者隐患，包括刑事诉讼活动或者执行活动中存在的普遍性、倾向性违法问题或者其他重大隐患；制度不健全、不落实；存在管理监督漏洞；民间纠纷问题突出；不依法及时履行职责；需要给予有关人员行政处罚、政务处分、行业惩戒或者追究司法责任等问题。

五、建议的具体内容及所依据的法律、法规和有关文件等的规定

写明建议的具体内容及依据。意见的内容应当具体明确，切实可行，

要与以上列举的问题紧密联系。检察建议引用依据有两种情况，一种情况是检察机关提出建议的行为所依据的有关规定，另一种情况是该单位存在的问题不符合哪项法律规定和有关规章制度的规定。

六、被建议单位提出异议的期限

告知被建议单位可以提出异议及提出异议的期限。

七、被建议单位书面回复落实情况的期限

八、其他需要说明的事项

20××年×月×日

（院印）

(2)【制作说明】

一、本文书依据《人民检察院刑事诉讼规则》第五百五十一条、第五百五十二条、第六百二十四条、《人民检察院检察建议工作规定》第三条、第九条、第十一条的规定制作。为经检察长批准，人民检察院针对执法、司法机关在刑事诉讼活动或者执行活动中存在的普遍性、倾向性违法问题或者其他重大隐患，以及有关单位社会治理工作中存在的问题提出检察建议时使用。

二、人民检察院可以直接向本院所办理案件的涉案单位、本级有关主管机关以及其他有关单位提出检察建议。

需要向涉案单位以外的上级有关主管机关提出检察建议的，应当层报被建议单位的同级人民检察院决定并提出检察建议，或者由办理案件的人民检察院制作检察建议书后，报被建议单位的同级人民检察院审核并转送被建议单位。需要向下级有关单位提出检察建议的，应当指令对应的下级人民检察院提出检察建议。

需要向异地有关单位提出检察建议的，应当征求被建议单位所在地同级人民检察院意见。被建议单位所在地同级人民检察院提出不同意见，办理案件的人民检察院坚持认为应当提出检察建议的，层报共同的上级人民检察院决定。

三、本文书一式三份，一份附卷，一份发送被建议单位，一份报送上一级人民检察院备案,并可根据抄送对象增加印制份数。

四、本文书加盖人民检察院印章。

三、审判活动监督实务技巧[①]

刑事审判活动监督相对于刑事审判结果监督而言起步较晚,目前尚需积极探索,总结提高。根据多年来的司法实践,要做好刑事审判活动监督,应把握好以下方法和技巧。

(一) 法律法规要熟悉——监督知识技巧

刑事审判活动监督的依据主要是刑事程序法和相关的解释,既包括刑事诉讼法,也包括最高人民检察院《刑诉规则》、最高人民法院《关于严格执行公开审判制度的若干规定》、最高人民法院《关于审判人员严格执行回避制度的若干规定》、最高人民法院《关于严格执行案件审理期限制度的若干规定》还包括部分刑事实体法和民事实体法、程序法。同时,司法解释的种类包括"解释""规定""批复""决定""意见""纪要",等等。面对庞杂的法条和司法解释、繁琐的司法程序,检察人员只有熟练掌握法律法规和司法解释,才能监督有底气,制约不疏漏,做到成竹在胸,监督有力,说理到位,便于人民法院接受和改正。因此,熟练掌握法律法规,是强化刑事审判活动监督的基础和第一步工作。特别是要在掌握检察机关内部规定的前提下,要重点掌握人民法院的司法解释,做到以子之矛,攻子之盾,才能把握监督的重点和难点,取得良好的监督效果。

【案例】在一起贩卖毒品案件的庭审中,辩护人当庭提交了一份证人证言,公诉人当庭表示不予质证,并提请法庭不予采信该证据。因为根据《适用解释》第119条第(四)项的规定,人民法院对于决定开庭审理的案件,应当通知辩护人于开庭5日前提供出庭作证的身份、住址、通讯处明确的证人、鉴定人名单及不出庭作证的证人、鉴定人名单

---

① 引用自马明星:《刑事审判活动监督的技巧》。

和拟当庭宣读、出示的证据复印件、照片。

【案例】在一起故意杀人案件的庭审中,公诉人宣读了一名亲眼目睹杀人经过的未满18岁证人的证言,辩护人以法定代理人未到场为由给予反驳,审判长询问公诉人,侦查机关在询问证人时是否通知其法定代理人到场,公诉人即当庭回答:根据《刑事诉讼法》第285条的规定,询问不满18周岁的证人,可以通知其法定代理人到场,而不是"应当"通知其法定代理人到场,从而使得证据被采信且避免了庭审的尴尬。

所以,刑事审判活动监督技巧的第一位工作就是熟练掌握相关法律法规和司法解释,为审判活动监督打好基础。

(二)静态监督要仔细——审查文书技巧

审查法院的刑事判决文书要耐心和仔细。实践中存在着认为庭审已经结束,法院已作出有罪判决,因而审查时消极应付等情况。在审查裁判文书时,要进行实体审和程序审、事实审和法律审、定性审和量刑审,为公诉案件画上圆满句号。审查时,对裁判文书的标题、首部、正文、尾部以及附项都要进行严格审核。如对于判决书的标题,如果系外国人犯罪,应查明裁判文书是否标明"中华人民共和国"字样。在正文的开始部分,应当对法院采取或变更强制措施情况或者相关强制措施的表述进行审查。又如刑事诉讼法和最高人民法院《适用解释》对盲、聋、哑人或者限制行为能力人,开庭时不满18周岁的未成年人,可能判处死刑的人,规定了人民法院为其指定辩护人的法定义务,对此应当进行审查。对正文部分的事实认定、证据采信、法律程序、定罪量刑等要重点进行审查,从中发现刑事审判活动违法的线索。对刑事裁判文书的各个时间节点应当进行审核,防止出现超期羁押。

【案例】在一起事实清楚,证据确实的故意杀人案件中,从起诉到一审判决的时间超过了7个月。经调查发现,人民法院为了减缓案件数量大的压力,以辩护人需要调取新的证据为借口,多次向辩护人"借"时间而延期审理,实际上本案辩护人根本没有调取新证据的事实。

根据《适用解释》第156条的规定,当事人和辩护人申请通知新的证人到庭，调取新的证据，申请重新鉴定或者勘验，审判人员根据具体情况可以宣布延期审理，但延期审理的时间不得超过1个月。为此，人民检察院通过检、法联席会议向法院提出了该类问题并形成了落实整改的《会议纪要》。对判决书中的法律和司法解释的引用也要进行审核。根据最高人民法院《关于在裁判文书中如何引用刑法修正案的批复》（法释〔2007〕7号）的规定："人民法院在裁判文书中适用刑法修正案的规定时，应当直接引用修正后的刑法条文，表述为《中华人民共和国刑法》第×××条的规定，或者《中华人民共和国刑法》第×××条之×的规定。"最高人民法院关于司法解释工作的规定（法发〔2007〕12号）规定："人民法院同时引用法律和司法解释作为裁判依据，应当先援引法律，后援引司法解释。"目前，由于法院案件数量较多，判决书中经常出现刑期折抵错误、犯罪金额和罚没金额书写错误等。对此，人民检察院可以用《检察公函》的形式予以纠正。除了要对主文进行审查外，对裁判文书的附项也要进行审查。

【案例】在某法院盗窃案的一审判决书中，对判处缓刑且缓刑考察期限已满的被告人所附的条文为刑法第65条，而根据刑法规定此种情形不属于累犯，对此人民检察院及时口头向法院提出了纠正意见，法院立即采纳并予以纠正。

【案例】在某法院贩卖毒品案（贩卖海洛因64克）的一审判决书中，法院援引的是《刑法》第347条第3款，而根据刑法规定应当是第347条第2款，对此检察院及时向县法院提出书面纠正意见，县法院及时予以了补正。

（三）动态监督要灵敏——出庭监督技巧

出席法庭支持公诉或者履行职务是进行审判活动监督的重要途径，在出席一审、二审、再审法庭过程中，检察人员应敏捷、果断，及时发现问题并纠正。在庭审过程中，要对审判长宣布开庭、告知被告人和其他诉讼参与人的权利义务、法庭调查中的证据"三性"条件和证据质证情况、被告人最后陈述、评议和宣判等充分履行监督职能。对于简易程序和普通程序"简化审"案件，应当对审判人员核实被告人是否自愿认罪、告知有关法律规定及可能导致的后果、被告人的合法权益是否得到切实保障等进行监督。

【案例】在一起非法买卖枪支弹药案件中，审判人员由于疏忽，没有对二被告人分别进行讯问、让被告人最后陈述旋即宣布休庭评议并准备宣判。检察人员及时建议暂时休庭，后向审判长指出这样做的严重后果，法庭当庭予以接受并恢复了庭审重新审理。

（四）正面监督要到位——直面监督技巧

正面监督是指检察人员在执行法律职务过程中，与审判人员相互接触过程中履行审判活动监督。正面监督具有直观性、现实性和当场性，便于及时发现和纠正审判违法行为。所以，正面监督是审判活动监督的主要形式和重点。正面监督主要包括出庭、听庭、参与庭外调查等。

【案例】在一起贩卖毒品案件中，人民法院对本案的案发经过、被告人是否存在贩毒行为、是否具有自首和立功情节等情况需要调查核实，检察人员遂与审判人员一同赴公安机关听取技侦监控电话录音，并及时进行书面记录，经双方确认无误后，由法院作为认定案件事实、犯罪情节的依据附卷并予以裁量。

因此，对于法院的庭外调查，检察人员应当积极参与，通过到场参与的形式，进行审判活动监督。在不派员出庭的简易程序、未与刑事案件一并审理的附带民事诉讼案件中，检察人员可以通过旁听法庭审判并做好书面记录的方式，从中发现审理违法行为，并予以纠正。

（五）侧面监督要抓好——外围监督技巧

侧面监督是指检察人员不与审判人员直接接触，通过多种外围查证方法对法院庭审外的活动进行调查取证，从中发现审判违法行为线索，履行审判活动监督职能。由于人民法院大量的审判活动要在庭外进行，一些违反法定程序的行为也会出现在庭外。因此，人民检察院应当通过侧面监督的方法，发现程序监督的来源和线索，使人民法院的审判活动庭内庭外始终依法进行。侧面监督从提起公诉后开始，直至案件审结或交付执行。其中包括法院刑事立案庭的工作是否依法进行，庭前告知权利义务、送达文书、通知、传唤等情况是否符合刑事诉讼法和司法解释的规定，采取或变更强制措施活动是否合法，自诉案件、不派员出庭案件、调查讯问审理案件的审理活动是否存在违法情形，延期审理的理由、时间和恢复审理的情况是否合法，赃款赃物是否依法处理、是否依法保障诉讼参与人的合法权益，等等。

【案例】某市中级法院一审判决被告人有罪，被告人上诉到省高级法院，高级法院认为事实不清，发回重审。中级法院重审后作出同样判决，被告人再次上诉，高级法院仍认为事实不清，再次发回中级法院重审。但这次中级法院来了个金蝉脱壳之计，将案件下放到基层法院作第一审审理，然后自己就可以稳稳当当地做第二审，避免被高级法院驳回的风险。

《刑事诉讼法》第24条规定："上级人民法院在必要的时候，可以审判下级人民法院管辖的第一审刑事案件；下级人民法院认为案情重大、复杂需要由上级人民法院审判的第一审刑事案件，可以请求移送上一级人民法院审判。"我国1996年刑事诉讼法废止了1979年刑事诉讼法"上级人民法院可以把自己管辖的第一审刑事案件交由下级人民法院审判"的级别管辖"上交下"的规定，目前级别管辖只能"上审下，下移上"，而不能"上交下"。"六部委规定"对此也作出了重申。因此，对于中级法院做手脚、玩花样的行为，人民检察院应当通过《纠正违法通知书》予以纠正。

（六）迂回监督要勤奋——全面监督技巧

迂回监督是指结合正面监督、侧面监督，进一步拓宽审判活动监督渠道，环绕人民法院的审判活动，形成多方位、全覆盖的审判活动监督体系。迂回监督要做有心人，平时要勤奋，要有嗅觉。通过报刊、杂志、网络等，收集新闻媒体披露情况；关注人民法院简报、刊物等信息报道；网上查阅人民法院公开上网的自诉案件等刑事判决书；通过法制宣传接受群众举报；对人大代表、政协委员暗访、听庭以及上级检察院听庭反馈的调查；查阅不派员出庭、调查讯问审案件、自诉案件、附带民事诉讼案件的卷宗材料和庭审笔录等措施，全面搜索人民法院违反法定程序的线索和来源，充分履行审判活动监督职能。由于检察人员时间和精力有限，可以先选择"点"，再发展到"面"。也可以"点""面"结合，或者选择某一阶段，针对某一类案件，全面铺开，重点监督。在迂回监督中，要构建与控申、监所、侦监部门的联络机制，及时发现违法线索；要通过受理有关单位、个人的控告、申诉、检举，从中寻找问题；要通过听取诉讼参与人意见和受理被害人及其法定代理人的抗诉请求，全面履行审判活动监督职能。